Istanbul

Andrea Gorys

Reise-Taschenbuch

Inhalt

Schnellüberblick	6
Zwischen den Kontinenten	8
Lieblingsorte	10

Reiseinfos, Adressen, Websites

Informationsquellen	14
Wetter und Reisezeit	16
Tipps für Kurztrips und längere Aufenthalte	18
Anreise und Verkehrsmittel	20
Übernachten	23
Essen und Trinken	29
Einkaufen	37
Ausgehen – Abends und Nachts	41
Feste und Festivals	48
Aktivsein, Sport, Wellness	51
Museen	54
Reiseinfos von A bis Z	57

Panorama – Daten, Essays, Hintergründe

Steckbrief Istanbul	64
Geschichte im Überblick	66
Istanbuler Stadtlandschaften	72
Kemal Atatürk – Vater der modernen Türkei	76
Der Islam	78
Osmanische Kunst und Architektur	82
Der Dichter der Steine – Mimar Sinan	87
Eine Stadt macht sich schön – Istanbul baut um	89
Das Marmaray-Projekt und der Theodosianische Hafen	92
Reinheit ist der halbe Glaube – Besuch im türkischen Bad	94

Inhalt

Hereke, Kayseri, Bergama, Milas – die anatolischen Teppiche	96
Birgül und der Oryantal – Interview mit einer Bauchtänzerin	98
Orhan Pamuk und die türkische Literatur	100
Crossing The Bridge – The Sound Of Istanbul	102

Unterwegs in Istanbul

Sultanahmet	108
Im alten Zentrum der Macht	110
Hagia Sophia	110
Topkapı Sarayı (Topkapı-Palast)	118
Das Archäologische Museum und der Gülhane-Park	132
Zwischen Hippodrom und Blauer Moschee	137
Im Bereich der Kaiserpaläste	148
Cağaloğlu, Beyazıt und Eminönü	154
Orientalisches Markttreiben	156
Entlang der Divanyolu Caddesi	156
Rund um die Beyazıt-Moschee	160
Cağaloğlu und der Große Basar	164
Von Süleymaniye nach Eminönü	169
Am Goldenen Horn	176
Fatih und Fener	184
Das Istanbul der konservativen Muslime	186
Prinzenmoschee und Valens-Aquädukt	186
Zur Fatih Camii	190
Fener, das alte Griechenviertel	194
Chora-Kloster	199
An der Landmauer	202
Karaköy und Beyoğlu	210
Jenseits des Goldenen Horns	212
Galata und Tophane	213
Am Galata-Turm	222
İstiklal Caddesi	223
Am Taksim-Platz	230

Inhalt

Harbiye, Dolmabahçe und Ortaköy	236
Die Gärten des Sultans	238
Rund um den Dolmabahçe-Palast	239
Yıldız Parkı und Ortaköy	244
Ausflüge	252
Der Bosporus	254
Europäische Küste	254
Asiatische Küste	260
Üsküdar und Kadıköy	264
Kız Kulesi	264
Üsküdar	265
Kadıköy	272
Eyüp, ein muslimischer Wallfahrtsort	274
Die Prinzeninseln	277
Sprachführer	280
Kulinarisches Lexikon	282
Register	284
Abbildungsnachweis/Impressum	288

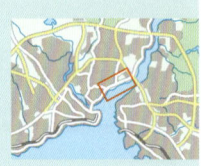

Auf Entdeckungstour

Die Mosaiken der Hagia Sophia	114
Der Harem – die Welt hinter dem Schleier	126
Yerebatan Sarayı – der ›Versunkene Palast‹	138
Der Große Basar – das erste Einkaufszentrum der Geschichte	166
Die Vollkommene – die Süleymaniye-Moschee	172
Fener – das griechische Erbe	196
Die Theodosianische Landmauer	206
Istanbul Modern – zeitgenössische Kunst der Türkei	216
Die Belle Époque in Beyoğlu	226
Der Yıldız-Park – Streifzug durch den Garten des Sultans	246

Karten und Pläne

Hagia Sophia, Grundriss	112
Hagia Sophia und Topkapı-Palast	119
Topkapı-Palast, Grundriss	122
Der Harem im Topkapı-Palast	128
Sultanahmet	142
Cağaloğlu und Beyazıt	158
Der Große Basar (Kapalı Çarşı)	168
Süleymaniye und Eminönü	170
Fatih und Fener	189
Die Landmauer	203
Karaköy (Galata)	214
Beyoğlu und İstiklal Caddesi	224
Belle Époque in Pera	227
Harbiye, Dolmabahçe und Ortaköy	242
Yıldız-Park	248
Üsküdar	268

▶ Dieses Symbol im Buch verweist auf die Extra-Reisekarte Istanbul

Das Klima im Blick

Reisen bereichert und verbindet Menschen und Kulturen. Wer reist, erzeugt auch CO_2. Der Flugverkehr trägt mit einem Anteil von bis zu 10 % zur globalen Erwärmung bei. Wer das Klima schützen will, sollte sich für eine schonendere Reiseform (z. B. die Bahn) entscheiden – oder die Projekte von *atmosfair* unterstützen. *Atmosfair* ist eine gemeinnützige Klimaschutzorganisation. Die Idee: Flugpassagiere spenden einen kilometerabhängigen Beitrag für die von ihnen verursachten Emissionen und finanzieren damit Projekte in Entwicklungsländern, die dort den Ausstoß von Klimagasen verringern helfen. Dazu berechnet man mit dem Emissionsrechner auf *www.atmosfair.de,* wie viel CO_2 der Flug produziert und was es kostet, eine vergleichbare Menge Klimagase einzusparen (z. B. Berlin – London – Berlin 13 €). *Atmosfair* garantiert die sorgfältige Verwendung Ihres Beitrags. Klar – auch der DuMont Reiseverlag fliegt mit *atmosfair!*

Schnellüberblick

Ortaköy
Das ehemalige Dorf direkt vor der Bosporus-Brücke hat sich zu einem beliebten Ausgehviertel für Künstler, Intellektuelle und die moderne Jugend entwickelt. S. 249

Harbiye und Dolmabahçe
Noble Hotels, Geschäfte, Kulturinstitutionen und Theater, monumentale Paläste, schöne Parkanlagen und besuchenswerte Museen. S. 236

Karaköy und Beyoğlu
Jenseits des Goldenen Horns brodelt es: hier wird experimentiert, hier ist man modern, westlich, besinnt sich aber auch mal auf seine Wurzeln. S. 210

Eyüp
Die hoch verehrte Wallfahrtsmoschee Eyüp liegt am oberen Ende des Goldenen Horns. Hier kann man auch einen malerischen osmanischen Friedhof und das berühmte Cafe Piyer Loti besuchen, benannt nach dem Franzosen Pierre Loti. S. 274

Fatih bis zur Landmauer
Tief verschleierte Frauen, Leinen mit frisch gewaschener Wäsche über der Straße, spielende Kinder und Frauen, die vor ihrer Haustür sitzen und ein Schwätzchen mit der Nachbarin halten: Das Istanbul der Konservativen zwischen Altstadt und Landmauer ist beschaulich. S. 184

Sultanahmet, Cağaloğlu, Eminönü
Wie ein großes Freilichtmuseum mutet der historische Kern der Stadt an. Bedeutende Kirchen, Moscheen, Paläste und Museen liegen dicht beieinander. Über 2500 Jahre Stadtgeschichte ballen sich hier auf engstem Raum und werden durch zahlreiche Zeugnisse wieder lebendig. S. 108, 154

Kumköy (Kilyos)
Der Badeort am Schwarzen Meer ist ein beliebtes Ausflugsziel der Istanbuler an den Wochenenden. S. 259

Bosporus
Die Meerenge trennt Europa und Asien und verbindet sie zugleich. Landschaftliche Schönheit, angenehmes Klima, Burgen, Paläste, alte Holzvillen und gute Fischrestaurants an den Häfen der kleinen Ortschaften sind immer wieder Gründe, mit dem Passagierschiff den Bosporus hinaufzufahren. S. 254

Üsküdar
Die asiatischen Stadtteile sind weniger touristisch als das europäische Istanbul, doch viel moderner als die Altstadt beim Großen Basar. Zugleich wartet Üsküdar mit zahlreichen osmanischen Moscheen auf. S. 265

Kadıköy
Das antike Chalkedon, südlich des Bahnhofs Haydarpaşa, ist der belebteste Ort der asiatischen Stadt – morgens gibt es einen ursprünglichen Fischmarkt, danach geht's zum Shoppen auf die Bağdat Caddesi. S. 272

Prinzeninseln
Die Inseln im Marmarameer, türkisch Kızıl Adalar oder einfach Adalar genannt, sind ohne Autoverkehr und mit schönen Kiefernwäldern und Sandstränden ein Refugium der Stille und der Erholung. S. 277

Die Autorin

Mit Andrea Gorys unterwegs
Seit über 15 Jahren schreibt Andrea Gorys als Reisejournalistin und Archäologin über die östlichen Mittelmeerländer, vor allem über Istanbul und die Türkei. Die Stadt, die sie bereits als Kind regelmäßig besuchte, ist ihr im Laufe der Jahrzehnte zur zweiten Heimat geworden. Das archäologisch und kunsthistorisch aufregende Istanbul mit der quirligen Kunst- und Musikszene sowie dem Zusammenprall zweier Kulturen zieht sie immer wieder aufs Neue in ihren Bann. Dieses Buch entstand unter Mitarbeit von Dilek Zaptçıoğlu und Jürgen Gottschlich.

Zwischen den Kontinenten

Istanbul ist nicht nur die einzige Stadt der Welt auf zwei Kontinenten, Europa und Asien, sie ist auch einzigartig unter den europäischen Großstädten. Das Zentrum ist überschaubar, aber zur Rushhour, wenn die Straßen mit hupenden Autos verstopft sind, ein ohrenbetäubender Lärm herrscht und sich die Menschenmassen durch die Gassen schieben, wird deutlich, dass Istanbul aus allen Nähten platzt. Rund 15 Millionen Einwohner zählt die Stadt, und täglich kommen neue Zuwanderer aus dem östlichen Anatolien hinzu. Alle wollen hier arbeiten und Geld zum Überleben verdienen. Wasserverkäufer, Schuhputzer, Lastenträger und fliegende Händler jeglicher Art prägen das Straßenbild in den engen Gassen der Basarviertel von Cağaloğlu und Eminönü. Ihre modernen Pendants, Banker, Yuppies und jungdynamische ›Startup-Gründer‹, trifft man, wenn man etwas hinausfährt aus den historischen Vierteln, nach Şişli, Levent oder nach Maslak, wo die neue Istanbuler Börse steht. Überall herrscht Geschäftigkeit, aber in all dem quirligen Treiben bleibt auch immer Zeit für einen freundlichen Blick oder einen kurzen Plausch bei einem Glas Tee.

Byzantinische Schätze
Das ist die eine, die lebendige Seite der Stadt. Die andere bietet unzählige Schätze aus der Geschichte des alten Konstantinopel, das vor 1000 Jahren die größte und prachtvollste Stadt der Welt war. Wie in einem Freilichtmuseum beherrschen großartige und liebevoll restaurierte Zeugnisse aus byzantinisch-griechischer und osmanisch-türkischer Zeit die einzelnen Viertel. Die berühmte Hagia Sophia des Kaisers Justinianus, der sagenumwobene Topkapı-Palast der Sultane, die großartigen Goldmosaiken des Chora-Klosters und die vielen grandiosen osmanischen Moscheen ziehen den Besucher ebenso in ihren Bann wie die bunte Welt der Basare und Märkte.

Istanbuls Wahrzeichen, die Hagia Sophia aus byzantinischer Zeit

Orient und Moderne

Istanbul war schon immer kosmopolitisch: Genuesen, Juden, Griechen, Armenier und die Vertreter europäischer Mächte prägen das Stadtbild. Heute ist es vor allem die Mischung aus Orient und Moderne, die ins Auge fällt.

Tief in schwarzem Tuch verschleierte orthodoxe Muslima, Frauen in langen Mänteln und mit bunten Kopftüchern, aber auch junge Türkinnen mit blond gefärbten Haaren, kurzen Röcken und engen Tops, leben nebeneinander in der Stadt. Hier wird nach orientalischer Sitte gehandelt, dort sind die Waren in Dollar oder Euro ausgezeichnet. Es gibt die traditionellen Çayhane (Teehäuser), in denen Frauen nur in Begleitung ihrer Ehemänner geduldet werden, aber auch Cafés nach westlichem Muster mit einem exquisiten Kuchenangebot. Männer in maßgeschneiderten Anzügen mit Pomade im Haar gehen geschäftig ihren Tätigkeiten nach, und in einer Seitenstraße sitzen, wie im tiefsten Anatolien, zwei Männer beim Tavla-Spiel und scheinen alle Zeit der Welt zu haben. Dieses Zusammentreffen von westlicher und östlicher Kultur macht den wahren, den geheimen Reiz dieser Stadt aus.

Am Goldenen Horn

Der beste Platz, um Istanbul als Stadt zu begreifen, ist zwischen den Anglern auf der Galata-Brücke von Eminönü, die das Goldene Horn überspannt: Voraus erstreckt sich die Landzunge, auf der die Geschichte der Stadt begann, eine wunderbare Silhouette mit den Türmchen des Topkapı-Palastes und den Minaretten der Moscheen. Im Rücken liegen Karaköy und Beyoğlu, einst das Viertel der europäischen Mächte. Der hohe Galata-Turm ist ein beredtes Zeugnis dieser Stadtgeschichte. Blickt man nach Osten, sieht man Üsküdar, das alte Skutari, und die anderen Stadtteile Istanbuls auf der asiatischen Seite. Nach Norden öffnet sich der Bosporus mit seinen malerischen Ufern. Er trennt Europa von Asien und verbindet das Schwarze Meer mit dem Marmarameer.

Istanbul ist einzigartig, und wenn man sich auf die Stadt und ihre Menschen einlässt, wird man sie lieben und immer wiederkommen wollen.

Zwischen den Anglern auf der Galata-Brücke, S. 182

Tee im Skulpturengarten der Archäologischen Museen, S. 130

Lieblingsorte!

Hippe Bummelmeile rund um den Galata-Turm, S. 220

Eine grüne Oase der Ruhe beim Dolmabahçe-Palast, S. 240

Ein herrlicher Blick über den Bosporus vom Setüstü Çay Bahçeşi, S. 134

Stöbern im Sahaflar Çarşısı, dem Bücherbasar, S.162

Mein erster Weg führt stets zu den Anglern auf die Galata-Brücke, denn hier sieht man: Istanbul ist trotz aller Veränderungen immer noch die alte. Im Skulpturengarten der Archäologischen Museen kann man entspannt die Geschichte der Stadt Revue passieren lassen. Stundenlang könnte ich auch im Setüstü Çay Bahçeşi im Gülhane Parkı sitzen und den Schiffen auf dem Bosporus zuschauen. Im Sahaflar Çarşısı finde ich garantiert ein kleines Mitbringel oder ein antiquarisches Buch. Auch in den Läden rund um den Galata-Turm macht das Stöbern immer Spaß. Nach dem Besuch des Dolmabahçe-Palastes kann man auf den Wiesen beim Uhrenturm schön relaxen. Mindestens einmal sollte man zum Abendessen auf die asiatische Seite nach Beylerbeyi übersetzen. Den Sonnenuntergang über der Altstadt genießt man am besten an den Ufern Üsküdars.

Bei Sonnenuntergang zum Essen nach Beylerbeyi, S. 262

Am Abend der schönste Blick auf Istanbul, S. 266

Reiseinfos, Adressen, Websites

Wasserpfeifen-Lokal in Tophane im Stadtteil Beyoğlu

Informationsquellen

Infos im Internet

So gut wie alle touristischen Anbieter haben eine eigene Website in Englisch, viele auch in Deutsch. Türkische Sonderzeichen spielen im Web keine Rolle und können beim Googeln einfach durch normale Buchstaben ersetzt werden.

Hier sind allgemeine Internetlinks angegeben, mit Informationen zu Sehenswürdigkeiten und Events, Einkaufs- und Ausgehtipps. Hotelbuchung s. Übernachten (S. 23), Restaurants s. Essen und Trinken (S. 29).

www.ibb.gov.tr
Offizielle Seite der Stadtverwaltung Istanbuls mit Ansichten der Stadt, Live Traffic Cams, eine Fotogalerie mit zum Teil historischen Aufnahmen und sogar MP3-Downloads türkischer Musik.

www.iksv.org
Programme der alljährlich stattfindenden Istanbul Festivals: Film-Festival, Theater-Festival, Musik- und Jazz-Festival sowie Biennale Istanbul.

www.timeoutistanbul.com
Internetportal des Stadtmagazins mit Event-Tipps, Nightlifeadressen und allen Sehenswürdigkeiten.

www.mymerhaba.com
Türkisches Portal hauptsächlich zu Istanbul, auch englischsprachig, mit Veranstaltungen, Restaurants, Nightlife, Ärzten …

www.istanbulguide.net (en./fr.)
www.istanbulcityguide.com (en.)
www.istanbul.com (tr./en.)
Drei kommerzielle Seiten mit vielen Tipps zu den praktischen Seiten.

www.biletix.com
Aktuelle Info zu Veranstaltungen, auch Tickets kann man vorbuchen.

www.istanbulpost.net
Wöchentliches Internetmagazin in Deutsch mit Hintergrundartikeln.

Tourismusinformation

Türkische Fremdenverkehrsämter
Prospekte und Stadtpläne bestellt man bei folgenden Adressen:
… in Deutschland
Baseler Str. 35–37, 60329 Frankfurt/M.
Tel. 069 23 30 81, Fax 069 23 27 51
www.reiseland-tuerkei-info.de
… in Österreich
Singerstr. 2/VIII, 1010 Wien
Tel. 01 512 21 28, Fax 01 513 83 26
www.turkinfo.at
… in der Schweiz
Stockerstr. 55, 8002 Zürich
Tel. 044 221 08 10, Fax 044 212 17 49
www.tuerkei-info.ch

Info in Istanbul
Die Info-Büros, in denen man Stadtpläne und Auskünfte über Hotels, Stadtrundfahrten, Schiffsverbindungen, Autovermietungen u. a. erhält, sind tgl. 9–17 Uhr geöffnet.
Zentralbüro in Beyoğlu
Meşrutiyet Cad. 57/5
Tel. 0212 243 37 31, Fax 0212 252 43 46
Hilton Hotel (Eingangsarkaden)
Cumhuriyet Cad.
Tel. 0212 233 05 92, Fax 0212 245 68 76
Karaköy Turizm Danışma
Liman Yolçu Salonu, Karaköy (am Hafen), Tel. 0212 249 57 76
Sultan Ahmet Turizm Danışma
Divanyolu Cad. 3, Sultanahmet
Tel. 0212 518 87 54, Fax 0212 518 18 02

Informationsquellen

Atatürk Airport, Yeşilköy
(internationale Ankunftshalle)
Tel. 0212 573 41 36, Fax 0212 663 07 98

Deutschsprachige Einrichtungen

Deutsches Kulturinstitut
(Alman Kültür Merkezi,
Goethe-Institut)
Beyoğlu, Yeniçarşı Cad. 32
Tel. 0212 249 20 09,
www.goethe.de/istanbul
Deutsches Archäologisches Institut
(Alman Arkeoloji Enstitüsü)
Gümüşsuyu, Ayazpaşa Camii Sok. 46
Tel. 0212 393 76 00, www.dainst.org
Österreichisches Kulturinstitut
(Avusturya Kültür Ofisi)
Yeniköy, Köybaşı Cad. 44
Tel. 0212 223 78 43,
www.austriakult.org.tr
Katholische Kirche der deutschen Gemeinde St. Paul
Nişantaşı, Büyük Çiftlik Sok. 14
Tel. 0212 219 11 91
Evangelische Kreuzkirche der deutschen Gemeinde
Beyoğlu, Aynalıçeşme Cad., Emin Camii Sok. 30, Tel. 0212 250 30 40

Wo erfährt man was?

Die monatlichen Programmzeitschriften ›**Istanbul Life**‹ und ›**Time out – Istanbul**‹ berichten, was wann wo los ist. Allerdings sind sie auf Türkisch, nur das ›Time out‹ enthält eine englischsprachige Beilage mit aktuellen Veranstaltungen nebst Kinoprogramm und den jeweiligen In-Restaurants.
 Nützliche Veranstaltungshinweise bietet auch die auf Englisch erscheinende **Hürriyet Daily News**, die im Hauptteil v. a. Artikel zur türkischen Politik bringt.

Literaturtipps

John Freely, H. Sumner-Boyd: Istanbul, Prestel 1986 (nur antiquarisch). Die umfassendste Beschreibung der Monumente Istanbuls.
Chris Hellier, F. Venturi: Villen und Paläste am Bosporus, Droemer Knaur 1994. Prachtbauten vom Dolmabahçe-Palast bis zu Holzvillen (Yalı).
Klaus Kreiser: Istanbul. Ein historisch-literarischer Stadtführer, Beck 2001.
Klaus Kreiser: Geschichte Istanbuls, Von der Antike bis zur Gegenwart, Beck 2010. Fundierte Darstellung eines Professors für Turkologie.
Wolfgang Müller-Wiener et al.: Bildlexikon zur Topographie Istanbuls, Wasmuth Ernst 1977 (nur antiquarisch).
Laura Salm-Reifferscheidt: Die Basare Istanbuls: Mosaik einer sinnlichen Welt mit 30 Rezepten, Brandstätter 2008.
Aziz Nesin: Der einzige Weg, Unionsverlag 2002
Orhan Pamuk: Die weiße Festung, Fischer 2005, auch als Audiobuch, S. 101.
Orhan Pamuk: Rot ist mein Name, SZ-Bibliothek, 2007, S. 101.
Orhan Pamuk: Istanbul. Erinnerungen an eine Stadt, Fischer 2008, S. 101.
Iris Alanyali: Gebrauchsanweisung für die Türkei, Piper 2008. Eine Deutsche in der Türkei erzählt vom Alltagsleben.
Cornelia Tomerius: Ein Jahr in Istanbul, Reise in den Alltag, Herder 2008. Wie lebt es sich in dieser Stadt zwischen Orient und Europa?
Stephane Yerasimos: Konstantinopel. Istanbuls historisches Erbe, Köln 2009. Istanbuls Kulturschätze in Text und Bild.

Wenn vergriffene Titel bei Amazon.de nicht zu finden sind, helfen spezielle Internet-Antiquariate (justbooks.de, zvab.com) weiter.

Wetter und Reisezeit

Das Klima

Die Monate Mai bis Oktober eignen sich am besten für einen Besuch von Istanbul. Durch die Lage zwischen den Meeren ist das Klima generell eher mild, extreme Temperaturen sind selten. Im Sommer bewahrt der Nordwind *(poyraz)* vor allzu großer Hitze, im Winter mildert der Südwind *(lodos)* die Kälte.

Der **Frühling** beginnt früh im März und erreicht im April bereits angenehme frühsommerliche Temperaturen zur Mittagszeit – sofort werden überall wieder die Tische und Stühle rausgestellt und die gastronomische Freiluftsaison eröffnet. Nachts kann es aber noch empfindlich kühl werden.

Die **Sommermonate** sind zumeist heiß und schwül, doch verzeichnet die Statistik selbst im Juli/August einige Regentage. Das ganze Leben der Stadt scheint sich nach draußen in die Grünanlagen und Parks der Stadt zu verlagern, wo man sich zum Picknick trifft. Unter kontinentalem Hochdruckeinfluss kann es zu längeren Hitzeperioden mit Tageshöchsttemperaturen bis zu 40 °C kommen.

Schulferien
Ferien sind in der Türkei von Mitte Juni bis Mitte September. Vor allem im August fahren Istanbuler, die es sich leisten können, an die Küsten von Ägäis und Schwarzem Meer. Umgekehrt kommen zu dieser Zeit viele Türken aus Deutschland zu Besuch in die Stadt. Touristische Pauschal- und Sonderangebote gibt es vor allem im Winter.

Der **Herbst** bringt oft starke Regenfälle Mitte September, die nicht selten Überschwemmungen verursachen – allerdings sind in der Regel die in den Tälern errichteten Neubauquartiere außerhalb des Zentrums betroffen. Im Oktober gibt es noch viele schöne Sonnentage, sogar im November kann man es draußen noch gut aushalten.

Kalt wird es in Istanbul manchmal erst im Dezember, nur selten aber fällt die Temperatur unter 0 °C. In den **Wintermonaten** von Dezember bis Februar leiden die Istanbuler stark unter Smog, der durch die weit verbreiteten Holzfeuer- und Kohleöfen hervorgerufen wird.

Tipps für die Kleidung

Bei der Auswahl der Kleidung ist zu berücksichtigen, dass man in ein Land fährt, dessen Einwohner überwiegend dem islamischen Glauben angehören.

Klimadiagramm Istanbul

Wetter und Reisezeit

> **Gut zu wissen**
> Hinweise zu **aktuellen Veranstaltungen** finden sich im Netz auf www.biletix.com, wo man gleich auch Tickets ordern kann. Über **aktuelle Trends** und Diskussionen informiert man sich auf der deutschsprachigen Seite www.istanbulpost.de. Unter www.sunexpress.com erhält man unter Reisetipps aktuelle **Wetterhinweise** und **Veranstaltungstipps** für den jeweiligen Reisemonat.

Obwohl sich viele junge Istanbulerinnen – besonders in Beyoğlu – europäisch und auch sehr sexy kleiden, ist es für Frauen eher ratsam, auf Shorts oder Minis zu verzichten, wenn sie nicht Scharen von Gigolos anlocken wollen.

Fährt man in traditionelle Wohnviertel, ist ein großes Tuch nützlich, um Schultern und Kopf zu bedecken. Männer sollten bedenken, dass in der Türkei generell sehr viel Wert auf korrekte Kleidung gelegt wird. So kann man fast alles tragen, solange es Wohlstand signalisiert, bei jeglichen offiziellen Anlässen und abends sollte man auf Shorts jedoch verzichten.

Was ist los

... im Frühling

In Istanbul ist der Lenz die kürzeste Jahreszeit: Der März ist regenreich, der April macht auch hier, was er will, sogar ein Paar Schneeflocken können noch herunterkommen! Im Mai blüht auf den Hängen des Bosporus der purpurrote Judasbaum. Bei Sonnenschein strömen die Istanbuler zu den Prinzeninseln, wo die Mimosen und der Oleander blühen. Ein Ausflug ins Umland und ein schönes Abendessen ›draußen‹ am Meer gibt den Istanbulern das Gefühl, den Winter hinter sich zu lassen.

... im Sommer

Mitte Mai wird es schlagartig heiß. Die Stadt zeigt sich von ihrer heiteren und romantischen Seite: Es beginnt die Saison der Feten und Konzerte. Mitte Juni fangen die drei Monate dauernden Schulferien an, die Stadt leert sich. Wer da bleibt, füllt die Cafés und Kneipen. Da man nun auch in und um die Stadt herum gut baden gehen kann, ist Istanbul im Sommer ein Genuss. Die Krönung der warmen Jahreszeit sind Bootsfahrten auf dem Bosporus.

... im Herbst

Die längste Jahreszeit in Istanbul ist der Herbst: Er dauert fast bis Mitte Dezember. Es ist nicht mehr so heiß und mit dem Nebel, der sich auf den Bosporus senkt, oft melancholisch. Man geht bis Ende Oktober baden, spazieren und draußen essen. Vernissagen, spätsommerliche Konzerte und die Eröffnung der Theatersaison prägen das kulturelle Leben. Und: Anfang September endet das Fischfangverbot in türkischen Gewässern, so dass sich die Auslagen der Restaurants und die Märkte mit Meeresfrüchten aller Art füllen.

... im Winter

Ab Mitte Dezember beginnt es in Istanbul fühlbar kalt zu werden. Das ist eine nasse Kälte, die in Begleitung mit Nordwind regelrecht durch die Glieder zieht. Die Istanbuler beenden ihren Tag recht früh, die Lokale sind unter der Woche nicht mehr so voll. Das junge Publikum zieht aber weiterhin unermüdlich durch die Veranstaltungsorte und Szenekneipen.

Tipps für Kurztrips und längere Aufenthalte

Für drei Tage nach Istanbul? Es gibt viele Billigangebote mit Flug, Unterbringung im 3-Sterne-Hotel, Halbpension und Stadtrundfahrt, so dass man mal eben für ein Wochenende in die Märchenwelt aus 1001 Nacht jetten kann. Doch das ganze Istanbul, das sich in einem steten Wandel befindet, lernt man auch in ein oder zwei Wochen nicht kennen; man muss eigentlich immer wieder hinfahren und dem Charme und dem facettenreichen Leben dieser Stadt nachspüren.

Istanbul sind nicht nur die malerischen Moscheen mit ihren Minaretten auf den Hügeln der Altstadt, das quirlige Treiben im Großen Basar und die Schätze des Topkapı-Palast, sondern auch die junge westliche Stadt mit ihrer schnelllebigen Szene, dem Luxus und den Nobelgeschäften, die mit jeder anderen Stadt mithalten können.

Ob man lieber eine Pauschalreise bucht oder individuell nach Istanbul reist, hängt ganz von einem selbst ab. Die Türken sind im Prinzip sehr hilfsbereit, so dass man in der Stadt gut alleine zurechtkommt. Einfacher ist es jedoch, von zu Hause aus Flug und Unterkunft zu buchen, da die meisten Hotels (auch kleinere) einen Flughafentransfer und Rabatte ab drei Übernachtungen anbieten. Die individuelle Anreise ist aber auch kein Problem, wenn das Flugzeug nicht gerade zu später Stunde in Istanbul landet. Die Touristeninformation am Flughafen vermittelt Hotels, oder man fährt einfach mit Bus oder Metro (S. 21, 22) ins Stadtzentrum und sucht sich selbst eine Unterkunft. Dann kann man sogar um den Zimmerpreis feilschen.

Istanbul auf die Schnelle

Die Vielfältigkeit der Stadt, das faszinierende Nebeneinander von europäischer und orientalischer Lebensweise lässt bereits ein kurzer Besuch Istanbuls erahnen. Was man nicht verpassen darf:

Die **Hagia Sophia** (S. 110) war einst das religiöse Zentrum des Byzantinischen Reichs, eine der zehn größten und schönsten Kirchen der Welt. Im **Topkapı-Palast** (S. 118) gleich dahinter residierten die osmanischen Sultane mit ihrem Harem. Heute zählt der Palast mit über 100 000 ausgestellten Ob-

---

Stadtrundfahrt Istanbul Vision
Die Firma Plan Tours (S. 19) bietet klassische mehrsprachige Stadtrundfahrten mit dem roten Doppeldeckerbus **Istanbul Vision** an. Die Abfahrt erfolgt täglich um 11, 14 und 17 Uhr vor der Hagia Sophia, die Rundfahrt dauert ca. 2 Stunden und kostet pro Person 20 €.

Tipps für Kurztrips

jekten zu den größten Museen der Welt.

Die **Sultan Ahmet-Moschee** (S. 145), auch Blaue Moschee genannt, ist mit ihren sechs Minaretten die Hauptmoschee Istanbuls. Orientalisches Flair ist im **Großen Basar** (S. 164, 166), dem Einkaufsparadies von Istanbul, zu spüren. Dagegen wird man auf der **İstiklal Caddesi** (S. 223) in Beyoğlu vom Schick der modernen Türkei beeindruckt.

Nicht verpassen sollte man auch einen **Bosporus-Ausflug** (S. 254), ob ins nahe und teure Ortaköy oder ins ferne Anadolu Kavağı, um vor dem steten Strom der passierenden Schiffe frischen Fisch zu essen.

Istanbul mit Muße

Istanbul und die Kunst: Die Stadt bietet mehrere sehenswerte Museen zu Kunst und Malerei des 19. und 20. Jh.: Istanbul Modern (S. 216), Sakıp Sabancı-Museum (S. 256), Pera-Museum (S. 223) und nicht zuletzt die Kunst-Biennale (S. 49, 50) bieten spannende Auseinandersetzungen mit älteren und zeitgenössischen Strömungen.

Istanbul und die Sultane: Neben dem berühmten Topkapı-Palast lässt sich der märchenhaften Prachtentfaltung der Sultane nachspüren im Dolmabahçe Sarayı (S. 239), im Yıldız-Schloss (S. 245), im Ciragan Palace Hotel (S. 244) oder im Beylerbeyi-Palast (S. 260).

Modernes Istanbul: Das moderne Leben der Stadt spielt nicht im alten Zentrum, auch nicht in Beyoğlu, sondern in den nördlichen Stadtvierteln Richtung Bosporus-Brücken. Hinter Taksim folgen Nişantaşı und Şişli, beides Erweiterungen der 1970er Jahre. Hinter der E-5 Autobahn schließt dann Levent an, dessen Zentrum Levent IV (gesprochen *Dördüncü Levent)* ist. Business-Hochhäuser säumen den Weg nach Etiler, wo mit dem Akmerkez Shopping Center eine der größten Einkaufspassagen der Türkei steht. Zwischen Etiler und der Burg Rumeli Hisarı liegt die ›amerikanische‹ Boğaziçi University, eine der Campus-Hochschulen am Bosporus-Ufer. Als Ausgehviertel der Studenten haben inzwischen Bebek und vor allem Ortaköy Karriere gemacht.

Romantische Ecken: Romantische Plätze gibt es in Istanbul viele, allen voran der Blick in den Sonnenuntergang über den Minaretten der Altstadt von der Galata-Brücke (S. 182). Aber auch der ruhige Teegarten im Gülhane Parkı (S. 134), die mittelalterlichen Gassen unterhalb des Galata-Turms (S. 220) oder der Blick von Rumeli Hisarı auf die Bosprusbrücke bieten das gewisse unvergessliche Flair.

Stadtrundfahrten und Führungen

Bei Buchung einer Pauschalreise sind immer Stadtrundfahrten oder Führungen inclusive. Zusätzlich bieten die großen Hotels Ausflüge wie eine Fahrt mit dem Bosporus-Schiff, einen Besuch der Prinzeninseln oder andere Fahrten ins Umland an. Dort kann man sich erkundigen und auch am Angebot teilnehmen, ohne selbst Gast des jeweiligen Hotels zu sein.

Ausflugfahrten: Plan Tours ist in der Türkei der größte Anbieter für Ausflüge. Neben Führungen zu bestimmten Themen wie z. B. ›1001 Nacht – Istanbul bei Nacht‹ oder ›Die osmanische Stadt‹ bieten sie auch Ausflüge in die Umgebung, z. B. nach Bursa, der ersten osmanischen Hauptstadt, an: www.plantours.com, Büro Sultanahmet, gegenüber Hagia Sophia, Tel. 0212 458 18 00, Büro Beyoğlu, Çiragan Palace Hotel, Tel. 0212 227 44 02

Anreise und Verkehrsmittel

Einreisebestimmungen

Bürger von Deutschland und der Schweiz können mit einem Reisepass, bei Fluganreise auch mit einem Personalausweis einreisen, Österreicher benötigen den Pass und müssen an der Grenze ein Touristenvisum erwerben (berufliche Visa erteilen nur die Konsulate). Kinder unter 16 Jahren sollten einen eigenen Kinderpass mit Lichtbild besitzen. Wer länger als drei Monate bleibt, braucht eine Genehmigung der örtlichen türkischen Fremdenpolizei.

Bei Einreise mit dem **eigenen Auto** ist neben dem EU-Führerschein und dem KFZ-Schein auch die internationale grüne Versicherungskarte nötig. Das Auto wird an der Grenze in den Reisepass des Halters eingetragen.

Zoll

Zollfrei dürfen Geschenke im Gegenwert von bis zu 250 € in die Türkei eingeführt werden. Ausländische Währungen dürfen in unbegrenzter Höhe eingeführt werden.

Die Einfuhr von Waffen ist untersagt, sehr hohe Strafen werden für Rauschgiftbesitz verhängt (in der Regel 20 Jahre Haft). Die Ausfuhr von Antiquitäten, gleichgültig, ob sie gekauft oder gefunden wurden, ist streng verboten.

Anreise

... mit dem Flugzeug

Der Istanbuler Flughafen Atatürk Hava Limanı wird von allen wichtigen europäischen Flughäfen aus mehrmals täglich angeflogen. Die Flugzeit beträgt von Frankfurt ca. 2,5 Std. (unterwegs die Uhr umstellen – in der Türkei ist es 1 Std. später als in Westeuropa). Der zweite Flughafen, der Sabiha Gökçen Airport auf der asiatischen Seite, ist ca. 30 km und eine Bosporus-Brücke vom Stadtzentrum entfernt und wickelt inzwischen v. a. Inlandflüge ab. Auch der Billigflieger Germanwings landet seit 2010 nicht mehr dort (aber immer noch nachts zwischen 2 und 6 Uhr).
Info: www.ataturkairport.com, www.sgairport.com

Vom Flughafen in die Stadt: Den Transfer in die Stadt übernehmen oft die gebuchten Hotels. Ansonsten nimmt man ein Taxi (ca. 25 €, S. 22) oder den Flughafenbus (Havaş Otobus), der von 7 bis 23.30 Uhr halbstündlich über Aksaray und Şişhane zum Taksim-Platz in Beyoğlu fährt (4 €). Am schnellsten gelangt man mit der Hafif Metro (s. S. 22) nach Aksaray (tgl. zwischen 6 und 24 Uhr, ca. 35 Min.). Wer nach Sultanahmet oder Beyoğlu muss, steigt in Zeytinburnu in die Tramvay um.

... mit der Bahn

Die kürzeste Fahrt mit der Bahn führt über München – Wien – Sofia zum Bahnhof Sirkeci (ca. 30 Std.). Ab Villach/Österreich wird von Optima Tours und DB auch ein Autoreisezug eingesetzt, der allerdings nur bis Edirne fährt (www.optimatours.de).

... mit dem Schiff

Anreise per Schiff von Italien aus ist derzeit nur in der Saison und mit Stoppover Patras/Piräus (GR) nach Çeşme (Ägäisküste) möglich.

... mit dem Auto

Die kürzeste Route führt durch das ehemalige Jugoslawien (Ljubljana – Zagreb – Belgrad – Niš – Sofia – Plovdiv – Edirne; ca. 2000 km, 2–3 Tage). Dabei

Anreise und Verkehrsmittel

sind aber Visagebühren, Grenzwartezeiten und auch Abzockerei durch (echte und falsche) Polizisten einzuplanen. Über die Durchreiseformalitäten informieren die Automobilclubs oder die Länderinfos des Auswärtigen Amtes (www.auswaertiges-amt.de).

Etwas länger, aber sicherer ist die ›EU-Route‹ über Ungarn, Rumänien und Bulgarien (Wien – Budapest – Bukarest – Edirne). Abwechslungsreicher ist die Strecke über Italien und Griechenland (Ancona – Igoumenitsa – Thessaloniki – Edirne; Fährlinien unter www.faehren.info).

Autofahren

Verkehrsregeln: Außerhalb geschlossener Ortschaften beträgt die Höchstgeschwindigkeit für Pkw 90 km/h, innerhalb der Ortschaften 50 km/h, auf Autobahnen 120 km/h. Es bestehen Gurtpflicht und ein Alkohollimit von 0,5 Promille für Privatfahrer bzw. 0 Promille für Berufsfahrer.

Tankstellen sind auch sonntags geöffnet. Bleifrei heißt *kurşunsuz,* Super ist *süper* und Diesel *mazot* oder *petrol*.

Verkehr in Istanbul: Es ist ratsam, den Wagen auf einem bewachten Parkplatz abzustellen und auf öffentliche Verkehrsmittel umzusteigen. Zur Hauptverkehrszeit ist die Straßensituation sehr unübersichtlich, da keine Fahrbahnmarkierungen mehr gelten. Das ständige Hupen türkischer Fahrer ist etwas gewöhnungsbedürftig.

Unfälle: Auch bei Sachschäden muss stets die Polizei gerufen und ein Alkoholtest gemacht werden. Bei schweren Schäden sollte man sich über das Konsulat einen Anwalt vermitteln lassen. Inhabern eines Auslandsschutzbriefs bietet der Türkische Automobilclub (Türkiye Turing ve Otomobil Kurumu – TTOK) Hilfestellung.

Verkehrsschilder

Dikkat	Achtung
Dur	Stopp
Yavaş	Langsam
İnşaat	Baustelle
Taşıt Giremez	Gesperrt
Tek Yön	Einbahnstraße
Park Yapılmaz	Parkverbot
Şehir Merkezi	Stadtzentrum
Çıkış	Ausfahrt

TTOK Zentralbüro: Istanbul, Levent IV, 1. Oto Sanayi Sitesi Yani Tel. 0212 282 81 40, Fax 0212 282 80 42

Verkehrsmittel in Istanbul

Busse

Linienbusse der IETT sind das billigste Fortbewegungsmittel in der Stadt. Fahrscheine erhalten Sie an Kiosken bei allen wichtigen Haltestellen. Jede Fahrt innerhalb der Stadt hat den gleichen Preis. Beim Umsteigen ist jedoch immer ein neuer Fahrschein nötig.

Wenn Sie häufiger mit dem Bus fahren wollen, empfiehlt es sich, einen Block mit zehn Tickets zu kaufen. Das Akbil ist ein aufladbarer Magnetchip, der eine Nutzung aller Linien ermöglicht. Der relativ hohe Grundpreis macht es für Touristen aber erst bei längerem Aufenthalt rentabel.

Einen Netzplan erhalten Sie bei den Informationsstellen. Die Fahrtziele sind durch ein Schild an der Frontscheibe angezeigt. Nennen Sie beim Einsteigen dem Fahrer Ihren Zielort, und er wird Sie rechtzeitig auf die Ankunft hinweisen. Die zentrale Busstation, von der man in alle Stadtteile gelangen kann, befindet sich bei der Galata-Brücke in Eminönü. Weitere zentrale Haltestellen liegen in Beyazıt, Aksaray und am Taksim-Platz.

Reiseinfos

Dolmuş sind Sammeltaxis mit festen Preisen. Wie Busse befahren sie feste Strecken. Sie sind billiger als Taxis und nehmen unterwegs ohne feste Haltestellen neue Fahrgäste auf bzw. setzen sie ab, wo diese es möchten.

Mit den **InterCity-Bussen** verschiedener Firmen kann man preiswert Ausflüge in die Region (Edirne, Bursa) unternehmen. Die zentrale Busstation ist der Esenler Otogar (eine Station der Hafif Metro). In diesen Bussen haben Frauen das Recht, nicht neben einem Mann zu sitzen.

Bahnen und Metro

Info: www.istanbul-ulasim.com.tr

Tramvay: Eine sehr praktische Express-Straßenbahn (TR 1) fährt durch den historischen Stadtbereich (Beyazit, Sultanahmet), über das Goldene Horn bis nach Kabataş südlich vom Dolmabahçe-Palast (dort Anschluss an den Fünüküler zum Taksim-Platz) und über Aksaray bis nach Zeytinburnu (dort Anschluss an Hafif Metro).

Metro: Es gibt zwei U-Bahnsysteme: Die **Hafif Metro** (Light Railway, HM 1) führt von Aksaray über Esenler (Busbahnhof) und Zeytinburnu bis zum Atatürk-Flughafen (Havalimanı). Die **Metro** (M 1) beginnt am Taksim-Platz und führt über Şişli nach Levent IV. Sie soll noch über das Goldene Horn bis Yenikapı verlängert werden.

Tünel und Fünüküler: Standseilbahnen erleichtern die steilen Aufstiege von Karaköy nach Beyoğlu und von Kabataş zum Taksim-Platz.

Nostalgia Tram: Eine historische Straßenbahn verkehrt auf der İstiklal Caddesi in Beyoğlu sowie im asiatischen Ortsteil Kadıköy.

Banliyö Tren: Vorortbahnen fahren von Sirkeci am Marmarameer entlang über Yedikule bis nach Halkalı (B 1) bzw. auf der asiatischen Seite von Haydarpaşa bis nach Gebze (B 2).

Fähren

Die Turkish Maritime Lines (Türkiye Denizcilik İsletmeleri (TDI), Info: www.tdi.com.tr) betreibt Fährschiffe (Vapur), die stündlich zwischen der europäischen Seite (z. B. Eminönü, Karaköy und Beşiktaş) und der asiatischen Seite (z. B. Üsküdar und Kadıköy) verkehren. Solche Boote fahren auch zu den Prinzeninseln und zu den Stadtteilen am oberen Bosporus (ab Kabataş). Die Fahrkarten gibt es jeweils am Schalter bei der Ablegestelle (İskele).

Die meisten Ablegestellen kann man auch mit den Passagierbooten der **Şehirhatları** (›Stadtlinien‹) erreichen. Sie fahren meist in kürzeren Zeitabständen, bezahlt wird an Bord. Diese Linien steuern auch die Stadtteile am Goldenen Horn an, wenn auch mit kleineren Booten. Dazu betreibt die TDI auch eine **Autofähre** (*Araba Vapuru*), die zwischen Sirkeci und Harem an der asiatischen Küste pendelt.

Zusätzlich verkehren schnellere (und teurere) **Deniz Otobüsü** (›Wasserbusse‹) zwischen Karaköy, Kabataş bzw. Yenikapı auf der europäischen und Kadıköy bzw. Bostancı auf der asiatischen Seite. Info: www.ido.com.tr

Taxi

Taxis sind gelb und haben die Aufschrift *Taksi* auf dem Dach. Achten Sie darauf, dass zwischen 6 und 24 Uhr das Taxameter mit Tagtarif (*gündüz*) eingestellt ist. Nachts (*gece*, 24–6 Uhr) gilt ein höherer Tarif. Vom Flughafen ins Zentrum rechne man ca. 25 €.

Mietwagen

An den Flughäfen und in allen größeren Hotels können Autos gemietet werden, Kleinwagen z. B. ab 22 €. Das Mindestalter beträgt 21 Jahre, man muss Führerschein und Ausweis vorlegen, zur Abrechnung (auch der Kaution) ist eine Kreditkarte vorteilhaft.

Übernachten

Das Hotelangebot in Istanbul hat Metropolenniveau. In den 1990ern eröffneten zahlreiche neue Boutiquehotels, vorwiegend in restaurierten Holzvillen der osmanischen Ära. Dazu kamen seit 2000 hochmoderne, gut ausgestattete City-Hotels. Frühstück ist in den Istanbuler Hotels meist im Preis inbegriffen, WLAN-Nutzung oft kostenlos.

Das Angebot konzentriert sich auf zwei Bezirke: Die historische Halbinsel um die Serailspitze mit dem Topkapı-Palast herum und das alte Pera (Beyoğlu). Wer abends gerne ausgeht und mehr am Kultur- und Cityleben interessiert ist, sollte sich eine Unterkunft in Beyoğlu, um den Taksim-Platz herum, suchen. Wer lieber das klassische Sightseeing-Programm mit ruhigen Abenden vorzieht, ist mit den Hotels in Sultanahmet gut beraten.

Hotels mittlerer Preisklasse gibt es zahlreich im Stadtteil Aksaray, südlich des Valens-Aquädukts – allerdings ist die Umgebung dort nicht besonders reizvoll. Die Luxushotels Istanbuls konzentrieren sich nördlich des Taksim und direkt am Bosporus.

Preise und Rabatte

Die hier genannten Preise für ein Doppelzimmer mit Frühstück geben immer die günstigsten Tarife für die Wintersaison an und sind Vergleichswerte: Die Hotelpreise unterliegen großen saisonalen Schwankungen (+ 50 % zu internationalen Events oder Ferienterminen), sind aber stets verhandelbar. Vor allem, wenn man länger als fünf Tage bleibt, sind erhebliche Abschläge zu erreichen. Wenn man vor Ort bucht, sind die Preise stets deutlich günstiger als bei Internetbuchung – man trägt natürlich das Risiko, dass kein Zimmer mehr frei ist. In der Regel geben die Hotels ihre Preise in Euro oder US$ an, man kann natürlich in Türkischer Lira zahlen.

Buchung im Internet
Es gibt verschiedene, auf Istanbul spezialisierte Hotelbuchungsportale im Internet, z. B. www.istanbulshotels.com oder www.hotelsinistanbul.net. Nützlich ist auch ein Blick auf www.hotelcheck.de mit ausführlichen Bewertungen und Kataloginformationen.

Edel und teuer

Entführung ins Serail – **Çırağan Palace Kempinski Istanbul** 1: ▶ N 1, Innenkarte S. 242, Beşiktaş, Çırağan Cad. 84, Tel. 0212 326 46 46, www.kempinski-istanbul.com, Bus Çırağan, Fähre Beşiktaş, DZ ab ca. 400 € (20 % Rabatt bei Frühbuchungen). Der alte Sultanspalast (S. 244) dient seit 1991 als Hotel der exklusiven Kempinski-Kette, mit luxuriösen Zimmern und Suiten sowie mehreren Restaurants, Bars und einem Night-Club. Auf der Terrasse finden oft Sommerhochzeiten statt; in deutsche Schlagzeilen gelangte das Hotel 2001, als Helmut Kohls Sohn Peter seine Hochzeit hier feierte.

Für jede Jahreszeit – **Four Seasons Hotel** 2: ▶ Karte 3, K 7, Sultanahmet, Tevkifhane Sok. 1, Tel. 0212 638 82 00, www.fourseasons.com/istanbul, Bus/Tramvay Sultanahmet, DZ ab 320–420 €. Der klassizistische Bau diente zeitweise der Universität, dem Parlament, dem Gericht sowie dem Finanz-

Reiseinfos

ministerium, von 1910 bis 1916 sogar als Gefängnis für Prominente. 1996 wurde es als Luxushotel wiedereröffnet. Der Innenhof, von vier in warmen Gelbtönen gestrichenen Achtecktürmen umgeben, enthält ein türkisches Spezialitätenrestaurant. Eine Dependance eröffnete 2009: **Four Seasons at the Bosphorus** (Beşiktaş, Çırağan Caddesi 28, Tel. 0212 381 40 00, Fax 0212 381 40 10, www.fourseasons.com/bosphorus) residiert in einem osmanischen Palast mit schönem Garten, Pool und Wellnessbereich. Eigenes Shuttle-Boot in die City – dieselbe Preisklasse.

Fein mit Roofbar – **Ceylan InterContinental** 3: ▶ K 1, Taksim, Asker Ocağı Cad. 1, Tel. 0212 368 44 44, www.intercontinental.com.tr, Metro/Bus Taksim, DZ ab 280 €. Das um 2000 aufwendig restaurierte Haus liegt am Gezi-Park, wenige Minuten vom Taksim-Platz entfernt. Viele der geräumigen Zimmer haben Bosporus-Blick. Fünf Restaurants mit internationaler und osmanischer Küche, Hamam, Sauna, Außenpool und die legendäre Pianobar auf der Dachterrasse.

Zentral und komfortabel – **Eresin Crown Hotel** 4: ▶ Karte 3, J 8, Sultanahmet, Küçük Ayasofya Cad. 40, Tel. 0212 638 44 28, www.eresincrown.com.tr, Bus/Tramvay Sultanahmet, DZ ab 160 €. Das Hotel in einem klassizistischen Gebäude in der Nähe der Blauen Moschee besitzt neben anderen Annehmlichkeiten als Besonderheit eine kleine archäologische Privat-

Luxusunterkunft zwischen Hagia Sophia und Blauer Moschee: Four Seasons Hotel

Übernachten

sammlung mit Objekten aus antiker und byzantinischer Zeit. Von der Dachterrasse blickt man über die Seemauer auf das Marmarameer, auf der anderen Seite sehr effektvoll zur Blauen Moschee und zur Hagia Sophia.

Charmant und zeitlos – **Hilton Istanbul Hotel 5**: ▶ K 1, Innenkarte S. 242, Harbiye, Cumhuriyet Cad., Tel. 0212 315 60 00, www.hilton.de/istanbul, Bus Elmadağ, Metro Taksim (Ausgang Gezi Park), DZ ab 180–205 €. Das Haus, eingebettet in eine Grünanlage oberhalb des Taksim, bietet den zu erwartenden Komfort. Die sachliche Architektur des 1950er-Jahre war der erste Hotelgroßbau auf den europäischen Anhöhen des Bosporus. Neben Sportanlagen und vielen anderen Attraktionen gibt es im Herbst auch eine kleine Version des Münchner Oktoberfests.

Fondue mit Bosporus-Blick – **Swissôtel The Bosphorus 6**: ▶ L 1, Maçka, Bayıldım Cad. 2, Tel. 0212 326 11 00, www.swissotel.com.tr, Bus Yıldız Teknik Üniversitesi, DZ ab 270 €. Oberhalb des Dolmabahçe-Palasts am Bosporus gelegen, bietet die große Luxus-Anlage einen wunderbaren Blick übers Meer. Vor allem das Restaurant und der Außenpool sind bei den Istanbulern sehr beliebt.

Komfortabel und stilvoll

City-Oase – **Yeşil Ev Oteli 7**: ▶ Karte 3, K 7, Sultanahmet, Kabasakal Cad. 5, Tel. 0212 517 67 85, www.istanbulyesilev.com, Bus/Tramvay Sultanahmet, DZ ab 220 €. Der restaurierte Holzpalast des 19. Jh., ›das grüne Haus‹ (Yeşil Ev), liegt direkt zwischen Hagia Sophia und Sultanahmet Camii. Die Gäste sollen gutbürgerliches Wohnen des 19. mit den Annehmlichkeiten des 21. Jh. erleben können. Eine Besonderheit in dieser zentralen Lage ist der einladende hintere Garten, in dem bei entsprechender Witterung auch die Mahlzeiten serviert werden.

Holzhäuser mit Luxusambiente – **Ayasofya Konakları 8**: ▶ Karte 3, K 6, Sultanahmet, Soğukçeşme Sok., Tel. 0212 513 36 60, www.ayasofyakonaklari.com, Bus/Tramvay Sultanahmet, DZ ab 110 €, Suiten 150 €. Vom Türkischen Automobilclub 1986 restaurierte Holzhäuser des 19. Jh. an der Außenmauer des Topkapı Sarayı, geadelt durch prominente Besucher. Die Zimmer sind liebevoll mit Antiquitäten des 19. Jh. ausgestattet. Die Verdienste von Çelik Gülersoy, des Präsidenten des Clubs, um die Denkmalpflege der Stadt wird an diesen Gebäuden deutlich. Mit ihnen hat er den Wert der alten Holzhäuser verdeutlicht, und sein kommerzieller Erfolg hat erfreulicherweise Nachahmer gefunden. Wenn möglich, ein Zimmer zur Straße nehmen.

Alter Griechenpalast – **Hotel Daphnis 9**: ▶ E 3, Fener, Dr. Sadik Ahmet Cad. 12, Tel. 0212 531 48 58, www.hoteldaphnis.com, Bus/Taxi von Eminönü nach Fener, DZ 110 €. In einem ehrwürdigen, edel renovierten Griechenhaus aus Holz residiert dieses Boutiquehotel mit Blick über das Goldene Horn. Moderner Komfort verbindet sich hier mit historischem Edelflair. Angeschlossen das nicht minder ambitionierte Restaurant Kozz.

Autofreie Zone – **Splendid Palace 10**: ▶ Karte 5, D 4, Büyükada, Nisan Cad. 71, Tel. 0216 382 69 50, www.splendidhotel.net, Fähre Büyükada, DZ ab 90 €. Wer bei seinem Ausflug auf die Prinzeninseln übernachten will, findet in dem 1908 errichteten und in den 1990ern renovierten Hotel die geeig-

Reiseinfos

nete Unterkunft. Der sehenswerte Bau ist etwas für Romantiker: das ehrwürdige Haus überzeugt durch den liebenswerten Charme der Belle Époque.

Zimmer als Kunstwerk – **Eklektik Galata** 11: ▶ Karte 2, H 3, Beyoğlu, Serdarı Ekrem Cad., Kadrı Bey Cikmazı 4, Tel. 0212 243 74 46, www.eklektikgalata.com, Metro Taksim, İstiklal-Straßenbahn Galatasaray, Seilbahn Tünel, Anfahrt DZ ab 85 €. Ein feines Boutique-Hotel in Galata nahe der İstiklal und dem Ausgehviertel Istanbuls. Die Zimmer sind alle unterschiedlich als Gesamtkunstwerk gestaltet – wirklich sehenswert! Von der Terrasse zum Sonnenbaden ein toller Blick zum Galata-Turm.

Nettes Cityhotel – **Richmond Istanbul** 12: ▶ Karte 2, H 3, Taksim, İstiklal Cad. 445, Tel. 0212 252 54 60, www.richmondhotels.com.tr, Tramvay/Seilbahn Tünel, DZ ab 80 €. Die Adresse dieses feinen Hotels direkt an der İstiklal Caddesi wird diejenigen begeistern, die nach ausgiebigen Streifzügen durch die Bars von Pera Wert auf einen kurzen Weg in ihre Unterkunft legen. Vom nahen Taksim aus sind alle Plätze in Istanbul per Bus gut zu erreichen.

Beliebt in der Altstadt – **Kybele Hotel** 13: ▶ Karte 3, J 7, Sultanahmet, Yerebatan Cad. 35, Tel. 0212 511 77 66/67, www.kybelehotel.com, Tramvay Sultanahmet, DZ 80 €. Hübsches, familiäres Hotel mit Garten, das zentral gelegen ist. Es ist reich mit Antiquitäten ausgestattet. Das Markenzeichen sind Lampen, die hier überall in bedrängender Dichte herabhängen.

Zentral und bequem – **Yaşmak Sultan Hotel** 14: ▶ Karte 3, J 6, Eminönü, Ebusuud Cad. 18–20, Tel. 0212 528 12 43, www.hotelyasmaksultan.com, Bus/Fähre/Tramvay Eminönü, DZ ab 75 €. Das Hotel liegt in der Nähe vom Ägyptischen Basar. Der zentral gelegene Komplex verfügt über eigene Restaurants sowie ein Fitness-Center mit angeschlossenem Hamam.

Charme der Belle Époque – **Büyük Londra Hotel** 15: ▶ Karte 2, H 2, Tepebaşı, Meşrutiyet Cad. 107, Tel. 0212 245 06 70, www.londrahotel.net, İstiklal-Straßenbahn Odakule, Bus/Metro Taksim, DZ renoviert ab 75 €, DZ unrenoviert ab 50 €. Ein günstiges Hotel, das 1850 als Wohnhaus für eine griechische Kaufmannsfamilie erbaut wurde. Es spiegelt immer noch den Zustand, wie ihn Istanbulreisende in den 1920er-Jahren vorgefunden haben, so etwa Ernest Hemingway, der hier während des Ersten Weltkriegs als Journalist logierte.

An der Chora-Kirche – **Kariye Oteli** 16: ▶ C 3, Kariye Camii Sok. 18, Tel. 0212 534 84 14, www.kariyeotel.com, Bus Kariye, DZ ab 70 €. Vom Türkischen Automobilclub restaurierter Holzpalast aus dem 19. Jh., in ruhiger Lage direkt neben dem Chorakloster, ein romantischer Klassiker unter den Empfehlungen für gehobenen Wohnkomfort, allerdings recht weit außerhalb gelegen.

Nahe İstiklal – **Pera Rose** 17: ▶ Karte 2, H 2, Beyoğlu, Meşrutiyet Cad. 87, Tel. 0212 243 15 00, www.perarose.com, Metro Taksim, İstiklal-Straßenbahn Odakule, DZ ab 69 €, ab 39 € bei Internetbuchung. Ein schick gestyltes Hotel nahe der İstiklal-Straße mit Fitness-Center, Sauna und Massagestudio. Die Zimmer sind freundlich und mit LCD-TVs und WLAN ausgestattet. Das Restaurant Camden im Erdgeschoss serviert Tex-Mex-Küche zu internationaler Musik.

Übernachten

Ausblick zum Träumen von einem Hotel in Galata

Einfach und günstig

Zentral und freundlich – **Pierre Loti Hotel** 18: ▶ Karte 3, J 7, Çemberlitaş, Piyerloti Cad. 5, Tel. 0212 518 57 00, www.pierrelotihotel.com, Tramvay Sultanahmet, DZ ab 60 €. Der Charme dieses eher einfachen Hotels liegt in seinem Garten, von dem aus man dem bunten Treiben auf der Straße zuschauen kann.

Schöner Ausblick – **Erboy Hotel** 19: ▶ Karte 3, J 6, Eminönü, Ebusuud Cad. 32, Tel. 0212 513 37 50, www.erboyhotel.com, Bus/Fähre/Tramvay Eminönü, DZ ab 55 €. Für den Preis komfortables Hotel in zentraler Lage. Das Restaurant Paşazade mit osmanischer Küche auf der Dachterrasse bietet einen schönen Blick über die Stadt.

In der Fußgängerzone – **Troya Hotel** 20: ▶ Karte 2, H 2, Beyoğlu, Arap Camii, Meşrutiyet Cad. 45, Tel. 0212 251 82 07, www.hoteltroya.com, Bus/İstiklal-Straßenbahn/Metro Taksim oder Galatasaray, DZ ab 50 €. Das nüchterne, aber nett geführte Stadthotel ist 250 m vom Taksim-Platz und 50 m von der Flaniermeile İstiklal entfernt. Die im französischen Blümchenstil eingerichteten Zimmer bieten WLAN und Sat-TV. Modern stylish eingerichtetes Restaurant mit italienischer Küche.

Toller Blick – **And Hotel** 21: ▶ Karte 3, J 7, Sultanahmet, Yerebatan Cad.,

Reiseinfos

Cami Cikmazi 36–40, Tel. 0212 512 02 07, www.andhotel.com, Tramvay Sultanahmet, DZ ab 50 €. Schon die Aussicht ist toll: Vom Restaurant auf der Dachterrasse überblickt man Haghia Sophia, Topkapı-Palast und Galata-Turm in einem fantastischen Panorama … Ansonsten freundliche Zimmer in ruhiger Lage mit gutem Preis-Leistungsverhältnis!

Nahe beim Großen Basar – **Eyfel Hotel** 22: ▶ F 6, Beyazıt, Kurultay Sok. 19, Tel. 0212 520 97 88, www.hoteleyfel.com, Bus/Tramvay Beyazit, DZ ab 50 €. Etwas plüschiges Mittelklassehotel mit gutem Komfort. Auf der Dachterrasse gibt es einen kleinen Pool, dazu Bar, Sauna, Fitness-Raum. Interessant für Autofahrer: Das Hotel hat eine Tiefgarage.

Auf der asiatischen Seite – **Harem Hotel** 23: ▶ Karte 4, F 3, Üsküdar, Selimiye, Ambar Sok. 2, Tel. 0216 310 68 00, www.haremhotel.com, Autofähre/İDO-Wasserbus Harem, DZ ab 50 €. Das 3-Sterne-Hotel mit eigenem Pool liegt am asiatischen Bosporus-Ufer nahe der Selimiye-Kaserne. Die Altstadt, die immer wunderschön im Blick liegt, erreicht man leicht mit den Fähren, da die Anlegestelle des Stadtteils Harem direkt unterhalb des Hotels liegt.

Mit oder ohne Bad – **Side Hotel & Pension** 24: ▶ Karte 3, K 7, Cankurtaran, Utangaç Sok. 20, www.sidehotel.com, Tramvay Sultanahmet, DZ ab 35 € (Pension) bzw. 60 € (Hotel), Apt. ab 70 €. Das ältere Hotel unterhalb von Topkapı hat Zimmer mit Dusche/Bad, aber auch welche mit Gemeinschaftsdusche, außerdem gibt es Apartments. Die Zimmer sind romantisch im mediterranen Stil eingerichtet, Metallbetten und Holzfußböden sorgen für Flair. Die zentrale Lage, der günstige Preis und die Dachterrasse gleichen manchen Mangel aus.

Hostels und Herbergen

Nicht nur für Jugendliche – **Antique Hostel** 25: ▶ Karte 3, K 7, Sultanahmet, Kutlugün Sok. 51, Tel. 0212 638 16 37, www.antiquehostel.com, Tramvay Sultanahmet, DZ 30–35 €. Ein sehr einfaches, nett geführtes Hotel der unteren Mittelklasse im ›Touristenviertel‹. Frühstück gibt's auf der Dachterrasse mit Blick zur Hagia Sophia. Preis-Leistungsverhältnis sehr überzeugend. WLAN und auch Schlafsäle (11–13 €/Pers.).

Basic in Aksaray – **Pisa Hotel** 26: ▶ F 6, Laleli, Fethibey Cad., Kurultay Sok. 3/1, Tel. 0212 526 18 78, www.pisahotelistanbul.com, Tramvay/Bus Laleli, DZ ab 30 €. Einfaches Hotel mit den nötigsten Annehmlichkeiten, rustikale Zimmer, Bar. Das historische Zentrum ist gut zu Fuß oder mit der Tramvay zu erreichen.

Für Nachtschwärmer – **International House Istanbul** 27: ▶ Karte 3, J 3, Beyoğlu, İstiklal Cad./Zambak Sok. 5, Tel. 0212 244 37 73, www.ihouseistanbul.com, Metro/Bus Taksim Meydanı, 10 €/Pers. im 4-Bett-Zimmer, 30 € DZ. Nur 50 m vom Taksim-Platz entfernt, mitten im Istanbuler Nachtleben. Sehr einfache, saubere Unterkunft mit freundlichen, hilfsbereiten Wirten.

Für Anspruchslose – **Orient Hostel** 28: ▶ Karte 3, K 7, Sultanahmet, Akbıyık Cad. 13, Tel. 0212 517 94 93, www.orienthostel.com, Tramvay Sultanahmet, ab 10 € pro Person im Schlafsaal. Zentral gelegene, leider etwas laute Traveller-Herberge. Die Cafeteria hat eine Internetecke, die Aussicht von der Bar auf dem Dach ist super.

Essen und Trinken

Die türkische Küche

Die türkische Küche gehört zu den vielseitigsten der Welt. Ihre Wurzeln reichen weit in die Zeit des Osmanischen Reichs und dessen multikultureller Gesellschaft zurück. In der Rakı-Tafel mit ihren vielen verschiedenen kleinen Gerichten *(mezeler)* haben sich die alten Essgewohnheiten erhalten. Nette Gesellschaft und eine Flasche Rakı (s. u.) können den Abend zum unvergesslichen Erlebnis werden lassen.

Die **Mezeler,** also Salate, Pürees oder ausgebackenes Gemüse, wählt man aus dem Angebot, das in Glasvitrinen ausgestellt wird oder in vornehmen Restaurants *(restoran)* zur Selbstbedienung bereitsteht. In guten einfachen Speiselokalen *(lokanta)* geht häufig ein Kellner mit einem Tablett, auf dem die Mezeler auf kleinen Tellern angeboten werden, von Tisch zu Tisch. Es fällt schwer, sich nicht bereits an diesen Köstlichkeiten satt zu essen, bevor man zum Hauptgericht übergeht.

Bei der Zubereitung der Speisen wird mit Olivenöl, Kräutern und mitunter auch scharfen Gewürzen nicht gespart. Weißbrot und Wasser begleiten jedes Gericht.

Getränke

In jedem Restoran oder Lokanta wird einfaches **Wasser** in Flaschen oder Karaffen zum Essen gereicht (fast immer im Preis inbegriffen). **Sprudelwasser** *(soda* bzw. *maden suyu)* müssen Sie extra bestellen. An alkoholfreien Getränken gibt es neben westlichen Soft Drinks auch köstliche **Fruchtsäfte,** von denen besonders der Kirschsaft *(vişne suyu)* zu empfehlen ist. **Ayran**, ein Getränk aus mit Wasser verdünntem, leicht gesalzenem Joghurt, löscht während der heißen Sommermonate hervorragend den Durst. In weithalsigen Glasflaschen ist er auch an Kiosken erhältlich.

Der türkische **Mokka** *(türk kahvesi)* beendet traditionell jede Mahlzeit. Das sehr fein gemahlene Kaffeepulver wird mit Zucker und Wasser aufgekocht. Deshalb muss man schon bei der Bestellung sagen, ob er schwarz *(sade)*, mittelstark gesüßt *(orta şekerli)* oder sehr süß *(şekerli)* werden soll. Da die Türkei heute keine eigenen Kaffeeplantagen mehr hat und der Import hoch besteuert wird, ist der Verbrauch stark zurückgegangen. Schwarzer Tee *(çay)*, erzeugt an der Schwarzmeerküste, hat die Rolle des Kahve übernommen und wird allerorts angeboten.

Den Genuss von Wein hat Mohammed verboten, deshalb trinken die Türken gerne **Rakı,** einen 45–50-prozentigen Branntwein aus getrockneten Trauben mit Anisgeschmack, der dem griechischen Ouzo ähnelt. Meist wird Rakı nicht pur getrunken, sondern mit Wasser verdünnt, wobei er eine milchig weiße Farbe erhält. Mitunter nennen die Türken ihn daher *aslan sütü* ›Löwenmilch‹.

Den trockenen türkischen **Wein** schätzen fast nur Touristen. Empfehlenswert sind Weine wie Doluca, Kavaklıdere oder Dikmen. Die meisten Türken trinken lieber **Bier:** Neben zahlreichen Importbieren gibt es aus einheimischer Produktion das Efes Pilsen oder das leichte Tekel nach Münchner Brauart. Nicht selten, v. a. im Umkreis von Moscheen oder bei gläubigen Wirten, wird allerdings kein Alkohol ausgeschenkt.

Reiseinfos

Restoran oder Börekçi?

In einem **Restoran** wählen Sie die Hauptgerichte nach der Speisekarte. Neben Fleischgerichten (Schweinefleisch wird aus religiösen Gründen nicht verarbeitet) und Fisch können Sie auch Wild im Angebot finden.

Lokanta (Garküchen) bieten zahlreiche Eintopfgerichte. In großen Pfannen stehen die Gemüse-Fleisch-Speisen zur Auswahl bereit. Recht häufig wird auch Döner Kebap (Fleisch am Drehspieß) angeboten.

Die **Fischlokale** in den kleinen Ortschaften am Bosporus sind besonders zu empfehlen. Fisch und Schalentiere sind immer fangfrisch und werden in vielen köstlichen Zubereitungen, z. B. auch in Teig gebacken, angeboten.

Möchten Sie am Mittag nur eine Kleinigkeit zu sich nehmen, besuchen Sie den **Börekçi**. Hier bekommen Sie Nudelteiggerichte und Blätterteigtaschen mit Käse-, Hackfleisch- oder Spinatfüllung. Köstlich sind auch die gebratenen Fische in Weißbrot, die direkt von Fischerbooten unterhalb der Galata-Brücke angeboten werden.

In einer **Pastahane** können Sie köstliche Torten, Gebäck und verschiedene Süßspeisen probieren. Feinste Zutaten und die Verwendung von erlesenen Nüssen und Mandeln mit Honig ließen die osmanische Backkunst berühmt werden. Das beliebteste Gebäck ist Baklava, das aus mehreren Schichten Blätterteig mit einer Nuss- oder Pistazienfüllung besteht und mit Sirup übergossen wird. Neben Blumen ist es auch ein gern gesehenes Gastgeschenk bei Einladungen zum Essen.

Im alten Zentrum (Eminönü, Sultanahmet, Kumkapı und Beyazıt) wie auch in Beyoğlu reihen sich die Restaurants in vielen Straßen dicht aneinander – lassen Sie sich einfach von den köstlichen Gerüchen und einem Blick in die Stahlwannen leiten.

Öffnungszeiten und Preise

In der Regel sind die Restaurants von 10 bis ca. 23 Uhr geöffnet, Imbissbuden und kleinere Lokanta den ganzen Tag über bis tief in die Nacht. Ruhetage gibt es in der Regel nicht.

Die **Preise** sind in einfachen Lokanta noch immer erstaunlich moderat, in den schicken Restaurants am Bosporus dagegen ist es sehr teuer. Ein Teller İs-

Die Gastronomie in Istanbul

Sultanahmet
– Stadtviertelkarten S. 119, 142
– Restaurantbeschreibungen S. 151

Cağaloğlu, Beyazıt und Eminönü
– Stadtviertelkarten S. 158, 170
– Restaurantbeschreibungen S. 178

Fatih und Fener
– Stadtviertelkarten S. 189, 203
– Restaurantbeschreibungen S. 209

Karaköy und Beyoğlu
– Stadtviertelkarten S. 214, 224
– Restaurantbeschreibungen S. 231

Harbiye, Dolmabahçe, Ortaköy
– Stadtviertelkarten S. 242
– Restaurantbeschreibungen S. 249

Üsküdar und Kadıköy
– Stadtviertelkarte S. 268
– Restaurantbeschreibungen S. 272

Essen und Trinken

Große Auswahl – typisch türkisches Lokanta an der İstiklal-Straße

tavrit kostet hier 20–25 Lira, gegrillter Schwertfisch etwa 30–35 Lira. Dazu kommen Vorspeisen, Nachspeise, Wasser, Salat etc. Wenn man zu zweit schick essen geht und zusammen 150 Lira gezahlt hat, sagt man, dass man günstig weggekommen ist. Dennoch sind die Lokale gut besucht!

Frischer Fisch ist immer besonders teuer. Man sollte vorher fragen und eventuell handeln, um später keine böse Überraschung zu erleben.

Internationale Preise (Menü ab 50 € und höher) sind in den Nobelrestaurants der großen Hotels üblich.

Spitzengastronomie

Beim König der Fischer – **Bebek Balıkçı:** ▶ Karte 4, F 2, Bebek, Cevdet Paşa Cad. 26 A, Tel. 0212 263 34 47, www.bebekbalikci.net, Bus/Fähre Bebek, 12–15.30 und 18.30–1 Uhr, Hauptgerichte ab 25–30 €. Seit 1998 residiert in der feinsten Bucht am Bosporus eines der feinsten Fischrestaurants Istanbuls. Die Gourmets kürten es mehrfach zum besten Fischlokal der Stadt. Staatsgäste werden hier bewirtet! Entsprechend teuer und gut das Menü.

Fisch am Bosporus – **Kıyı:** ▶ Karte 4, F 1, Tarabya, Kefeliköy Cad. 126, Tel. 0212 262 00 02, www.kiyi.com.tr, Bus Tarabya, 12–24 Uhr, drei Gänge mit Getränken ca. 60–90 €. Nobles Fischrestaurant, das neben Gaumenfreuden auch Augenschmaus verspricht: Werke türkischer Künstler und Fotografen wie Ara Güler und Bedri Baykam schmücken die Wände. Reservieren!

Palastküche – **Konyalı Lokantası:** ▶ Karte 3, L 6, Sultanahmet, Topkapı Saray Müzesi, Tel. 0212 513 96 96,

Reiseinfos

www.konyalilokantasi.com, Tramvay Sultanahmet, Mi–Mo 11–17 Uhr (im Sommer bis 19 Uhr), Menü 40–60 €. Wer bei der Besichtigung bis in den vierten Hof des Topkapı vorgedrungen ist, findet rechter Hand ein Restaurant mit tollem Ausblick auf Bosporus und Mädchenturm sowie hervorragender türkischer Küche. Bemerkenswert ist der Saal im französisch geprägten osmanischen Interieur. In dem benachbarten Selbstbedienungsbereich sind die Preise moderater. Köstlich die originellen Süßspeisen.

Beim Starkoch – **Mikla:** ▶ Karte 2, H 3, Marmara Pera Hotel, Beyoğlu, Meşrutiyet Cad. 1, Tel. 0212 293 56 56, www.istanbulyi.com, İstiklal-Straßenbahn Galatasaray, 10–2 Uhr. Der Starkoch der Türkei, Mehmet Gürs, serviert hier seit 2008 für die Gourmets der Stadt (Menü ab 70 €) eine ganz eigene Kreation aus türkischer Küche mit skandinavischem Einschlag. Das Restaurant auf dem Dach des Marmara Pera Hotel bietet dazu eine fantastische Aussicht über Istanbul. Hier denkt man nicht mehr über Geld nach – zumindest nicht während des Diners.

Der beste Mittagstisch – **Pandeli:** ▶ Karte 3, J 5, Eminönü, Mısır Çarsısı, Tel. 0212 522 55 34, Bus/İstiklal-Straßenbahn/Fähre Eminönü, S-Bahn Sirkeci, 11.30–14 Uhr (außer So), Hauptgerichte ab ca. 12 €. Das Restaurant über dem Eingang zum Ägyptischen Basar bietet mit einer originalen Verfliesung von 1926 ein ganz besonderes Flair. Berühmt ist der Kagitta Levrek (Seebarsch in Papier gebacken), von einigen Tischen hat man zugleich gute Sicht auf das Treiben im Basar. Kein Alkoholausschank.

Wie beim Sultan – **Tuğra:** ▶ Innenkarte S. 242, Çırağan Kempinski, Ortaköy, Çırağan Cad. 84, Tel. 0212 326 46 46, www.kempinski-istanbul.com, Bus Çırağan, Do–So 19–23 Uhr, Menu ab 100 € (ohne Getränke). Modernisierte osmanische Küche, daneben auch Gerichte aus den Mittelmeerländern und traumhafte Desserts. Man sitzt mit Bosporus-Blick hinter Palastfenstern. Hier ist schicke Abendgarderobe ein Muss. Ohne Reservierung kein Einlass.

Meyhane (Tavernen)

Beim ›Blinden Agop‹ – **Kör Agop:** ▶ G 8, Kumkapı, Kumkapı Meydanı, Ördekli Bakkal Sok. 7, Tel. 0212 517 23 34, Bus/S-Bahn Kumkapı, 11–1.30 Uhr, Hauptgerichte ab 8–9 €. Der ›Blinde Agop‹ ist die Kneipe mit der ältesten Tradition in Kumkapı. Jeden Abend gibt es klassisch-türkische Musik zum Essen. Spezialität ist der auf einem heißen Ziegel gegarte Fisch.

Geheimtipp am Marmara-Meer – **Kuleli:** ▶ B 8, Samatya, Büyükkuleli Sok. 38, Tel. 0212 587 94 28, S-Bahn/Bus Samatya, 12–24 Uhr, drei Gänge mit Wein/Rakı ab 25 €. Eine typische Taverne, in der zum Rakı kleine Teller mit Imbissen gereicht werden. Besonders lecker sind die unterschiedlich zubereiteten Meerestiere, z. B. Oktopussalat *(ahtapot salatası)* oder in Öl gebackene Sardellen *(hamsi tava)*.

Künstlerinstitution – **Refik:** ▶ Karte 2, H 3, Beyoğlu, Tünel, Sofyalı Sok. 10, Tel. 0212 243 28 34, www.refikrestaurant.com, Seilbahn Tünel/İstiklal-Straßenbahn Galatasaray, 11–1.30 Uhr (So geschl.), Hauptgerichte ab 10 €, Rakı Glas 3 €. Seit seiner Eröffnung 1954 ist das Refik besonders bei Künstlern und Intellektuellen beliebt. Im Boheme-Lokal sind reine Frauentische keine Seltenheit. Refik bietet ein sehr reichhal-

Essen und Trinken

tiges Angebot an Vorspeisen *(mezeler),* die von Saison zu Saison wechseln.

Weinlokal – **Şarabi:** ▶ Karte 2, J 2, Beyoğlu, İstiklal Cad. 174, Tel. 0212 244 46 09, İstiklal-Straßenbahn Galatasaray/Seilbahn Tünel, 12–24 Uhr, Glas Hauswein vom Fass ab 4 €, kleine Speisekarte ab 10 €. Die Stärke dieses Restaurants liegt in seinem gut gefüllten Weinkeller. Neben türkischer wird auch internationale Küche angeboten, und das mit Blick auf das Treiben in der İstiklal Cad.

Fischrestaurants

Fisch in Beyoğlu – **Doğa Balık:** ▶ Karte 2 ,J 3, Cihangir, Akarsu Cad. 46, Tel. 0212 293 91 44, Bus/İstiklal-Straßenbahn/Metro Taksim, 12–1 Uhr. ›Naturfisch‹ heißt das Stadtrestaurant, das auch für seine frischen Kräuter und Salate bekannt ist. Diese können am kalten Buffet selbst zusammengestellt werden. Aussichtsterrasse mit Blick auf Topkapı und die Inseln. Kinder sind hier willkommen.

Originelle Fischgerichte – **Fishmekan:** ▶ Karte 4, F 2, Arnavutköy, Arnavutköy Cad. 60, Tel. 0212 358 51 58, www.fishmekan.net, Bus/Fähre Arnavutköy oder Bebek, Hauptgerichte ab 10–15 €. In Arnavutköy am Bosporus seit 2003 die erste Adresse. Es gibt hier eine sehr große Auswahl an Meeresfrüchten und Vorspeisen. Die Spezialitäten des Hauses sind u. a. Zander auf Holzkohlegrill, Scholle am Spieß, Schrimps mit Auberginenmus und gefüllte Kürbisblüten.

Am Kai unter der Brücke – **Rumeli Hisarı İskelesi:** ▶ Karte 4, F 1, Yahya Kemal Cad. 1, Tel. 0212 263 29 97, Bus Rumeli Hisarı, Menü ab 50 € (ohne Getränke). Das Restaurant verdankt seinen Ruf seinen hervorragenden Vorspeisen und leckeren Fischgerichten. Sehr empfehlenswert sind der Zander in Tomaten- oder Pilzsoße und als Dessert die Quitten aus dem Ofen mit Sahnehaube. Für einen Tisch direkt am Meer vorher anrufen.

Ausgehen in Kumkapı

Das tagsüber recht ruhige Fischerviertel rund um den Kumkapı Meydanı (▶ G 7) verwandelt sich am Abend mit seinen über 70 Restaurants zu einer wahren Vergnügungsmeile. Auch wenn sich die Kellner in manchen Straßen wie der Ördekli Bakkal Sokağı aufgrund der Konkurrenz sehr penetrant um Kundschaft bemühen, ist es doch ein Erlebnis, hier auszugehen. Aber Achtung: Die Preise variieren je nach Fischsorte und können sich bei einer ›Fischplatte‹ ordentlich summieren!

Türkisch-osmanische Küche

Klassisch osmanische Küche – **Asitane Restaurant:** ▶ C 3, Fatih, Kariye Camii Sokağı 18, Tel. 0212 534 84 14, www.asitanerestaurant.com, Bus Kariye Camii, 12–14, 19–23 Uhr, Hauptgerichte ab 9 €. Traditionelles türkisches Restaurant im Kariye Oteli mit Rosengarten und klassischer türkischer Musik. Viele Rezepte aus der kaiserlichen Palastküche der Osmanen. Gelegentlich gibt es Sonderveranstaltungen zu kulinarischen Themen (wie z. B. Fischgerichte des 15. Jh.). Reservieren!

Schnell, aber ausgezeichnet – **Borsa Fast Food:** ▶ Karte 2, J 2, Beyoğlu, İstiklal Cad. 14 (neben dem AFM-Kino), Tel. 0212 292 40 71, 11.30–23 Uhr, Hauptgerichte ab 3,50 €. Das Lokal hat

Reiseinfos

zwar die Anmutung einer Fast-Food-Kette, das Essen ist aber für eine Mahlzeit zwischendurch ausgezeichnet. Typische türkische Küche zum Auswählen an der Theke.

Geheimtipp unter den türkischen Restaurants – **Develi:** ▶ B 8, Samatya, Balıkpazarı, Gümüşyüzük Sok. 7, Tel. 0212 529 08 33, www.develikebap.com, Bus/Banliyö Tren Samatya, 10–24 Uhr, gemischter Kebap-Teller 14 €. Spezialitätenrestaurant, das sich ganz der südostanatolischen, etwas schärferen Küche aus der Region Gaziantep verschrieben hat. Empfehlenswert sind besonders die verschiedenen Kebap-Variationen.

Authentisch – **Hacıbaba Restaurant:** ▶ Karte 2, J 2, Taksim, İstiklal Cad. 49, Ecke Meşelik Sok., Tel. 0212 244 18 86, www.hacibabarest.com, Metro/Bus Taksim, 11–24 Uhr, Hauptgerichte ab 5–6 €. Im ersten Stock eines eher unauffälligen Pera-Hauses speist man in osmanischem Ambiente türkische und internationale Küche. Vor allem die Suppen und Nachspeisen des Hauses sind berühmt.

Deutsche und osteuropäische Küche

Russisch-ungarisch – **Ayaspaşa Rus Lokantası:** ▶ K 2, Gümüşsuyu, İnönü Cad. 77 A, Tel. 0212 243 48 92, Bus Gümüşsuyu/Metro Taksim, 12–24 Uhr, Mittagstisch ca. 20 €. Russische Küche. Das kleine aber feine Restaurant besteht seit 1943 als Gründung einer Ungarin

Viele Restaurants in Beyoğlu haben Dachterrassen mit romantischem Bosporus-Blick

Essen und Trinken

und eines Russen. Trotz mehrerer Wechsel blieb das Lokal der Tradition verpflichtet und bietet Spezialitäten wie Borschtschsuppe oder Kiew-Hühnchen.

Am Deutschen Generalkonsulat – **Fischer:** ▶ Karte 2, K 2, Gümüşsuyu, İnönü Cad. 51, Tel. 0212 245 33 75, Bus Gümüşsuyu/Metro Taksim,12–15 und 19–22 Uhr, Hauptgerichte ab 11 €. Deutsche und österreichische Küche. Wiener Schnitzel, Kartoffelsalat und Palatschinken mögen als Empfehlung für experimentierunlustige Reisende dienen, vielleicht mehr noch für die Angehörigen des nahe gelegenen deutschen Generalkonsulats oder die deutschen Fußball-Gastarbeiter.

Pera-Nostalgie – **Rejans:** ▶ Karte 2, H 2, İstiklal Cad., Olivya Geçidi 17, Tel. 0212 243 38 82, www.rejansrestaurant.com, İstiklal-Straßenbahn/Seilbahn Tünel, 12–15 und 19–24 Uhr (So geschl.), Hauptgerichte ab 13 €. Von russischen Flüchtlingen in den 1920er-Jahren gegründet, lässt es noch heute etwas vom Schick der alten Zeit erahnen. Die russische Küche ist hervorragend, und stets wird eine Flasche eisgekühlten Lemon-Wodkas serviert; bezahlt wird nach entnommener Menge. Reservieren.

Aus aller Welt

Fusion-Küche – **Changa:** ▶ Karte 2, K 2, Taksim, Sıraselviler Cad. 87/1, Tel. 0212 323 09 01, www.changa-istanbul.com, Bus/Metro/İstiklal-Straßenbahn Taksim, 12.30–15 und 19–2 Uhr (So geschl.), Menü ab 35 € (ohne Getränke). Internationale Fusion-Küche mit italienischen und japanischen Noten, der Küchenchef stammt aus Neuseeland. Besonders bemerkenswert an dem schick-gestylten Restaurant ist der Glasboden zur Küche. Sehr beliebt, daher Reservierung notwendig.

Wie auf einem Schiffsdeck – **Banyan:** ▶ Innenkarte S. 242, Ortaköy, Muallim Naci Cad., Salhane Sok. 3, Tel. 0212 259 90 60, www.banyanrestaurant.com, Bus/Fähre Ortaköy, 12–2 Uhr (So ab 10 Uhr), Hauptgerichte 14–20 € (mittags 20 Prozent Rabatt). Das Restaurant liegt direkt an der Fähranlegestelle gegenüber der Ortaköy-Moschee und bietet im Sommer für ca 100 Gäste Platz auf der Teak-Terrasse. Das Essen ist sehr gut, der Blick unvergesslich: Istanbul vom Feinsten!

Französische Steaks – **L'Entrecôte de Paris:** ▶ Innenkarte S. 242, Nişantaşı, Teşvikiye Cad. 162, City's Center, Kat. 5, Tel. 0212 373 26 00, Bus Nişantaşı/Metro Osmanbey, 12–2 Uhr, Menü ab 20 €. Tagsüber kehrt man hier für ein französisches Menü ein – das 2009 eröffnete Lokal im schicken Einkaufszentrum City's hat die gesamte Einrichtung aus Paris herbeifliegen lassen. Ab 22 Uhr gibt es Lounge-Musik, und das Restaurant wird zur Bar.

Sushi auf Türkisch – **Hai! Sushi:** ▶ Innenkarte S. 242, Divan Hotel, Elmadağ, Cumhuriyet Cad. 2, www.divanoteli.com.tr, Bus Elmadağ/Metro Taksim Ausgang Gezi Park, 12–15, 18–23 Uhr, Röllchen 4 St. ab 8 €. Elegantes, kühles Interieur, in dem Chefkoch Kenji Kume eine viel gelobte, wenn auch nicht preiswerte japanische Küche serviert. Nigiri Sushi und Maki Sushi, aber auch ›türkisierte‹ Variationen kommen vom Kaiten, einem Fließband, das an den Tischen vorbeiläuft. Achtung: die roten Tellerchen sind die teuersten.

Fajitas und Burritto – **Mexican Cantina:** ▶ Karte 4, F 2, Bebek, Cevdetpaşa Cad.

Mein Tipp

Unter Zitronenbäumen
Ein idealer Platz, um aus der Hektik rund um die Istanbuler Flaniermeile İstiklal abzutauchen und auszuspannen, ist das Limonlu Bahçe. Das Café befindet sich im Garten eines von außen unscheinbaren Mietshauses, wo man dann umso mehr überrascht wird, sich plötzlich in einer Oase unter Zitronen und Apfelsinenbäumen wiederzufinden.
Limonlu Bahçe: ▶ Karte 2, J 3, Beyoğlu, Galatasaray, Yeniçarşı Cad. 98, Metro Taksim/İstiklal-Straßenbahn Galatasaray, 8–22 Uhr, Kaffee 3 €.

22, Tel. 0212 287 57 21, Bus Bebek/Fähre Arnavutköy, 12–2 Uhr, Hauptgerichte ab 15 €. Mexikanische Küche mit Happy Hour für Getränke zwischen 17 und 20 Uhr. Das Lokal bietet von der Speisekarte bis hin zur Dekoration mit den übergroßen Hüten mexikanisches Ambiente.

Cafés & Teegärten

Beim Fotografen – **Ara:** ▶ Karte 2, J 2, Beyoğlu, Galatasaray, İstiklal Cad., Tosbağ Sok. 8, Tel. 0212 245 41 05, Metro Taksim/İstiklal-Straßenbahn Galatasaray, 9–24 Uhr. Hauptgerichte ab 8 €. Dieses gemütliche Bistro im Zentrum befindet sich im Haus des bekanntesten Stadtfotografen Istanbuls, Ara Güler. Zu den wechselnden Fotoausstellungen gibt es eine kleine aber feine Speisekarte für eine Mahlzeit zwischendurch. Wer Glück hat, trifft überdies den Armenier Güler persönlich, meist im Kreise anderer Kreativer der Stadt.

Französisches Café – **Café du Levant:** ▶ E 1, Hasköy-Sütlüce, Kumbarhane Cad. 2 (im Rahmi M. Koç Müzesi), Tel. 0212 369 66 07, http://cafedulevant.com, Bus Sütlüce, 10–22.30 Uhr (außer Mo), Glas Rotwein 5 €, Hauptgerichte ab 15 €. Im ersten Industriemuseum der Türkei verbirgt sich ein sehr gutes französisches Bistro, das den Museumsbesuch auch zu einem (nicht ganz billigen) kulinarischen Erlebnis macht.

Chillen bei einer Wasserpfeife – **Erenler Çay Bahçesi:** ▶ Karte 3, H 7, am Großen Basar, Çemberlitaş, Yeniçeriler Cad. 36/28, Tel. 0212 528 37 85, Bus/Tramvay Çemberlitaş, 7–24 Uhr, Wasserpfeife ab 4 €. Ein bei Studenten beliebtes Kaffeehaus in der historischen Koranschule Çorlulu Alipaşa Medresesi. Neben einer Nargile (Wasserpfeife/Shisha) mit aromatischen Tabaksorten gibt es natürlich auch Tee und Kaffee.

Gutes Eis – **Mado:** ▶ Innenkarte S. 242, Ortaköy, Osmanzade Sok. 26, Tel. 0212 227 38 76, Bus/Fähre Ortaköy, 9–24 Uhr, Eiskugel 1 €. Die legendäre Eisdiele ist inzwischen zu einem echten Café geworden: Am Wochenende ein viel besuchtes Ziel von Familien mit Kindern und anderen Leckermäulern.

Elegante Stadtoase – **Yeşil Ev Garden Bar-Café:** ▶ Karte 3, K 7, Sultanahmet-Cankurtaran, Kabasakal Cad. 5, Tel. 0212 517 67 85, Tramvay Sultanahmet, 12–22.30 Uhr, Teeservice 7,50 €. Zwischen dem Topkapı-Palast und der Blauen Moschee liegt das Hotel Yeşil Ev. Hinter dem Gebäude verbirgt sich ein schöner Garten mit einem Marmorbrunnen. Ob auf einen Kaffee und Kuchen oder Drink, ob für Lunch oder Diner – es lohnt sich, hier einzukehren.

Einkaufen

Die Stadt an der Nahtstelle von Orient und Okzident bietet Einkaufsmöglichkeiten für jeden Geschmack und Geldbeutel. Vom osmanischen Nippes bis zu exklusivem Kunsthandwerk, von billiger Fabrikware bis zu Designerstücken ist alles in den Markthallen, Einkaufsstraßen und modernen Shopping Centren zu erwerben.

Am spannendsten ist der Kauf im **Großen Basar** (S. 166). Nach Gewerben geordnet, findet man in den kleinen Läden der überdachten Gassen viele nützliche und auch nur schöne Dinge, wie Kupferkannen, Keramikwaren, Teppiche, Lederartikel, Goldschmuck, aber auch Schuhe, Plastikwaren, Steppdecken. Reizvolle Antiquitäten gibt es im **Eski Bedesten (Old Bazaar),** dem alten Kern des Großen Basars. Man kann nach Herzenslust handeln und dabei das angebotene Glas Tee genießen.

Geschmackvolle kunsthandwerkliche Erzeugnisse gibt es hinter der Hagia Sophia und am Sultanahmet Parkı. Im **Istanbul Sanatları Çarşısı** (S. 149), einer alten Koranschule, sowie im **Arasta Bazaar** (S. 37) gleich neben der Blauen Moschee kann man den Handwerkern bei der Arbeit zuschauen: Es wird Glas verziert, eine Kalligraphie angefertigt, ein Teppich geflickt.

Modern und fast pariserisch präsentiert sich dagegen die **İstiklal Caddesi** in Beyoğlu (S. 223). Neben Mode-Boutiquen türkischer und internationaler Marken, Buchhandlungen, Läden mit geschmackvollen Accessoires finden sich Schnellimbisse und Konditoreien mit köstlichen Torten und Puddings.

Daneben gibt es auch noch riesige **Einkaufszentren** mit Restaurants und Boutiquen unter einem Dach, die aber alle außerhalb in den modernen Stadtvierteln liegen (s. S. 40).

Ein wahrer Augenschmaus sind die **Fisch- und Gemüsemärkte,** auf denen ein reiches Angebot von saisonalem Obst und Gemüse sowie die verschiedensten Meerestiere verkauft wird. Wochenmärkte finden an verschiedenen Tagen in fast jedem Stadtviertel statt. Die Produkte kommen direkt von den Anbauflächen und sind günstiger als in den Supermärkten. Sehenswert sind auch die täglichen Fischmärkte, etwa in Kumkapı (nur am frühen Vormittag), im Balık Pazarı in Beyoğlu (S. 40, 230) oder am Fähranleger von Beşiktaş (S. 250).

Osmanische Souvenirs

Kunsthandwerk und Teppiche – **Arasta Bazaar:** ▶ Karte 3, K 7, Torun Sok., neben Mozaik Müzesi, www.arastabazaar.net, Tramvay Sultanahmet, 9–21 Uhr. Im 17. Jh. waren dies die Ställe der Sipahi, der osmanischen Kavallerie, daher heißt der Basar auch Sipahi Çarşısı. Heute werden in Boxen schöne kunsthandwerkliche Erzeugnisse wie Kera-

---

Feilschen
Um den Preis gefeilscht wird nur in den Basaren bei Kunsthandwerk, Antiquitäten, Teppichen und Lederwaren. Für Lebensmittel und Dinge des täglichen Bedarfs gelten Festpreise, ebenso in Kaufhäusern und Boutiquen. Dabei sollte man sein eigenes Preisgebot etwa ein Drittel unter dem des Händlers ansetzen, langsam kommt man sich dann näher. Lassen Sie sich gute Gründe einfallen, warum Sie weniger zahlen wollen! Aber: Nie zum Spaß bieten, wenn man gar nicht kaufen will.

Reiseinfos

Rund um den Galata-Turm bieten kleine Boutiquen postosmanischen Trödel an

mik, Schmuck oder Lampen sowie handgeknüpfte Teppiche und Kelims verkauft. Empfehlenswert: Der Teppichladen Galeri Cengiz, Nr. 155–157.

Stilvolle Souvenirs – **Artrium:** ▶ Karte 2, H 3, Tünel, Tünel Geçidi 3–7, Seilbahn/Istiklal-Tramvay Tünel, 9–19 Uhr. Türkische Keramik, Schmuck nach osmanischem Vorbild, Stoffe und vor allem Miniaturen, Kalligraphien, alte Drucke, Postkarten und Plakate.

Antiquitäten und Second Hand – **Çukurcuma:** ▶ Karte 3, J 3, Beyoğlu, Galatasaray, İstiklal-Straßenbahn Galatasaray, Läden (in der Regel) 10–22 Uhr. Viele Läden mit Antiquitäten und ›alten Sachen‹ haben sich in diesem In-Viertel hinter dem Galatasaray Lisesi eingerichtet. Im Angebot sind Lampen, Kelims, Teppiche, aber auch Secondhand-Kleider und -Schuhe.

Im Großen Basar – **Old Bazaar:** ▶ Karte 3, H 6, Kapalı Çarşı, Bus/Tramvay Beyazıt, 9–19 Uhr. Im Eski Bedesten, dem ältesten Teil des Großen Basars, finden sich viele Antiquitätenhändler, die neben Silberwaren und Meerschaumpfeifen auch Ikonen und hübsche Deckenleuchter anbieten. Achtung: Unbedingt handeln.

Türkischer Kaffee – **Kurukahveci Mehmet Efendi:** ▶ Karte 3, H 5, Tahmis Sok. 66, Tel. 0212 511 42 62, www.mehmetefendi.com, Bus/Tramvay und Fähre Eminönü, Mo–Sa 9–19 Uhr. Berühmter türkischer Kaffeehändler seit 1871 in neuem, modernem Shop und Café gegenüber dem Ägyptischen Basar. Auch Espresso, Kakao etc.

Kunstmarkt am Bosporus – **Ortaköy Sanat Pazarı:** ▶ Innenkarte S. 242, auf den Straßen von Ortaköy, Bus/Fähre Orta-

Einkaufen

köy, So ab 10 Uhr. Am Bosporus treffen sich sonntags Künstler, die Bilder und kunsthandwerklichen Arbeiten anbieten. Bei einigen Malern kann man sich auch gleich porträtieren lassen.

Glas und Porzellan – **Paşabahçe:** ▶ Karte 2, H 3, Beyoğlu, İstiklal Cad. 314, Seilbahn/İstiklal-Straßenbahn Tünel, Mo–Do 10–20, Fr–Sa 10–20.30 Uhr. Bei der bekanntesten und immer noch staatseigenen Glasmanufaktur der Türkei gibt es Gläser, Vasen, Tafelgeschirr und besondere, vom Osmanischen Reich inspirierte Kollektionen zum Verschenken.

Kunst am Großen Basar – **Sofa:** ▶ Karte 3, J 6, Cağaloğlu, Nuruosmaniye Cad. 42, Tel. 0212 522 21 38, www.kashifsofa.com, Bus/Tramvay Nuruosmaniye, 8–22 Uhr. Verkaufsausstellung für erlesene Zeichnungen, Keramiken, Miniaturen, Kalligraphien, Stoffe, Schmuck und zeitgenössische Kunst.

Teppiche und Kelims

Zahlreiche Geschäfte im Großen Basar. Material, Knotendichte und auch das Alter bestimmen den Preis. Doch ist genaues Hinschauen geboten, da Teppiche und besonders Kelims häufig künstlich auf ›historisch‹ getrimmt werden.

Antike Kelims – **Antikart:** ▶ Karte 2, J 2, Beyoğlu, İstiklal Cad. 209, Atlas Kuyumcular Çarşısı, İstiklal-Straßenbahn Galatasaray, 9–20 Uhr. Große Auswahl an alten und seltenen Kelims.

In der Altstadt – **Gördes Halı:** ▶ Karte 3, J 6, Cağaloğlu, Nuruosmaniye Cad. 85–87, Bus/Tramvay Nuruosmaniye, 8.30–22 Uhr. Neue und alte handgeknüpfte Stücke in allen Größen und aus aller Welt werden bei Bedarf direkt nach Hause geliefert (aber Achtung: Zollpflicht!).

In historischem Han – **Punto:** ▶ Karte 3, J 6, Cağaloğlu, Gazi Sinanpaşa Sok. 17, Tramvay Sultanahmet/Bus Cağaloğlu, 9–19 Uhr. In einer Karawanserei des 17. Jh. werden alte und neue Teppiche aus den verschiedenen Regionen der Türkei angeboten.

Bücher

Urlaubslektüre – **Türk-Alman Kitapevi:** ▶ Karte nn H 3, Beyoğlu, İstiklal Cad. 481, www.tak.com.tr, Seilbahn/İstiklal-Straßenbahn Tünel, Mo–Fr 9–18.30, Sa 9–17 Uhr. In der von Thomas Mühlbauer geführten deutschen Buchhandlung gibt es neben einer großen Auswahl von Titeln zu Istanbul auch viele Übersetzungen von türkischen Autoren.

Reiseliteratur – **Robinson Crusoe:** ▶ Karte 2, H 3, Beyoğlu, İstiklal Cad. 389, Seilbahn/İstiklal-Straßenbahn Tünel, Mo–Sa 9–21.30. In der stilvoll eingerichteten Buchhandlung findet sich ein reiches Sortiment von Titeln zu Kunst und Architektur in Istanbul (überwiegend englischsprachig).

Achtung Zoll
Für alle antiken Gegenstände benötigt man eine offizielle Ausfuhrgenehmigung eines Museums, sonst drohen Gefängnisstrafen oder hohe Strafzahlungen. Der Begriff Antik wird sehr weit ausgelegt und kann alles betreffen, was älter als 1945 ist, auch Fossilien und Steine von historischen Monumenten.

Beachten Sie auch die Einfuhrobergrenzen des heimatlichen Zolls; EU-weit gelten bei Flugreise 430 €, sonst 300 €, für Kinder unter 15 Jahren 175 €. Aufteilung einer Ware auf mehrere Personen ist nicht möglich.

Reiseinfos

Bücherantiquariat – **Sahaflar Çarşısı:** ▶ Karte 3, H 6, Beyazıt Meydanı, 7–20 Uhr. Zwischen Großem Basar und der Beyazıt-Moschee liegt der Bücherbasar (S. 162). Früher gab es hier viele Antiquariate, heute überwiegen religiöse Bücher. Dennoch gibt es auch alte Werke in verschiedenen Sprachen. Die ›historischen‹ Kalligraphien und Miniaturen sind übrigens fast alle neu!

Märkte

Jahrhunderte altes Labyrinth – **Kapalı Çarşı (Großer Basar):** ▶ Karte 3, H 6 Bus/Tramvay Beyazıt, 8.30–19 Uhr, S. 166.

Gewürze, Körbe, Blumen – **Mısır Çarşısı (Ägyptischer Basar):** ▶ Karte 3, J 5, Eminönü, Bus/Tramvay und Fähre Eminönü, Mo–Sa 8–20 Uhr, S. 171.

Nicht nur Fische – **Balık Pazarı:** ▶ Karte 2, J 2 Beyoğlu, Sahne Sok., İstiklal-Straßenbahn Galatasaray, Mo–Sa 7–23 Uhr. Es gibt hier viele Fischer mit frischer Ware; auch Garnelen und Hummer sind im Angebot. Obst- und Gemüseverkäufer, Imbissstände mit frischen Muscheln, drum herum viele Tavernen.

Stadtteilmarkt – **Beşiktaş Belediye Halk Pazarı:** ▶ Innenkarte S. 242, Beşiktaş, Bus/Fähre Beşiktaş, 8–20 Uhr. Überdachte Markthalle unweit der Fähranlegestelle. Rund herum sind Geschäfte, Cafés und kleine Lokantas.

Einkaufszentren

Schick und teuer – **Akmerkez:** ▶ Karte 4, F 2, Etiler, Nispetiye Cad. (nahe Autobahn O-2), www.akmerkez.com.tr, Bus 59 R, 559 C, 59 UL ab Taksim, U 1, U 2, U 57 ab Beşiktaş. Eine luxuriöse Einkaufsmeile mit Restaurants und Großkino.

Das größte – **Cevahir** ▶ Karte 4, F 2, Şişli, Büyükdere Cad. 22, Tel. 0212 368 69 00, www.istanbulcevahir.com, Bus/Metro Dördüncü (4.) Levent, 10–22 Uhr. Das Einkaufszentrum nördlich von Beşiktaş rühmt sich, das größte der Stadt zu sein. Tatsächlich findet man hier alle gängigen türkischen und internationalen Marken.

Wie eine Schlucht – **Kanyon:** ▶ Karte 4, Levent, Büyükdere Caddesi 185, www.kanyon.com.tr, Metro M1 bis Station Levent, ein Mega Shoppingtempel in futuristischer Architektur: vier Ebenen und ein Residence-Tower.

Mode und Lederwaren

Beim Kapalı Çarşı, dem Großen Basar, findet man eher preisgünstige Ware. Wer mehr auf den Preis als auf die Qualität schaut, wird hier fündig, v. a. was Lederbekleidung angeht. Hochpreisige türkische und westliche Markenwaren sind auf der İstiklal Caddesi in Beyoğlu, in den nördlich anschließenden Vierteln wie Nişantaşı und Teşvikiye und auf der asiatischen Seite in Kadıköy zu finden. Vor allem sind Schuhe und Textilien in der Türkei billig!

Abendgarderobe vom Feinsten – **Derishow:** ▶ Innenkarte S. 242, Nişantaşı, Valikonağı Cad. 88, Bus/Sammeltaxi Nişantaşı, Metro Osmanbey, 9.30–20 Uhr. Hochwertige Lederbekleidung für Damen und Herren, aber auch feine Abendkleider aus Seide und Tüll.

Türkische Jeans – **Mavi Jeans:** ▶ Karte 2, J 2, Beyoğlu, İstiklal Cad. 117, Metro Taksim/İstiklal-Straßenbahn Galatasaray, 10–22 Uhr. Die türkische Denim-Jeans kann international durchaus konkurieren! Die Kollektion schließt auch Leinen, Strickwaren und Ähnliches ein.

Ausgehen – Abends und Nachts

Das Nachtleben in Istanbul ist in den letzten Jahren immer mehr Anlass für einen Kurztrip an den Bosporus geworden. Insbesondere in **Beyoğlu**, rund um die Flaniermeile İstiklal Caddesi, liegen die Kneipen, Bars und Music Halls, in denen man fast rund um die Uhr seinen Spaß haben kann. Die Stadt, die niemals schläft – das ist vor allem diese Amüsiermeile zwischen dem Taksim-Platz und dem Tünel Meydanı oder die Sıraselviler Caddesi.

Im historischen **Sultanahmet-Viertel** ist es dagegen abends wesentlich ruhiger. Hier konzentriert sich das Nachtleben auf den Uferstreifen am Marmarameer, vor allem in dem traditionellen Fischerdorf **Kumkapı,** wo man in einfachen Tavernen zur Roma-Kapelle tanzt. Gerade im Sommer verwandelt sich das ganze Viertel in eine einzige Openair-Taverna.

Wo geht man aus?

Die edlen und teuren Bars und Restaurants liegen vor allem entlang des Bosporus, entweder direkt am Wasser oder auf dem Höhenzug über dem Bosporus, von wo einem die Stadt zu Füßen liegt. Prinzipiell gilt: Je schöner der Blick, desto höher die Preise – oft mit Einlass. Im Sommer sind es die großen Freiluft-Diskotheken und Konzertarenen in Kuruçeşme hinter der ersten Bosporus-Brücke am europäischen Ufer, die die Massen anziehen. Von hier aus wird an manchen Sommerwochenenden die halbe Stadt beschallt. Ohne Reservierung kommt man in diese Nobeldiskos nicht herein.

In Ortaköy kann man schick essen und bummeln gehen

Reiseinfos

Wer lieber auf der ruhigen, ›intellektuellen‹ asiatischen Seite der Stadt ausgehen will, sucht sich entweder im Zentrum von Kadıköy eine schöne Kneipe oder flaniert entlang der mondänen Bağdat Caddesi, dem Haupteinkaufs- und Amüsierboulevard oberhalb des Marmarameeres.

Die Szene in Istanbul lebt davon, dass die angesagten Treffs ständig wechseln. Was heute noch ›in‹ ist, kann morgen wieder verschwunden sein. Für die Istanbuler Familien ist die beste Unterhaltung am Abend der einfache Spaziergang am Meer mit anschließendem Tee in einem lauschigen Teegarten.

Mein Tipp

La Rue Française
Mal eben für zwei Stunden nach Paris? In Beyoğlu ist das möglich, denn hier hat man eine ganze Gasse im Zuge der Stadtsanierung kurzerhand in eine ›Französische Straße‹ umgebaut. Fransiz Sokağı heißt das Projekt, das die ehemals völlig vergammelte Cezayır-Straße südlich des Galatasaray-Gymnasiums in eine Ausgehmeile für bis zu 9000 Leute pro Tag verwandelt hat. Ein Outdoor-Soundsystem sorgt für pariserische Akkordeon-Klänge, ein Lokal reiht sich ans andere: Brasserien, Bistros, Crêperien, Patisserien … Abends ziehen Straßenmusiker von Lokal zu Lokal, sonntags gibt es einen Flohmarkt, und selbst in der kühleren Jahreszeit muss das bunte Treiben nicht enden, dafür sorgen ausreichend Heizstrahler.
Fransiz Sokağı: www.fransizsokagi.com, parallel zur Yeniçarşı Cad., zwischen Hariye Sok. und Bostanbaşı Cad.

Bars und Szenekneipen

Mit Aussicht – **Andon Pera:** ▶ Karte 2, J 2, Beyoğlu, Sıraselviler Cad. 89, www.andon.com.tr, Metro Taksim, 21–3 Uhr. Hier gibt es auf insgesamt fünf Etagen für jeden Geschmack etwas. Vom Restaurant über Weinstube bis hin zur schönen Bar ganz oben unter dem Dach. Musik, gelegentlich auch live, mit einer überraschenden Aussicht auf den Bosporus.

Relaxed – **Babylon Lounge:** ▶ Karte 2, H 3, Beyoğlu, Asmalımescit Mah., Jurnal Sok. 4, www.babylon.com.tr, Seilbahn/Tramvay Tünel, tgl. 16–2 Uhr. Diese Bar auf der Rückseite der berühmtesten Musikhalle der Stadt ist ein Platz zum Entspannen mit der Chance, den Star des Abends vielleicht vorher schon einmal zu sehen.

Schicke Weinbar – **Bebek Bar:** ▶ Karte 4, F 2, Bebek, Cevdet Paşa Cad. 113–115, www.bebekhotel.com.tr, Bus/Fähre Bebek, 17–1 Uhr. Die stilvolle Bar in einem der schönsten kleineren Bosporus-Hotels hat reichhaltige Getränkeauswahl, gediegene Weine und eine Terrasse über dem Bosporus, die kaum zu toppen ist. Sehr empfehlenswert!

Stylish mit toller Aussicht – **5. Kat:** ▶ Karte 2, K 2, Cihangir, Soğancı Sok. 7, www.5kat.com, Metro Taksim, 18–2 Uhr. Diese Mischung aus Bar und Kulturzentrum, mit roten Sofas dekoriert, ist unter Künstlern und Autoren beliebt. Es gibt eine kleine Speisekarte und im Sommer eine schöne Dachterrasse mit tollem Blick.

Nicht nur für Business People – **City Lights Bar:** ▶ K 1, Ceylan InterContinental Hotel, Taksim, Asker Ocağı Cad., www.istanbul.intercontinental.com.tr, Metro Taksim (Ausgang Gezi Parkı),

Abends und Nachts

22–2 Uhr. Die Roofbar des Interconti bietet Latin, oft live, vielfältige Drinks und einen unvergleichlichen Panoramablick über die Stadt, das alles in der gediegenen Atmosphäre eines 5-Sterne-Hotels.

Echtes Pera-Flair – **Pera Palas Bar:** ▶ Karte 2, H 3, Beyoğlu, Tepebaşı, Meşrutiyet Cad. 198, www.perapalas.com, Seilbahn Tünel/Tramvay Odakule, 14–2 Uhr. Die älteste Bar Istanbuls findet sich im Pera Palas Hotel, früher das Nobelhotel für die Gäste des Orient-Express. Entsprechend das Ambiente in der Bar des erst 2010 nach gründlicher Renovierung wieder eröffneten Hotels: Großer Spiegel über dem Mahagoni-Tresen, Pariser Atmosphäre, nicht billige Drinks – aber ein Erlebnis.

Entspannen – **Sultan Pub:** ▶ Karte 3, K 7, Sultanahmet, Divanyolu Cad. 2, Tramvay Sultanahmet, 10–2 Uhr. Mitten im Touristenviertel eine Oase zum Ausspannen, in der man ein preiswertes Menü genießen und in Ruhe ein Bier trinken kann.

After Shopping – **Touchdown:** ▶ Innenkarte S. 242, Nişantaşı, Abdi İpekçi Cad. 61/11, Reasürans Çarşısı, www.touchdown.com.tr, Bus/Sammeltaxi Nişantaşı, 10–1 Uhr. Mitten im nobelsten Einkaufsviertel der Stadt gelegen, bietet sich hier eine Ruhezone für einen Drink zwischendurch. Die Bar ist immer bestens besucht, da auch die angrenzenden Boutiquen bis in die Nacht geöffnet sind.

Bauchtanz und Folklore

Bauchtanz mit Aussicht – **Galata Kulesi Restaurant:** ▶ H 3/4, Galata-Turm, Beyoğlu, Büyük Hendek Sokak, www.galatatower.net, Seilbahn/İstiklal-Stra-

Bauchtanz

Der ›Orientalische Tanz‹ *(oryantal)* wird in größeren Hotels und auch im Galata-Turm zu recht hohen Preisen geboten. Noch teurer wird es in den Nachtclubs, z. B. rund um den Taksim-Platz, die oft zumindest in der Grauzone zum Rotlichtmilieu changieren. Auch die Fremdenverkehrsstellen warnen inzwischen vor dem Besuch, da es häufig zu Problemen mit der Rechnung gekommen ist. Am besten bucht man eine organisierte Touristenveranstaltung (s. auch S. 98).

ßenbahn Tünel, 18–24 Uhr. Das Restaurant oben im historischen Galata-Turm im Zentrum des gleichnamigen Viertels ist einer der beliebtesten Touristentreffs, um bei einem opulenten Essen mit großen Buffets eine türkische Folklore- und Bauchtanzshow zu erleben. Man bucht in der Regel das gesamte Programm für rund 50 Euro (Silvester mit Aufschlag).

Menü mit Musikprogramm – **Gar Müzikhol:** ▶ E 8, Yenikapı, Mustafa Kemal Cad. 3, Bus/Fähre/Tramvay Eminönü, 21–24 Uhr. Besucher dieser urigen türkischen Musikhalle rühmen vor allem das gute Preis-Leistungsverhältnis. Insbesondere in Gruppen gibt es schon für rund 20 € ein Menü mit anschließendem Musikprogramm. Folkloregruppen und Bauchtänzerinnen wechseln sich ab, auch das Publikum darf mal auf die Bühne.

Bauchtanz am Taksim – **Kervansaray:** ▶ K 1, Taksim-Harbiye, Cumhuriyet Cad. 30/5, www.kervansarayistanbul.com, Metro Taksim (Ausgang Gezi Parkı)/Bus Harbiye, 20–1 Uhr. An diesem Platz in der Nähe des Taksim gibt es wie an den anderen Bauchtanzver-

Reiseinfos

Wann und wo?
Der Abend in den Clubs beginnt in der Regel um 22 Uhr und endet gegen 3 Uhr nachts, manchmal aber auch erst in den frühen Morgenstunden.

Zu den besten und beständigeren Adressen gehören das **Reina** (S. 46) in Kuruçeşme, die angesagteste Adresse für Dance & Clubbing, das **Babylon** (S. 44) mit seinen Performances und Pop-Konzerten sowie das **Kemanci** (S. 45), das mit drei Bühnen und Rock-, Funk- sowie Heavymetal-Bands jedem Publikum gerecht wird.

anstaltungsorten auch ein Fix-Menü (ab 35 €) und das dazugehörige Folklore- und Bauchtanzprogramm. Türkische Getränke gibt's »unlimited«.

Jazz und Soul

Experimenteller Jazz – **Eylülist:** ▶ Karte 4, F 2, Arnavutköy, 1. Cad. 64, www.eylulist.com, Bus/Fähre Arnavutköy, 18–2 Uhr, Liveprogramm Mi–Sa. Dieser Club im Bosporus-Vorort Arnavutköy ist unter der Woche ein Experimentierplatz für junge türkische Künstler. Am Wochenende treten dagegen namhafte Jazzer auf, oft kommt es zu langen Sessions – das Programm kriegt man im Internet.

Jazz, Soul, Retro – **Ghetto:** ▶ Karte 2, H 2, Beyoğlu, Kamer Hatun Cad. 10, www.ghettoist.net, Metro Taksim, Do–So 22–4 Uhr. Eröffnet und geführt vom türkisch-amerikanischen Jazzsaxophonisten İlhan Erşahin, hat sich der Club zu einem Treffpunkt hochklassiger türkischer und auch internationaler Jazz-Musiker entwickelt. Da nicht besonders viel Platz ist, sollte man möglichst früh eintreffen.

Jazz & Blues – **Istanbul Jazz Center:** ▶ Innenkarte S. 242, Ortaköy, Çırağan Cad./Salhane Sok. 10, www.istanbuljazz.com, Bus/Fähre Ortaköy, 21.30 –1 Uhr. Das JC unter dem Dach des SAS Radisson Hotel gehört zu den gediegensten und teuersten Adressen für einen gepflegten Jazz-Abend in Istanbul. Bekannte internationale Künstler sind hier ebenso vertreten wie türkische Jazz-Größen. Programm im Internet nachschauen.

Jazzrestaurant – **Nardis Jazz Club:** ▶ H 4, Beyoğlu-Galata, Kuledibi Sok. 14, www.nardisjazz.com, Seilbahn/Tramvay Tünel, So–Do 21.30–0.30, Fr–Sa 23.30–4 Uhr. Der bekannteste Jazz-Club Istanbuls am Fuße des Galata-Turms besticht durch Atmosphäre und gute Musik. Wechselnde, sehr gute Programme, Mainstream bis Fusion. Veranstaltungsort des Istanbuler Jazzfestivals im Juli.

Musikhallen und Diskotheken

Indie-Club – **Babylon:** ▶ Karte 2, H 3, Beyoğlu, Asmalımescit, Şeyhbender Sok. 3, www.babylon-ist.com, Seilbahn/Tramvay Tünel, ab 19.30 Uhr bis open end. Der große Musikclub ist der Geburtsort für Synthese aus Ost- und Westmusik, wie sie Fatih Akın in seinem Film »Crossing the Bridge« bekannt gemacht hat (S. 102). Fast jeden Abend Auftritte mehr oder weniger bekannter türkischer oder internationaler Bands. Sternstunden des Babylon gibt es immer dann, wenn es zu grenzüberschreitenden, oft auch spontanen Konzerten kommt. Zu Silvester traditionelle Oldies-Nacht.

Edel-Club – **Blackk:** ▶ Karte 4, F 2, Beşiktaş, Kuruçeşme, Muallim Naci Cad.

Abends und Nachts

71, www.blackk.net, Bus von Beşiktaş Richtung Sarıyer, 22.30–4 Uhr tgl. Hier treffen sich in einem Haus am Bosporus die Schönen und Reichen zu ausgesuchter asiatischer Küche und anschließendem Tanz: Techno unter Rokoko-Porträts.

House & Techno – **Crystal:** ▶ Innenkarte S. 242, Ortaköy, Muallim Naci Cad. 65, www.clubcrystal.org, Bus/Fähre Ortaköy, Do–Sa 23 Uhr bis open end. Eine angesagte House- und Techno-Disco über zwei Etagen mit einer Kapazität für rund 500 Leute. Istanbuls beste DJs legen hier auf. Meist trifft sich hier ein jüngeres Publikum.

Latin, Rock, HipHop – **Hayal Kahvesi:** ▶ Karte 2, J 2, 1. Beyoğlu, Büyükparmakkapı Sok. 19, www.hayalkahvesi.com.tr, Metro Taksim, 21–4 Uhr; 2. Beykoz-Çubuklu, Burunbahçe Mevkii, Bootsshuttle von İstinye, Fr–Sa 21–2 Uhr. Livemusik. Das »Traumcafé« ist eine der ältesten und bekanntesten Rockbühnen der Stadt in Beyoğlu. Seit einigen Jahren betreibt das Management noch einen besonders schönen Ableger auf der asiatischen Seite am Bosporus, wo man in einer ehemaligen steinernen Lagerhalle und auf dem Freigelände drum herum unter der Woche relaxed Musik hört und am Wochenende rauschende Partys und Konzerte feiert.

Rock und Off-Kultur – **Kemancı Rock Bar und Disco:** ▶ Karte 2, H 3, Taksim, Sıraselviler Cad. 69/1, www.kemanci.

Im Kenancı spielen türkische und auch internationale Rock- und Indie-Gruppen

Reiseinfos

org, Metro Taksim, 19.30–4 Uhr. Zentral gelegen nahe dem Taksim-Platz, verteilt über mehrere Etagen, bietet das Kemancı praktisch für jeden etwas. Live-Auftritte türkischer Rock-Bands, eine Disco mit internationalem Pop, aber auch Off-Theater und andere Performances.

Promi-Location – **Reina:** ▶ Innenkarte S. 242, Beşiktaş-Kuruçeşme, Muallim Naci Cad. 44, www.reina.com.tr, Bus Kuruçeşme, Juni–Okt. tgl. 17–3 Uhr. Istanbuls größte Sommer-Freiluftdisco am Bosporus versammelt um eine gigantische Tanzfläche am Wasser insgesamt zehn verschiedene Cafés, Restaurants und Bars. Hierhin geht man, um zu sehen und gesehen zu werden – entsprechendes Outfit ist angesagt. Eintritt nur mit Reservierung.

Für alle Altersklassen – **Roxy:** ▶ Karte 2, J 2, Taksim, Sıraselviler Cad., Aslan Yatağı Sok. 113, www.roxy.com.tr, Metro Taksim, Di–Sa 18–3 Uhr. Hier drängen sich vorzugsweise die etwas älteren Istanbuler zu Klängen von Funk und Latin-Musik. Auf zwei Etagen können bis zu 700 Leute tanzen, relaxen, aber auch internationale Küche genießen.

Gay & Lesbian

Traditionell gay – **Barbahçe:** ▶ Karte 2, J 2, Taksim, Sıraselviler Cad., Soğancı Sok. 7/1, www.barbahce.com, Metro Taksim, 21–3 Uhr. Eine der ältesten Schwulenkneipen Istanbuls. Großer Club, offene Atmosphäre, Musik, Performance und Tanz.

Lesbian – **Bigudi:** ▶ Karte 2, J 2, Beyoğlu, Büyükbayram Sok. 1/1, www.projectbe.com, Metro Taksim, Mi, Fr, Sa 21 Uhr bis open end. Der angesagte Lesbenclub der Stadt mit DJ, Tanz und Performance trägt den braven Namen »Lockenwickler«.

Verein und Club – **Lambda:** ▶ Karte 2, J 2, Beyoğlu, İstiklal Cad., Tel Sok. 28/5, www.lambdaistanbul.org, Metro Taksim, ab 14 Uhr. Lambda ist die Interessenvertretung von Gays und Lesbiens in Istanbul. Unter der angegebenen Adresse ist das Büro des Vereins (Tel. 0212 245 70 68); gleichzeitig finden sich dort aber auch Clubräume, wo man sich zu einem Plausch treffen kann oder am Abend auch Musik hört und tanzt.

Das Urgestein – **Ajda (Ex-Neo):** ▶ K 1, Taksim, Lamartin Cad. 40, www.neobar.gen.tr, Metro Taksim, tgl. außer Mo 22–2 Uhr. Das Neo war früher die bekannteste Adresse für Homosexuelle in Istanbul. Auch unter neuem Namen trifft man sich hier, feiert zusammen und entscheidet am Ende oft, noch gemeinsam in einen anderen Club weiterzuziehen.

Bärentreff – **Tek Yön:** ▶ Karte 2, H 2, Beyoğlu, Ekrem Türk Sok. 14, www.tekyonclub.com, Metro Taksim, 21–4 Uhr. Der Club bezeichnet sich selbst als den wichtigsten Treff der ›Bären‹ (Ayılar), einer türkischen Homosexuellengruppe hauptsächlich aus Istanbul. Musik, Tanz und Treffpunkt.

Kinos

Ins Kino gehen kann in Istanbul durchaus eine Alternative sein, weil Filme in der Regel im Original mit Untertiteln gezeigt werden und deshalb keine Türkischkenntnisse erforderlich sind.

Die traditionellen Kinopaläste konzentrieren sich auf der İstiklal Cad. in Beyoğlu, wobei es mittlerweile in jedem großen Einkaufszentrum Multi-

Abends und Nachts

plex-Kinos gibt. In Beyoğlu und Kadıköy findet auch das alljährliche Filmfestival statt.

Die aktuellen **Kinoprogramme** finden Sie in den Programmzeitschriften Istanbul Life oder Time out oder unter www.biletix.com.

Roter Plüsch – **Alkazar:** ▶ Karte 2, J 2, Beyoğlu, İstiklal Cad. 179, Tel. 0212 293 24 66/67, Metro Taksim. Das Kino zeigt die neuesten Hollywood Filme.

Schöner Saal – **Atlas:** ▶ Karte 2, J 2, Beyoğlu, İstiklal Cad. 209, Tel. 0212 252 85 76, Metro Taksim. Das schönste Kino in Beyoğlu: Hollywood und türkische Filme (ohne Untertitel!).

Anspruchsvolles Programm – **Beyoğlu:** ▶ Karte 2, J 2, Beyoğlu, İstiklal Cad. 140, Tel. 0212 251 32 40, Metro Taksim. Hier ist eher anspruchsvolleres Programmkino zu finden.

Asiatische Seite – **Cinemaxx Şaşkınbakkal:** ▶ Karte 4, G 3, Kadıköy, Şaşkınbakkal, Bağdat Cad. 401/3, Tel. 0212 467 44 67, von Kadıköy mit Bus oder Sammeltaxi Richtung Bostancı. Modernes Cinemaxx-Kino direkt an der größten Einkaufsstraße der asiatischen Seite.

Elegant – **Feriye Eurimages:** ▶ Innenkarte S. 242, Ortaköy, Çırağan Cad. 124, Tel. 0212 236 28 64, Bus Ortaköy. Elegantes kleines Kino auf dem Gelände des Feriye-Palastes mit einer Mischung aus Hollywood und türkischen Filmen.

Museumskino – **Istanbul Modern Cinema:** ▶ J4, Karaköy, Meclisi Mebushan Cad., www.istanbulmodern.org, Tramvay Tophane. Das Kino im gleichnamigen Museum zeigt anspruchsvolle Dokumentationen oft in Verbindung mit der aktuellen Ausstellung.

Theater, Oper, Konzerte

Klassik, Oper, Ballett – **Atatürk Kültür Merkezi (AKM):** ▶ Karte 2, K 2, Taksim Meydanı (direkt am Taksim-Platz), Metro Taksim, www.istdt.gov.tr, www.idobale.com. Klassikkonzerte Fr 19.30, Sa 11 Uhr, Oper und Ballett Di–Do 20 Uhr, Fr 11 Uhr, Sa 15.30. Tickets am Hausschalter Mo–Sa 10–18 Uhr oder unter www.biletix.com. Das Atatürk-Theater ist das offizielle Kulturzentrum der Stadt. Es wurde gerade renoviert und entspricht nun auch technisch wieder den Anforderungen an eine moderne Bühne.

Galerie & Klassik – **Borusan Kültür ve Sanat Merkezi:** ▶ Karte 2, J 2, Beyoğlu, İstiklal Cad. 213, www.borusansanat.com, Metro Taksim, Galerie Di–Sa 10.30–19 Uhr, Konzerte 19/20 Uhr. Die Kunstgalerie im Haus zeigt oft sehr gute Ausstellungen meist türkischer Künstler. Ein hauseigenes Kammerorchester gibt Konzerte. Zudem gibt es hier die einzige große Musikothek Istanbuls mit dem Schwerpunkt klassische Musik.

Konzerte – **Cemal Reşit Rey Konser Salonu:** ▶ Innenkarte S. 242, Taksim, Harbiye, Darülbedai Cad. 1, www.crrks.org, Veranstaltungen tgl. 19.30 Uhr. Der größte Konzertsaal der Stadt liegt hinter dem neu erbauten Istanbuler Kongresszentrum. Er hat ein eigenes Symphonie-Orchester, wird aber auch für zahlreiche Gastveranstaltungen genutzt.

Openair-Konzerte – **Parkorman:** ▶ Karte 4, F 1, Büyükdere Cad., Maslak, Tel. 0212 328 20 00, www.parkorman.com.tr, Bus Maslak Lise. Große Anlage im Wald nördlich von Istanbul, nahe Sarıyer: Spaßbad, Restaurants und ein großes Areal für Openair-Konzerte.

Feste und Festivals

Religiöse Feste und private Feiern

Die großen religiösen Feste sind das Zuckerfest *(şeker bayramı)* und das Opferfest *(kurban bayramı)*. An diesen mehrtägigen ›Miniferien‹ (Termine s. S. 57) haben Geschäfte, Banken und Behörden geschlossen, man widmet sich ausschließlich der Familie. Die religiösen Feste richten sich in ihren Daten nicht nach dem gregorianischen, sondern nach dem islamischen Kalender, dessen Jahr nur 354 Tage zählt. Die Termine verschieben sich demnach jedes Jahr gegenüber dem modernen Kalender um etwa elf Tage nach vorn.

Mit dem dreitägigen **Zuckerfest** endet der Fastenmonat Ramadan (trk. *ramazan)*. Während des dreitägigen Festes schlemmt die ganze Familie mit den besten Köstlichkeiten, die Kinder werden mit Süßigkeiten, Spielzeug und neuen Kleidern beschenkt.

Das fünftägige **Opferfest** findet im Wallfahrtsmonat statt. Opfertiere, in der Regel ein Schaf, eine Ziege oder ein Kälbchen, werden nach islamischem Brauch geschächtet. Früher ging ein großer Teil des Tieres an Bedürftige, heute teilen sich oft mehrere Familien ein Tier und beschenken die ›armen‹ Eltern.

Beschneidung und **Hochzeit** sind die großen Familienfeste. Sie werden zum Teil pompös gefeiert, die Hochzeit kann sich sogar über mehrere Tage erstrecken. Während die Jungen in ihren kleinen ›Prinzenkostümen‹ vor der Beschneidung feierlich im Auto oder auf einem Pferd durch die Straßen geführt werden, rast die Hochzeitsgesellschaft mit Hupkonzerten im Autokonvoi durch die Stadt. Die Braut trägt nach westlichem Muster ein weißes Brautkleid, die Hochzeitsfeier findet meistens in einem großen Saal mit Musikkapelle statt. Es wird getanzt, gegessen und getrunken, das Brautpaar nimmt die Glückwünsche und Geldgeschenke entgegen (meist werden die Geldscheine ganz öffentlich an die Kleider der Brautleute geheftet). Anschließend verlässt das junge Ehepaar ziemlich bald die Hochzeitsgesellschaft.

Feste und Festivals

Festivals

Die İstanbul Kültür ve Sanat Vakfı (Istanbul Foundation for Culture & Arts, www.iskv.org) organisiert seit 1973 verschiedene internationale Festivals zu den Sparten Film, Theater, Musik, Jazz (S. 50), die den Istanbuler Sommer prägen. Vor allem das **Film-Festival** und die **Kunst-Biennale** haben sich einen international herausragenden Ruf für neue Tendenzen jenseits des westlichen Mainstream erarbeitet. Jüngstes Kind ist das von der Bierfirma Miller gesponserte Festival ›junger‹ Musik, das **Phonem.**

Darüber hinaus werden unter privater Sponsorschaft im Sommer zahlreiche Pop-Festivals veranstaltet, etwa das **Efes Pilsen One Love Festival** (2009 mit Röyksopp als Topact) oder verschiedene Techno-, Tanz-, Blues- oder Urban Jungle-Festivals. Das größte Openair-Event ist das von Coca Cola finanzierte **Rock'n Coke Festival** (2009 mit Linkin Park als Topact). Das alternative Festival **Barişa Rock** hat 2009 jedoch keine Neuauflage erlebt.

Die Istanbuler Kunst-Biennale hat sich mit wegweisenden Fragestellungen und moderner Konzeptkunst einen Namen gemacht

Reiseinfos

Festivalkalender

Da viele Festivals auf privatem Sponsoring basieren, kann es durch die Finanzmarktkrise unvorhersehbar zu Ausfällen kommen.

April
International Istanbul Film Festival: In verschiedenen Großkinos der Stadt werden gut 100 Filme, viele international, meist englischsprachig gezeigt. Seit 2007 vergibt der Europarat beim Festival einen Preis für einen in Menschenrechtsfragen engagierten Film; www.iksv.org/film.

Mai/Juni
International Istanbul Theatre Festival: Modernes türkisches und internationales Theater in verschiedenen Spielstätten, alle zwei Jahre. Das Programm reicht von z.B. Leonce und Lena (2008) bis zu modernem Ausdruckstanz.

Juni/Juli
International Istanbul Music Festival: Europäische Klassik mit internationalen Größen, aber auch außereuropäische Hochmusik in historischen Sälen vom Topkapı-Serail bis zur Bulgarischen Kirche (Bulgar Kilise). Das Eröffnungskonzert in der Hagia Eirene bildet den Höhepunkt der Saison.

Juni
Istanbul Design Weekend: Ausstellungen zu türkischem und internationalem Design, Mode, Architektur etc.; www.idw-designweekend.com.
Efes Pilsen One Love Festival: HipHop, Punk und Electronic, internationale und türkische Interpreten jenseits des Mainstream; www.efespilsenonelove.com).

Ende Juni/Anfang Juli
Kırkpınar Yağlı Güreş in Edirne: Seit gut 600 Jahren kämpfen nur mit einer Lederhose bekleidete, eingeölte Ringer in verschiedenen Gewichtsklassen um die Meisterschaft. Begleitet wird dies vom Aufzug osmanischer Militärkapellen und großem Volksfestrummel; www.kirkpinar.net.

Juli
Istanbul International Jazz Festival: Nicht nur Jazz, sondern auch Pop und Weltmusik. Viele Aufführungen finden an historischen Orten statt, in der Hagia Eirene oder in verschiedenen Sultansschlössern; www.iksv.org/caz.

Anfang September
Rock'n Coke Festival Istanbul: Von der Firma Coca Cola finanziertes Festival, das größte der Türkei. Ein Wochenende mit Rock, Gothic und House-DJ-Mix; www.rockncoke.com.

Oktober
Istanbul Biennale: Alle zwei Jahre präsentieren bildende Künstler ihre Werke und Konzeptkunst an verschiedenen Plätzen. Für jede Biennale wird ein neuer Kurator gewählt; www.iksv.org.
Akbank Jazz Festival: Privates Festival der Akbank mit Auftritten vieler internationaler Jazz-Größen (Afrika, Südamerika); www.akbanksanat.com.

Ende Oktober/November
Phonem by Miller: Von der Bierfirma Miller gesponsortes Festival mit türkischen und internationalen DJs, die ihre Samples vorstellen (alle 2 Jahre); www.iksv.org/phonem.

Aktiv sein, Sport, Wellness

Baden

Istanbul ist zwar eine Stadt am Meer, aber für einen Badeurlaub sicher nicht erste Wahl. Trotzdem kann man durchaus auch innerhalb der Stadt schwimmen gehen. Durch den vermehrten Bau von Klär- und Reinigungsanlagen hat sich auch im Stadtbereich die Wasserqualität in den letzten Jahren so weit erholt, dass lange geschlossene Strände am Marmarameer wieder für den Badebetrieb geöffnet wurden.

Das sind auf der europäischen Seite die Strände im Westen in **Yeşilköy** und auf der asiatischen Seite die Strände rund um die **Fenerbahçe-Halbinsel** und weiter in Richtung **Bostancı**. Besonders die Strände in Fenerbahçe und Caddebostan sind sauber und gepflegt.

Die meisten Istanbuler fahren allerdings für ein Badewochenende lieber ans Schwarze Meer, westlich oder östlich der Bosporus-Mündung. Nach Westen ist der Hauptbadeort Kumköy, nach Osten hin Şile. **Kumköy** bei der Burg Kilyos erreicht man vom nördlichsten Bosporus-Vorort Sariyer mit dem Bus oder dem Dolmuş, nach **Şile** fahren Direktbusse stündlich von Üsküdar aus. Allerdings wird in beiden Orten vor gefährlichen Strömungen gewarnt, so dass man nicht allzu weit ins Wasser gehen sollte.

Der schönste Badeausflug ist allerdings eine Schiffsfahrt zu den **Prinzeninseln**. Von Kabataş, unterhalb des Taksim-Platzes, und von Kadıköy fahren regelmäßig Fähren und Motorboote zu den Inseln. Auf allen Inseln gibt es größere Badestrände und kleine Badebuchten.

Nahezu alle Strände in und um Istanbul sind kostenpflichtig. Der Eintritt beträgt 3–12 Euro.

Fitness

Im Sport- und Fitnessangebot hat Istanbul stark aufgeholt und ist mit jeder europäischen Großstadt vergleichbar. Moderne Anlagen bieten z. B. der **Vakkorama Gym** (Taksim, Osmanlı Sok. 13, ▶ Karte 2, K 2), **The Marmara Gym** (Taksim, The Marmara Istanbul Hotel ▶ Karte 2, J 2) oder die **Hillside City Clubs** (z. B. Etiler oder Kadıköy, ww.hillsidecityclub.com).

Fußball

Stets sehr emotional geht es beim Fußball zu. In Istanbul sind drei der führenden türkischen Vereine ansässig: Galatasaray, Fenerbahçe und Beşiktaş. Während der Meisterschaftsspiele, erst recht bei Lokalderbys fiebert die ganze Stadt mit. Straßen und Plätze sind mit Fans überfüllt, nicht selten kommt es aber auch zu Schlägereien zwischen den verschiedenen Fangruppen. Die Stadien:

Galatasaray: Ali Sami Yen Stadyumu, Mecidiyeköy, Şişli, kurz vor der E-5, www.galatasaray.org
Fenerbahçe: Şükrü Saracoğlu Stadyumu, Kadıköy, www.fenerbahce.org
Beşiktaş: BJK İnönü Stadyumu, Beyoğlu, Dolmabahçe, www.bjk.com.tr
Spielpläne sind unter www.biletix.com zu erfahren.

Formel 1

Seit ein paar Jahren hat Istanbul auch eine Rennstrecke, an der einmal im Jahr der Formel-1-Zirkus gastiert. Immer im Sommer wird hier im »İstanbul Park« (www.istanbulparkcircuit.com)

Reiseinfos

der große Preis der Türkei ausgetragen. Im Rest des Jahres werden dort kleinere Rennen oder große Pop- und Rock-Konzerte veranstaltet.

Golf

Der **Istanbul Golf Club** ist mit über 100 Jahren eine der ältesten Golfanlagen Europas. Tagesgäste sind in dieser 9-Loch-Anlage willkommen: Yeni Levent, Büyükdere Caddesi, Harp Akademileri İçi, Eski Oto Sanayi Sitesi Karşısı (ca. 750 m weiter vom Mövenpick-Hotel, auf der rechten Seite Richtung Sarıyer), Tel. 0212 324 06 09, Fax 0212 324 03 79, www.igk.org.tr.

Kulinarisches Istanbul

Das Boutique-Hotel Sarnıç in Sultanahmet bietet vierstündige **Kochkurse** mit dem Hotelkoch, bei denen man in ca. vier Stunden ein Vier-Gänge-Menü kreiert und viel über die türkische Küche lernt (www.sarnichotel.com).

Das **Istanbul Culinary Institute** bietet neben Kochkursen (allerdings internationale Küche) und kulinarischen Reisen auch ›Walking Tours‹ an, etwa zum Markt von Kadıköy, durch den Gewürzbasar (Mısır Çarşısı) und auch dreistündige Touren zum Thema Streetfood (www.istanbulculinary.com).

Weitere Fun-Sportarten
Schlittschuhlaufen: Galleria Shopping Mall, Ataköy, Tel. 0212 560 85 50
Indoor Climbing: Atölye, Ortaköy, Muallim Naci Cad. 65–67, Tel. 0212 236 05 95
Squash: Hillside City Club, Etiler, Tepecik Yolu, Alkent Sitesi, Tel. 0212 352 23 33

Segeln

Segeln war in Istanbul lange ein Hobby für reiche Exzentriker. Doch das ändert sich erstaunlich schnell. Seit ein paar Jahren werden auf dem Bosporus vor einer traumhaften Kulisse Regatten gesegelt, an denen auch internationale Stars teilnehmen.

Im Westen und Osten der Stadt, also auf der europäischen und asiatischen Seite, gibt es am Marmarameer jeweils eine große Marina, in der auch Gäste, die Istanbul von der Ägäis aus anlaufen, festmachen können: auf der europäischen Seite in **Ataköy** (www.atakoy marina.com.tr), auf der asiatischen Seite in **Fenerbahçe-Kalamis** (www.seturmarinas.com).

In beiden Marinas gibt es zudem Segelschulen oder auch die Möglichkeit, sich für Tagestouren ein Boot auszuleihen. Die Segelschulen bieten auch Kurse für Kinder an.

Skaten

Skater haben es schwer in Istanbul. Es gibt keine ausgewiesenen Skateplätze oder Sporthallen für Skater. Trotzdem gibt es natürlich jugendliche Skaterfans. Der beliebteste Treffpunkt ist der Platz vor dem Fähranleger in **Beşiktaş** rund um das Denkmal des osmanischen Seehelden Barbaros Hayreddin.

Wandern

Das beliebteste Ziel zum Laufen und Wandern ist der **Belgrat Ormanı** (Belgrader Wald). Dieses ausgedehnte Waldgebiet am Nordrand der Stadt ist die grüne Lunge Istanbuls und sein wichtigster Wasserspeicher. Aus mehreren kleinen Stauseen wird vom Belgrat Ormanı aus seit der Antike bis

Sport und Wellness

heute ein Teil des Wasserbedarfs der Stadt gedeckt. Der Wald eignet sich für ausgedehnte Spaziergänge vor allem im Frühling und Herbst.

Wellness

Türkisches Bad (Hamam)
Ein Besuch in einem der historischen Hamams ist eines der besonderen Istanbul-Erlebnisse: Man erlebt Wellness nach 2000-jähriger Tradition ... wie bei den alten Römern. Die Massage mit Seifenschaum und Peeling-Kratzer ist der Höhepunkt, denn die türkischen Bademeister und Badefrauen sind wahre Meister ihres Faches. Architektonisch besonders schöne und auf Touristen eingestellte Bäder finden Sie auf S. 95.

Wellness & Spas
Moderne Spas bieten viele Oberklassehotels, als vielleicht bestes das Swissôtel The Bosphorus mit dem luxuriösen **Amrita Spa,** das auch eine professionelle Fitnessabteilung und ein richtiges Schwimmbad bietet (www.amritaspa.com, S. 250).

Spaßbad
Ein großes Spaßbad mit Wellenpool, den künstliche Wasserfälle, große Wasserspielplätze und aufregende Rutschen umgeben, befindet sich hinter dem Atatürk-Flughafen am Marmara-Meer.
Büyükçekmece Aqua Marine: ▶ Karte 4, A 3, Piyade Sok. 8, Büyükçekmece, Tel. 0212 882 28 20, www.aquamarine.com.tr. Banliyö Tren ab Sirkeci bis Küçükçekmezi, von dort Taxi.

In vielen Luxushotels kann man in edlen Wellness-Anlagen entspannen

Museen

Von den über 50 Museen und als Museen geführten Palästen und Kirchen in Istanbul ist hier nur eine Auswahl aufgeführt, die wichtige Epochen der Stadtgeschichte illustriert.

Kernöffnungszeiten der Museen sind 10–12.30 und 13.30–16.30 Uhr, im Sommer auch länger. In der Regel sind die Museen montags geschlossen (mit Ausnahmen). Die Eintrittspreise fallen unterschiedlich aus, von umgerechnet 1,25 € bis hin zu ca. 10 € für die Hagia Sophia oder 17 € für den Topkapı-Palast (Palast 20 TL, Harem 15 TL). Die Preise ändern sich jährlich!

Istanbuls Louvre – **Arkeoloji Müzesi (Archäologisches Museum):** ▶ Karte 3, K 6, Gülhane, Osman Hamdi Bey Yokusu, Tel. 0212 520 77 40/41, S. 132.

Lauschiger Insidertipp – **Aşiyan Müzesi:** ▶ Karte 4, F 2, Aşiyan Yokuşu, Bebek, Tel. 0212 263 69 86, S. 255.

Janitscharen – **Askeri Müze (Militärmuseum):** ▶ Innenkarte S. 242, Valikonağı Caddesi, Nişantaşı, Tel. 0212 247 24 95, S. 238.

Nationalheld – **Atatürk Müzesi (Atatürk-Museum):** ▶ Karte 4, F 2, Şişli, Halaskargazi Cad. 250, Tel. 0212 240 63 19, S. 238.

›Irenenkirche‹ – **Aya İrini Kilise Müzesi (Hagia Eirene):** ▶ Karte 3, K 6 Topkapı Sarayı, 1. Hof, S. 132.

Byzanz – **Ayasofya Müzesi (Hagia Sophia):** ▶ Karte 3, K 7, Sultanahmet, Ayasofya Meydanı, Tel. 0212 522 17 50, S. 110.

Pressemuseum – **Basın Müzesi:** ▶ Karte 3, J 7, Divanyolu Cad. 84, Yusufpaşa, Tel. 0212 513 84 58, www.tgc.org.tr, Tramvay Sultanahmet, S. 159.

Gästehaus des Sultans – **Beylerbeyi Sarayı (Beylerbeyi-Palast):** ▶ Karte 4, F 2, außerhalb, Beylerbeyi, asiatisches Bosporus-Ufer, Tel. 0216 321 93 20/21, S. 260.

Eintausendundeine Säule – **Binbirdirek Sarnıcı (Binbirdirek-Zisterne):** ▶ Karte 3, J 7, İmran Ökten Sok. 4, Tel. 0212 518 10 01, www.binbirdirek.com, S. 157.

Fayencen – **Çinili Köşkü:** ▶ Karte 3, J 6, gegenüber vom Archäologischen Museum (s. dort), S. 133.

Sultansbarken – **Deniz Müzesi (Marinemuseum):** ▶ M 1, Beşiktaş, Hayrettin İskelesi Sok., Tel. 0212 327 43 45, S. 244.

Derwische – **Divan Edebiyatı Müzesi (Mevlevihane-Museum):** ▶ Karte 2, H 3, Tünel, Galip Dede Cad. 15, Tel. 0212 245 41 41, S. 223.

Kunstsammlung – **Doğançay Müzesi (Doğançay Museum):** ▶ Karte 2, J 2, Beyoğlu, Balo Sokak 42, www.dogancaymuseum.org, Seilbahn/İstiklal-Stra-

---

Museen im Web

Infos zu vielen Museen gibt es im Internet unter www.kultur.gov.tr. Dort findet man auch Hinweise zu Sonderausstellungen und speziellen Veranstaltungen.

Ein umfangreiches **virtuelles Museum** für türkische und osmanische Kunst mit einem hervorragenden Archiv ist www.sanalmuze.org.

Museen

Kopf einer Monumentalstatue im Archäologischen Museum

ßenbahn Tünel, Di–So 11–18 Uhr, Eintritt frei. Eine der größten privaten zeitgenössischen Kunstsammlungen. Ein Ölbild des Malers Burhan Doğançay wurde 2009 für ca 1,25 Millionen € versteigert – das teuerste Werk eines lebenden türkischen Künstlers.

Versailles am Bosporus – **Dolmabahçe Sarayı (Dolmabahçe-Palast):** ▶ M 1, Beşiktaş, Dolmabahçe Cad., Tel. 0212 236 90 00, S. 239.

Byzantinische Klosterkunst – **Fethiye Camii (Pammakaristos-Klosterkirche):** ▶ D 3, Fener, Fethiye Caddesi, S. 195.

Krim-Krieg – **Florence Nightingale Müzesi:** ▶ Karte 4, F 3, Çeşme Kebir Caddesi, Üsküdar, Tel. 0216 343 73 10, Bus/Autofähre Harem, Mo–Fr 9–16 Uhr. Kleine Ausstellung in der Kaserne Selims III. zum Wirken der Krankenpflegerin Florence Nightingale im Krim-Krieg, Besuch nach Anmeldung, S. 271.

Knotentechnik – **Vakıflar Halı Müzesi (Teppich-Museum):** ▶ Karte 3, J 7, Sultanahmet, Sultan Ahmet Camii, Tel. 0212 518 13 30, Tramvay Sultanahmet, Di–Sa 9–12, 13–16 Uhr, Eintritt frei. Die Teppichausstellung der Blauen Moschee (16.–19. Jh.) präsentiert schöne Stiftungsstücke mit Erläuterung der Symbolik.

Teppichkauf im Hamam – **Haseki Hürrem Hamamı:** ▶ Karte 3, K 7, Sultanahmet, Ayasofya Meydanı, Kabasakal Sok. S. 148.

Osmanische Kunst – **Vakıf Hat Sanatları Müzesi (Kalligraphie-Museum):** ▶ G 6, Beyazıt, Yeniçeriler Cad., Hürriyet Meydanı, Tel. 0212 527 58 51, S. 160.

Zeitgenössische Kunst – **İstanbul Modern Sanat Müzesi:** ▶ J 4, Karaköy, Meclisi Mebusan Cad., Liman İsletmeleri, Antrepo 4, Tel. 0212 334 73 00, www.istanbulmodern.org, S. 216.

Reiseinfos

Kunst des Volkes – **Karikatür Müzesi (Karikatur-Museum):** ▶ E 5, Fatih, Atatürk Bulvarı, Kovacılar Sok. 12, Tel. 0212 521 12 64, S. 190.

Byzantinische Mosaiken – **Kariye Camii Müzesi (Chora-Klosterkirche):** ▶ C 3, Edirnekapı, Kariye Camii Sok., Tel. 0212 512 54 74, S. 199.

Mini-Türkei – **Miniaturk:** ▶ Karte 4, E 2, Sütlüce, İmrahor Caddesi, Tel. 0212 222 28 82, www.miniaturk.com.tr, Busse: 54 HT ab Taksim, 47, 47 Ç, 47 E ab Eminönü, Mo–Fr 10–19 Uhr, Sa, So 10–21 Uhr. Über 100 Modelle bedeutender Bauwerke in Istanbul und der ganzen Türkei.

Kaiserpalast – **Mozaik Müzesi (Mosaiken-Museum):** ▶ Karte 3, K 7, Sultanahmet, Torun Sok., Tel. 0212 528 45 00, S. 149.

Stadtmuseum – **Pera Müzesi:** ▶ Karte 2, H 3, Beyoğlu , Meşrutiyet Cad. 65, Tel. 0212 334 99 00, S. 223.

Technikmuseum – **Rahmi Koç Müzesi:** ▶ E 1, Hasköy, Hasköy Cad. 27, Tel. 0212 369 66 00, S. 181.

Alte Gemäldegalerie – **Resim ve Heykel Müzesi:** ▶ M 1, Dolmabahçe, Tel. 0212 261 42 98, S. 244.

Bosporus-Burg – **Rumeli Hisarı:** ▶ Karte 4, F 1, europäisches Ufer, S. 256.

Teure Hobbysammlung – **Sadberk Hanım Müzesi:** ▶ Karte 5, C 1, Büyükdere, Piyasa Cad. 27, Tel. 0212 242 38 13, S. 258.

Beste Ausstellungen – **Sakıp Sabancı Müzesi:** ▶ Karte 4, F 1, Emirgan, İstinye Cad. 22, Tel. 0212 277 22 00, muze.sabanciuniv.edu, S. 256.

Ausgrabungen im Kaiserviertel – **Sultanahmet Arkeolojik Parkı (Archäologischer Park):** ▶ Karte 3, K 7, www.sultanahmetarkeolojikparki.com, S. 149.

Sultanspalast – **Topkapı Saray Müzesi:** ▶ Karte 3, K 6, Sultanahmet, Eingang von Bab-ı-Hümayun Cad., Tel. 0212 512 04 80, S. 120.

Islamische Kunst – **Türk ve İslam Eserleri Müzesi (Museum für Türkische und Islamische Kunst):** ▶ Karte 3, J 7, Sultanahmet, At Meydanı 46, Tel. 0212 518 18 05, S. 143.

Juden in Istanbul – **Türk Musevileri Müzesi – 500. Yil Vakfı (Museum of the Turkish Jews – Quincentennial Foundation):** ▶ H 4, Karaköy Meydanı, Perçemli Sok. 1, Tel. 0212 292 63 33, S. 219.

Festung als Gefängnis – **Yedikule Hisarı:** ▶ A 9, Yedikule, Kale Meydanı Sok. 4, Tel. 0212 263 35 05, S. 205.

Zisterne – **Yerebatan Sarayı Müzesi (Yerebatan-Zisterne):** ▶ Karte 3, J/K7, Sultanahmet, Yerebatan Cad. 13, Tel. 0212 522 12 59, S. 138.

Barock – **Yıldız Şale Müzesi:** ▶ Innenkarte S. 242, Beşiktaş, Yıldız Parkı, S. 247.

Palast von Abdülaziz – **Yıldız Saray Müzesi:** ▶ Innenkarte S. 242, Beşiktaş, Barbaros Bulvarı, Yıldız Cad., Tel. 0212 258 30 81, S. 245.

Stadtmuseum – **Yıldız Şehir Müzesi (Stadtmuseum):** ▶ Innenkarte S. 242, Beşiktaş, Barbaros Bulvarı, Yıldız Cad., Tel. 0212 249 05 44, S. 249.

Byzantinische Mosaiken – **Zeyrek Camii (Pantokrator-Kloster):** ▶ F 5, İbadethane Sok., S. 190.

Reiseinfos von A bis Z

Ärzte und Apotheken

Viele türkische Ärzte beherrschen mindestens eine Fremdsprache und haben im Ausland studiert. Auch an folgenden Krankenhäusern sprechen manche Ärzte oder Schwestern Deutsch:
Alman Hastanesi: Deutsches Krankenhaus, Taksim, Sıraselviler Cad. 119, Tel. 0212 293 21 50, www.almanhastanesi.com.tr
Avusturya Sen Jorj Hastanesi: Österreichisches St. Georgs-Hospital, Karaköy, Bereketzade Medrese Sok. 5–7, Tel. 0212 243 25 90/91

Apotheken
(eczane, sprich: *èdschsanä)* sind überall in der Stadt zu finden. Neben Medikamenten verkaufen sie auch Kosmetika, Babyartikel, Spielzeug, Toilettenpapier und ähnliche Dinge. Viele Medikamente sind rezeptfrei und günstiger als zuhause.

Gesundheitsvorsorge
Besondere Impfungen sind nicht vorgeschrieben. Überprüfen Sie aber Ihren Schutz gegen Tetanus und Diphterie, Backpackern wird eine Immunisierung gegen Typhus und Hepatitis A empfohlen. Im Sommer muss man an Sonnencreme mit hohem Schutzfaktor denken.

Eine Auslandskrankenversicherung ist zu empfehlen. Über die Verwendung des Auslandskrankenscheins informiert Sie Ihre Krankenkasse.

Zur Vorbeugung gegen Durchfall sollte man nur geschältes Obst essen, häufig die Hände waschen und vor allem eiskalte Getränke meiden. Aber auch Lebensmittel, die offen auf der Straße verkauft werden, verursachen oft Magenverstimmungen.

Elektrizität

Die Netzspannung beträgt 220 Volt. Flachstecker passen zumeist, für Schukostecker braucht man einen Adapter.

Feiertage

Nationale Feiertage
1. Januar: Neujahrstag
23. April: Tag der nationalen Unabhängigkeit und der Kinder
19. Mai: Tag der Jugend und des Sports
30. August: Tag des Sieges
29. Oktober: Tag der Republik (Jahrestag der Gründung der Türkischen Republik)

Religiöse Feste
Die Daten der mehrtägigen religiösen Feiertage (S. 48) richten sich nach dem islamischen Kalender, dessen Jahr nur 354 Tage zählt. Während dieser Feste haben Geschäfte, Banken und Behörden geschlossen.
Beginn des Ramadan
11. Aug. 2010, 1. Aug. 2011
Beginn des Zuckerfestes
8. Sept. 2010, 29. Aug. 2011
Beginn des Opferfestes
16. Nov. 2010, 6. Nov. 2011

Fotografieren

Auch in Istanbul fotografiert man inzwischen digital, Filmmaterial ist selten und teuer. Die Schnellentwicklungsdienste vor Ort sind meist gut und sehr preiswert. Bevor Sie die Kamera auf einheimische Personen richten, sollten Sie um Erlaubnis bitten. Wenn jemand die Hand mit hoch gespreizten Fingern hebt, bedeutet das

Reiseinfos

›Nein‹. Militärische Fotoverbote sind strikt zu beachten!

Frauen allein in Istanbul

Allein reisende Frauen haben oft große Probleme mit Schleppern, Gigolos und den traditionellen Sitten. In Vierteln wie Fatih sollten Sie entweder mit europäischer Business-Mode auftreten oder sich mit dezenter Kleidung halbwegs islamischen Gebräuchen anpassen.

Einfache Teehäuser und Bierhallen sind Männern vorbehalten, Garküchen *(lokanta)* oder Cafés *(pastahane)* können Sie aber unbesorgt allein aufsuchen. Manche traditionellen Lokale haben auch Familienabteilungen *(aile salonu)* für Frauen mit Kindern bzw. Männer in Frauenbegleitung.

Ein Tuch für alle Fälle bei sich zu haben ist sehr nützlich; sittsame Kleidung bewahrt vor Zudringlichkeiten. Sollten Sie dennoch angesprochen werden, lehnen Sie höflich das Gespräch ab. Ein Signal, das türkische Männer sofort verstehen, ist das Vermeiden jeden Blickkontakts. Auch ist davon abzuraten, abends allein durch die Straßen zu gehen, da dies als Prostitution missverstanden wird.

Geld

Die türkische Lira (Türk Lirası, TL, international TRY) mit Scheinen zu 1, 5, 10, 20, 50 und 100 Lira sowie mit Münzen zu 1, 5, 10, 25, 50 Kuruş und 1 TL. Wechselkurs Jan. 2010: 1 € = 2,11 TL, 1 $ = 1,45 TL, 1 CHF = 1,43 TL.

Nach wie vor ist es ratsam, erst im Land Geld zu tauschen. Bargeld oder Reiseschecks wechselt man in Banken, einigen Postämtern, manchen Hotels und bei Wechselstuben. Mit Kredit- oder EC/Maestro-Karten bekommt man an allen Geldautomaten Landeswährung. Kreditkarten werden sehr häufig von touristischen Unternehmen und modernen Boutiquen akzeptiert.

Kinder

Die Türkei ist ein sehr kinderfreundliches Land, und man wird Kindern überall mit freundlichen und anerkennenden Blicken und Worten begegnen. Allerdings ist eine Großstadt, erst recht Istanbul, für Kinder sehr anstrengend, eine Reise mit dem Nachwuchs daher nicht unbedingt zu empfehlen. Auch sind die meisten Straßen aufgrund hoher Bordsteine und des unebenen Pflasters nicht wirklich Buggy-gerecht. Hier empfiehlt sich eher eine Kindertrage.

Ein beliebter Aufenthaltsort für türkische Familien sind die Grünflächen am Goldenen Horn und der Gülhane Parkı (S. 132). Dort können sich die Kleinen auf Rasenflächen unter schattigen Bäumen mit diversen Spielgeräten und einem kleinen Zoo austoben.

In einer eigenen Abteilung des Archäologischen Museums (S. 132) werden größeren Kindern Grundlagen der Geschichte der Türkei vermittelt.

Spannend ist der Ritt auf einem Esel zum Georgskloster auf Büyükada, der größten Prinzeninsel (S. 277). Hier baden die Istanbuler auch gern mit ihren Kindern.

Im 2009 eröffneten **Istanbul Dolphinarium** dürfen Kinder ab 10 Jahren sogar unter Aufsicht von Fachpersonal mit den Delfinen im Becken schwimmen und tauchen. Der Wasserzoo beherbergt neben den freundlichen Flippers auch kleine Wale und Seerobben, die in 45-minütigen Vorstellungen ihr Können zeigen (Mi–Fr 11 und 13.30, Sa–So 12, 14.30, 17 Uhr). Das **Haliç-Res-**

Reiseinfos

taurant und **Yunus-Café** bieten Verpflegung an.
Istanbul Dolphinarium: Eyüp, Silahtarağa Cad. 2–4, Tel. 0212 581 78 78, www.istanbuldolphinarium.com, von Eminönü mit dem Motorboot (links von der Galatabrücke) oder mit dem Bus/Taxi nach Eyüp. Eintritt 20 TL, für Kinder unter 3 Jahre kostenlos.

Konsulate

Generalkonsulat von Deutschland
Taksim, İnönü Cad. 10
www.istanbul-diplo.de
Tel. (rund um die Uhr): 0212 334 61 00

Generalkonsulat von Österreich
Yeniköy, Köybaşı Cad. 46
Tel. 0212 262 93 15, Fax 0212 262 26 22
www.bmeia.gv.at
Notrufnummer für österreichische Staatsbürger: 0532 262 00 19

Generalkonsulat der Schweiz
Levent, 1. Levent Plaza, A Block,
3. Etage
Büyükdere Cad. 173
Tel. 0212 283 12 82
ist.vertretung@eda.admin.ch
Metro Metrocity
Mo–Fr 8.30–11; für Schweizer Staatsbürger nachmittags geöffnet.

Moscheebesuch

Die meisten Moscheen können besichtigt werden, man sollte jedoch angemessen gekleidet sein (keine Shorts, Trägerhemdchen etc.!). Am Eingang müssen stets die Schuhe ausgezogen werden, Frauen sollten ein Kopftuch überwerfen, um die Haare zu bedecken. Zu den Gebetszeiten sind die meisten Moscheen inzwischen nicht mehr für Nicht-Muslime zugänglich. Mangelnder Respekt (oder was so verstanden wird) kann zu unangenehmen Konfrontationen führen.

Notruf

Ambulanz: 112
Feuerwehr: 110
Polizei: 155
Tourism Police: Yerebatan Cad. 6, Tel. 0212 527 45 03
Türkischer Automobilclub TTOK: Tel. 0212 282 81 40

Öffnungszeiten

Geschäfte: Mo–Sa ca. 9–19 Uhr, manche haben auch sonntags und bis spätabends geöffnet. Große **Einkaufszentren** sind 10–22 Uhr, die Geschäfte in den Haupteinkaufsmeilen wie İstiklal sonntags und wochentags bis in die Nacht geöffnet.
Behörden: Mo–Fr 8.30–12.30, 13.30–17 Uhr.
Banken: Mo–Fr 8.30–12, 13.30–17 Uhr.
Hauptpost (Merkez Postane): Sirkeci, Yeni Postane Caddesi, Mo–Sa 8–24 Uhr, So 9–19 Uhr.
Restaurants: Siehe S. 30.

Rauchverbot

Seit Juli 2009 gilt in der ganzen Türkei wie auch in Istanbul striktes Rauchverbot in geschlossenen Räumen. Es gibt keine Raucherzimmer in Kneipen oder abgetrennte Bereiche in Hotels oder Restaurants. Auch auf der Straße, in öffentlichen Verkehrsmitteln und auf Fähren ist das Rauchen untersagt. Das hat zur Folge, dass viele Lokale Heizschirme im Freien aufstellen und ihre Tische teilweise nach außen verlagern. Im Amüsierviertel Beyoğlu (vor allem

Reiseinfos

in den Seitenstraßen um den Tünel-Platz herum) gibt es Dutzende von Lokalen, wo man draußen sitzen kann. Eine andere Lösung sind Terrassen, die ebenfalls mit Heizschirmen versorgt werden. Im Sommer ist das kein Problem!

Reisende mit Handicap

Istanbul, die Stadt auf sieben und mehr Hügeln, ist für Behinderte nur schwer zu erkunden. Schmale Gassen enden häufig in Treppen, große Straßen, wie die Reşadiye Caddesi in Eminönü, können nur mit Hilfe von Unterführungen oder Fußgängerbrücken, die nicht über Fahrstühle verfügen, sicher überquert werden. Nur wenige Hotels und Museen sind auf Gehbehinderte eingestellt.

Reisekasse

Das Preisniveau ist sehr unterschiedlich, je nachdem, ob man sich im modernen Luxussektor oder in traditionellen Verhältnissen bewegt. Vielfach werden von Touristen aber höhere Preise genommen als von Einheimischen.
Preisbeispiele:
Glas Tee: 0,30–1 €, Flasche Bier: 2–4 €
Döner Pide auf die Hand: 1,5–3 €
Essen (incl. Mezeler) im Lokanta: 6 €
Menü im Restaurant: ca. 15–20 €,
mit Fisch: ca. 40–55 €

Sicherheit

Die ansteigende, durch den Migrationsprozess bedingte Armut führte in den letzten Jahren zu vermehrten Diebstahlsdelikten. Vor allem bei dichtem Gedränge, z. B. im Basar, ist es ratsam, gut auf Geldbörsen und Fotoapparate zu achten.

Die Grenze zwischen Verkauf und Betrug ist allerdings fließend, und Betrug gilt in der Türkei allerhöchstens als Kavaliersdelikt. Touristen zahlen grundsätzlich höhere Preise als Einheimische. Vor allem beim Kauf von Teppichen und anderen teuren Souvenirs sollte man sehr aufpassen (s. ›Kleine Betrügereien‹, S. 137).

US-amerikanische Quellen warnen zudem vor Getränken mit ›K.O.-Tropfen‹, mit denen Touristen betäubt wurden, um sie dann auszurauben. Jedoch handelte es sich dabei meist um Delikte, die von Ausländern, nicht von Türken begangen wurden.

Telefonieren

Internationale Anrufe
Türkei: 0090 (+ 90)
Deutschland: 0049 (+ 49)
Österreich: 0043 (+ 43)
Schweiz: 0041 (+ 41)
Bei Auslandsgesprächen entfällt die Null der Ortsvorwahl (in der Türkei der Provinzvorwahl) nach der internationalen Vorwahl.

Telefonieren im Land
Man telefoniert an öffentlichen Telefonen mit Magnetkarten, die es bei der Post und in Supermärkten gibt. Die Vorwahl für das europäische Istanbul ist 0212, für das asiatische Istanbul 0216. Beim Abheben melden sich Türken mit »Efendim« (sinngemäß: »Ja, bitte«); die meisten Hoteliers sprechen auch Englisch.

Handys
Mobiltelefone sind weit verbreitet, die Roamingkosten sind aber höher als die in der EU (erkundigen sich sich bei Ihrem Provider). Auf jeden Fall sollte

Reiseinfos

man die Mailbox ausstellen, das ist eine enorme Kostenfalle. Und Achtung: Im Roaming-System muss man immer auch für eingehende Anrufe zahlen!

Toiletten

Öffentliche Toiletten befinden sich bei allen Moscheen – hier meist einfache Hock-WCs. Ansonsten sind sie ziemlich rar, so dass es akzeptiert ist, die (westlichen) Toiletten in Restaurants und Hotels zu benutzen. Neben den üblichen Symbolen kann auch nur *bay* (›Herren‹) oder *bayan* (›Damen‹) an der Tür stehen.

Trinkgeld

In Restaurants oder Hotels sind Trinkgelder immer gern gesehen, der Service ist aber im Rechnungsbetrag enthalten. Vor allem das Zimmermädchen sollte man nicht vergessen, so lässt sich leicht der Service verbessern. Im Restaurant lässt man am besten einige Lira auf dem Tisch liegen, im Taxi rundet man einfach auf.

Trinkwasser

Da das Leitungswasser in Istanbul stark gechlort wird, ist es ratsam, Trinkwasser in Flaschen zu kaufen. Zum Zähneputzen kann Leitungswasser jedoch unbedenklich benutzt werden.

Umgangsformen

Frauen
In Istanbul prallen zwei ganz verschiedenen Welten aufeinander: die moderne Türkei, wo Minirock und Handy zur Grundausstattung gehören, und die traditionelle Welt, in der die islamischen Sitten streng beachtet werden. Gegenüber traditionell gekleideten Frauen sollten Männer jedoch sehr zurückhaltend sein – selbst im Bus neben ihnen Platz zu nehmen ist ein veritabler Affront. Es schickt sich nicht, sie auf der Straße anzusprechen; wenn man als Mann Hilfe oder Auskunft braucht, wende man sich eher an Männer. Frauen hingegen wenden sich natürlich an Frauen und können stets mit sehr herzlicher Hilfestellung rechnen.

Behörden
Im Gespräch mit der Polizei seien Sie geduldig und zurückhaltend. Alle Behördenvertreter genießen ihre Macht und erwarten Respekt. Wer ungeduldig wird oder gar schreit, muss noch länger warten.

Politik
Politische Diskussionen über sensible Themen (Atatürk, Kurden, Griechen, Islam) vermeidet man besser, da es schnell zu unangenehmen und sogar gefährlichen Auseinandersetzungen kommen kann.

Einladungen
Sollten Sie einmal zu einem Tee oder Kaffee gebeten werden, können Sie unbesorgt mit Dank ablehnen. Wenn Sie jedoch annehmen, gehört es zum guten Ton, Gastgeschenke mitzubringen (Blumen, Konfekt, Kinderspielzeug). Vor der Tür werden stets die Schuhe ausgezogen.

Zeit

Gegenüber der mitteleuropäischen Zeit (MEZ) müssen die Uhren ganzjährig, auch während der Sommerzeit, um eine Stunde vorgestellt werden.

Panorama – Daten, Essays, Hintergründe

Die Moschee von Ortaköy vor der Bosporus-Brücke im ersten Abendlicht

Steckbrief Istanbul

Daten und Fakten
Name: İstanbul
Fläche: 1831 km², Großraum *(İstanbul Büyükşehir):* 5512 km²
Lage: 41° 1′ N, 28° 58′ O
Einwohnerzahl: ca. 13 Mio., Schätzungen gehen von über 15 Mio. aus.
Währung: *Türk Lirası,* die Untereinheit heißt *Kuruş.*
Landesvorwahl: 0090
Stadtvorwahl: europäisches Istanbul 0212, asiatisches Istanbul 0216
Ortsname: İstanbul ist wahrscheinlich vom altgriechischen εἰς τήν πόλιν *(Eis ten polin,* »In die Stadt«) herzuleiten. Frühere Namen: Konstantinopel und Byzanz (Byzantion).

Lage und Größe
Istanbul ist eine Weltstadt, die auf zwei Kontinenten liegt, Europa und Asien. Sie umschließt den Bosporus sowie das Goldene Horn und grenzt an das Marmarameer. Der Bosporus teilt die Stadt in eine westliche, europäische und in eine östliche, asiatische Hälfte. Das Goldene Horn, eine Ausbuchtung des Bosporus, trennt nochmals die Landzunge mit ihrem historischen Kern von dem nördlichen, europäischen Teil Beyoğlu. Zu Istanbul gehören auch die Prinzeninseln im Marmarameer. Der Ballungsraum Istanbul *(İstanbul Büyükşehir)* erstreckt sich über 100 km in Ost-West-Richtung und etwa 50 km in Nord-Süd-Richtung.

Bevölkerung
Nach offiziellen Angaben beträgt die Einwohnerzahl 12,6 Mio., und jeden Monat wächst sie weiter an. Seit den 1950er-Jahren leidet Istanbul unter einem stetig anwachsenden Strom von Zuwanderern aus allen Regionen der Türkei. Jeder sechste Türke lebt inzwischen in Istanbul. Im Landesvergleich folgt die Hauptstadt Ankara in weitem Abstand mit etwa 3,3 Mio. Einwohnern. Über 50 % der Stadtbevölkerung leben jedoch in Barackensiedlungen *(gecekondu).* Auf einen Quadratkilometer kommen etwa 2400 Menschen (Türkei zum Vergleich: 94/km²).

Stadtverwaltung
Istanbul hat einen Oberbürgermeister, der alle fünf Jahre direkt vom Volk gewählt wird und eine entscheidende politische Rolle einnimmt. Seit 2004 ist der islamisch-konservative Kadir Topbaş (AKP) im Amt. Groß-Istanbul ist untergliedert in 39 Stadtbezirke, von denen 25 auf der europäischen und 14 auf der asiatischen Seite liegen, mit jeweils eigenen Vertretungen und Bürgermeistern. Für die Provinz Istanbul ist zudem ein von der Regierung in Ankara ernannter Gouverneur zuständig.

Religion

Über 99 % der Einwohner Istanbuls bekennen sich zum Islam. Von ihnen sind die meisten Sunniten, etwa 20 % zählen zu den Aleviten. In Istanbul leben darüber hinaus die größten religiösen Minderheiten der Türkei: neben ausländischen Katholiken und Protestanten noch knapp 2500 bis 4000 griechisch-orthodoxe Christen und gut 35 000 armenische Christen sowie ca. 16 000 Juden. Insgesamt zählt man in der Stadt über 3028 Moscheen, von den 157 Kirchen, 17 Synagogen und 10 Klöstern werden viele nicht mehr genutzt.

Wirtschaft und Tourismus

Istanbul ist das Handels-, Banken- und Verkehrszentrum der Türkei. 38 % aller Industriebetriebe und 55 % aller Handelsfirmen sind in der Stadt vertreten, die 28 % des türkischen Inlandprodukts und 40 % des Gesamtsteueraufkommens erwirtschaften. An erster Stelle stehen die Textilindustrie, die Chemieindustrie sowie die Leder- und Schuhfabrikation. Istanbuls Hafen ist der wichtigste der Türkei.

Jährlich kommen etwa 7–8 Mio. Touristen in die Stadt; 285 000 Flugbewegungen weist der International Atatürk Airport auf der europäischen Seite am Marmarameer aus. Die Stadt besitzt fast 1000 Hotels, 4200 Restaurationsbetriebe und 70 Kinos.

Kultur

Istanbul ist die Kulturmetropole und das Wissenschaftszentrum des Landes. Neben 29 Universitäten, zahlreichen Forschungsinstituten und über 50 Museen beherbergt die Stadt auch die Hauptsitze des türkischen Presse- und Verlagswesens. Alle großen Tageszeitungen werden hier veröffentlicht.

Verkehr

Istanbul ist ein bedeutender Knotenpunkt im internationalen sowie nationalen Personen- und Güterverkehr. Die Stadt besitzt zwei Flughäfen, Atatürk Hava Limanı (europäische Seite) und Sabiha Gökçen Hava Limanı (asiatische Seite), zwei Kopfbahnhöfe, Sirkeci (europäische Seite) und Haydarpaşa (asiatische Seite), zwei Häfen, Ambarlı Limanı (europäische Seite) und Haydarpaşa Limanı (asiatische Seite) sowie den Busbahnhof Esenler (europäische Seite), einen der wichtigsten Verkehrsknotenpunkte des Landes.

Verwaltungsgliederung Istanbuls

Seit einigen Jahren wird das Metro- und Straßenbahnnetz ausgebaut. Das größte Projekt ist ein Bahntunnel unter dem Bosporus. Wichtigstes öffentliches Transportmittel ist der Bus. Zentrale Busbahnhöfe befinden sich in Taksim, Eminönü und Beyazıt. Zwischen den europäischen und asiatischen Stadtteilen, das Goldene Horn hinauf und zu den Prinzeninseln fahren im dichten Takt Passagierschiffe.

Geschichte im Überblick

Um 660 v. Chr.

Aufstieg der griechischen Handelsstadt
Erste Siedlungsspuren gehen zwar bereits auf das frühe 6. vorchristliche Jahrtausend zurück, die Geschichte der Stadt beginnt jedoch erst um 660/658 v. Chr., als sich dorische Kolonisten aus Megara auf der Landspitze zwischen Marmarameer und Goldenem Horn ansiedeln. Dem Mythos zufolge erhielt Byzas vom delphischen Orakel den Auftrag, eine Siedlung »gegenüber der Stadt der Blinden« zu errichten. Damit waren die Bewohner von Chalkedon gemeint, die wenige Jahre zuvor die gute Lage der Halbinsel übersehen und gegenüber am asiatischen Bosporus gesiedelt hatten.

6./5. Jh. v. Chr.

Trotz Bedrohungen durch Nachbarvölker entwickelt sich Byzantion zur Handelsmetropole und kontrolliert den Handel der griechischen Städte im Schwarzmeergebiet. Der Perserkönig Dareios I. erobert die Stadt 512 v. Chr., doch der Spartaner Pausanias befreit sie 478 v. Chr. wieder. In den folgenden Jahrhunderten versucht Byzantion mit geschickter Bündnispolitik, einerseits eine größtmögliche Unabhängigkeit zu erreichen und andererseits seine Stellung als Handelsmetropole auszubauen.

4. Jh. v. Chr.

Der makedonische König Philipp II. belagert die Stadt vergeblich. Es soll der plötzlich aus den Wolken hervortretende Mond gewesen sein, der die Byzantiner vor dem Angriff gewarnt hat: Seither ist der Halbmond, der heute die Flagge der Türkei schmückt, Wahrzeichen der Stadt. Aus dieser Zeit ist auch die erste Brücke über das Goldene Horn überliefert – Philipp II. ließ sie zur Versorgung seiner Truppen errichten.

2. Jh. v. Chr.

In den makedonisch-römischen Kriegen stellt sich Byzantion auf die Seite Roms und sichert sich durch Bündnisse mit Rom weitgehende Autonomie.

Ende 2. Jh. n. Chr.

Im Streit um die römische Thronfolge ergreift Byzantion Partei für Pescennius Niger. Septimius Severus jedoch bleibt Sieger; er überfällt aus Rache die Stadt, tötet viele Bewohner und schleift die Mauern. Obwohl Septimius später der Stadt verzeiht, ihr die alten Rechte zurückgibt und sie wieder mit prächtigen Bauten schmückt, kann sie ihre alte Bedeutung nicht mehr erlangen. Die Zeuxippos-Thermen und das Hippodrom bleiben unvollendet.

4. Jh.

Erneut wird die Stadt bei Machtkämpfen zwischen Licinius und Konstantin (324) stark in Mitleidenschaft gezogen. Nach seinem Sieg lässt Konstantin die zerstörten Befestigungsmauern sofort wieder herrichten.

Hauptstadt des Byzantinischen Reiches

330 Mit Konstantin (Flavius Valerius Constantinus, 306–337), dem ersten Kaiser, der das Christentum fördert, beginnt der zweite große Abschnitt der Stadtgeschichte. Unter dem Namen Konstantinopel macht er Byzantion zur Hauptstadt des Römischen Reiches. Er beginnt mit dem prachtvollen Ausbau der Metropole zum »Neuen Rom«.

395 Teilung des Römischen Reiches zwischen den Söhnen von Theodosius I. Konstantinopel wird unter Arcadius (395–408) Hauptstadt des ersten christlichen Reiches, Byzanz oder Ostrom.

408–450 Regierungszeit von Theodosius II. Der Kaiser lässt das inzwischen sehr eng bebaute Stadtgebiet von 6 km^2 auf 14 km^2 erweitern und zum Land wie zum Wasser hin stark befestigen. Von der Theodosianischen Landmauer stehen heute noch große Teile. Die Einrichtung einer Universität fördert das geistige Leben. Auch als Wirtschafts- und Fernhandelszentrum gewinnt die Stadt an Bedeutung.

527–565 Regierungszeit von Justinianus I. Nach dem Großfeuer beim Nika-Aufstand (532) lässt der Kaiser das Stadtzentrum neu aufbauen und die Hagia Sophia als Symbol christlichen Glaubens errichten. Justinianus gelingt es, große Teile des Römischen Reiches zurückzuerobern, die nach seinem Tod aber nicht gehalten werden können.

7.–9. Jh. Starker wirtschaftlicher Rückgang, Angriffe der Nachbarvölker (darunter die Araber) sowie Pestepidemien prägen die Geschicke der Stadt. Kulturhistorisch bedeutend ist der Bilderstreit (Ikonoklasmus) der Jahre 726–843, als ein Teil der Kirchenvertreter, vor allem die Kaiser Leo III. und Konstantin V., darum kämpfen, Abbildungen von Heiligen aus dem christlichen Kultus zu verbannen.

867–1056 Zeit der Makedonenkaiser. Höhepunkt der byzantinischen Machtentfaltung und zweite Blütezeit für Konstantinopel. Nach 1025 beginnt unter den letzten Makedonenkaisern der Niedergang des Reiches. Aus dem Streit zwischen Papst Leo IX. und dem Patriarchen von Konstantinopel, Michael Kerullarios, resultiert 1054 die Trennung zwischen römisch-katholischer und griechisch-orthodoxer Kirche.

1081–1185 Komnenendynastie. Alexios I. und seine Nachfolger verändern das Stadtbild stark und beginnen u. a. mit dem Ausbau des Blachernenpalastes. Längst haben Kaufleute aus Amalfi, Venedig und Pisa ihren Weg nach Konstantinopel gefunden. Ab 1155 bereichern nun auch Genuesen das Stadtbild. Wirtschaftlich bedeutet dies einen Aufschwung, doch 1182 entlädt sich der Hass der einheimischen Händler

	auf die steuerlich begünstigten italienischen Kaufleute in einem blutigen Aufstand.
1185–1204	Dynastie der Angeloi. Die Spannungen zwischen Lateinern und Griechen führen schließlich dazu, dass die italienischen Seemächte den Vierten Kreuzzug nach Konstantinopel umlenken. Das Ritterheer nimmt 1204 unter Führung des venezianischen Dogen Enrico Dandolo die Stadt ein und installiert einen lateinischen Kaiser sowie einen aus Venedig stammenden Patriarchen.
1204–1261	Lateinisches Kaiserreich. Aus Geldnot lässt der neue Kaiser, Balduin I. von Flandern, die Plünderung der Stadt fortsetzen. Während Konstantinopel und das einst glanzvolle Reich verfallen, reißen die italienischen Seerepubliken den Levantehandel an sich.
1261	Rückeroberung Konstantinopels durch den Byzantiner Michael VIII. Palaiologos. Die lateinische Bevölkerung flieht, ihre Wohnviertel werden niedergebrannt. In der Folgezeit lässt der Kaiser die Stadt neu aufbauen und wieder besiedeln; die Adelsfamilien stiften zahlreiche Kirchen und Klöster. Die Palaiologen residieren im Blachernenpalast und lassen das Zentrum um den alten Kaiserpalast verfallen. Den Genuesen, die bei der Rückeroberung mit ihm verbündet waren, überlässt Michael VIII. den Stadtteil Pera (Galata) jenseits des Goldenen Horns.
14. Jh.	Bürgerkriege, Erdbeben und eine Pestepidemie überziehen die Stadt, die einer Ansammlung armseliger Dörfer gleicht. Ende des Jahrhunderts werden die Kaiser dem expandierenden Osmanenreich tributpflichtig.

Osmanische Hauptstadt

1453	Nachdem die Stadt 31 Jahre lang immer wieder von den Osmanen belagert wurde, fällt sie am 29. Mai 1453 an Sultan Mehmet II. Die Einwohner fliehen oder werden mit Ausnahme der Juden und Genuesen nach Bursa und Edirne deportiert. Mehmet Fatih (›Eroberer‹) erwählt Konstantinopel zur Hauptstadt des zur Großmacht aufgestiegenen Osmanischen Reiches. Um die Stadt wieder zu bevölkern, holt er Menschen aus den unterworfenen Gebieten und siedelt sie volksgruppenweise an. 1480 sind nur gut die Hälfte der Einwohner Türken. Die Genuesen dürfen ihre alten Privilegien behalten. Trotz Spannungen bemühen sich die italienischen Seemächte um das Weiterbestehen des wichtigen Handelsstützpunkts.
1512–1520	Selim I. Nachdem der Sultan Syrien und Ägypten erobert hat, wird Konstantinopel Sitz des Kalifats und damit Metropole der gesamten

	islamischen Welt. Künstler und Handwerker kommen aus Kairo in die Stadt. Eine neue Flottenbasis (Tersana) entsteht.
1520–1566	Süleyman, im Westen der Prächtige genannt, regiert das osmanische Weltreich auf dem Höhepunkt seiner Macht. Die Hauptstadt lässt er durch seinen Architekten Sinan umgestalten. Süleyman ist der letzte große Osmanenherrscher, unter seinen Nachfolgern machen sich erste Verfallserscheinungen bemerkbar.
17. Jh.	Bei der zweiten Belagerung Wiens (1683) wird das als unbesiegbar geltende Osmanenheer vernichtend geschlagen. In Stambul, dessen Häuser bis hin zu den Palästen überwiegend aus Holz gebaut sind, wüten zahlreiche Brände. Dennoch ist der Befehl des Sultans, nur noch steinerne Neubauten zu errichten, kaum durchsetzbar.
18. Jh.	Die in Westeuropa einsetzende Industrialisierung und der globale Fernhandel der Seemächte Niederlande und England führen zur wirtschaftlichen Schwächung des Osmanenreichs. Das Reich beginnt, sich europäischen Kultureinflüssen zu öffnen; in der Hauptstadt entstehen zur Zeit der Tulpen-Ära (1703–1730) die verspielt-dekorativen Bauten des türkischen Barock.
19. Jh.	Zeitalter der Reformen (Tanzimat). Nach europäischen Vorbildern werden Heer, Verwaltung, Wirtschaft und Gesetzgebung reformiert. Der Staat gerät in Abhängigkeit von europäischem Kapital.
1914–1918	Im Ersten Weltkrieg ist das Osmanische Reich mit Deutschland verbündet und verliert alle Gebiete in Palästina und Arabien.
1920–1922	Istanbul wird zeitweilig von den Alliierten besetzt. Nachdem der letzte Sultan, Mehmet VI., im Frieden von Sèvres der Aufteilung des Reiches zugestimmt hat, kämpfen die Türken unter Führung des Kriegshelden Mustafa Kemal Paşa um ihre Unabhängigkeit.
1923	**Kulturelles Zentrum der Türkischen Republik** Präsident Mustafa Kemal Paşa, später Atatürk genannt, ruft die Türkische Republik aus und bestimmt Ankara zur neuen Hauptstadt. Istanbul, das erst 1930 den alten Namen Konstinopel verliert und offiziell auf den türkischen Namen umbenannt wird, bleibt jedoch kulturelles und wirtschaftliches Zentrum. Durch umfassende Reformen gestaltet Atatürk das Land nach westlichen Prinzipien um.
1945–1952	Atatürks Prinzip der vollständigen Ungebundenheit wird aufgegeben. 1952 erfolgt der Beitritt zur Nato.

1960	Erste Machtübernahme durch das Militär. Ministerpräsident Adnan Menderes wird hingerichtet; eine neue Verfassung nach westlichem Vorbild soll die Regierung wirksam kontrollieren.
1971	Zweiter Putsch durch das kemalistische Militär; als neuer Regierungschef versucht Bülent Ecevit, das kemalistische Programm den veränderten Gesellschaftsstrukturen anzupassen.
1973	Die erste Bosporus-Brücke (Boğaziçi Köprüsü), damals eine der längsten Hängebrücken der Welt, wird dem Verkehr übergeben.
1983	Turgut Özal gewinnt die Wahlen nach dem dritten Putsch der Militärs (1980). Özal wird die politisch überragende Figur der 1980er-Jahre (seit 1987 Ministerpräsident; von 1989 bis zu seinem Tod 1993 Staatspräsident). Seine marktorientierte Politik löst den Kemalismus ab und beflügelt eine wirtschaftliche Modernisierung, die jedoch durch eine enorme Inflation belastet wird.
1984	Fertigstellung des Atatürk-Flughafens in Yeşilköy. Beginn der großen Infrastrukturprojekte (Bau von Schnellstraßen).
1988	Einweihung der zweiten Bosporus-Brücke (Fatih Mehmet Sultan Köprüsü).
1991	Durch Gründung der Schwarzmeer-Wirtschaftszone kann die Türkei als Mittler zwischen den GUS-Staaten und dem Welthandel auftreten. Die neue Galata-Brücke wird fertig.
1993	Tansu Çiller wird Ministerpräsidentin – als dritte Frau, die dieses Amt in einem islamischen Staat innehat.
1994	Recep Tayyip Erdoğan von der Islamischen Refah Partısı (›Wohlfahrtspartei‹) wird Oberbürgermeister von Istanbul.
1995	Bei vorgezogenen Parlamentswahlen erhält die Refah eine Mehrheit der Stimmen. Das Ergebnis verdeutlicht die Unzufriedenheit der Bevölkerung über die instabile politische und wirtschaftliche Lage.
1997	Rücktritt der Koalitionsregierung unter dem Islamisten Erbakan (Refah Partısı) auf massiven Druck des Militärs.
1999	Der 1925 in Istanbul geborene linksnationale Politiker Bülent Ecevit (DSP) wird Ministerpräsident. Ihm gelingt eine Entspannung im Verhältnis zum Erzrivalen Griechenland.

Kundgebung am Atatürk-Denkmal auf dem Taksim-Platz

2000	Starkes Erdbeben in der Marmara-Region mit etwa 45 000 Toten, seither rechnen Experten mit einem starken Beben in Istanbul innerhalb der nächsten 30 Jahre.
2002	Die konservativ-islamische AK Partısı gewinnt die Wahlen überragend, Recep Tayyip Erdogan übernimmt die Regierung. Bis 2004 weitgehende Reformen: Abschaffung der Todesstrafe, Zulassung kurdischer Medien, Entmachtung der Militärs im Nationalen Sicherheitsrat.
2005	Einführung der Yeni Türk Lirası, um die Inflation zu beenden. Die EU nimmt Beitrittsverhandlungen mit der Türkei auf. Bei Istanbul wird die erste türkische Formel-1-Rennstrecke (İstanbul Park) eröffnet.
2006	Orhan Pamuk erhält den Nobelpreis für Literatur. Die Füniküler-Bahn von Kabataş am Bosporus zum Taksim-Platz wird eröffnet.
2007	Abdullah Gül von der AKP wird zum Staatspräsidenten gewählt. In Istanbul wird der mittelalterliche Hafen entdeckt und ausgegraben.
2009	Im Januar Einführung der neuen Währung Türk Lirası.
2010	Istanbul ist als Vertreter eines Nicht-EU-Staates zur Kulturhauptstadt Europas ernannt worden.

Istanbul! Die Stadt in Europa und Asien, zwischen Orient und Okzident, war Machtzentrum dreier Weltreiche und zeigte sich schon immer kosmopolitisch, aber auch traditionell ländlich. Der moderne Finanzdistrikt von Maslak und Levent mit seinen markanten Hochhäusern steht heute im Kontrast zur Silhouette der historischen Halbinsel. An den Ufern des Bosporus gleitet der Blick auf einen anderen Kontinent.

Istanbul liegt auf stark reliefierten Schiefer- und Sedimenthügeln. Die größte Erhebung erreicht 263 m über Bosporus, gegründet wurde. Die Kontrolle des Seewegs vom Schwarzen Meer ins Mittelmeer und des Landwegs von Südosteuropa nach Vorderasien sowie der Besitz eines geschützten Hafens, des Goldenen Horns, förderten den schnellen Aufstieg der Stadt zu einem nicht unbedeutenden Handelszentrum.

Im Laufe der Jahrhunderte breitete sich die Stadt, jetzt als Konstantinopel Hauptstadt des römischen Reichs, landeinwärts aus, später wurde auch das Gebiet jenseits des Goldenen Horns (Beyoğlu) besiedelt. Die Ortschaften auf der gegenüberliegenden asiati-

Istanbuler Stadtlandschaften

dem Meer und ist durch den weithin sichtbaren Fernsehturm von Büyük Çamlıca gekennzeichnet. Ihren unvergleichlichen, unvergesslichen Charakter erhält die Stadt einerseits durch die Dreiteilung des Areals zwischen Bosporus und Goldenem Horn und andererseits durch die in osmanischer Zeit entstandene markante Silhouette, bei der jeder der sechs Hügel der Altstadt von einer Moschee gekrönt ist.

Dort, auf dem vom Marmarameer und vom Goldenen Horn umschlossenen Landzipfel, begann vor über 2600 Jahren die Geschichte Istanbuls, damals, als Byzantion (Byzanz) an der Nahtstelle zweier Kontinente, dem

Der Bosporus ist immer präsent, er teilt die Stadt und verbindet sie

schen Seite (Üsküdar, Haydarpaşa, Kadıköy) wurden erst im 16. Jh. in das Stadtareal einbezogen.

Die alte Akropolis

Entsprechend ihrer geschichtlichen Entwicklung sind drei Stadtbereiche auch von touristischem Interesse: das historische Zentrum, die Landzunge zwischen Goldenem Horn und Marmarameer, bildete einst die Akropolis der antiken Siedlung, später entstanden hier die bedeutendsten byzantinischen und osmanischen Bauten. Das Viertel **Sultanahmet** zwischen Topkapı-Palast und Sultan-Ahmet-Moschee war über viele Jahrhunderte religiöses Zentrum, Regierungssitz und Herrscherresidenz der Kaiser und Sultane. Heute gleicht das Viertel einem Freilichtmuseum. An jeder Straßenecke trifft man auf Zeugnisse der bewegten Stadtgeschichte. Der Gülhane Parkı ist die einzige größere Grünanlage auf dem Landzipfel und lädt an Feiertagen türkische Familien zum Picknick ein. Er gehörte ursprünglich zum Außenbezirk des Topkapı-Palastes.

Die Altstadt

Geprägt vom geschäftigen Treiben rund um den Ägyptischen und den Großen Basar sind die Stadtteile **Eminönü, Cağaloğlu** und **Beyazıt**. Hier ist man mitten im Orient. Lastenträger bahnen sich den Weg durch die Menschenmengen, Waren werden lautstark angepriesen, Händler locken mit einschmeichelnden Worten Touristen in ihre Läden, es wird hart gehandelt, und der Handschlag beim Tee besiegelt das für beide Seiten gute Geschäft. Der kleine Park vor der Alten Universität bietet Schatten und Erholung vom Basarbetrieb.

Jüdisches und griechisches Viertel

Mit **Fener** und **Balat** schließen nach Norden hin Wohnviertel an, in denen früher zahlreiche Griechen und Juden zu Hause waren. Davon zeugen heute nur noch das griechisch-orthodoxe Ökumenische Patriarchat und einige griechische Schulen, in denen von Jahr zu Jahr weniger Schüler unterrichtet werden (s. Entdeckungstour S. 196), sowie eine Synagoge. Die Juden sind überwiegend in die besseren Stadtteile jenseits des Goldenen Horns, nach Beyoğlu und Şişli, umgezogen.

Die ursprünglich große Gemeinde der kleinasiatischen Griechen wurde bereits 1923 nach dem Griechisch-Türkischen Krieg erheblich reduziert. Weitere Abwanderungsschübe folgten im Laufe der Jahre aufgrund einer mitunter sehr rigiden Assimilierungspolitik der türkischen Regierung und auch militanter Übergriffe von nationalistischen und islamistischen Extremisten.

Die kulturelle Bedeutung des alten Stadtareals zeigt sich auch in Istanbuls führender Position innerhalb der »World Heritage List« der Unesco. Zu den schützenswerten Bauten zählen die Spitze der historischen Halbinsel, das Areal um die Süleymaniye, der Zeyrek-Komplex sowie die Landmauer.

Jenseits des Goldenen Horns

Das Areal jenseits des Goldenen Horns wurde ursprünglich von Europäern besiedelt. In **Karaköy,** dem alten Galata, siedelten seit dem 13. Jh. die Genuesen. Hohe Bauten an engen, steilen Gassen bestimmen hier das historische Stadtbild. Das nördlich anschließende **Beyoğlu** gilt als das europäische Istanbul. Häuserfassaden des 19./20. Jh., ehemalige Botschaftsgebäude und einige Kirchen flankieren die İstiklal Caddesi, die einstige Grand Rue de Pera, heute eine moderne Einkaufsstraße.

Bosporus und Asien

Am **Bosporus-Ufer** des europäischen Stadtteils liegt der Dolmabahçe-Palast. Mitte des 19. Jh. wurde die neue Sultansresidenz im westlichen Stil mit neobarocken und neoklassizistischen Elementen errichtet. Oberhalb erheben sich moderne Hotelbauten, deren Silhouette im krassen Gegensatz zu den mit Minaretten bekrönten Hügeln des alten Stadtgebietes steht.

Die Stadtteile **Üsküdar** und **Kadıköy** auf der asiatischen Seite entwickeln sich zunehmend zu modernen Ortsteilen mit großen Neubauten. Ein wenig Orient spürt man aber doch am Bosporus-Ufer mit Blick auf die europäische Stadt oder in den verwinkelten Gassen unweit des Hafens, in denen noch viele Holzhäuser zu finden sind.

Ausflugsziele

Zum Großraum Istanbul gehören auch die **Prinzeninseln** (Kızıl Adalar) im Marmarameer, die malerischen **Bosporus-Ufer,** die als Wohn- und Ausgehviertel der besseren Gesellschaft beliebt sind, sowie der **Belgrader Wald** (Belgrat Ormanı). Das größte Waldgebiet der Stadt mit Wasserquellen, sieben Stauseen und Aquädukten aus osmanischer Zeit zieht sich nördlich des Stadtteils Maslak bis hoch zur Schwarzmeerküste. Viele türkische Familien verbringen hier ihre Feiertage beim Picknick.

Die Mega-Stadt

Aber Istanbul wächst weiter; die Ost-West-Ausdehnung beträgt zurzeit fast 100 km. Im Norden und Süden bilden das Schwarze Meer sowie das Marmarameer natürliche Grenzen. Jährlich ziehen Hunderttausende von Landflüchtigen aus Ostanatolien nach Istanbul, um im größten Wirtschaftsstandort der Türkei Arbeit zu finden. Sie alle brauchen eine Unterkunft, und so schiebt sich ein Neubaugebiet an das nächste, dazwischen entstehen Armensiedlungen, Gecekondu genannt. Dieses Istanbul erlebt man freilich selten, meist nur kurz vor der Landung auf dem Atatürk Airport, wenn das Flugzeug eine Warteschleife drehen muss.

Die besten Aussichten
Galata-Brücke: Die Dreiteilung der Stadt ist von hier am besten zu begreifen. Der Bosporus Richtung Osten trennt das europäische vom asiatischen Istanbul und das Goldene Horn trennt die beiden europäischen Stadtteile (S. 182).
Eyüp: Vom Gräberfeld auf der Hügelkuppe kann man weit über das Goldene Horn blicken (S. 274).
Galata-Turm: Die Aussicht vom Galataturm über die steilen und engen Straßen von Karaköy bis hinüber auf die historische Landzunge mit dem Topkapı Sarayı ist einzigartig (S. 222).
Serailspitze (Saray Burnu): Der stete Strom von Passagierfähren, Lastkähnen und Kreuzfahrtschiffen reißt nie ab (S. 134).
Büyük Çamlıca: Vom Hügel über Üsküdar erschließt sich die Ausdehnung der Megastadt Istanbul (S. 169).
Georgskloster auf Büyükada: Mitten im Meer und doch der Stadt so nah (S. 277).
Eine Schifffahrt: Mit der Passagierfähre den Bosporus entlang oder hinüber zu den Prinzeninseln. Vom Wasser aus zeigt sich die Stadt von ihrer schönsten Seite (S. 254).

Kemal Atatürk – Vater der modernen Türkei

Noch vier Generationen nach seinem Tod hängt sein Bild in jedem türkischen Geschäft, in jedem Restaurant, in jedem Büro: Mustafa Kemal Atatürk, der Begründer der Türkischen Republik, der Vater der modernen Türkei.

Als Sohn türkischer Eltern wird Mustafa 1881 in Saloniki geboren. Sein Vater ist Zollbeamter, die Mutter ein Bauernmädchen. Gegen den Willen seiner Eltern, die ihm eine kaufmännische bzw. religiöse Ausbildung zukommen lassen wollen, tritt er 1893 in die Militärschule in Saloniki ein, wo er wegen seiner überragenden Intelligenz den Beinamen Kemal (arab. ›Vollendung‹) erhält. 1905 schließt Mustafa Kemal seine militärische Ausbildung an der Kriegsakademie in Istanbul ab; er ist nun Hauptmann im Generalstab.

In dieser Zeit lernt er die antifeudalistischen Reformbestrebungen und das starke Nationalbewusstsein der revolutionären Jungtürken (Genç Türkler) unter Enver Paşa kennen. Diese zwingen 1908 Sultan Abdülhamit II. zur Wiederinkraftsetzung der ersten türkischen Verfassung von 1876, die das Ergebnis einer Auseinandersetzung mit westlichen Elementen in Staat und Gesellschaft war. Ein Jahr später wird der Sultan abgesetzt; sein Nachfolger Mehmet V. Reşat ist von den Jungtürken abhängig.

In den folgenden Jahren zeichnet sich Mustafa Kemal im Balkankrieg (1912/13) und im Ersten Weltkrieg durch seine strategischen Fähigkeiten aus. Nach erfolgreicher Abwehr britisch-französischer Angriffe auf Gallipoli (1915) erhält er den Titel Pascha (trk. *paşa* = General).

Der Befreiungskrieg

Der Waffenstillstand von Mudros (1918) zwingt die türkische Regierung in die Abhängigkeit der Siegermächte. Der Sultan schickt Kemal Paşa als Heeresinspekteur nach Anatolien, um die Armee zu demobilisieren. Im Mai 1919 geht Kemal in Samsun an Land, doch dort organisiert er den nationalen Widerstand gegen die Verträge von Sèvres, die dem türkischen Staat erhebliche Gebietsabtretungen aufzwingen.

Im April 1920 wird Kemal in der ersten Großen Türkischen Nationalversammlung in Ankara zum Präsidenten ernannt. Es folgt die militärische Rückgewinnung der besetzten Gebiete. Die unerwartete Durchsetzungskraft der türkischen Armeen führt 1923 zur völkerrechtlichen Anerkennung des neuen Staates im Vertrag von Lausanne, Ankara wird neue Hauptstadt. Am 29. Oktober 1923 ruft Mustafa Kemal Paşa die Türkische Republik aus. Mit einer neuen politischen Richtung, Kemalismus genannt, geht er daran, die Türkei zu einem modernen Staat im westlichen Sinne umzuformen.

Der Kemalismus umfasst sechs Prinzipien: Nationalismus, Laizismus (Trennung von Staat und Religion), Republikanismus, Populismus (Zusammenwirken von Staat und Volk), Etatismus (staatliche Lenkung der Wirtschaft) und Reformismus (permanenter Prozess der Umformung von Staat und Gesellschaft mit dem Ziel einer Europäisierung der Türkei).

Atatürks Reformen

Der Laizismus verursacht die einschneidendsten Reformen in der Gesellschaft. Mit der Abschaffung des Kalifats 1924 demonstriert Kemal den Austritt der Türkei aus dem islamischen Staatenverband. Religiöse Schulen und Gerichtshöfe werden ebenso wie die fanatischen Derwisch-Orden verboten. 1926 ersetzt eine europäisierte Gesetzgebung den Koran als Rechtsgrundlage. Damit ist die Mehrehe abgeschafft. Frauen erhalten Stimmrecht, und eine allgemeine, unentgeltliche Schulpflicht soll das Analphabetentum bekämpfen.

Um den Kontakt mit Europa zu erleichtern, löst das lateinische Alphabet die arabischen Schriftzeichen ab; die türkische Sprache wird von arabischen und persischen Elementen bereinigt. Der Fes, als Symbol des Osmanischen Reiches, wird verboten; die Frauen ermuntert Kemal, den Schleier abzulegen. Außerdem führt er den Gregorianischen Kalender ein, wodurch der Freitag dem Sonntag als Feiertag weichen muss.

1934 verleiht ihm das Parlament den Ehrennamen Atatürk, »Vater der Türken«. Vier Jahre später, am 10. November 1938, stirbt Kemal Atatürk an einer Leberzirrhose im Dolmabahçe Sarayı in Istanbul. Sein Leichnam wird nach Ankara gebracht und dort provisorisch bestattet, bis seine Gebeine in das 1953 fertiggestellte Atatürk-Mausoleum überführt werden können.

Atatürks Gedenken
Jedes Jahr am 10. November um 9.05 Uhr ertönen die Sirenen, und für eine Minute herrscht komplette Stille im ganzen Land.
Lesetipp: Klaus Kreiser, Atatürk. Eine Biographie. München 2008. Das Phänomen Atatürk ist noch heute ein Schlüssel zum Verständnis der Spannungen in der Türkei.

Der Islam

»Allahu ekber« – »Allah ist der Größte! – Ich bekenne, dass es keinen Gott gibt außer Allah! – Ich bekenne, dass Mohammed der Gesandte Allahs ist! – Erhebe dich zum Gottesdienst! – Erhebe dich zum Wohlergehen! – Allah ist der Größte! – Es gibt keinen Gott außer Allah!« Mit diesen Worten fordert der Muezzin fünfmal am Tag vom Minarett seiner Moschee die gläubigen Muslime zum Gebet auf. Wie in anderen islamischen Städten prägt auch in Istanbul der arabische Gesang der Gebetsrufer die Atmosphäre der Metropole.

Im 11. Jh. gelangt die Lehre Mohammeds mit eindringenden türkischen Nomadenstämmen nach Kleinasien; aus einer Truppe von Glaubenskämpfern *(gazi)* für den Islam entwickelte sich das Osmanische Reich. Als Selim I. (1467–1520) Arabien und Ägypten eroberte, ging die Würde des Kalifen, des religiösen Oberhauptes, an die osmanischen Sultane über. Erst nach dem Untergang des Reiches und der Abschaffung des Kalifats 1922 kam es zur Trennung von weltlicher und geistlicher Macht. Der liberale Freigeist Atatürk versuchte, den Islam zurückzudrängen, er scheiterte jedoch, so dass der Glaube für die türkische Gesellschaft weiterhin große Bedeutung hat.

Der Gründer dieser nach dem Christentum größten Weltreligion, Mohammed, wurde ca. 570 n. Chr. als Sohn eines Kaufmanns in Mekka geboren. Handelsreisen brachten ihm jüdisches und christliches Gedankengut nahe. Er beschäftigte sich intensiv mit den Fragen der Sünde und des göttlichen Gerichts. Auf dem Berg Hira bei Mekka erkannte er sich als ein Prophet, der zwar die früheren Propheten wie Abraham, Moses und Jesus bestätigen konnte, aber die göttlichen Offenbarungen korrigieren musste, wo er sie verfälscht wiedergegeben fand.

In Mekka stieß er zunächst auf Ablehnung, so dass er nach Yathrib (Medina) ausweichen musste. Dies geschah 622 n. Chr. Mit diesem Jahr beginnt auch die vom Kalifen Omar (634-644) eingeführte islamische Zeitrechnung (Hedschra, ›die Auswanderung‹). Erst acht Jahre später zog er wieder siegreich in Mekka ein und erhob es zum Mittelpunkt der arabischen Welt. Zentrales Heiligtum ist die Kaaba, ein würfelförmiger Tempelbau, als dessen Erbauer Abraham gilt. Im Innern ist der Schwarze Stein eingelassen, ein Meteorit, den die Muslime als Symbol des ursprünglichen Paktes zwischen Gott und den Menschen verehren. Einige Moscheen Istanbuls sollen Stücke dieses heiligen Steins enthalten.

Nach Mohammeds Tod am 8. Juni 632 in Medina spalteten sich die Muslime wegen Streitigkeiten über die rechtmäßigen Nachfolger in die Gruppe der eher mystisch orientierten Schiiten und die Mehrheitsgruppe der Sunniten. Dennoch führte der Heilige Krieg (Dschihad, ›Anstrengung‹) gegen ungläubige Staaten schon in den ersten Jahrzehnten nach Mohammed zu einem arabischen Großreich, das Syrien, Ägypten und das gesamte persische Reich der Sassaniden umfasste. Später drang der Islam bis nach Indien, unter den Mauren bis Spanien und zur Osmanenzeit bis Wien vor. Heute breitet er sich vor allem in Afrika weiter aus. Der Islam zählt zurzeit etwas mehr als eine Milliarde Anhänger.

Trotz der bald einsetzenden inneren Aufspaltung ging aus dem arabischen Weltreich eine relativ einheitliche islamische Kultur hervor. Die Glaubensquellen der islamischen Religion sind der Koran und die Haditha, die Sammlung der vom Propheten überlieferten Worte und seiner Handlungen. Nach Mohammeds Tod wurden die Offenbarungen Gottes in arabischer Schrift im Koran (›Lesung‹) festgehalten, der das gesellschaftliche Zusammenleben aller Muslime regelt. Bereits als Kind lernen sie zahlreiche Kapitel (Suren) des Korans in arabischer Sprache auswendig. Die vielen, über die ganze Welt verteilten Gläubigen, die alle 114 Suren Wort für Wort beherrschen, nennen sich Hâfiz (›Bewahrer‹).

Religionsgemeinschaften

In der Türkei überwiegt die sunnitische ›orthodoxe‹ Glaubensrichtung, die sich auf die Rechtsschule des irakischen Gelehrten Abu Hanifa (699-767) stützt und als relativ liberale Richtung gilt. Daneben gibt es die nicht unbedeutende Glaubensgemeinschaft der Aleviten. Wie die Schiiten verehren sie Ali, den Schwiegersohn und Vertrauten des Propheten Mohammed. Ihre Lehre ist nicht schriftlich fixiert, auch lehnen sie die fünf Grundpflichten des sunnitischen Islam (S. 81) ab.

Im Vertrag von Lausanne wurde 1923 den griechisch-orthodoxen und den armenischen Christen, den Katholiken, den Prostestanten sowie den Juden der Minderheitenstatus zuerkannt. Istanbul beherbergt heute noch das armenische Patriarchat in Kumkapı sowie das griechisch-orthodoxe Patriarchat im Stadtteil Fener.

Juden bewohnten einst Balat, das Viertel an der antiken Landmauer. Viele kamen im späten 15. Jh. aus Spanien und Portugal. Heute leben ihre Nachkommen in Beyoğlu und Şişli jen-

Beim Gebet in der Moschee

seits des Goldenen Horns. Sie sprechen traditionell Ladino, ein mit Lehnwörtern durchsetztes mittelalterliches Spanisch.

Islamismus als Gefahr?

Gut 99 % der Istanbuler Bevölkerung bekennen sich zum Islam, und ein Großteil lebt bewusst nach den religiösen Vorschriften. Besonders streng befolgen sie die aus Ostanatolien Zugewanderten und die Unterprivilegierten, die dafür sorgen, dass Istanbul seit den 1990er-Jahren eine islamistische Stadtregierung besitzt. Weniger streng (bis gar nicht) ist der Islam bei den Eliten und den Modernisierungsgewinnlern verankert, die Atatürks ablehnende Haltung weiterhin befolgen.

Mit der Abschaffung des Sultanats im Jahr 1922 tat Kemal Atatürk den entscheidenden Schritt bei der Trennung von Staat und Religion. Für ihn bedeutete der Islam das größte Hindernis bei der Modernisierung des türkischen Staates, und so nutzte er seine diktatorische Macht, um die laizistischen Reformen in Verfassung und Gesetzeswerk zu verankern.

Am Gros der Landbevölkerung gingen diese ›kemalistischen‹ Reformen jedoch schlichtweg vorbei. Nach dem Zweiten Weltkrieg und der Auflösung von Atatürks Einparteiensystem wurde die Frage des Islam daher bald wieder zu einem politischen Thema. In der Praxis stand einer Islamisierung des öffentlichen Lebens nichts im Wege, solange die politischen und wirtschaftlichen Zielsetzungen nicht beeinträchtigt wurden. So gab es bereits in den 1940er-Jahren wieder einen freiwilligen Religionsunterricht.

Die Politik der 1980er-Jahre räumte dem Islam einen wachsenden Stellenwert ein, nicht zuletzt, um den fundamentalistischen Gruppen mit kontrollierten Zugeständnissen an das Religionsbedürfnis der Bevölkerung Einhalt zu gebieten. Durch die theologischen İmam-Hatip-Gymnasien, die neben dem Prediger-Examen auch den Zugang zu Universitäten und zum Staatsdienst ermöglichen, hat der Islam seine gesellschaftliche Position inzwischen enorm stärken können.

Dies wurde erstmals durch den Wahlsieg der islamischen ›Wohlfahrtspartei‹ von 1996 deutlich. Inzwischen regiert die islamisch-konservative AKP (Partei für Gerechtigkeit und Entwicklung) unangefochten mit absoluter Mehrheit und stellt seit 2007 auch den Staatspräsidenten. Mit einer geschickten Verknüpfung sozialer und politischer Reformen gelang es, die Macht der westlich-säkular orientierten Generäle und des Nationalen Sicherheitsrats zurückzudrängen. Vier Verbotsversuche gegen islamische Parteien in den letzten 10 Jahren scheiterten letztlich doch, und heute stehen die Generäle und die alte Staatselite ebenso wie die zu Splittergruppen geschrumpften bürgerlichen Parteien quasi in Opposition zum überwiegenden Volkswillen. Als besondere Gefahr empfinden die säkularen Türken, dass die AKP, seit sie auch den Präsidenten stellt, die Verfassung nach Belieben ändern und auch die Justiz vollkommen umstrukturieren kann.

Bislang aber suchte noch jede türkische Regierung ihre wirtschaftliche Zukunft im Westen und in der EU – wie sehr der fundamentalistische Islam das Land verändert, wird auch davon abhängen, wie weit Europa seinen Einfluss in der Türkei stärken kann.

Die ›fünf Säulen‹ des Islam

Jeder Muslim hat als Voraussetzung für den Eingang in das Paradies fünf Grundpflichten zu beachten:

Das Glaubensbekenntnis *(şahadet):* »Es gibt keinen anderen Gott außer Allah, und Mohammed ist sein Prophet.«

Das Gebet *(namaz),* verrichtet fünfmal am Tag in Richtung nach Mekka. Erforderlich ist ein ›reiner‹ Ort, entweder die Moschee oder auch ein Gebetsteppich bzw. in den Sand gezeichnetes Rechteck. Vorher ist die rituelle Waschung von Händen, Gesicht und Füßen, neben äußerer Reinigung auch als Reueakt für begangene Sünden zu verstehen, am Reinigungsbrunnen der Moschee *(şadırvan)* erforderlich.

Das Almosen *(zekat),* das der Gläubige in Form einer staatlichen Steuer zu entrichten hat; daraus bestreitet der Herrscher oder Staat soziale Aufgaben und den Bau von Moscheen.

Das Fasten *(sijam)* während der hellen Tagesstunden im Monat Ramadan, in dem Mohammed der Koran offenbart wurde. Der Muslim soll nichts essen und trinken und sich jeglicher fleischlichen Genüsse enthalten, d. h. auch: keine Zigaretten, kein Sex. Da sich der Ramadan nach dem arabischen Mondkalender richtet, verschiebt sich die islamische Fastenzeit gegenüber unserem Kalender jedes Jahr um zehn bis elf Tage nach vorn. Den Ramadan beendet das Şeker Bayramı, das ›Zuckerfest‹ (S. 48).

Die große Wallfahrt (Haddsch, trk. *hac*) nach Mekka soll von allen volljährigen Muslimen, die gesundheitlich und finanziell dazu in der Lage sind, wenigstens einmal im Leben unternommen werden.

Osmanische Kunst und Architektur

Eine Stadt, die lange Zeit Zentrum hohen künstlerischen Schaffens war, wird für fast 500 Jahre Regierungssitz des Osmanischen Reiches, eines Reiches, das, abgesehen von der Miniaturmalerei, keine Bilder duldete. Doch die Kalligraphie und der ornamentale Fliesenschmuck, aber auch die Architektur, erreichten während dieser Zeit ihre Höhepunkte.

Kalligraphie

Als der Kalligraph Hafız Osman den Bosporus von Beşiktaş nach Üsküdar im Schiff überquerte, fiel ihm auf halber Strecke ein, dass er sein Geld vergessen hatte. Am Ziel angekommen, entlohnte er den Fährmann mit einem Stück Papier, auf das er ein einziges Wort geschrieben hatte. Der des Lesens unkundige Fährmann war wenig begeistert, ließ jedoch den Fahrgast wegen seiner würdigen Erscheinung passieren. Am Abend erzählte der Fährmann im Kaffeehaus sein Erlebnis. Als er den Zettel hervorholte, bildete sich eine Menschentraube um ihn, und einige der Umstehenden begannen heftig zu bieten. Am Ende hatte er den Lohn einer ganzen Woche Arbeit für ein einziges geschriebenes Wort bekommen. Bald darauf fuhr Hafız Osman wieder mit dem Fährmann, hatte aber diesmal Geld dabei und wollte bezahlen. Da hielt ihm der Fährmann einen Zettel hin und sagte: »Efendim, schreiben Sie nur einen Buchstaben, das reicht völlig.«

Diese Anekdote über den berühmtesten Kalligraphen des 17. Jh. verdeutlicht den Wert des Schönschreibens in der osmanisch-arabischen

Welt. Nicht zuletzt das religiöse Bilderverbot des Islam unterstützte den Aufstieg der Kalligraphie zur bedeutendsten osmanischen Kunstform. Neben der Niederschrift von Texten, insbesondere aus dem Koran, diente sie auch als Schmuck von öffentlichen Gebäuden. Kunstvoll geschriebene, mit reichen Ornamenten verzierte Worte wie Allah, Mohammed, das Glaubensbekenntnis oder auch ein Koranzitat haben in den Moscheen den Rang der biblischen Szenen oder Heiligendarstellungen in christlichen Kirchen.

Seitdem Atatürk im Zuge seiner Reformen 1928 die arabische Schrift durch das lateinische Alphabet abgelöst hat, ist die Bedeutung der stets eng mit dem Islam verbundenen Kalligraphie stark zurückgegangen, hat sich jedoch als Kunstform im religiösen Bereich bis heute erhalten.

»Die Kunst der Kalligraphie ist in der Lehre des Meisters verborgen, ihr Wesen besteht in der Wiederholung, und sie ist da, um der Religion des Islam zu dienen.« Dieser Ausspruch des Kalifen Ali, des ersten Kalligraphen des Islam, erklärt in prägnanter Weise diese Kunstform. Nur derjenige ist Meister des Faches, der die Schriften eines wegweisenden Kalligraphen haargenau nachempfindet. Erst die absolute Vollkommenheit gestattet ihm wiederum die Unterweisung eigener Schüler.

Neben der Ausschmückung von Bauten – in den Istanbuler Moscheen wurden größtenteils die Schriften Nesih (gerundete Kursive) und Sülüs (Titelschrift mit vielen Vokalisationszeichen) verwendet – widmeten sich die Schreibkünstler hauptsächlich der Abschrift des Koran; sie arbeiteten als Kopierer oder Schreiber, unterrichteten in den Medresen oder erledigten Auftragsarbeiten für den Hof.

Miniaturen

Anders als im religiösen Bereich konnte sich im profanen Bereich eine darstellende Kunst entwickeln. Künstler und Kunsthandwerker kamen aus allen Teilen des osmanischen Herrschaftsgebietes und brachten ihr Können an den Hof des Sultans.

Die Miniaturenmalerei, vorerst mit starkem persischen Einfluss zur Illustrierung und Ergänzung von Texten eingesetzt, erreichte im 16. Jh. eine hohe Blüte mit eigenständiger osmanischer Prägung. Es wurden nun Bücher über die Taten der Sultane geschaffen; Schrift, Bild und Rahmen waren miteinander verquickt und ergänzten sich. Wie die arabische Schrift müssen die Bilder von rechts nach links gelesen werden. Merkmale sind die fehlende Perspektive, die Verwendung von Bedeutungsgröße (der Sultan ist immer größer als seine Untertanen) und eine willkürliche Verwendung von Farben. Der dokumentarische Charakter der Miniaturenmalerei wird an den Stadtansichten mit präzise abgebildeten Bauten, aber auch an der Darstellung von Gesellschaftsgruppen deutlich, z.B. verschiedenen Zünften oder sogar Bettlern.

Bereits im 17. Jh. begann die Miniaturenmalerei zu stagnieren. Im frühen 18. Jh. wurden europäische Einflüsse sichtbar, die sich in stärkerem räumlichen Illusionismus äußern. Zum Ende des 18. Jh. wurde die Miniaturenmalerei allmählich von Wandmalerei und großflächigen Bildern abgelöst.

İznik-Fayencen

In İznik, einer kleinen Stadt südlich von Istanbul, wurden bereits Ende des 15. Jh. sehr hochwertige Keramiken her-

Osmanische Kunst in Istanbul

Über Kalligraphien informieren die Ausstellungen im **Hat Sanatları Müzesi** (S. 160), im **Türk ve Islam Eserleri Müzesi** (S. 143), im **Sakıp Sabancı Müzesi** (S. 256) und im **Topkapı Sarayı** (S. 120). Im Museum des Palastes sind auch Räume der Miniaturenmalerei gewidmet. Mit wunderbaren İznik-Fayencen sind die Wände der **Rüstem Paşa Camii** (S. 170) verkleidet. Eine bedeutende Fayencen-Sammlung befindet sich im **Çinili Köşkü** (S. 133).

Die umfangreichen Stiftungsbauten einer Külliye lassen sich in Istanbul am besten bei der **Süleymaniye** erfassen (S. 169, 172). Ein osmanisches Hamam kann trockenen Fußes in Sultanahmet im **Haseki Hürrem Hamamı** (S. 148) oder in Üsküdar im **Sinan Hamam Çarşısı** (S. 269) betreten werden. Straßenzüge mit alten, z. T. verfallenen Holzhäusern sind immer wieder im Altstadtbereich zu entdecken. An den Ufern des Bosporus haben sich noch einige Holzvillen erhalten. Zu den bekanntesten gehört das **Köprülü Yalı** (S. 261).

gestellt. Diese erreichten in der Regierungszeit Sultan Süleymans (1520–1566), der armenische Handwerker ansiedeln ließ, in Farbenpracht und Dekor ihren absoluten Höhepunkt.

Beherrschten vorher die Farben Blau und Türkis auf weißem Grund die Keramikerzeugnisse, traten nun Grün und Violett hinzu. Die Krönung war jedoch ein siegellackähnliches Tomatenrot, das aus einer eisenhaltigen Tonerde ›armenischer Bolus‹ gewonnen wurde. Fliesen mit diesem Rot zierten zum ersten Mal die Süleymaniye-Moschee in Istanbul.

Kunstvolle Blüten, Ranken, Arabesken und Trauben nach chinesischem Vorbild lieferten zu Anfang die Motive, wurden dann jedoch durch naturalistisch wiedergegebene Blumen wie Tulpen, Lilien, Rosen und Päonien, Zypressen und blühende Zweige verfeinert und bereichert. Die variantenreichen Blumenmotive werden als Höhepunkt der osmanischen Kunst angesehen. Der florale Dekor brachte die Vorliebe der Osmanen für blühende Gärten auch in das Innere der Häuser.

Die İznik-Fayencen schmückten Heiligtümer und Prachtbauten nicht nur in Istanbul, sondern auch in weit entfernten Orten wie Damaskus und Jerusalem (dort wurde der Felsendom mit İznik-Kacheln restauriert). Exporte gab es auch bis nach Deutschland, England und auf die Krim. Seit Mitte des 17. Jh.

verfiel die Qualität der İznik-Ware, um 1700 schloss die letzte der einst 3000 Werkstätten.

Moscheen

Die osmanische Architektur prägt das Stadtbild bis heute: Auf allen Hügeln der Halbinsel erheben sich die spitztürmigen Gebilde der großen **Sultansmoscheen**.

»Wer Gott eine Moschee baut, dem wird er ein Haus im Paradies errichten.« Dieser Ausspruch des Propheten gab den Anstoß für eine überaus rege Moschee-Bautätigkeit im Osmanischen Reich und wirkt auch noch bei den zahlreichen Neubauten von heute. Neben ihrer Funktion als Ort des Gemeinschaftsgebets und als Lehrstätte unterhielten diese Stiftungen, **Külliye** genannt, einst auch soziale Einrichtungen wie Armenküche, Pilgerherberge und Hospital.

Der Bauherr, also der Sultan bzw. seine Angehörigen oder die Großwesire oder Paşas, kam mit seinem eigenen Vermögen für den Bau des Bethauses auf und gewährleistete seinen Unterhalt. So sind für den Stiftungskomplex der Süleymaniye in Istanbul 217 Dörfer und 30 bestellbare Fluren verbürgt, die der Sultan ihr unterstellte, um mit ihren Abgaben die zeitweise 800 Personen zu entlohnen, die in dem Spital, der Armenküche, den fünf Medresen, dem Bad und dem Gästehaus Dienst taten. Ein zweites Standbein der Stiftungen waren aber auch Markthallen, Vermietung von Geschäften oder Einnahmen aus Badehäusern. Weniger begüterte Muslime beteiligten sich mit Kleinstiftungen, etwa durch Brennholzbeschaffung für den Winter, Kerzenspenden oder die Bezahlung von Koranlesungen.

Stiftungsbauten

Die **Schule** *(medrese)* war nach der Moschee die wichtigste Bauaufgabe im sakralen Bereich. Die kleinen Wohnzellen der Schüler reihen sich in der Regel um einen offenen Arkadenhof, der bei größeren Stiftungen einen eigenen Komplex bildet. Offene Feuerstellen unter den Kuppeln der kleinen Räume spendeten im Winter Wärme. Der größere überkuppelte Unterrichts- und Betraum *(dershane)* liegt meistens in der Mitte einer Hofseite.

Sultan Süleyman reduzierte im 16. Jh. das achtstufige Lehrsystem der Medresen auf vier Stufen. In der ersten bekamen die Schüler Grundkenntnisse, u. a. Schreiben und Rechnen, vermittelt, in der zweiten traten die Koran- und Rechtslehre hinzu, die beiden obersten Stufen entsprachen im Lehrgehalt der Universität. Neben theologischem Wissen und der Rechtslehre konnten die Schüler hier Kenntnisse in Medizin, Mathematik oder anderen Naturwissenschaften erwerben.

Das **Hospital** *(darüşşifa)* entspricht in seiner Bauform weitgehend den Medresen. Die Krankenzimmer gruppieren sich um einen mit Säulenhallen gerahmten Hof. Der durch seine Größe

Moscheebesuch

Die meisten Moscheen können besichtigt werden, man sollte jedoch angemessen gekleidet sein (keine Shorts!). Am Eingang müssen stets die Schuhe ausgezogen werden, Frauen sollten ein Kopftuch überwerfen, um die Haare zu bedecken. Während des Gebets sollte man einen Moscheebesuch vermeiden und keinesfalls umherlaufen und fotografieren.

hervorgehobene Behandlungsraum gleicht dem Dershane der Medrese.

Die **Armenküche** *(imaret)* zeichnet sich durch großzügige Raumfolgen aus. Hohe Kuppeln und zahlreiche Schornsteine bedecken die Küchenräume, Magazine zur Lagerung von Lebensmitteln und Speisesäle schließen sich an. Hier aßen nicht nur die Lehrer und Schüler der Medresen und die Bediensteten der Moscheen und der Krankenanstalten, sondern auch die Armen des Viertels.

Unter den Bauten für Gewerbe und Handel spielte der rundum geschlossene **Gewerbehof** *(han)* die bedeutendste Rolle. Er diente als Herberge für Reisende und Händler und befand sich meist in der Basarzone der Städte. Die Kammern lagen in zwei bis drei Stockwerken um einen rechteckigen Innenhof, unten wurden die Waren gelagert und Handwerke ausgeführt.

Auch ein **Bad** *(hamam)* war in der Regel Teil einer religiösen Stiftung, was auf die Reinheitsbestimmungen des Koran zurückzuführen ist, aber auch auf seine Einträglichkeit. Die räumliche und technische Ausstattung entsprach den römischen Thermenanlagen (S. 158). Das Bad hatte seit jeher große Bedeutung als Kommunikationszentrum. Für Frauen war es der einzige öffentliche Ort, an dem sie sich in größeren Gruppen treffen konnten, um sich auszutauschen oder auch Heiratspläne für ihre Söhne zu schmieden.

Wohnarchitektur

Im Gegensatz zu den religiösen Stiftungsbauten wurden die **Wohnhäuser** des Osmanischen Reichs überwiegend aus Holz errichtet. Allerdings fielen die Holzbauten immer wieder Großbränden zum Opfer. Seit Mitte des 19. Jh. begünstigten preiswertere Verfahren bei der Ziegelherstellung den Bau von Steinhäusern. Die Holzhäuser wurden dem Verfall preisgegeben, und erst der Betonbauboom stärkte in den letzten Jahrzehnten das Bewusstsein für die Erhaltung dieses einzigartigen osmanischen Kulturguts.

Typischerweise waren die Häuser unterteilt in den Bereich des Hausherrn *(selamlik)* und den der Frauen und Kinder *(haremlik)*, die bei höheren Ständen verschiedene Etagen oder selbständige Trakte einnahmen. Gäste wurden im Selamlık empfangen, meist ein repräsentativer Raum im Erdgeschoss. Mittelpunkt des Haremlık war der *sofa* oder *hayat* genannte Raum, in dem sich das familiäre Leben abspielte. Um ihn reihten sich die Wohn-Schlafräume *(oda)*. Diese lagen meist im Obergeschoss des Hauses und boten durch erkerartige Ausbauten eine gute Sicht auf das Treiben in der Straße.

Die Ausstattung umfasste lediglich eine an drei Wandseiten verlaufende, niedrige Sitzbank und einen offenen Einbauschrank an der Türwand, in dem die Dinge des täglichen Bedarfs untergebracht waren. Zahlreiche Kissen, Teppiche und mit bemalter Leinwand oder Leder verkleidete Wände dienten der Gemütlichkeit. Geheizt wurde mit Holzkohlebecken. Glasfenster konnten sich nur die Wohlhabenden leisten. Pergament, wachsgetränkter Stoff oder einfach nur hölzerne Klappläden verschlossen die Fensteröffnungen.

Der steinerne Unterbau der Holzhäuser wurde als Stallung, Wirtschaftsraum und Küche genutzt. Von der Straße abgewandt besaß jedes Haus einen Garten. In diesem spielten und tanzten die Frauen und Kinder zwischen Blumenbeeten, und der Hausherr genoss im kühlen Schatten die Abendstunden bei einer Nargile.

Baumeister der Osmanen – Mimar Sinan

Tausend Jahre lang versuchten byzantinische und osmanische Baumeister, die prachtvolle Hagia Sophia zu übertreffen. Vergeblich. Erst Mimar ›Baumeister‹ Koca Sinan sollte es im hohen Alter von 80 Jahren gelingen, das große Vorbild seiner Arbeiten bautechnisch zu überwinden, eine annähernd gleich große Kuppel fast schwerelos auf einen riesigen lichterfüllten Raum zu setzen, Bauwerke voller Harmonie zu schaffen, herrlicher noch als die Hagia Sophia.

Koca Sinan war im Jahr 1490 oder 1491 zur Welt gekommen, vermutlich in Kärnten oder in der Steiermark, wo er und seine Mutter 1494 in türkische Gefangenschaft gerieten und als Sklaven in das Haus eines Paschas kamen. Dessen Tod – wohl 1499 – führte zu ihrer Freilassung; Mutter und Sohn zogen nach Agirnas bei Kayseri, wo Verwandte und andere Christen lebten.

Als Christ zum Sultan

1512 wurde Sinan als Angehöriger einer nichttürkischen Minderheit zum Dienst für Sultan und Reich eingezogen. Als ›Eingesammelter‹ kam er nach Istanbul, wo er den Islam annahm und eine militärische Ausbildung erhielt. Seit 1514 war Sinan im Janitscharenkorps, 1529 kämpfte er vor Wien. 1534 war er Hasseki (Oberst der Leibgarde) und begleitete den Sultan Süleyman auf Feldzügen nach Korfu und Balia. In Aleppo errichtete Sinan 1535 seine erste Moschee. Der Bau einer Brücke über den Pruth innerhalb von 13 Tagen brachte ihm die Anerkennung des Sultans (1538). Sinan bestückte auf dem Van-See Schiffe mit Kanonen, konstru-

Mimar Sinan, Baumeister des Sultans

ierte Kräne, Belagerungsmaschinen, Brücken und wandelte in den eroberten Ländern Kirchen in Moscheen um.

Der Hofarchitekt

1539 wurde Sinan auf Betreiben seines Gönners Lütfü Paşa vom Sultan zum Chef- und Hofarchitekten ernannt und verließ damit die Janitscharentruppe. In den folgenden fast 50 Jahren baute er etwa 130 Moscheen, 55 Medresen, 15 Armenküchen, 3 Spitäler, 8 Brücken, 17 Karawansereien, 33 Paläste und Palastbauten und 33 Bäder.

Seine bedeutendsten Werke sind die Şehzade Camii in Istanbul (1544–1548), die Süleymaniye, ebenfalls in Istanbul (1551–1557), und – als Krönung seines Schaffens – die einzigartige Selimiye in Edirne (1567–1574). Zu seinen architektonisch ebenso herausragenden Moscheen in Istanbul gehören auch die auf einem Podium erhobene Rüstem Paşa Camii in Eminönü und die mit unzähligen Fenstern lichtdurchflutete Mihrimah Camii an der Landmauer beim Edirnekapı.

Von den Palastbauten, die ja traditionell fast ausschließlich im Pavillonstil aus Holz errichtet wurden, ist nichts mehr erhalten. Dagegen überdauerten noch mehrere Badeanlagen, wie das Doppelbad der Haseki Hürrem zwischen der Hagia Sophia und der Ahmediye. Es sind reine Zweckbauten, die kaum mit Schmuck versehen sind, sondern allein durch die Gestaltung der Räume wirken.

1584 begab sich Sinan auf die vorgeschriebene Pilgerfahrt nach Mekka. 1588 starb der Baumeister dreier Sultane, der ›Dichter der Steine‹, im Alter von fast 100 Jahren. Sein Grab steht neben der Süleymaniye, der Moschee seines größten Förderers und Auftraggebers.

Die Janitscharen

Als der Osmanensultan Orhan sich im frühen 14. Jh. anschickte, die Macht des jungen Reichs über Anatolien hinaus auszudehnen, erkannte er die Notwendigkeit eines stehenden Heeres. Eine hervorragend ausgebildete und verlässliche Truppe wollte er haben und gleichzeitig Waffensklaven, die ihm blind gehorchten. Da es der Koran jedoch verbot, Muslime zu versklaven, befahl Orhan um 1329, Knaben aus christlichen Familien ›einzusammeln‹ und sie in Kasernen zu Soldaten auszubilden, die ihm bedingungslos ergeben waren. Man nannte sie Yeniçeri, ›Neue Truppe‹; in Europa waren sie bald als Janitscharen gefürchtet.

Die Jungen der *devşirme* (›Knabenlese‹) wurden von den besten Lehrern des Reichs ausgebildet, nicht nur zu Soldaten, sondern auch zu Baumeistern oder Verwaltungsbeamten. Die Janitscharen lebten erst im Topkapı-Palast, später erhielten sie eigene Kasernen. Sie waren keine Sklaven, aber auch nicht frei. Heirat war ihnen verboten (bis Ende des 18. Jh.). Auch mussten sie sich rasieren, denn ein Bart war den höheren Offizieren vorbehalten. Auf Beförderung konnten sie nur im Krieg hoffen: Wer sich bewährte, stieg auf, wer versagte, verlor seinen Rang. So entstand die härteste und gefährlichste Truppe der Welt, ein Heer, dem das Osmanische Reich jahrhundertelang Macht und Stabilität verdankte.

Eine Stadt macht sich schön – Istanbul baut um

Seit die EU Istanbul zu einer der Kulturhauptstädte 2010 gewählt hat, brodelt es in der Stadt, Gerüchte über Umbaumaßnahmen lösen wechselweise Begeisterung – »Endlich wird der Verfall gestoppt!« – oder auch Panik – »Bloß nicht schon wieder eine Megabaustelle!« – aus.

Eines der wichtigsten Anliegen der Stadtverwaltung ist schon seit jeher eine neue Verkehrsplanung. Istanbul ist berüchtigt für seinen Verkehrsinfarkt: Die wenigen breiten Straßen sind schon zu normalen Zeiten überfüllt, in der Rushhour jedoch läuft hier gar nichts mehr. Die in den letzten Jahren eröffneten und ständig wachsenden Metro-Linien (S. 22) sollen eine Entlastung des Straßenverkehrs bringen. Doch noch fehlt die wichtige Verbindung über das Goldene Horn. Eine Brücke ist geplant, aber die Einwände der Archäologen, die eine Zerstörung byzantinischen Erbes befürchten, lassen die Planungen nur langsam voranschreiten.

Ein Bosporus-Tunnel

Das aktuell bedeutsamste Projekt ist der im Bau befindliche Marmaray, ein Eisenbahntunnel, der zwischen Üsküdar und Sirkeci den Bosporus unterqueren und weiter unter der gesamten Altstadt bis ans Marmarameer verlaufen soll. Er wird stündlich bis zu 75 000 Menschen zwischen dem europäischen und dem asiatischen Istanbul befördern. Die Fertigstellung des 13,6 km langen Tunnels mit unterirdischen Bahnhöfen in Yenikapı, Sirkeci und Üsküdar war für 2009 geplant. Bei den

Bauarbeiten in Yenikapı stieß man jedoch auf den antiken Hafen Byzantions, was die Fertigstellung um Jahre verzögert. Hier befindet sich zurzeit die größte archäologische Ausgrabung in der Geschichte der Stadt (S. 93, 190).

Stadtplanung brachial

Die Uferstreifen des Goldenen Horns wurden in den 1980er-Jahren begrünt. Bis dahin breitete sich dort ein unendliches Gewirr von alten Holzhäusern und Werkstätten aus. Durch die Einleitung von Abwässern glich der Meeresarm damals einer Kloake. Über 150 000 Menschen wurden in eilig hochgezogene Betonsilos vor die Stadtmauern umgesiedelt. Zugleich sollte eine neue, auf Stahlpfählen ruhende Galata-Brücke den Wasseraustausch mit dem Bosporus gegenüber der alten, 1912 errichteten Pontonbrücke verbessern. Die neue Brücke erfüllt seit 1992 ihren Zweck, Teile der alten Brücke wurden weiter nördlich am Goldenen Horn wieder aufgebaut.

Weitere rigorose Maßnahmen folgten, darunter der Abriss ganzer Häuserzeilen des 19. Jh. zur Erweiterung des Tarlabaşı Bulvarı in Beyoğlu und der Bau der Uferstraße bei Arnavutköy am Bosporus, der die legendäre Landschaft verschandelte. Diese Stadtplanung stieß im Gegensatz zur Sanierung des Goldenen Horns jedoch auf wenig Verständnis bei der Bevölkerung. Dalans Nachfolger waren gezwungen, behutsamer an die Modernisierung der Stadt zu gehen.

Rund um das alte Stadtzentrum entstanden derweil moderne Satellitenstädte, in denen sich Istanbul als Metropole des globalisierten 21. Jh. präsentiert. Das 1989 eröffnete Ataköy-Tourismuszentrum am Marmarameer mit Yachthafen, diversen Sportanlagen und einem Shopping Center war nur ein Anfang. Heute erinnert die Skyline des boomenden Finanzdistrikts in Maslak und Levent an die von Frankfurt; für diesen Stadtteil soll jetzt auch ein neuer Flughafen in Kemerburgaz gebaut werden.

Alte Häuser ganz schick

Einen einfühlsameren Weg schlug Çelik Gülersoy, der ehemalige Direktor des türkischen Automobilclubs, ein. Im Bewusstsein, dass Istanbul eine historisch gewachsene Stadt ist, die ihr Erbe bewahren sollte, ließ er in Eigeninitiative zahlreiche Holzvillen aus osmanischer Zeit restaurieren bzw. ganze Straßenzüge wiederaufbauen. Dazu gehören das Hotel Yeşil Ev (›Grünes Haus‹) bei der Sultan Ahmet Camii, die Häuserzeile der Ayasofya Konakları vor den Außenmauern des Topkapı-Palastes, das Gebäudeensemble rund um die Chora-Kirche sowie das hübsche Hıdıv Kasrı (Khedivenschlösschen) hoch über dem Bosporus und die Pavillons im Yıldız- und im Emirgan-Park.

Diese Kleinode in einer von Betonklötzen zugebauten und nach Modernisierung in allen Bereichen strebenden Stadt lassen noch etwas von der alten Pracht der osmanischen Reichshauptstadt erkennen. Aber Gülersoy stieß häufig auf Widerstand seitens der Stadtverwaltung, die in Istanbul lieber moderne Projekte verwirklicht sah. Anfänglich nahm die Bevölkerung die restaurierten Gebäude, die in der Regel touristischen Zwecken als Hotels, Restaurants oder Caféhäuser dienten, gern an. Später waren viele von der Schließung bedroht, da die islamische Verwaltung den dortigen Alkoholausschank unterbinden wollte.

Vertreibung und Neubau

Aber auch Umgestaltungsvorhaben ganzer Stadtviertel führen immer wieder zu Unbehagen in der Bevölkerung. So hat jüngst der Bürgermeister vom konservativen Stadtteil Fatih damit begonnen, das Viertel Sulukule am Fuße der Stadtmauer abzureißen. Hier siedelten schon lange, bevor Konstantinopel osmanisch wurde, Roma. Sie musizierten und tanzten für die byzantinischen Kaiser, später für die Sultane und auch für Atatürk. Ihr Viertel war jedoch schon immer von Armut geprägt, sie galten als Menschen ohne Moral und bis in die 90er-Jahre des 20. Jh. war Sulukule der berüchtigtste Rotlicht-Distrikt von Istanbul.

Statt Erhaltung, Restaurierung und Aufwertung der vorhandenen Architektur, wie die Unesco immer wieder fordert, werden jetzt entlang der Stadtmauer neue moderne Bauten im osmanischen Stil entstehen. Die frühere Bevölkerung aber wird an den Rand der Megastadt Istanbul verdrängt werden.

Istanbul wächst in die Höhe

Während sich die Silhouette der historischen Landzunge mit ihren von Moscheen bekrönten sieben Hügeln kaum wandelt, strebt Istanbul in den Finanzdistrikten Levent und Maslak mit immer wieder neuen Wolkenkratzern in ungeahnte Höhen: Der im Jahr 2000 fertiggestellte Işbank Tower mit 181 m Höhe wird demnächst von dem 261 m hohen Sapphire und dem Diamond of Istanbul mit 270 m Höhe weit überragt werden. Aber damit nicht genug: Die 250 und 300 m hohen Dubai Towers sind geplant und auch genehmigt (auch wenn ihre Realisierung nicht gesichert scheint).

Das Marmaray-Projekt und der Theodosianische Hafen

Der Marmaray-Tunnel ist das neue Prestigeprojekt Istanbuls. Bei den Bauarbeiten stieß man aber auf den spätantiken Hafen – das brachte eine enorme Bauverzögerung, zugleich aber eine neue, überaus spannende archäologische Grabung.

Der tägliche Verkehrsinfarkt, besonders zur Rushhour auf den Bosporusbrücken, verlangt nach Lösungen, um dem rasanten Wachstum der Stadt und des Verkehrs gerecht zu werden. Die Idee eines Bosporus-Tunnels wurde bereits in den Jahren 1860 und 1902 diskutiert, doch waren die technischen Möglichkeiten noch nicht reif dafür. Erst in den 1980er-Jahren wurde das Projekt wieder ernsthaft diskutiert, im August 2004 erfolgte der Baubeginn. Der Bosporus-Tunnel ist nach Fertigstellung 1,4 km lang, verläuft ca. 56 m unter dem Meeresspiegel und besteht aus 11 Tunnelelementen mit jeweils zwei erdbebensicheren Röhren.

Zwischen den Kontinenten

Unterirdische Bahnhöfe wird es in Üsküdar, Sirkeci (unterhalb des europäischen Hauptbahnhofes) und in Yenikapı (mit Umsteigemöglichkeiten zur Stadt- und U-Bahn) geben. Die Eisenbahnstrecke soll bis nach Halkalı auf europäischer Seite und Gebze auf asiatischer Seite dreigleisig ausgebaut werden. 75 000 Fahrgäste können dann pro Stunde und Fahrtrichtung transportiert werden, die Fahrzeit von Halkalı nach Gebze soll für die gut 76 km lange Strecke nur etwa 1,5 Stunden betragen. Doch bis das ehrgeizige Projekt Marmaray (der Name leitet sich vom Marmarameer und dem türkischen Wort *ray* = Schiene her) fertig ist, werden noch einige Jahre vergehen.

Das Glück der Archäologen

Geplant war die Eröffnung des Tunnels für 2009, aber die Arbeiten an den Anschlussstellen brachten z. T. sensationelle archäologische Funde zum Vorschein, die die Fertigstellung um Jahre verzögern. In Üsküdar wurden die Grundmauern einer osmanischen Ladenstraße und eines Gebäudes aus dem 12./13. Jh. freigelegt. Die Grabungen in Sirkeci erbrachten Erkenntnisse zur Stratigraphie Istanbuls. In Yenikapı schließlich entdeckte man in 8 m Tiefe den byzantinischen Handelshafen.

Dass der Theodosianische Hafen in diesem Bereich gelegen haben muss, war lange bekannt, aber mit derart spektakulären Funden hatte niemand gerechnet. Nach und nach gruben die Archäologen 31 Boote unterschiedlicher Typen und Größen aus, die z. T. noch mit Amphoren und Krügen beladen und in einem hervorragenden Zustand waren.

Der Theodosianische Hafen

Der Hafen lag an der Mündung des Lykos-Flusses. Von Kaiser Theodosius I. (379–395) als Handelshafen u. a. für die Getreideversorgung erbaut, legten hier bis in das 7. Jh. Schiffe an und ab. Danach verlandete der Hafen zunehmend durch den Schlamm, den der Lykos mit sich brachte. Bis ins späte 11. Jh. konnten nur noch kleinere Schiffe und Boote anlegen. Eine komplette Verlandung erfolgte im 13. Jh. Heute liegt der Hafen etwa 500 m im Landesinneren. Durch die Erdablagerungen, die der Fluss mit sich brachte, wurden die Holzschiffe gut konserviert.

Die Istanbuler Universität richtete für ihre Restaurierung das erste Schiffskonservierungslabor der Türkei ein. Die vor Ort vermessenen, gezeichneten und fotografierten Holzwracks werden jahrelang in Spezialtanks gewässert und konserviert, um anschließend wieder in ihrer ursprünglichen Form zusammengesetzt zu werden.

Unter den ausgegrabenen Schiffswracks waren vier byzantinische Galeeren (um 1000 n. Chr.), die zu den frühesten bisher entdeckten Kriegsschiffen im Mittelmeerraum zählen. Das älteste in Yenikapı gefundene Schiff ist ein Handelssegler aus dem 7. Jh. Neben den Wracks kamen auch interessante Dinge zu Tage, die z. T. beim Löschen der Frachten über Bord fielen und heute in einer Sonderausstellung des Archäologischen Museums (S. 133) zu sehen sind.

Bedeutend sind zudem Siedlungsspuren, die aus neolithischer Zeit (um 6000 v. Chr.) stammen. Neben dem Nachweis von Lehmhütten entdeckten die Forscher auch Skelette mitsamt tönernen Grabbeigaben.

Die Hafengrabung besichtigen
Nahe dem spätantiken Hafen wird in den nächsten Jahren ein Museum mit Archäologiepark gebaut, das sich den Funden aus dem Hafengebiet widmet. Bis zur Fertigstellung sind geführte Touren über das Areal geplant. Im Archäologischen Museum ist der Grabung eine Sonderausstellung gewidmet. S. 190

Reinheit ist der halbe Glaube – Besuch im türkischen Bad

Schwitzen auf dem heißen Stein, Massage, kalte Güsse und anschließend ein Glas mit heißem Tee, das ist Erholung pur für Körper und Seele.

Der Besuch eines Hamam war in osmanischer Zeit unverzichtbarer Bestandteil der islamischen Lebensführung. Nach dem Koran soll jeder Gläubige vor dem Freitagsgebet ein Vollbad nehmen. Die Bäder entwickelten sich so zur bedeutendsten Einnahmequelle von religiösen Stiftungen, denn nur die reichen Haushalte verfügten über ein eigenes Bad.

Im historischen Kern von Istanbul gab es weit über hundert mehr oder weniger prunkvoll ausgestattete Hamams, heute sind vielleicht gerade noch ein Dutzend in Betrieb. Die Bäder dienten aber nicht nur der körperlichen Reinigung, sie waren auch ein Treffpunkt.

Brautschau und Klatschbörse

Im Hamam wurden unter Männern Geschäfte getätigt, die Frauen nutzten den Besuch, um Freundinnen zu treffen, den neuesten Klatsch auszutauschen, aber auch, um auf Brautschau für ihre Söhne zu gehen. Heute verliert das Hamam innerhalb der türkischen Gesellschaft zunehmend an Bedeutung. Immer mehr Komfortbäder sind in Privathaushalten zu finden. So kann es auch nicht verwundern, dass viele und besonders die architektonisch reizvollen Bäder wie z. B. das Cağaloğlu Hamamı (S. 158) ganz auf Touristenbetrieb umgestellt werden. Ansonsten bleibt ihnen über kurz oder lang nur die Schließung. – Das entspannende Vergnügen eines türkischen Bades sollte man sich während eines Istanbul-Aufenthaltes nicht entgehen lassen.

Schwitzen und Schrubben

Frauen und Männer baden immer getrennt und werden auch nur von gleichgeschlechtlichen Bademeistern betreut. Handtuch, Seife und Haarwaschmittel werden in der Regel gestellt. Um Verständigungsschwierigkeiten braucht man sich nicht zu sorgen, die Bademeister sind den Umgang mit Erstbesuchern gewohnt. Männer tragen während der ganzen Prozedur Badehosen oder das gestellte Badetuch um ihre Hüften, Frauen können ein Bikini-Höschen oder Slip anbehalten, müssen das aber nicht.

Wie die alten römischen Thermen sind die großen osmanischen Bäder dreigeteilt: Im *camekan,* dem Empfangsraum, liegen für den Besucher ein großes Badetuch *(peştamal)* und hölzerne Sandaletten *(galenci)* bereit. In einer Umkleidekabine kann er sich seiner Kleidung entledigen. Der Übergangsraum *(soğukluk)* mit mäßig warmer Temperatur dient zur ersten Reinigung. Dann gelangt man in den überkuppelten Heißluftraum *(hararet).* In der Mitte steht der *göbektaş*, ein Marmorpodium, das von unten beheizt und zum Ausruhen, Schwitzen und – falls gewünscht – für die Massage oder das Einschäumen und Abreiben mit Hilfe eines Frottierhandschuhs *(kese)* genutzt wird. In den Seitennischen des Hararet befinden sich Becken mit Kalt- und Heißwasserzulauf. Hier kann man sich mit Blechschalen das Wasser gemischt oder im Wechsel heiß und kalt übergießen.

Am Ende des Badevergnügens, nach einer Pause bei Kaffee oder Tee, erwarten Sie Ihre Betreuer am Ausgang: Ein kleines Trinkgeld für jeden ist angemessen.

Die schönsten historischen Bäder

Cağaloğlu Hamamı: Cağaloğlu, Prof. Kazim İsmail Gürkan Cad. 34, www.cagalogluhamami.com.tr, tgl. 8–22 Uhr für Männer, 8–20 Uhr für Frauen.
Çemberlitaş Hamamı: Çemberlitaş, Vezirhane Cad. 8, www.cemberlitaşhami.com.tr, tgl. 6–23 Uhr für Männer, 8–21 Uhr für Frauen.
Galatasaray Hamamı: Galatasaray, Turnacı Başı Sok. 24, www.galatasarayhamami.com, tgl. 7–22 Uhr für Männer, 8–20 Uhr für Frauen.

Als Paar ins Bad?
Wer gern gemeinsam als Paar, mit Freunden oder mit seiner Familie ins Hamam möchte, ist im Süleymaniye Hamamı bestens aufgehoben. Dieses schöne, von Sinan errichtete Bad hat sich auf gemischte Gruppen spezialisiert. Nach Voranmeldung durch das Hotel gibt es einen kostenlosen Bus-Shuttle hin und zurück, alle Utensilien außer dem Bademantel werden gestellt.
Süleymaniye Hamamı: Çemberlitaş, Mimar Sinan Cad. 22, Tel. 0212 520 34 10, www.suleymaniyehamami.com, tgl. 7–24 Uhr, Eintritt 35 €.

Hereke, Kayseri, Bergama, Milas – die anatolischen Teppiche

Der Basar von Istanbul bietet eine riesige Auswahl an Teppichen, so dass für jeden Geschmack und Geldbeutel etwas dabei ist. Vor dem Kauf sollte man sich allerdings hinreichend über die Qualitätsmerkmale informieren, denn nicht jeder Teppich ist handgeknüpft, und selbst dann gibt es große Qualitätsunterschiede.

Handgeknüpfte Teppiche, gleich welcher Größe, werden am Knüpfbaum gefertigt. Kettfäden aus Wolle oder Baumwolle sind um den oberen und unteren Baum gespannt; sie bilden abschließend die Fransen – bei maschinengeknüpften Teppichen sind die Fransen meist angenäht! Im Gegensatz zum persischen Sineh-Knoten, bei dem der Knoten nur um einen Kettfaden verläuft, kommt in der traditionellen anatolischen Teppichkunst der türkische Görges-Knoten zur Anwendung. Der Wollfaden wird hier um zwei Kettfäden geschlungen und seine Enden zwischen diesen herausgezogen. Die Fadenenden bilden den Flor, der auf die gewünschte Länge gekürzt wird. Der Görges-Knoten zeichnet sich durch eine größere Haltbarkeit aus, während mit dem Sineh-Knoten feinere Muster gefertigt werden können.

Knoten für Knoten

Die Zahl der Knoten pro Quadratmeter bzw. Quadratzentimeter gibt Auskunft über die Qualität des Teppichs. Je enger und fester die Knoten stehen,

Mythologische Symbole und frische Farben charakterisieren die Bergama-Teppiche

desto höher ist die Haltbarkeit und auch der Wert des Teppichs. Gute Stücke weisen 6 bis 25, bei Seidenteppichen sogar noch mehr Knoten pro Quadratzentimeter auf, also 60 000 bis 250 000 pro Quadratmeter. Auf der Rückseite kann man auszählen, wie dicht die Knoten stehen.

Wolle und Seide

Als Material wird Schafwolle verwendet, aber auch reine Seide – Baumwolle gilt als minderwertiges Material. Die Seidenteppiche bestechen durch Glanz und Farbigkeit; da sie sehr empfindlich sind, dienen sie meist als Tisch- oder Wanddekoration. Neben den naturseidenen Teppichen gibt es auch Stücke aus Floschseide, einer mattglänzenden billigeren Pflanzenfaser.

Da die genaue Bezeichnung von den Händlern gern verschwiegen wird, ist es ratsam, nachzufragen oder eine Feuerprobe zu verlangen: Schafwolle und Naturseide als tierische Produkte riechen nach verbranntem Haar; Baumwolle und Floschseide hinterlassen graue Asche und riechen nach verbranntem Holz.

Rot für Reichtum

Die Farben der Wolle beruhen traditionell auf pflanzlicher Basis, die Verwendung synthetischer Farben nimmt jedoch immer mehr zu. Pflanzliche Farben wirken warm, oft pastellen und harmonieren stärker miteinander.

Jede Farbe hat ihre eigene Bedeutung: Rot steht für Reichtum und Freude, Grün erinnert an das Paradies, Blau bedeutet Adel und Pracht, Gelb Schutz vor dem Bösen, und Schwarz vertreibt weltlichen Schmerz. Die Kombination der Farben und die Verwendung bestimmter Ornamente und Motive variiert von Landschaft zu Landschaft und wird von den Knüpferinnen traditionsgemäß weitergegeben.

Hereke bis Kayseri

Das Produktionszentrum Hereke, nahe Istanbul, stellt die feinsten Teppiche aus Naturseide her. Naturalistische Blütenmuster beherrschen den Dekor. Wollteppiche mit geometrischen Mustern kommen aus zahlreichen Regionen Anatoliens: Kayseri in Kappadokien ist das größte und bekannteste, Istanbul wird jedoch traditionell stark aus dem Gebiet der nördlichen Ägäisküste beliefert. An den Dardanellen (Çanakkale, Ezine) und in Bergama herrschen geometrische Kompositionen in Rot und Blau vor. In Edremit dagegen bevorzugt man pastellene Farbtöne sowie Olivgrün und Zitronengelb, während Milas-Teppiche durch die Dominanz von Beige- und Tabaktönen auffallen. In Kula hingegen wird die Tradition der berühmten Uşak-Teppiche fortgesetzt, die seit dem 16. Jh. auch in europäische Schlösser exportiert wurden.

Alte Teppiche
Auch bei den Händlern Istanbuls kann man alte Teppiche finden, oft zwar schon häufig repariert, aber immer noch bestechend durch Farbharmonie und altüberlieferte Muster. Doch hier ist Vorsicht geboten, denn Teppiche, die älter als 100 Jahre sind, gelten als Antiquität und dürfen das Land nur mit staatlicher Genehmigung verlassen.

Birgül und der Oryantal – Interview mit einer Bauchtänzerin

»Oriental Dance, Live Entertainment« verspricht das Neonschild über dem Eingang. Das Menü ist nichts Besonderes, aber die Sängerin im Vorprogramm erstaunlich gut. Allmählich füllen sich die Tische, und dann kann es auch losgehen.

Sie kommt die Treppe herab. Birgül. Ein schönes Gesicht, strahlend blaue Augen, ein wundervoller Körper, biegsam und schlank. Ihre Ausstrahlung, ihre Bewegungen ziehen sofort das ganze Lokal in Bann. Der Bauchtanz als älteste aller Verführungskünste – hier lässt er seine ursprüngliche Aufgabe als erotische Stimulanz erkennen, und er fasziniert die Männer ebenso wie die Frauen.

Der Bauchtanz, türkisch *oryantal*, ›orientalischer Tanz‹, ist eine ägyptische Tradition, wie jahrtausendealte Grabbilder belegen. Als die Osmanen den nordafrikanischen Raum erobert hatten, integrierten sie den Tanz in das Kulturrepertoire des Palastes. Später machte der Bauchtanz im frühen 20. Jh. als Entertainment des Rotlichtmilieus Karriere. Dass ›ehrbare‹ türkische Frauen halbnackt tanzen, ist heute noch völlig unmöglich.

In der Grauzone zum Rotlichtmilieu stehen viele Bauchtanz-Nightclubs weiterhin. Anders die Berufstänzerinnen für die touristischen Shows, die ein modernes Selbstverständnis haben – sie arbeiten mit neuer Musik und sehen sich als Künstlerinnen im westlichen Verständnis. Und sie sind im Gegensatz zu den hartnäckigen europäischen Vorstellungen meist schlank und durchtrainiert.

Birgül hat inzwischen den Showteil beendet; es folgt die Publikumsanimation. Das gehört in der Türkei dazu wie der Tee zum Teppichverkauf. Birgül steigt reihum auf die Tische und tanzt zwischen Weingläsern und Gurkenstangen. Bei dieser Gelegenheit pflegten Gäste der Rotlichtetablissements den Damen Geldscheine in BH und Slip zu stecken; auch für Birgül gehört das zum Programm. Das Trinkgeld ist ihr eigentlicher Verdienst, denn das Restaurant bezahlt ihr nur wenig für den Auftritt. An diesem Abend ist eine Gruppe japanischer Touristen im Lokal. Als Birgül auf deren Tisch tanzt, will ihr eine der Frauen Geld in den BH stecken. Birgül animiert die Japanerin mitzumachen und holt sie auf die Bühne. Ungelenk versucht diese, mitzutanzen. Ein Türke kommt vor und steckt auch der Japanerin Geld in den Pullover – das Publikum rast.

Nach der Show, nur mit einem Frotteekleid über dem Kostüm bekleidet, eine große Tasche über der Schulter, kommt Birgül durch das Lokal. Ich spreche sie an und sage ihr, wie gut mir ihre Show gefallen hat und dass ich ein Interview mit ihr machen möchte. Sie sagt: »In 20 Minuten habe ich den nächsten Auftritt, aber wir können uns ja im Auto unterhalten.« Ich steige ein. Von Istanbuler Taxifahrern bin ich ja schon einiges gewohnt, aber gegen Birgül fahren die wie Anfänger. Für Birgül gibt es keine roten Ampeln oder Einbahnstraßen. Dabei erzählt sie: Drei bis vier Auftritte hat sie am Abend, jeden Tag. In den letzten Jahren ist sie gut ins Geschäft gekommen, Birgül Beray ist keine Unbekannte – Fernsehauftritte, Talkshows, Titelseiten. Trotzdem, sagt sie, hat sie als Künstlerin in der Türkei ein sehr geringes Ansehen. Für den Türken sei die Bauchtänzerin wie die Geliebte für eine Nacht. Deshalb hasst sie auch den Animationsteil, in dem ihre Intimsphäre überschritten wird.

Seit vier Jahren hat sie keinen Freund mehr, jedenfalls keinen, zu dem sie sich bekennt. In drei bis vier Jahren will sie mit dem Tanzen aufhören, heiraten und Kinder kriegen. Dann aber nur einen Ausländer, denn für einen Türken aus einer guten Familie ist es schlicht unmöglich, eine Bauchtänzerin zu heiraten.

von Detlef Moritz

Tanzen als erotische Kunst – der Oryantal

Orhan Pamuk und die türkische Literatur

Orhan Pamuk wurde als erster Literaturnobelpreisträger der Türkei bekannt. Die mystische Tradition der Sufi-Dichtung findet in seiner Erzählkunst ebenso Ausdruck wie der moderne europäische Roman.

Orhan Pamuk wurde am 7. Juni 1952 in Istanbul geboren und wuchs in bürgerlichen Verhältnissen im Viertel Nişantası nördlich des Bosporus auf. Er besuchte das englischsprachige Robert College und studierte anschließend, wie es die Familientradition vorsah, Architektur. Später wechselte er aber zum Journalismus und erwarb 1977 seinen Abschluss. Bereits mit sieben Jahren begann Pamuk intensiv zu malen und war fest davon überzeugt, später einmal Maler zu werden. Dieses künstlerische Schaffen gab er jedoch während des Studiums auf und entschied, sein Leben fortan dem Schriftstellerdasein zu widmen. Denn Malerei erschieb ihm zu dieser Zeit als Stummheit und durch das Schreiben konnte er seine Stimme erheben.

Orhan Pamuk reflektiert in seinen Werken das Identitätsproblem der türkischen Gesellschaft, das Hinundherdriften zwischen Orient und Okzident. Er vertritt einen Begriff von Kultur, dem das Wissen um Unterschiede und der Respekt ihnen gegenüber zugrunde liegt. Neben zahlreichen Auszeichnungen und Ehrendoktorwürden erhielt Orhan Pamuk 2005 den Friedenspreis des Deutschen Buchhandels und 2006 den Nobelpreis für Literatur. Da er durch sein Schreiben gegen den Nationalismus in der Türkei eher kritisch gesehen wird, nahmen viele Türken diese Ehrung als Affront des Westens gegen ihr Land wahr. Wie viele

Autoren vor ihm konnte auch Pamuk nicht der türkischen Justiz entkommen. In einem Interview äußerte er sich zu den Armenier-Pogromen während des Ersten Weltkriegs und wurde daraufhin wegen Beleidigung des Türkentums angeklagt. 2006 wurde das Verfahren jedoch eingestellt.

Literatur unter Kuratel

Die türkische Literatur des 20. Jh. trat vor allem durch die Repressalien, denen die Autoren seitens der türkischen Regierung ausgesetzt waren, ins westliche Bewusstsein. Kritische Äußerungen führten nicht nur zum Verbot der Bücher, sondern brachten die Schriftsteller auch zeitweise hinter Gitter, andere wurden des Landes verwiesen.

Nazım Hikmet (1902–1963) beispielsweise gilt als Begründer der modernen türkischen Lyrik. Seine Werke distanzieren sich von der osmanischen Versform und dem romantisierenden Orientalismus. Er trotzte dem Publikationsverbot, der Verfolgung, der Ausbürgerung und dem russischen Exil. Er starb in Moskau und wurde auch dort begraben. Erst am 6. Januar 2009 erhielt Nazım Hikmet posthum die türkische Staatsbürgerschaft zurück.

Auch **Aziz Nesin** (1915–1995), populärer Schriftsteller, Bühnenautor und vor allem hervorragender Satiriker, war immer wieder Repressalien seitens der türkischen Regierung ausgesetzt. In über 200 politischen Prozessen stand er vor Gericht, verbrachte mehrere Jahre im Gefängnis, überlebte zwei Mordanschläge und trotzte einer von der Regierung angedrohten Todesstrafe. In seinen zahlreichen Werken (viele wurden in mehr als 40 Sprachen übersetzt) verurteilte er immer wieder religiösen Fanatismus und übertriebenen Nationalismus.

Der bekannte Romancier **Yaşar Kemal** (* 1923) wurde im Dezember 2008 mit dem höchsten Kulturpreis der Türkei ausgezeichnet. Er überlegte länger, ob er ihn annehmen sollte, denn Yaşar Kemal, kurdischer Abstammung und regierungskritisch, verbrachte ebenfalls mehrere Jahre im türkischen Gefängnis. Aber er sieht in dem vom Staatspräsidenten verliehenen Preis ein Zeichen, dass »politische Standfestigkeit und der Kampf für Freiheit und Menschenrechte nicht länger ein Grund zur Ausgrenzung sind«.

Bücher von Orhan Pamuk

Viele Werke Orhan Pamuks spielen in Istanbul: In »Das schwarze Buch« (Hanser 1995), mit dem Pamuk den Durchbruch als Schriftsteller schaffte, verschmelzen Vergangenheit und Gegenwart im nächtlichen Istanbul. Neun Tage im Istanbul des Jahres 1591 erzählt der Kriminalroman »Rot ist mein Name« (Süddeutsche Zeitung, Bibliothek Bd. 52, 2007), der zugleich als ein Hohelied auf die osmanische Buchmalerei angesehen werden kann. »Istanbul. Erinnerungen an eine Stadt« (Hanser 2006) ist Pamuks Liebeserklärung an seine Heimatstadt. Die Geschichte des legendenumwobenen Istanbul verbindet Pamuk mit Plätzen und Menschen. »Der Blick aus meinem Fenster« (Hanser 2006) mit Erzählungen über Politik und Literatur ist eine weitere Liebeserklärung an die Stadt. Das Istanbul der 1970er-Jahre ist Ort einer unglücklichen Liebesgeschichte in »Das Museum der Unschuld« (Hanser 2008).

Crossing the Bridge – The Sound of Istanbul

Auf den Straßen und Dächern der Stadt, in einem Boot auf dem Bosporus, in den Studios und Clubs von Beyoğlu, in Hotels und einfachen Wohnungen – überall vibriert es. Die Hoffnungen, Probleme und Stimmungen der Istanbuler, das Gestern und Heute, die kulturelle Vielfalt – alles wird musikalisch eingefangen und verarbeitet. Und daraus ergibt sich ein ganz besonderes Porträt der Stadt.

Der deutsch-türkische Regisseur Fatih Akin war gemeinsam mit Alexander Hacke, dem Bassisten der Berliner Kultband Einstürzende Neubauten, in Istanbul unterwegs, um für den Soundtrack des preisgekrönten Dramas »Gegen die Wand« (2005) die passende Musik aufzunehmen. Die musikalische Vielfalt der Stadt faszinierte die beiden aber dermaßen, dass sie beschlossen, eine Dokumentation über die Musikszene Istanbuls zu drehen. Und dabei ist »Crossing The Bridge – The Sound of Istanbul« entstanden, ein faszinierendes musikalisches Porträt, das der Stadt am Bosporus ein Denkmal ganz besonderer Art setzt.

Ausgerüstet mit Aufnahmegeräten, Laptop und mehreren Festplatten durchstreifen Alexander Hacke und Fatih Akin die Straßen, Clubs und Studios von Istanbul. Es gelingt den beiden, die multikulturell beeinflussten Klänge der Stadt vom Straßenmusiker über ambitionierte Gruppen bis hin zum türkischen Megastar einzufangen. Bisweilen greift Hacke auch selbst zum Instrument, um gemeinsam mit den türkischen Musikern zu spielen und den Sound auf diese Weise aktiv zu erfahren.

Die türkische Musik kennt neben den bei uns vorherrschenden Zwei-, Drei- und Vier-Viertel-Takten auch den Fünf-Achtel-Takt. Der klingt für westliche Ohren zunächst etwas fremd, und vielleicht ist dies auch der Grund, weshalb Hacke die Zuschauer vorerst mit Rock- und Punkbands sowie Hip-Hoppern bekannt macht.

Die Rockszene

Erkin Koray, 1941 in Istanbul geboren, gilt als die Rocklegende der Türkei. Geprägt durch seine Mutter, die am Istanbuler Staatskonservatorium klassische westliche Musik unterrichtete und ihm auch selbst Klavierunterricht erteilte, lernte er während seiner Schulzeit die Rockmusik kennen und lieben. Da diese Musikrichtung zu seiner Zeit in der Türkei jedoch – gelinde gesagt – wenig populär war, stieß er immer wieder auf Schwierigkeiten. Koray produzierte daher seine Platten in den 1970er- und 80er-Jahren vorwiegend in Deutschland bei Firmen, die Musiker mit Migrationshintergrund unterstützten.

Istanbul rockt im Club Barfly

Erkin Koray war der Wegbereiter für eine neue Musikkultur in der Türkei, in die dann Gruppen wie Replikas und Duman einsteigen konnten. Mit alternativem Rock nach westlicher Manier, manchmal auch hartem Punkrock, vertonen die Musiker politische Ereignisse, aber auch bekannte Volkslieder – immer in türkischer Sprache. Diese Szene ist in den Kellerbars und Kneipen der Seitenstraßen von Beyoğlu zu Hause.

Hip-Hop und Rap

Die Hip-Hop-Szene hat sich erst vor wenigen Jahren in der Türkei etabliert. Türkische Migrantenjugendliche begannen zuerst in Deutschland in ihrer Muttersprache zu rappen, bevor die Welle nach Istanbul überschwappte.

Der im asiatischen Stadtteil Kadıköy beheimatete Rapper **Ceza** gilt mittlerweile als die türkische Antwort auf Eminem. Allerdings distanzieren sich die Istanbuler HipHopper in ihren Texten bewusst vom amerikanischen ›Gangsta Rap‹ und rappen über ihren Alltag und ihre ganz persönlichen Vorstellungen von Freundschaft.

Traditionelles Liedgut

Eine andere Facette der Istanbuler Musikszene zeigen Hacke und Akin in ihrer Dokumentation mit **Brenna MacCrimmon,** einer Kanadierin, die inzwischen auch in der Stadt am Bosporus zuhause ist. Seit den späten 1980er-Jahren hat sie intensiv die traditionelle Volksmusik des Balkans und der Türkei studiert und die *bağlama* (Langhalslaute) erlernt. Sie entdeckte fast vergessene Volkslieder und verhalf diesen wieder zu mehr Popularität.

Ein Mitglied ihrer Band, der bekannte Flötist und Roma **Selim Sesler,** nahm Alexander Hacke bei seiner Odyssee durch die städtische Musikszene mit in seinen Heimatort westlich von Istanbul. Dort erlebte Hacke bei einer Jam-Session in einer Kneipe den musikalischen Einfluss der Roma innerhalb der türkischen Folklore. Nach dem Wetttrinken, einem elementaren Bestandteil der Session, erreichten die Musiker ungeahnte Höhen bei der Darbietung ihrer Künste auf Klarinette und der Saz-Laute.

Eine weitere Facette innerhalb der türkischen Folkloremusik stellt die kurdische Sängerin **Aynur Doğan** dar. Sie musste sich jahrzehntelang mit massiven Widerständen während ihrer Auftritte und politischer Verfolgung auseinandersetzen. Erst seit wenigen Jahren ist es überhaupt möglich, Lieder in kurdischer Sprache öffentlich über Rundfunk und Fernsehen zu senden.

Die Megastars

Bevor Alexander Hacke dem Publikum die großen wegweisenden Megastars der Istanbuler Musikszene vorstellt, sucht er zunächst die Gruppe **Siyasiya** auf. Fern von Tonstudios und Plattenlabels, fern des kommerziellen Weges werben die Straßenmusiker für mehr Toleranz im multikulturellen und auch im gesellschaftlichen Bereich.

Ganz anders **Orhan Gencebay.** Die türkische Musik- und Filmikone steht seit Jahrzehnten ganz oben in der Gunst des Publikums. Er fügte der Arabeske, die arabischen Ursprungs ist und seit den 1940er-Jahren in der Türkei sehr beliebt war, türkische Folklore-Elemente und angloamerikanische Rhythmen bei. Die meist traditionellen Lieder, deren Texte von Alltagssorgen,

Liebe und Leid handeln, hört man seit fast 40 Jahren auch heute noch in vielen Taxis und Basarläden.

Seit vielen Jahren sehr erfolgreich ist auch **Sezen Aksu**, die Diva unter den Songschreibern, die »Stimme Istanbuls«, wie man sie auch genannt hat. Mit ihren sozialkritischen Texten ist für sie vor allem die Völkerverständigung, speziell die Aussöhnung zwischen Türken und Griechen, Armeniern und Kurden, ein großes Thema, aber sie ist auch für ihre sehr erfolgreiche Popmusik berühmt. Viele der türkischen Beiträge zum Eurovision Song Contest stammen aus ihrer Feder. Sezen Aksu schrieb auch Songs für den international bekannten **Tarkan** und entdeckte neue Pop-Größen wie **Sertap Erener** (Gewinnerin des Eurovision Song Contest 2003 in Riga) oder **Hande Yener** und schreibt deren Lieder.

Eine Brücke über diese verschiedenen Musikrichtungen, die alle ein Teil Istanbuls sind, schlägt Alexander Hacke mit der Gruppe **Baba Zula**. Da sie gerade ohne Bassisten war, nahm Hacke diesen Platz ein und erfuhr am eigenen Leib den Sound der psychedelischen Folkband …

Spontanparty in Kumkapı auf der Straße, ein paar Musiker sind immer dabei

Unterwegs in Istanbul

Blick von der Empore der Hagia Sophia

Das Beste auf einen Blick

Sultanahmet

Highlights !

Hagia Sophia: Die Kirche der göttlichen Weisheit ist das prominenteste Bauwerk der Stadt. **1** S. 110

Topkapı Sarayı: Die ehemalige Machtzentrale des osmanischen Reiches ist heute eins der größten und eindrucksvollsten Museen der Welt. **3** S. 118

Sultan Ahmet Camii (Blaue Moschee): Das berühmteste osmanische Gotteshaus Istanbuls tritt in sichtbare Konkurrenz zur Hagia Sophia. **17** S. 145

Auf Entdeckungstour

Die Mosaiken der Hagia Sophia: Die Stiftermosaiken erlauben einen Einblick in das Leben der Kaiserfamilien und in den Wandel des künstlerischen Schaffens in byzantinischer Zeit. S. 114

Der Harem – die Welt hinter dem Schleier: Im Harem, den Privatgemächern des Sultans, lebten, liebten und starben über vier Jahrhunderte die Frauen der Sultane. S. 126

Yerebatan Sarayı – der ›Versunkene Palast‹: Unterirdische Wasserspeicher bauten die Byzantiner über das ganze Stadtgebiet verteilt. Mit ihrem im Wasser stehenden Säulenwald gleicht die Basilika-Zisterne einem ›Versunkenen Palast‹, wie sie die Türken nennen. S. 138

Kultur & Sehenswertes

Archäologisches Museum: Einzigartig – die Sarkophage von Sidon mit dem berühmten Alexandersarkophag. 6 S. 133

Türk ve Islam Eserleri Müzesi: Neben der bedeutenden Sammlung kunsthandwerklicher Stücke erzählen Schauräume sehr bildhaft von der türkischen Lebensweise von der Nomadenzeit bis ins 20. Jh. 16 S. 143

Mosaik Müzesi: Die faszinierenden Mosaike lassen erahnen, wie luxuriös einst die Wohnräume der Kaiser ausgestattet waren. 20 S. 149

Aktiv & Kreativ

Zeichnen, formen, marmorieren: Traditionelles türkisches Kunsthandwerk kann in Workshops der Caferağa Medresesi erlernt werden. 1 S. 152

Genießen & Atmosphäre

Skulpturengarten des Archäologischen Museums: Im Schatten zwischen Sarkophagen, Säulen und Kapitellen lässt sich gut über die Prunkstücke der Sammlungen diskutieren oder einfach nur relaxen. S. 130

Setüstü Çay Bahçesi: Stundenlang mag man im Teegarten an der nordöstlichen Spitze des Gülhane Parkı sitzen und dem Schiffsverkehr zusehen. 2 S. 134

Abends & Nachts

Rami: Einfach herrlich, der Blick von der Dachterrasse auf die Sound & Light Show der Sultan Ahmet Camii, und das bei traditioneller türkischer Küche. 5 S. 148, 151

Im alten Zentrum der Macht

Der Landzipfel mit seinem wunderbaren Blick über den Bosporus und das Marmarameer war viele Jahrhunderte lang das religiöse und politische Zentrum der byzantinischen und osmanischen Metropole. Kaiserrivalitäten und Bildersturm, Haremsintrigen und politische Massenmorde – all das hat dieses Stück Erde schon gesehen.

Heute mutet das Gründungsgebiet der Stadt, die alte Akropolis, wie ein großes Freilichtmuseum an. Inmitten reizvoller Parkanlagen erinnern eindrucksvolle Bauten – allen voran die Hagia Sophia, die neben dem Petersdom in Rom die ehrwürdigste Kirche der Christenheit – an die große, über tausendjährige Epoche, als Konstantinopel Hauptstadt des Römischen Reiches war. Die Hohe Pforte (der Regierungssitz des Osmanischen Reiches), die Sultansresidenz Topkapı Sarayı, die prachtvolle Sultan Ahmet Camii (Blaue Moschee) und der weiträumige Platz At Meydanı, das antike Hippodrom, berichten über weitere 500 Jahre glorreicher Herrschaft bis zum Verfall des Osmanischen Reiches.

Hagia Sophia ! (Ayasofya Müzesi)

Tramvay Sultanahmet, Di–So 9.30–16.30, im Sommer 9–19 Uhr, Eintritt 20 TL, S. 54

Inmitten reizvoller Parkanlagen erhebt sich, umgeben von der Hohen Pforte (dem Regierungssitz des Osmanischen Reiches), der Sultansresidenz Topkapı Sarayı, der prachtvollen Sultan Ahmet Camii und dem weiträumigen Platz At Meydanı, dem antiken Hippodrom, der gewaltige Bau der Hagia Sophia.

Von der Kirche zum Museum
Am 26. Dezember 537 wurde die Hagia Sophia, die ›Kirche der göttlichen Weisheit‹, durch Kaiser Justinianus geweiht. »In unaussprechlicher Schönheit bietet sie sich dar«, schrieb der byzantinische Historiker Prokopios, ein Zeitgenosse Justinianus'. »Denn Glanz und Harmonie der Maße schmücken sie, kein Zuviel und kein Zuwenig ist an ihr festzuhalten, da sie prunkvoller als das Gewohnte und zuchtvoller als das Maßlose ist ...« Fast ein Jahrtausend diente die Hagia Sophia als Hauptkirche Konstantinopels. Nach der türkischen Eroberung 1453 wurde sie fünf Jahrhunderte als Moschee (Ayasofya

Infobox

Reisekarte: ▶ H 7–K 6

Information
Sultan Ahmet Turizm Danışma am Nordende des Hippodroms, Divanyolu Cad. 3, tgl. 9–17 Uhr.

Planung/Routenverlauf
Die Besichtigung von Sultanahmet mit den drei Highlights ist nicht an einem Tag zu schaffen. Zwei bis drei Tage sollten Sie auf jeden Fall einplanen. Die zwei Highlights Hagia Sophia und Topkapı Sarayı (hier kann man sich gut einen ganzen Tag aufhalten) sind vorangestellt. Anschließend führt ein Weg rund um das alte Palastareal bis hinunter zum Marmarameer.

Die Hagia Sophia

Hagia Sophia, Grundriss

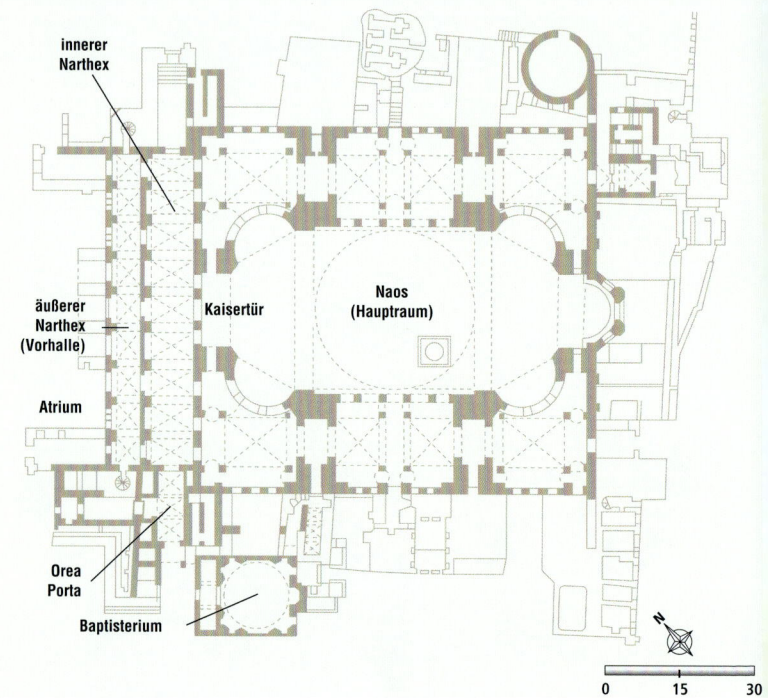

Camii) genutzt, bis Kemal Atatürk sie 1934 in ein Museum umwandelte.

Die Hagia Sophia besaß zwei Vorgängerbauten gleichen Namens. Der erste, im Jahr 360 vollendet, ging 404 in Flammen auf. Über Größe und Aussehen dieser Kirche ist nicht viel bekannt. Der Neubau, eine fünfschiffige Basilika, war bereits 415 unter Theodosius II. (408–450) fertiggestellt. Westlich schloss ein Atrium mit einer Säulenstraße an, die auf einer Länge von 66 m nachgewiesen werden konnte. Neben dem heutigen Eingang sind die Stufen der theodosianischen Vorhalle *in situ* zu sehen sowie Fragmente eines Lämmerfrieses. Weitere Bauglieder dieser Kolonnade liegen verstreut im Garten vor der Hagia Sophia. Auch der theodosianische Bau wurde durch einen Brand zerstört, diesmal während des großen Nika-Aufstands im Jahr 532 (S. 141).

Nachdem er den Aufstand niedergeschlagen hatte, beauftragte Kaiser Justinianus (527–565) die Architekten Anthemios von Tralles und Isidoros von Milet mit dem Neubau der Kirche, bereits fünf Jahre später wurde sie geweiht. Bei ihrem Anblick soll Justinianus begeistert gerufen haben: »Salomon, ich habe dich übertroffen!« Schöner, größer und prächtiger als Salomons Tempel in Jerusalem erhob sich die neue Hagia Sophia der Christenheit! Doch nur zwei Jahrzehnte darauf

Hagia Sophia

stürzte ein Teil der Kuppel bei einem Erdbeben ein; Justinianus übertrug einem Neffen des Isidoros von Milet den Wiederaufbau. Nun wurden die Pfeiler verstärkt und die Kuppel um 6 m höher gewölbt, damit die Schubkräfte mehr nach unten als (wie zuvor) nach außen wirkten. Dieser Bau hat im Wesentlichen bis heute Bestand.

Im Inneren der Hagia Sophia

Nach Passage der Sicherheitsschleuse betritt man den Bau durch die mittlere der drei Türen der äußeren Vorhalle, in der Byzantinistik Narthex genannt. Die Ausstattung des **inneren Narthex** mit schön geäderten Marmorplatten und flächendeckenden ornamentalen Goldmosaiken ist gut erhalten.

Neun Türen trennen diese Vorhalle vom Kirchenraum. Die mittlere und größte, die ›**Kaisertür**‹, bewahrt noch den ursprünglichen Türsturz aus Messing. In dessen Mitte sieht man im Relief einen Stuhl mit aufgeschlagenem Buch, das ein gekürztes Zitat aus dem Johannesevangelium (10. Kapitel, Vers 9) wiedergibt (»Wer durch mich hineingeht, wird gerettet werden.«), und eine herabstoßende Taube, den Heiligen Geist, unter einer Bogenarchitektur. Das Mosaikfeld oberhalb der Kaisertür zeigt den thronenden und segnenden Christus, auf dem Knie ein aufgeschlagenes Buch mit den Worten »Friede sei mit euch. Ich bin das Licht der Welt«. Vor ihm kniet als Stifter Kaiser Leo VI. (886–912).

Erst im **Innenraum** wird die von Prokopios gewürdigte »unaussprechliche Schönheit« der Kirche deutlich. Vier gewaltige, asymmetrische Pfeiler, die durch ihre Einbindung in die Seitenräume und in die Säulenarkaden kaum in Erscheinung treten, bilden das Kuppelquadrat von etwa 31 m Seitenlänge. Weit gespannte Bogen verbinden die Pfeiler; darüber erhebt sich die gewaltige Kuppel mit einer Scheitelhöhe von 56,2 m über dem Boden.

Die Illusion des Schwebens – »sie scheint ... als goldene Kuppel am Himmel zu hängen«, schrieb Prokopios – rufen vor allem die 40 hell strahlenden Fenster am unteren Kuppelrand hervor. In der jüdisch-christlichen Tradition hat die Zahl 40 große Bedeutung: 40 Tage währte die Sintflut, 40 Tage verweilte Moses auf dem Berg Sinai, 40 Tage dauerte die Wüstenwanderung des Volkes Israel von Ägypten ins gelobte Land, 40 Tage fastete Jesus und 40 Tage liegen zwischen Ostern und Himmelfahrt. Diese Zahl versinnbildlicht Wende und Neubeginn.

Mein Tipp

Augenlicht und Manneskraft
Im Seitenschiff gleich links vom Eingang steht die ›**Schwitzende Säule**‹, deren Marmor sich stets etwas feucht anfühlt. Seit byzantinischer Zeit berühren Gläubige immer wieder diese Säule des heiligen Gregorios Thaumaturgos, denn ihr wird große Heilkraft bei Augenleiden und Impotenz zugeschrieben.

Säulenarkaden trennen die Seitenschiffe vom großen Kuppelraum. Sie tragen eine Galerie, die an der südöstlichen Seite bis zur Apsis vorgezogen ist. Schildbogen mit je zwölf Fenstern begrenzen den Raum. Deren Lichteinfall beherrscht die Kirche, in der der architektonische Gedanke eines Zentralbaus in Verbindung mit einem Langhaus verwirklicht wurde.

Zwischen den Pfeilern sind monolithische Säulen aus verschiedenfarbi-

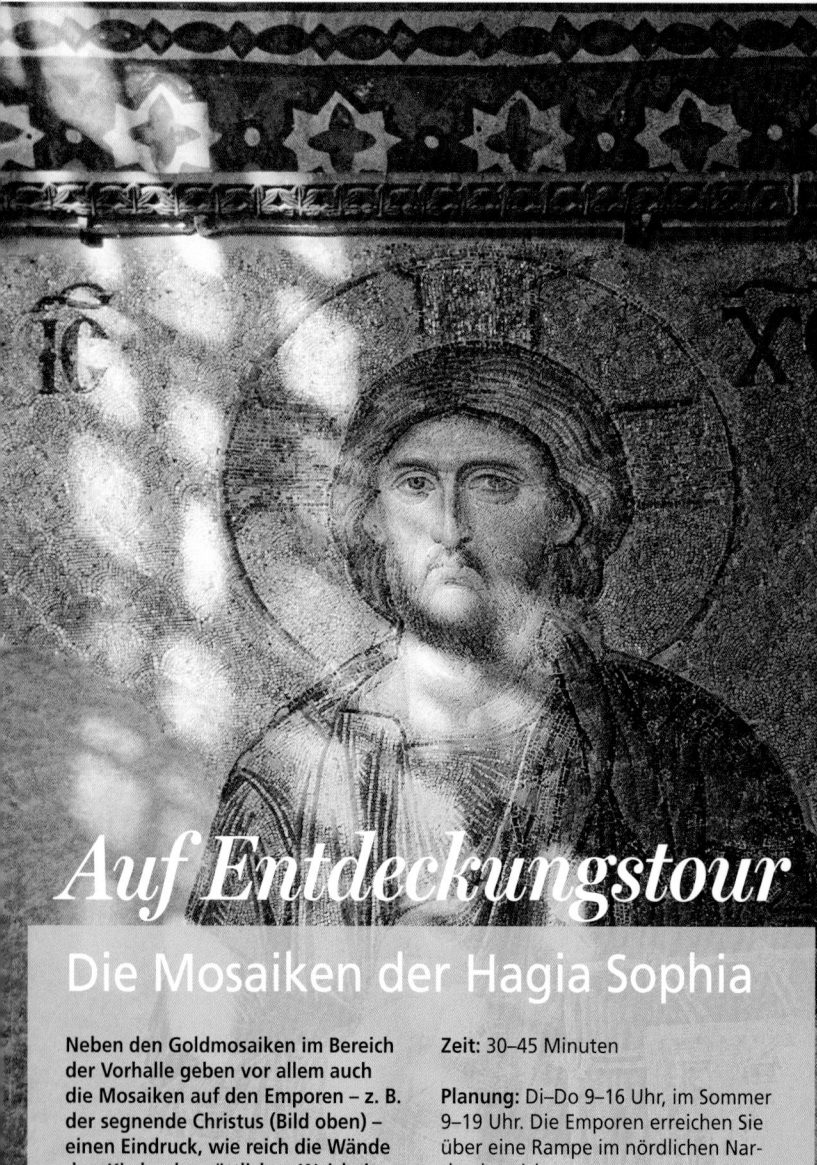

Auf Entdeckungstour

Die Mosaiken der Hagia Sophia

Neben den Goldmosaiken im Bereich der Vorhalle geben vor allem auch die Mosaiken auf den Emporen – z. B. der segnende Christus (Bild oben) – einen Eindruck, wie reich die Wände der ›Kirche der göttlichen Weisheit‹ einst geschmückt waren.

Zeit: 30–45 Minuten

Planung: Di–Do 9–16 Uhr, im Sommer 9–19 Uhr. Die Emporen erreichen Sie über eine Rampe im nördlichen Narthexbereich.

Antonoius von Nowgorod, ein Pilger, der um 1200 die Hagia Sophia besuchte, berichtete, er habe auf den Emporen die Bildnisse aller Kaiser und Patriarchen von Konstantinopel gesehen. Derartige Galerien sind auch für andere Kirchen überliefert, die Anlässe ihrer Entstehung allerdings unbekannt. Hier in der Hagia Sophia blieben drei zeitgenössische Kaiserdarstellungen erhalten, die die ursprünglich reiche Ausschmückung des Gotteshauses erahnen lassen.

Alexandros-Mosaik

Die Ostseite des nordwestlichen Hauptpfeilers der Nordempore trägt das älteste Mosaik auf den Emporen. Kaiser Alexandros ist im vollen Zeremonialornat dargestellt, d. h. mit dem langen Kaisergewand, dem Dibetestion, dessen Saum und Ärmel reich bestickt sind, dem ebenfalls mit Diamanten bestickten Loros (Überhang), roten Stiefeln und einer roten Krone. Alexandros regierte seit 895 als Mitkaiser seines Bruders Leo VI., tat sich aber mehr als Lebemann denn als Regent hervor. Nach Leos Tod übernahm Alexandros im Jahr 912 die Alleinherrschaft. 13 Monate später jedoch verstarb auch er infolge von Trunkenheit bei einem Polospiel.

Das Mosaik muss in der kurzen Zeit seiner Regentschaft entstanden sein. Die vier umgebenden Medaillons tragen die Inschrift: »Gott, hilf deinem Diener, dem rechtgläubigen und getreuen Kaiser Alexander.«

Auf dem Weg zur Südempore lohnt ein Blick hinab in den großartigen Zentralraum der Hagia Sophia. Eine marmorne Schranke mit kunstvoll gearbeiteten Scheintüren trennt den Südtrakt von dem übrigen Bereich der Empore. Datierung und Zweck sind nicht bekannt. Wahrscheinlich dienten die isolierten Räumlichkeiten den Synodalen oder der Kaiserfamilie.

Stiftermosaiken

Das zeitlich folgende Mosaik befindet sich an der Ostwand der Südempore. Das Kaiserpaar, Konstantin IX. Monomachos (reg. 1042–1055) und Zoë (geb. 980, gest. 1050), steht zu Seiten des thronenden Christus. Dieser hat seine rechte Hand segnend erhoben und hält in der linken das prachtvoll mit Gold und Edelsteinen eingebundene Evangelium. Der Kaiser überbringt einen großen Beutel mit Goldstücken, das ›Apokombion‹, die Kaiserin Zoë die dazugehörige Schenkungsurkunde.

Es fällt auf, dass die Köpfe des Kaiserpaares und die Inschriften über dem Kaiser und auf der Schriftrolle entfernt und wieder neu eingelegt wurden. Zoë, die Tochter Konstantins VIII., war nämlich dreimal verheiratet. Zuerst bestieg sie den Thron mit dem älteren Senator Romanos III. Argyros (1028–1034), der ihre Liebschaften tolerierte. Nach dessen Tod, an dem sie nicht ganz unschuldig war, heiratete sie ihren Kammerdiener (Michael IV., 1034–1041), und zum Schluss ehelichte sie den im Mosaik abgebildeten Konstantin IX. Monomachos. Dies erklärt die mehrfache Änderung der Porträts und der Inschriften. Auch das Bild der Zoë wurde verändert, denn im Jahr 1042 versuchte Michaels Neffe den Thron zu übernehmen und verbannte die Kaiserin – allerdings nur für kurze Zeit. Sie wird auf dem Mosaik in ihrer häufig gerühmten jugendlichen Schönheit dargestellt, obwohl sie bei ihrer dritten Heirat immerhin über 60 war.

Das rechts anschließende Komnenen-Mosaik gleicht der vorherigen Darstellung, doch ist die Christusgestalt hier durch die Gottesmutter mit dem segnenden Christuskind ersetzt.

Johannes II. Komnenos (1118–1143) und seine blonde Frau Eirene, Tochter des Ungarnkönigs Ladislaus, überbringen diesmal das Apokombion mit der dazugehörigen Schenkungsurkunde. Rechts an dem vorspringenden Pilaster steht ihr ältester Sohn Alexios, der 1122 zum Mitkaiser gekrönt und in das Mosaik eingebunden wurde.

Auffallend ist die sehr schemenhafte Darstellung der Abgebildeten. Während sich im vorherigen Mosaik Zoë und Konstantin leicht zum segnenden Christus wenden, ist das Kaiserpaar in diesem Mosaik zwar wesentlich feiner, aber dafür ganz frontal wiedergegeben. Nur die Augen von Johannes II. Komnenos und Eirene blicken zum Christuskind.

Große Deesis

Das dritte, späteste und bei weitem großartigste Mosaik im Mittelraum der Südempore zeigt die Große Deesis (Fürbitt-Bild). Es sind leider nur die Köpfe mit einem Teil des Oberkörpers erhalten. Maria und Johannes Prodromos (›der Vorläufer‹ [von Christus] = der Täufer) stehen mit gesenkten Häuptern als Fürbitter zu Seiten des segnenden Christus, des Weltenrichters. Auf schuppenartig angelegtem Goldgrundmosaik wirken die Gestalten mit ihren feinen Farbabstufungen und der Schattengebung fast wie gemalt. Leiderfahrung und Heilsgewissheit spiegeln sich in den vergeistigten Gesichtern von Maria und Jesus. Das Mosaik ist wohl in die frühe Palaiologenzeit, kurz nach 1261, zu datieren.

Gegenüber vom Deesis-Mosaik ist am Boden die Grabplatte des venezianischen Dogen Henricus Dandolo (1107–1205) eingelassen. Er war der Anführer des vierten Kreuzzuges gegen Konstantinopel, der 1204 mit der Plünderung der Stadt sein Ende fand.

Mosaiken im Hauptraum

Von der Empore rücken die Mosaiken im Hauptraum ein kleines Stück näher. Im unteren Bereich der Schildwände, die den Kuppelraum nach Norden und Süden gerade abschließen, sind jeweils sieben Blendnischen eingelassen, die ursprünglich mit Mosaikdarstellungen bedeutender Kirchenväter aus dem 9. Jh. geschmückt waren. Die meisten fielen dem Erdbeben von 1894 zum Opfer, doch an der nördlichen Hochwand blieben drei Bilder erhalten: Ignatios Neos, Patriarch von Konstantinopel (847–858 und 867–877), Johannes Chrysostomos (398–404) und Ignatios Theophoros, ein Märtyrer unter Kaiser Trajan.

Die Pendentifs der großen Kuppel tragen Darstellungen von sechsflügeligen Engelswesen, den Seraphim. Es sind nur die beiden östlichen im ursprünglichen Mosaikschmuck erhalten, die westlichen sind gemalte Nachbildungen aus dem 19. Jh. Ovale Stucksterne verbergen ihre Gesichter. Die Seraphim rahmten eine Darstellung des Pantokrators, des thronenden Christus, im Zentrum der Kuppel, die heute durch eine Koraninschrift ersetzt ist. Nach historischen Quellen zierte in der Zeit des Bilderstreits ein Goldgrundmosaik mit Kreuzornament den Kuppelscheitel.

Die Apsismosaiken scheinen zur frühesten nachikonoklastischen Bildausstattung der Kirche zu gehören. Im Kuppelhalbrund thront die Gottesmutter mit dem segnenden Christuskind auf dem Schoß. Zu ihren Seiten, im Bema-Gewölbe, erscheinen die Engel Gabriel und Michael.

Über die Rampe oder ein weiteres Treppenhaus am östlichen Ende der Nordempore geht es wieder hinab in den Narthex bzw. Hauptraum der Kirche.

Hagia Sophia

gem Marmor eingezogen. Nach schriftlichen Quellen sollen die acht Verde-antico-Säulen (aus grünem Marmor) zwischen den Kuppelpfeilern vom Artemis-Tempel in Ephesos, einem der Sieben Weltwunder, stammen und die je zwei Porphyrsäulen in den Eckapsiden aus dem Jupitertempel von Baalbek (Libanon). Ihre proportional genaue Einpassung in den Bau und das Fehlen entsprechender archäologischer Zeugnisse in den genannten Städten erlauben aber die Vermutung, dass die Säulen eigens für die Hagia Sophia hergestellt wurden. Durch diese Überlieferung sollte wohl der Sieg des Christentums über die heidnischen Kulte propagiert und der Weltreichsgedanke untermauert werden.

Nahe dem südöstlichen Vierungspfeiler befindet sich ein **Bodenmosaik** in Opus-sectile-Technik. Schwarze, rote und grüne Steinscheiben schmücken das etwa 6 m^2 große Stück. Wahrscheinlich handelt es sich um das berühmte Omphalion, auf dem der Kaiserthron während der Krönungszeremonien stand.

Die türkischen Veränderungen im Inneren der Kirche bezogen sich hauptsächlich auf kultische Notwendigkeiten. Sultan Süleyman I. (1520–1566) etwa stiftete den in der Hauptapsis nach Mekka ausgerichteten Mihrab. Der Minbar (türk. *mimber*) rechts vor der Apsis ist ein Geschenk Murats III. (1574–1595). Diesem sind auch die zwei großen Alabastervasen aus Pergamon neben der Kaisertür zu verdanken. Sie fassen je 1250 l und dienten als Reinigungsbrunnen. Die acht an den Pfeilern hängenden Rundschilde ersetzten im 19. Jh. die älteren des Kalligraphen Tekneci Hattat Ibrahim (um 1678). Neben Allah und Mohammed sind die Namen der Kalifen Abu Bekr, Othman, Husein, Hasan, Ali und Omar aufgezeichnet. Die von kleinen Säulen getragene Sultanstribüne links der Apsis stammt aus der Zeit Ahmets III. (1703–1730).

Heute werden die Besucherscharen durch die **Porta Orea**, die ›Schöne Tür‹, an der Südseite der inneren Vorhalle wieder hinausgeleitet. Oberhalb dieser Tür ist ein Widmungsmosaik (10. Jh.?) eingelassen: Die thronende Gottesmutter, als Schutzherrin der Stadt, mit dem Christuskind auf dem Schoß, empfängt zwei Kaiser. Rechts bringt ihr Konstantin der Große die Stadt dar, links reicht ihr Justinianus die Hagia Sophia.

Garten der Hagia Sophia

Die Osmanen fügten der Kirche vier Minarette hinzu, deren westliche zwei vom berühmten Baumeister Mimar Sinan (1491–1587) stammen. Das **Baptisterium** rechts neben dem Südeingang, ein überkuppeltes Nischenoktogon mit Vorhalle aus justinianischer Zeit, dient als Türbe für Mustafa I. (gest. 1638) und İbrahim I. (gest. 1648). Vier weitere Türben befinden sich im Vorgarten der Moschee. An weiteren Außenbauten sind noch der **Şadırvan** mit weit vorgezogenem Dach aus dem 18. Jh., das nördlich der Moschee liegende **İmaret** des 15. Jh. und ein überkuppelter Rundbau an der nordöstlichen Ecke der Kirche zu nennen. Dieser stammt noch aus der Zeit Konstantios' II. (337–361) und war das Skeuophylakion, die Schatzkammer der Hagia Sophia.

Brunnen Ahmets III. [2]

An der Bab-ı-Hümayun Caddesi hinter der Hagia Sophia, direkt vor dem Eingang zum ersten Hof des Topkapı Sarayı, steht der **Ahmet III Çeşmesi**. 1728 ließ der Sultan ihn im Stil des türkischen Rokoko errichten. Fayencen, reliefierte Ornamente und Verse des Dichters Seyit Vehbi, die das Wasser des Brunnens rühmen und mit dem des

Hagia Sophia und Topkapı-Palast

Sehenswert
1. Hagia Sophia (Ayasofya Müzesi)
2. Ahmet III Çeşmesi
3. Topkapı Sarayı Müzesi (Topkapı Museum)
4. Aya İrini Kilise Müzesi (Hagia Eirene)
5. Eski Şark Eserleri Müzesi
6. Arkeoloji Müzesi (Archäologisches Museum)
7. Çinili Köşkü
8. Gotlar Sütunu (Gotensäule)
9. Atatürk Heykeli (Statue Kemal Atatürks)
10. Şepetçiler Köşkü
11. Bâb-i-Ali (Hohe Pforte)
12. Alay Köşkü
13. Caferağa Medresesi
14. Yerebatan Sarayı

Essen & Trinken
1. Konyalı Lokantası
2. Setüstü Çay Bahçesi
3. Restaurant Sarnıç

Einkaufen
1. Kunsthandwerksläden in der Caferağa Medresesi

Aktiv & Kreativ
1. Workshops des TKHV

Abends & Nachts
s. Plan Sultanahmet, S. 142

Paradieses vergleichen, überziehen großflächig die Wände dieses schönen Brunnenhauses.

Topkapı Sarayı ! (Topkapı-Palast)

Der Topkapı-Palast ist die ehemalige Machtzentrale des osmanischen Reichs. Hier residierte der Sultan, hier war das Lager der gefürchteten Janitscharen-Elitetruppen, hier lebten auch die Frauen und Kinder des Herrschers im Harem, einem abgeschlossenen Wohntrakt. Fast unverändert sind die Räumlichkeiten bis heute erhalten, und in zahlreichen Museen bewundert man die Schätze der Osmanenkaiser.

Der ›Serail‹ umfasste ursprünglich ein riesiges Gebiet von etwa 70 ha auf der strategisch wichtigen Landspitze vor dem Goldenen Horn. Um 1465 ließ Mehmet II. Fatih (1451–1481) eine mit 28 Türmen verstärkte Mauer um die Akropolis des alten Byzantion mit beidseitiger Anbindung an die Seemauer ziehen. In dem parkähnlichen Gelände wurden die Gebäude der Reichsverwaltung (Divan) und eine Schule zur Ausbildung ihrer höchsten Beamten untergebracht. Der Sultan selbst wohnte jedoch im Eski Saray ›Alter Palast‹, den Mehmet II. gleich nach Eroberung der Stadt auf dem Gebiet der heutigen Istanbul-Universität (S. 167) errichten ließ. Erst als ein großer Brand 1540/41 diesen Palast zerstörte, verlegte Süleyman der Prächtige den Harem in den Topkapı Sarayı.

Die Anlage des Palastes um vier hintereinander liegende Höfe geht noch auf Mehmet Fatih zurück. Alle Bauten waren ursprünglich aus Holz. Zahlreiche Pavillons mit offenen Loggien spiegelten alttürkische Traditionen wider, die Janitscharen des Sultans waren gar in einer großen Zeltstadt im ersten Hof untergebracht. Erst die großen Brände in den Jahren 1574 und 1665 zwangen die Architekten, diese Gebäude in Stein nachzubauen.

Der erste Hof beherbergte ein Hospital, Arsenale, die Münze und die Wirtschaftsgebäude des Palastes; er

> **Virtueller Besuch im Palast**
> Der Palast ist beim ersten Besuch immer ziemlich erschlagend und auch eher verwirrend. Zur Vorbereitung empfiehlt sich daher über die Website **www.topkapisarayi.gov.tr** mit zahlreichen Bildern und Plänen. So lässt sich der Palast schon vor der Reise virtuell besuchen.

war für jedermann frei zugänglich. Im zweiten Hof lagen die Räume der Reichsverwaltung. Ohne dienstliche Angelegenheit war kein Eintritt möglich. Außerdem beherbergte dieser Hof Küchen und Stallungen. Im dritten Hof wurden die Beamten ausgebildet, und der vierte diente allein der Entspannung des Sultans. Der Harem erhielt seine Gestalt unter den Sultanen Murat III. (1574–1595), Mehmet IV. (1648–1687) und Osman III. (1754–1757). Um die Mitte des 17. Jh., zur Blütezeit des Reiches, waren an die 40 000 Menschen auf dem Palastareal beschäftigt.

Der Topkapı Sarayı blieb die Residenz der Sultane, bis Abdülmecit 1853

Sultanahmet

Im Kubbe Altı, dem Ratssaal des Topkapı Sarayı, tagte der Staatsrat des Sultans

in den neu erbauten Dolmabahçe Sarayı (S. 239) umzog. Um 1900 wohnten nur noch einige alte Frauen des Harems in dieser Geisterstadt; seit 1924 ist der Topkapı Sarayı ein Museum. Seinen Namen, ›Kanonentor-Palast‹, erhielt der Saray übrigens nach einer Kanonenstellung am Tor der Seemauer auf der Landspitze.

Der erste Hof

Man betritt den ersten Hof, das äußere Saray-Gebiet, durch das **Bâb-i Hümayun** (›Tor des Reiches‹). Auf der rechten Seite blieb der Richtblock für die Würdenträger, die vom Sultan zum Tode verurteilt worden waren, erhalten. Rechts neben dem nächsten Tor, dem **Bâb-üs Selâm** (›Tor der Begrüßung‹, auch Orta Kapı, ›Mittleres Tor‹, genannt), ist der Cellat Çeşmesi (›Henkerbrunnen‹) in die Mauer eingelassen, an dem die Scharfrichter nach getaner Arbeit Schwert und Hände reinigten. Türen und Treppen in der großen Torkammer führen zu den Räumen der Wache und den Verliesen der zum Tode Verurteilten. Nur der Sultan durfte dieses Tor zu Pferd passieren.

Vor diesem Tor auf der rechten Seite sind die Verkaufsschalter für die Eintrittskarten.

Topkapı Saray Müzesi 3 (Topkapı-Museum)
Tramvay Sultanahmet, Mi–Mo 9–16 Uhr (im Sommer 9–19 Uhr), Harem 9.30–15.30 Uhr,
www.topkapisarayi.gov.tr,
Eintritt 20 TL, Harem 15 TL , S. 56

Topkapı Sarayı

Durch das Bâb-üs Selâm gelangt man in den engeren Palastbezirk um den zweiten, dritten und vierten Hof, heute das Topkapı Saray Müzesi. Nicht nur baugeschichtlich ist dieser größte erhaltene Palast der türkischen Profanarchitektur interessant, sondern auch durch die zahlreichen ausgestellten Objekte. Eine große Porzellansammlung, Miniaturen, Kalligraphien, Schmuck und Edelsteine aus dem Besitz der Sultane, alte Waffen und wunderschöne Textilien machen es zu einem der größten Museen der Welt.

Der zweite Hof

Strahlenförmig angeordnete, von Zypressen und Platanen gerahmte Wege erschließen den zweiten Hof. Zeitgenössische Quellen berichten, dass in diesem Hof Gazellen und Pfauen lebten und kleine Brunnen plätscherten, während bei Anwesenheit des Sultans Redeverbot herrschte. Links führt ein Tor in den **Hof der Beilträger** (Baltacılar), in dem einst die Leibwache des Sultans untergebracht war. An diesem Hof liegen die **Beşir Ağa Camii**, die Moschee eines Kommandanten der schwarzen Eunuchen aus dem 18. Jh., und der **Marstall**, in dem heute Zaumzeug und Kutschen ausgestellt sind. Durch das **Meyit Kapısı** (›Tor des Todes‹) im Süden wurden die Verstorbenen aus dem Palast gebracht.

Die Arkadenhalle vor dem Beilträger-Hof führt zum **Arabacılar Kapısı** (›Equipagentor‹), dem Eingang zum Harem (s. Entdeckungstour S. 126). Der 41 m hohe Turm der Gerechtigkeit gleich nebenan ist mit seinem achteckigen Kegeldach ein typisches Markzeichen des Palastes.

Davor liegt das **Kubbe Altı** (wörtl. ›unter der Kuppel‹), der Ratssaal, wo der Großwesir die Versammlungen des Divans (Staatsrates) leitete. Der erste Raum diente den Ratssitzungen, dort konnte der Sultan in einer Loge mit vergittertem Fenster oberhalb vom Sitz des Großwesirs unbemerkt den Versammlungen beiwohnen.

Rechts nebenan, in der Ecke des Hofes, befand sich **İç Hazine** (›Innere Kasse‹), die Finanzverwaltung des Reiches. Ihre Kellergewölbe dienten zur Aufbewahrung der Staatsschätze. Heute beherbergen diese Räume eine Waffensammlung.

Auf der Hofseite gegenüber sind die **Küchenquartiere** angeordnet. Die Rückseite der Arkadenhalle nehmen die Wohnungen der Köche und die Magazine ein. Jenseits des schmalen Ganges erstreckt sich der **Küchentrakt**. In zehn hintereinander liegenden Räumen, die eine zylindrische Bedachung

Topkapı-Palast

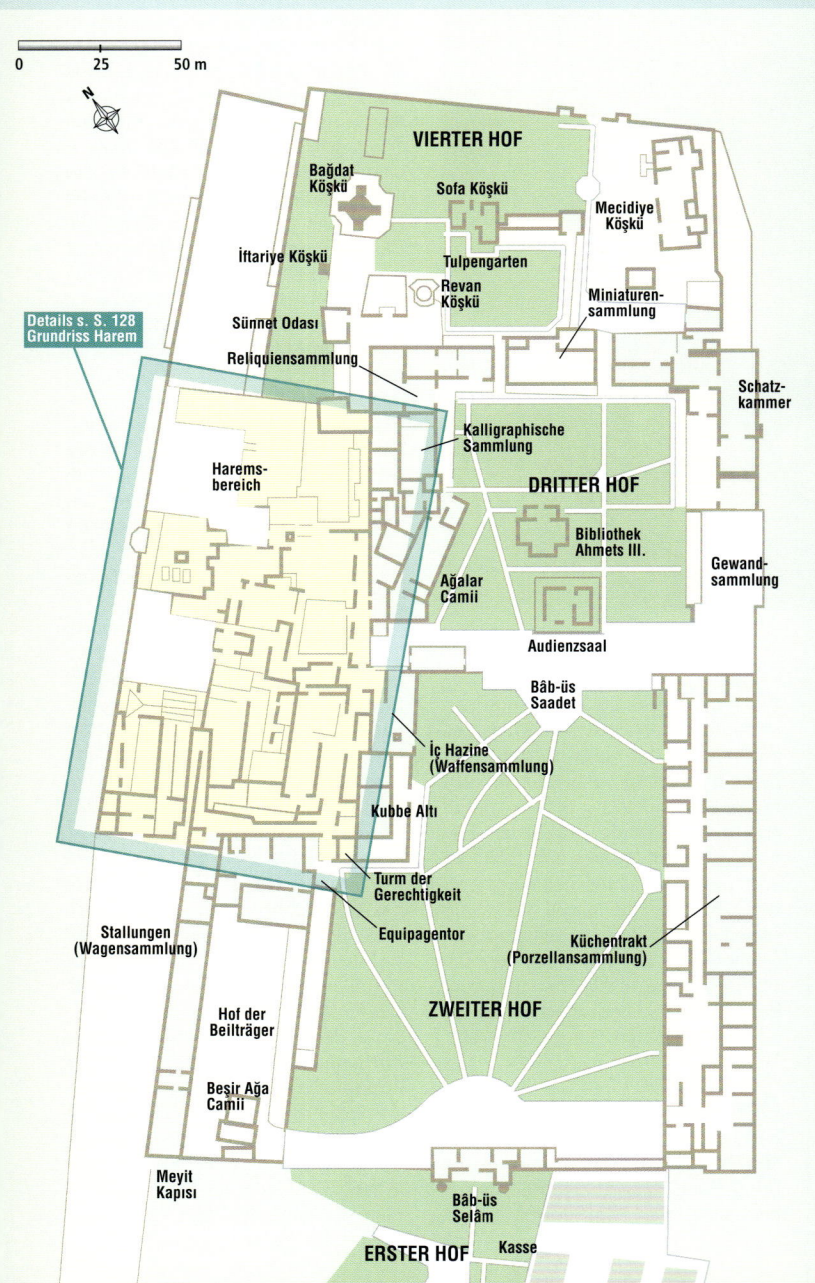

Topkapı Sarayı

mit auffälligen Schornsteinen und Lüftungsschächten besitzen, walteten zur Glanzzeit des Osmanischen Reiches 1200 Köche, die die erlesensten Speisen für den Sultan herrichteten. Heute beherbergt der Küchentrakt nach Peking und Dresden die größte Sammlung altchinesischen Porzellans der Welt, aber auch Keramik aus der osmanischen Welt und aus Europa.

Der dritte Hof

Das **Bâb-üs Saadet** (›Tor der Glückseligkeit‹) führt in den dritten Hof. Unter dem vorspringenden, von vier Säulen gestützten Dach fand die Inthronisation der Sultane statt, an Festtagen nahm der Padischah hier Glückwünsche entgegen. In den Flügeln rechts und links befanden sich die Wohnräume der weißen Eunuchen.

Direkt gegenüber vom Tor steht das **Arz Odası** (›Audienzzimmer‹) aus der Zeit Selims I. (1512–1520). Die Innenausstattung ist im 19. Jh. nach einem Brand vollkommen erneuert worden. Nur der Thron, der sich inschriftlich in das Jahr 1596 datieren lässt, und der vergoldete Kaminaufsatz im Hauptraum gehören zur ursprünglichen Ausstattung. In diesem Saal empfing der Sultan den Großwesir und andere Würdenträger, um ihnen seine Entscheidungen mitzuteilen. Auch die Gesandten fremder Herrscher wurden hier empfangen.

Der dritte Hof diente als Palastschule. Aus dem ganzen Reich wurden durch die *devşirme* (›Knabenlese‹) intelligente Jungen ausgewählt und hier von den weißen Eunuchen zu Ingenieuren, Beamten oder Bediensteten ausgebildet. Im Türkischen wurden sie als *ağa* (›hoher Herr‹) bezeichnet, davon leitet sich das Wort ›Page‹ ab. Viele von ihnen waren Kinder christlicher Familien. Ihr Eintrittsalter lag bei etwa zwölf Jahren, der Übertritt zum Islam war obligatorisch. Manche konnten in sehr hohe Ränge aufsteigen, zum Wesir oder wie Sinan zum Hofbaumeister.

Die **Ağalar Camii**, die Moschee der Pagen, nimmt den westlichen Bereich des Hofes ein. Ihre schräg gestellte Lage verdankt sie der Ausrichtung ihrer Kiblawand gen Osten. Heute dient sie als Saray-Bibliothek. 1718 entstand in der Mitte des Hofs, an der Stelle eines früheren Pavillons mit Wasserbrunnen, die **Bibliothek Ahmets III.**

Im **Seferli Koğusu**, der ersten Halle auf der rechten Hofseite, lebten die Pagen, die den Sultan auf seinen Reisen begleiteten. Der dreischiffigen Halle mit Tonnengewölbe ist eine Arkadenhalle mit byzantinischen Verde-antico-Säulen vorgelagert. Eine Sammlung reichverzierter Gewänder von Sultanen und Prinzen seit Mehmet Fatihs Zeiten ist hier ausgestellt.

Die Schatzkammer

Die anschließenden vier überkuppelten Säle mit einer vorgelagerten Säulenhalle dienten als Schatzkammer. Sie entstanden unter Beyazıt II., nachdem 1509 ein Erdbeben den früheren Pavillon Mehmets II. zerstört hatte. Zuerst fanden hier Audienzen statt, in den Gewölben darunter bewahrten die Sultane ihre Privatschätze. Selim I. bestimmte schließlich den ganzen Gebäudetrakt, trotz seiner reizvollen Lage am Abhang der Akropolis, zur Schatzkammer. Kriegsbeute, Geschenke, aber auch käuflich erworbene Gegenstände füllen die Räume. Neben den prachtvollen Thronen sind der mit Brillanten besetzte Spazierstock, ein Geschenk Wilhelms II. an Sultan Abdülhamit II. (erster Raum), und der durch die Krimi-Persiflage »Topkapi« (1964) mit Peter Ustinov und Maximilian Schell weltberühmt gewor-

Sultanahmet

dene Dolch aus dem 18. Jh. (zweiter Raum) zu erwähnen. Ursprünglich war der mit riesigen Smaragden besetzte Dolch als Geschenk für den Perser Nadir Schah gedacht. Als dieser jedoch bei einem Aufstand ums Leben kam, verblieb er im Besitz des Sultans.

Das an der Nordseite anschließende Gebäude, das **Hazine Koğusu,** beherbergte die Schatzkammerpagen. Heute ist dort die Museumsverwaltung untergebracht. Die Halle des **Kiler Koğusu** links vom Durchgang zum tiefer gelegenen vierten Hof bewohnten die Kommissariatspagen. Eine **Miniaturgemäldesammlung** zeigt Szenen des höfischen Lebens, der folgende Raum präsentiert kostbare Uhren.

Reliquiensammlung

Das **Hırka-i Saadet Dairesi** (›Saal des heiligen Mantels‹) in der Nordecke des Hofes bewahrt die heiligsten Reliquien des Islam. Selim I. brachte sie 1517 von seinem Ägyptenfeldzug nach Istanbul, als er die Mameluken besiegt und die Kalifenwürde auf das osmanische Sultanat übertragen hatte. Heute fordern viele Islamisten ihre Rückgabe nach Mekka, was aber politisch höchst umstritten ist, da es wohl unmittelbar zum Ausrufen eines erneuerten Kalifats führen würde.

Der Mantel des Propheten und die heilige Fahne, die stets bei den Feldzügen gegen Ungläubige mitgeführt wurden, sind in einem silbernen Schrein hinter vergitterten Türen verwahrt. Weitere Hinterlassenschaften Mohammeds wie Schwert und Siegel, Fußabdruck, Barthaar und ein Zahn, die Schwerter der ersten vier Kalifen Abu Bekr, Omar, Othman und Ali sowie der auf Gazellenleder geschriebene Koran des Kalifen Osman sind in Vitrinen ausgestellt.

Die Kammerpagen des Sultans, die oberste Klasse der Pagen, wohnten im **Has Oda Koğusu** nebenan. Heute ist dort eine **kalligraphische Sammlung** untergebracht.

Der vierte Hof

Der terrassenartig angelegte vierte Hof lässt die ursprüngliche Anlage zahlreicher offener Pavillons gut erkennen; hier befand sich auch der berühmte Tulpengarten Ahmets III. Linker Hand auf Höhe der Räume des heiligen Mantels steht der **Revan Köşkü.** Murat IV. ließ ihn zur Erinnerung an die Eroberung von Eriwan, der heutigen Hauptstadt Armeniens, im Jahr 1635 errichten.

Die anschließende Terrasse mit einem Wasserbassin wird im Osten durch eine L-förmig verlaufende **Wandelhalle** begrenzt, deren Säulen schöne frühosmanische Kapitelle und Basen schmücken. Der Engländer Thomas Dallam soll hier 1599 eine mechanische Orgel, ein Geschenk der Königin Elisabeth I. an Sultan Mehmet III., aufgestellt und gespielt haben.

In ihrer Verlängerung liegt das **Sünnet Odası,** der Beschneidungspavillon der osmanischen Prinzen. Sultan Ibrahim ließ ihn 1641 restaurieren. Die Eingangsfassade schmücken schöne Schmelzfarbenfliesen aus dem 16. Jh.

Auf vier dünnen Säulen erhebt sich am Rand der Terrasse das **İftariye,** ein goldglänzender Baldachin mit herrlichem Blick über das Goldene Horn. Sultan Ibrahim nahm hier das *iftar,* seine abendliche Mahlzeit im Fastenmonat Ramadan, ein.

Den Nordabschluss dieser Marmorterrasse bildet der prächtige **Bağdat Köşkü,** den Murat IV. 1638 nach der Eroberung Bagdads bauen ließ. Vier Iwane öffnen sich auf das Kuppeloktogon, drei Türen verbinden den Innenraum mit einer umlaufenden Säulen-

Topkapı-Palast

halle. Ein großer Bronzekamin verbirgt die vierte Wandseite. Innen ist der Pavillon mit Fliesentableaus, die Ranken über Vasen und Fabelhirschen zeigen, ausgeschmückt. Ihre Gestaltung folgt Vorbildern des 16. Jh., die technische Qualität ist jedoch nicht so gut. Perlmutt-Intarsien zieren die Türen.

Geht man die Treppe zwischen Bağdad Köşkü und Revan Köşkü hinunter, gelangt man in den ehemaligen **Tulpengarten Ahmets III.** (1703–1730). Zur Linken liegt das **Sofa Köşkü** (›Terrassenpavillon‹), der islamische und westliche Architekturformen vereint. An der Westecke steht der **Baş Lala Kulesi**, der noch zur ersten Bauphase unter Mehmet Fatih gehört.

Das **Mecidiye Köşkü** am westlichen Rand des vierten Hofes ist der jüngste Pavillon im Topkapı Sarayı. Sultan Abdülmecit I. ließ ihn 1840 in einem stark westlich orientierten Stil errichten. Das untere Stockwerk beherbergt heute das **Restaurant Konyalı Lokantası** [1] mit prächtiger Aussicht über den Bosporus. Das kleinere Gebäude südlich dieses Pavillons, **Esvap Odası**, diente als Umkleideraum für Audienzen. Die südliche Terrassenecke nimmt die kleine **Sofa Camii** ein, von Mahmut II. 1809 an der Stelle des Silahtar Ağa Köşkü (›Schwertbewahrerpavillon‹) errichtet.

Der Harem

Der Harem (arab. ›das Verbotene‹) wurde erst unter Süleyman dem Prächtigen (1520–1566) nach einem Brand im Alten Palast (Eski Saray) auf Bitten

Vom İftariye-Pavillon überschaut man das Goldene Horn

Auf Entdeckungstour

Der Harem – die Welt hinter dem Schleier

Geschichten von legendären Schönheiten, erbitterten Rivalitäten und bösartigen Intrigen umwehen die verschachtelten Gemäuer des Harems, der Privatgemächer des Sultans. Hier lebten, liebten und starben über vier Jahrhunderte die Frauen der Sultane.

Zeit: etwa 60 Minuten

Planung: Mi–Mo 9.30–15.30 Uhr, im Sommer 10–16.30 Uhr, Eintritt 15 TL, nur mit Führung. Der Eingang und auch der Ticketverkauf befinden sich im zweiten Hof beim Equipagentor, der Ausgang ist im dritten Hof.

In der verbotenen Stadt, von schwarzen Eunuchen streng bewacht, lebten die Frauen, Kinder und Sklavinnen des Sultans. Außer ihm hatten nur Händlerinnen manchmal Gelegenheit, die ›Welt hinter dem Schleier‹ zu betreten. Zeugnisse über das wirkliche Haremsleben sind dementsprechend rar.

Bei den schwarzen Eunuchen

Der Haremsrundgang beginnt beim Equipagentor im zweiten Hof, wo die Frauen im 19. Jh. die Kutsche bestiegen, wenn sie Ausfahrten in die Stadt machen wollten. Links neben dem Wachraum liegt die kleine **Mescit**, wo die schwarzen Eunuchen beteten. Am folgenden Hof lagen die **Quartiere der schwarzen Eunuchen:** An einem Gang mit türkis-grünem Fliesenschmuck erstrecken sich über drei Etagen die winzigen Schlafkammern. Auch die **Prinzenschule** und die **Gemächer des Kızlar Ağası**, des Obersten der schwarzen Eunuchen, sind vom Hof aus zugänglich. Der Kızlar Ağası (›Herr der Mädchen‹) war in der Regel der ehemalige Erzieher des amtierenden Herrschers und nach dem Sultan der mächtigste Mann im Palast. Die Eunuchen erfuhren häufig die intimsten Geheimnisse des Harems, sie hatten aber auch Zugang zur Außenwelt. Sie waren umgeben von schönen Frauen, doch ihrer Manneskraft hatte man sie beraubt. Unter den Eunuchen fanden sich die korruptesten Mitglieder der Palastgesellschaft und raffinierte Intriganten.

Durch das einst streng bewachte **Cümlü Kapısı** am Ende des Hofes betritt man die inneren Haremstrakte. Nach links führt hier ein schmaler Gang zum **Hof der Kadınefendi,** der Hauptfrauen des Sultans. Bad, Küche, ein gemeinsamer Schlafraum der Nebenfrauen und drei Wohnungen für die Kadınefendi sind darum angeordnet.

Die Odalisken

Die Frauen, Odalisken (›Frauen des Zimmers‹) genannt, kamen stets als Sklavinnen in den Harem, besonders begehrt waren solche aus Europa und Russland. Sie waren teils Geschenke von Statthaltern oder wurden von ärmeren Familien freiwillig in die Obhut des Harems gegeben. Die Eltern erhofften sich so gesicherte Lebensverhältnisse für ihre Töchter. Die Mädchen mussten eine harte Ausbildung in Palastetikette und islamischer Kultur absolvieren. Zimmer-, Küchen- und Wäschedienst waren obligatorisch. Die besonders begabten und schönen Odalisken lernten Tanzen, Musizieren, Gedichtrezitation und erotische Fertigkeiten. Einige von ihnen kamen danach in den Dienst des Sultans, servierten ihm das Essen, sorgten sich um seine Kleidung und konnten als Konkubine auserwählt werden. Andere traten in den Dienst der Sultansmutter, der Kadın (Hauptfrau des Sultans) oder des Obereunuchen.

Den höchsten Rang im Harem als Sultansmutter (Valide Sultan) konnte eine Odaliske erreichen, indem sie dem Sultan einen Sohn gebar und dafür sorgte, dass er den Thron besteigen konnte. Die Sultansmutter war die mächtigste Frau im Reich und hatte gemeinsam mit dem schwarzen Obereunuchen, der die Erziehung der Prinzen übernahm, enormen Einfluss auf das politische Geschehen im Land.

Die Gemächer der Sultane

Der Trakt der Valide Sultan schließt nördlich an den Hof der Kadınefendi an. Die Bäder der Valide und des Sultans liegen parallel zueinander am Übergang zum Sultanstrakt. Massage-, Umkleide- und Baderaum sind ganz aus weißem Marmor. Das Eisengitter im dritten Bereich des Bades

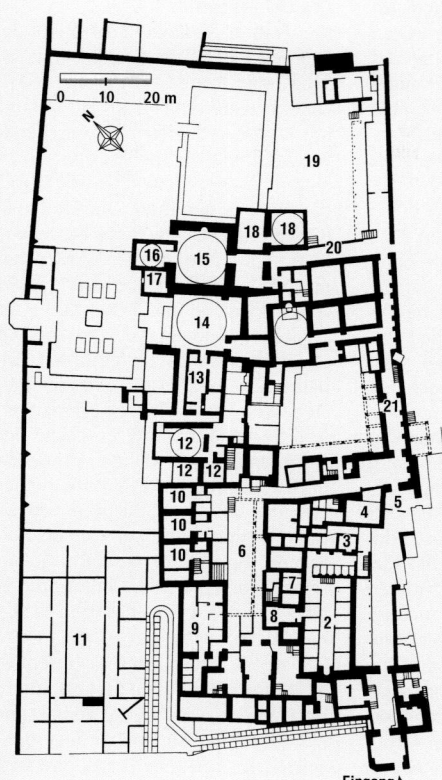

Plan des Harems
1 Mescit der schwarzen Eunuchen
2 Quartier der schwarzen Eunuchen
3 Prinzenschule
4 Gemächer des Kızlar Ağası
5 Cümlü Kapısı
6 Hof der Kadınefendi
7 Frauenbad
8 Küche
9 Schlafsaal der Nebenfrauen
10 Zimmer der Kadınefendi
11 Hospital
12 Suite der Valide
13 Sultansbäder
14 Hünkar Sofası
15 Salon Murats III.
16 Pavillon Ahmets I.
17 Früchtezimmer
18 Çifte Köşk
19 Hof der Favoritinnen
20 Gang der Geister
21 Goldpfad

Eingang ↑

sollte den Herrscher vor Attentaten schützen.

Das Zentrum des Harems war das **Hünkar Sofası**, die Sultanshalle. Hier erholte sich der Padischah mit seinen Lieblingsfrauen von den Regierungsgeschäften. Er thronte unter dem Baldachin, auf der Empore spielten die Musikanten – mit verbundenen Augen. Vermutlich ist dieser Salon unter Mehmet IV. (1648–1687) entstanden; die heutige Ausstattung im Stil des türkischen Rokoko stammt jedoch aus der Mitte des 18. Jh.

Durch das reich mit Fliesen ausgeschmückte **Çeşmeli Oda** ›Brunnenzimmer‹ und einen entsprechend ausgestalteten Vorraum gelangt man in den **Salon Murats III.** (1574–1595). Abgesehen von den Bettbaldachinen aus dem 18. Jh. erscheint der Raum in seiner ursprünglichen Ausstattung, die auf Sinan zurückgeht. Gegenüber dem großen, schlichten Bronzekamin plätschert auch heute noch das Wasser über die abgestuften Becken des Brunnens. Ein Schriftfries zieht sich unterhalb der Kuppel entlang, İznik-Kacheln mit zarten Pflaumenblütenmotiven rahmen die Nischen.

Nördlich schließt ein kleiner **Pavillon Ahmets I.** (1603–1617) an, der häufig als Bibliothek gedeutet wird. Rund hundert Jahre später ließ Ahmet III. (1703–1730) das links folgende **Yemiş Odası** (›Früchtezimmer‹) mit gemalten Tafeln, die ornamentale Fruchtstillleben wiedergeben, ausstatten. Hier nahm er seine Mahlzeiten zu sich.

Der **Çifte Köşk** (›Doppelpavillon‹) entstand rund 20 Jahre später als der Salon Murats III. Die Wände sind reich mit Kacheln geschmückt, die Fensterscheiben aus buntem Glas. Früher wurde dieser Pavillon als Veliaht Dairesi, also ›Prinzengefängnis‹, gedeutet. Tatsächlich lebten die Prinzen in den Obergeschossen über den Räumen der Haseki Sultan. Die Haseki waren die Favoritinnen des Sultans, die ihm einen Sohn geboren hatten und jenseits des **Cin Yeri** (›Gang der Geister‹) wohnen durften.

Selim II. verfügte 1566, dass die Sultansbrüder am Leben bleiben durften, aber unter ständigem Hausarrest standen. Sie hatten keinen Kontakt zur Außenwelt und wurden von Taubstummen bedient, so dass sie in ständiger Angst um ihre Zukunft lebten. Die Prinzen reagierten unterschiedlich auf ihr Leben im Goldenen Käfig: Ibrahim (1640–1648) meinte, in wilden Ausschweifungen die verlorenen Jahre nachholen zu müssen. Süleyman II. (1687–1691) entwickelte sich in seiner 39-jährigen Gefangenschaft zu einem Meister der Kalligrafie und vermisste später sehr das asketische Leben.

Favoritinnen und Intrigen

Der **Hof der Favoritinnen** (Gözdeler Taşlığı) mit einer großen offenen Terrasse und Pool war sicherlich der angenehmste Platz des von engen Zimmerfluchten geprägten Harems. Aber auch ihr Leben war von Angst geprägt. Intrigen und Fehden bestimmten den Alltag, keine wollte die Gunst des Sultans verlieren. Sobald ein Sohn geboren wurde, blieb dieser bis zum zwölften Lebensjahr bei seiner Mutter. Das Leben der beiden war ständig bedroht.

Roxelane, die Favoritin von Süleyman I., schlug einen konsequenten Weg ein. Nach einem Streit mit Gülbahar, der ersten Kadın und Mutter von Mustafa, dem ältesten Sohn Süleymans und potenziellen Nachfolger, verlangte sie von Süleyman, sie nach islamischem Gesetz zu heiraten. Roxelane wurde die erste offizielle Frau eines Sultans und Mustafa mitsamt seiner Mutter als Statthalter nach Manisa verbannt. Doch seine Erfolge und Beliebtheit bei Volk und Armee stärkten seine Position bei Süleyman. Roxelane musste ihres eigenen Sohns zuliebe handeln. Sie ließ einen Brief fälschen, der Mustafa des Hochverrats beschuldigte – Süleyman tötete den Lieblingssohn eigenhändig. Trotz aller Intrigen war es Roxelane nicht vergönnt, die mächtige Position der Sultansmutter zu erlangen. Sie starb 1558, lange bevor ihr Sohn Selim Anspruch auf den Thron erheben konnte.

Schließlich mündet der Gang der Geister in den **Altın Yol** (›Goldpfad‹). Der Name des 46 m langen, eher unansehnlichen Korridors erinnert an die Sitte der Sultane, hier an Festtagen oder vor Kriegen Gold auszustreuen. Über diesen Korridor kamen aber auch die Mörder der Sultane Ibrahim (gest. 1648), Selim III. (gest. 1808) und Mustafa IV. (gest. 1808).

Am **Kuşhane Kapısı**, dem mit durchaus ironischem Zungenschlag ›Vogelhaustor‹ genannten Ausgang zum dritten Hof des Palastes, endet der Haremsrundgang.

Lieblingsort

Skulpturengarten im Archäologischen Museum 6

Eine Oase der Ruhe ist der kleine Teegarten mitten im Skulpturenpark. Während oder nach dem Besuch der umfangreichen und immer wieder beeindruckenden Sammlungen des Museums kann man im Schatten der Bäume zwischen Säulen, Statuen, Weihreliefs und Sarkophagen aus verschiedenen Jahrhunderten wunderbar entspannen. In diesem beschaulichen Garten ist die historische Bedeutung von Byzanz, Konstantinopel, Istanbul zum Greifen nah.

Sultanahmet

seiner Frau Roxelane (in der Türkei Haseki Hürrem genannt) in das Topkapı-Areal verlegt.

Er war der absolut private Bereich des Sultans. Schwarze Eunuchen sorgten für die Sicherheit der Frauen und ihrer Kinder. Sie waren mit ihrem Leben dafür verantwortlich, dass kein Unbefugter den Harem betrat. Jeder Herrscher vergrößerte diesen Wohnbereich und gestaltete vorhandene Räume um, so dass im Laufe der Zeit ein wahres Labyrinth mit über 300 teils mehrstöckigen Räumlichkeiten entstand (s. Entdeckungstour S. 126).

Das Archäologische Museum und der Gülhane-Park

Im Gülhane-Park, dem früheren Palastgarten, reihen sich osmanische und byzantinische Bauten, aber auch antike Überreste und die bedeutendsten Museen zur frühgeschichtlichen und antiken Kultur in der Türkei. Nicht zuletzt ist der Gülhane ein grünes Refugium in prominenter Lage am Bosporus, eine Oase mitten im quirligen Istanbul.

Aya İrini Kilise Müzesi (Hagia Eirene) 4
Nur zu Veranstaltungen geöffnet
Die Kirche Hagia Eirene ›Heiliger Frieden‹) diente vor dem Bau der Hagia Sophia als Kathedrale Konstantinopels. Ein erster Bau wurde bereits in vorkonstantinischer Zeit errichtet. Im Jahr 381 tagte hier unter Theodosius I. das Zweite Ökumenische Konzil, bei dem das heute noch gebräuchliche Glaubensbekenntnis formuliert wurde.

Wie die Hagia Sophia ist auch die Hagia Eirene im Nika-Aufstand von 532 durch Brand zerstört und von Justinianus I. wiederaufgebaut worden. Bis in heutige Zeit hat sich die Gestalt der Kirche kaum verändert – nur wenige Reparaturarbeiten wurden vorgenommen. Die bald nach der Eroberung durch Mehmet II. errichtete Topkapı-Mauer bezog die Hagia Eirene in das Palastgebiet mit ein. Dadurch entging die Kirche der Umwandlung in eine Moschee, vielmehr diente sie nun den Janitscharen als Waffenarsenal. Heute finden in der Hagia Eirene, die seit 1948 als Museum klassifiziert ist, häufig Klassik- oder Jazz-Konzerte und auch die Veranstaltungen des Istanbul Festival (S. 49, 50) statt.

Die architektonische Konzeption der Kirche verbindet ein dreischiffiges Langhaus mit kuppelüberdachtem Zentralraum. Damit stellt sie eine kleinere Variante zur zeitgleich entstandenen Hagia Sophia dar. Den Oberbau beherrschen seit dem Wiederaufbau im 8. Jh. zwei Kuppeln, von denen nur die eine durch einen Fensterkranz den Zentralraum erhellte, doch sind die meisten Fenster heute vermauert. Bemerkenswert ist die Mosaik- und Marmorausstattung, da sie im 8. Jh., zur Zeit des Bilderverbots des Ikonoklasmus, entstand. Das Apsisgewölbe ist mit einem Kreuz auf Goldgrund geschmückt. Verse aus den Psalmen 33 und 65 rahmen die Konche.

Neben der Hagia Eirene steht das **Darphane**, die Ende des 17. Jh. vom Eski Saray in das Gebiet des Topkapı Sarayı verlegte Münze. Gelegentlich wird ein Teil der Räumlichkeiten für Ausstellungen genutzt.

Arkeoloji Müzeleri (Archäologische Museen)
Tramvay Gülhane, Di–So 9–17 Uhr, Eintritt 10 TL, S. 54
Die archäologische Sammlung ist heute auf zwei Gebäudekomplexe aufgeteilt. Gegründet wurde das Mu-

Rund um den Gülhane Parkı

seum 1896 von dem türkischen Archäologen und Maler Osman Hamdi Bey, dem auch die bedeutenden Funde aus der Nekropole von Sidon (Libanon) zu verdanken sind.

Die altorientalischen Stücke aus den Grabungen in Mesopotamien und Ostanatolien sind im **Eski Şark Eserleri Müzesi** 5, erbaut 1883 als Kunstakademie, untergebracht. Zwei große hethitische Basaltlöwen flankieren den Eingang, monumentale Skulpturwerke der Assyrer, Mitanni und Babylonier, aber auch Relikte der Urartäer und Hethiter bilden den Bestand. Zu den herausragenden Funden gehört der Vertrag von Kadesh, eine hethitische Keilschrifttafel aus der Mitte des 13. Jh. v. Chr., gefunden in Hattuscha (Boğazköy). Sie ist eine der drei erhaltenen Ausfertigungen des bisher ältesten bekannten schriftlichen Friedensvertrages, geschlossen zwischen Großkönig Hattušili III. (Hethitisches Reich) und Pharao Ramses II. (Ägypten).

Das **Arkeoloji Müzesi** 6 im imposanten Bau des französischen Architekten Alexandre Valaury vom Ende des 19. Jh. beherbergt zahlreiche wunderbare griechische und römische Antiken aus Kleinasien. Einzigartig sind die Funde aus der Nekropole von Sidon (Libanon) im nördlichen Flügel des Museums. In zwei unterirdischen Grabkammern fand Osman Hamdi Bey neben interessanten anthropoiden (menschengestaltigen) Sarkophagen auch zwei Meisterwerke der griechischen Klassik: den Klagefrauensarkophag (ein vorzügliches Beispiel der sog. Säulensarkophage, Mitte 4. Jh. v. Chr.) und den sog. Alexandersarkophag (letztes Viertel 4. Jh. v. Chr.). Alexander der Große, erkennbar an den Widderhörnern, ist hier auf einer Längsseite beim Kampf gegen die Perser dargestellt. Deutliche Farbspuren zeigen, dass diese Sarkophage einst bunt bemalt waren. Bestattet waren in ihnen phönizische Herrscher.

Die anderen Räume des Nordflügels beherbergen weitere Sarkophage (erwähnenswert ist der über 3 m hohe Sarkophag aus Sidamara, 1. Hälfte 3. Jh., Namensgeber für eine ganze Sarkophaggruppe) und Grabstelen sowie die architektonischen Figurenfriese aus Lagina und Magnesia am Mäander. Der Südflügel widmet sich herausragenden Stücken der griechischen und römischen Plastik.

Im dreigeschossigen Anbau sind eine lohnenswerte Ausstellung über Istanbul im Wandel der Zeit (1. Obergeschoss), zur Frühgeschichte Anatoliens u. a. auch mit Funden aus Troia (2. Obergeschoss) und eine Ausstellung zu dessen Nachbarkulturen (3. Obergeschoss) untergebracht. Das Erdgeschoss wird für ein kleines Museum für Kinder und die interessante Ausstellung über die sog. Hafengrabung bei Yenikapı infolge der Erdarbeiten für das Mamaray-Projekt (S. 92) genutzt.

Der **Çinili Köşkü** 7 (›Fayencen-Pavillon‹, Di–So 9–17 Uhr, Eintritt 5 TL. S. 54) ist das dritte Gebäude des Museumskomplexes. 1472 unter Mehmet II. Fatih errichtet, ist es der älteste islamische Profanbau Istanbuls. Die ursprünglich hölzerne Vorhalle wurde 1737 nach einem großen Brand in Steinbauweise wiedererrichtet. Von der ursprünglichen Fliesenverkleidung ist nur noch wenig erhalten. Seit 1953 beherbergt der Çinili Köşkü die bedeutende Fayencen-Sammlung aus dem Topkapı-Palast, darunter Keramik aus İznik und Kütahya sowie seldschukische Wandfliesen.

Gülhane Parkı

Der Gülhane Parkı (›Rosenhauspark‹) erstreckt sich unterhalb des Topkapı-Palastes an den Hängen des antiken Akropolis-Hügels. Den Eingang bildete

Lieblingsort

Teatime mit Aussicht
Die Terrasse des Setüstü-Teegartens bietet einen herrlichen Blick über den Bosporus auf die asiatische Seite. Stundenlang könnte ich den kleinen Passagierfähren beim Pendeln zwischen den Stadtteilen, den Containerschiffen beim Durchqueren der Meeresfurt und den großen Kreuzfahrtdampfern, die im Hafen von Karaköy einlaufen, zusehen. Bestellen Sie Tee! Er wird im Semaver, der typischen Doppelkanne, serviert. Die obere enthält einen sehr starken Teesud, die untere heißes Wasser, mit dem man ihn verdünnt.
Setüstü Çay Bahçesi 2: Gülhane Parkı, tgl. 9–22 Uhr.

Sultanahmet

das **Soğuk Çeşme Kapısı** (›Tor des kühlen Brunnens‹). Ursprünglich gehörte der Park zur befestigten Saray-Anlage; Sultan Mehmet V. (1908–1918) schenkte ihn der Stadt. Zum Volkspark umfunktioniert, bevölkern ihn besonders am Wochenende ganze Familien, um hier gemütlich zu picknicken. Der Park erstreckt sich über 1 km bis zum Kap des Saray Burnu.

An der Mauer des inneren Palastbezirks entlang führt der Weg zur **Gotensäule** 8 (Gotlar Sütunu). Die 15 m hohe monolithische Marmorsäule krönt ein korinthisches Kapitell, auf dem eine Statue des mythischen Stadtgründers Byzas gestanden haben soll. Die Inschrift des Sockels verweist möglicherweise auf den Gotenzug des Constantinus II., eines Sohnes von Konstantin dem Großen, im Jahr 332, doch fehlt eine eindeutige Datierung. Unterhalb der Gotensäule, beim Nordausgang des Parks, sind noch weitere byzantinische Baureste zu sehen.

Jenseits der Kennedy Caddesi steht auf dem Saray Burnu, das den Anfang des Goldenen Horns markiert, die 1926 von dem Österreicher Heinrich Krippel geschaffene **Kemal Atatürk-Statue** 9 (Atatürk Heykeli).

Etwas weiter in Richtung Galata-Brücke liegt am Ufer der **Şepetçiler Köşkü** 10 (›Korbflechterpavillon‹). Sultan Ibrahim ließ dieses Pavillon mit Bootshaus 1642 erweitern; den Namen erhielt er nach den im Untergeschoss angesiedelten Korbflechtern. Dies ist der letzte Pavillon von vielen, die sich in osmanischer Zeit am Saray-Kap entlangzogen und später der neuen Verkehrsführung zum Opfer fielen.

Bâb-i Ali (Hohe Pforte) 11

Verlässt man den Gülhane Parkı durch das Soğuk Çeşme Kapısı, liegt rechts unterhalb des Tores, auf der gegenüberliegenden Seite der Alemdar Caddesi, das Bâb-i Ali, die berühmte Hohe Pforte. Sie führte zum Amtssitz des Großwesirs, der dort seit dem 17. Jh. die Regierungsgeschäfte tätigte, und wurde daher zum Synonym für den osmanischen Staat und seine Politik. Ihre jetzige Gestalt mit dem barock geschwungenen Dach stammt jedoch erst aus dem 19. Jh. Die verschiedenen Gebäude hinter dem Tor beherbergen heute die Verwaltung der Provinz (Vilayet) Istanbul.

Gegenüber an und auf der Saraymauer befindet sich der große, polygonale **Alay Köşkü** 12 (›Pavillon der Festaufzüge‹). Von hier aus konnte der Sultan die Umzüge und Militärparaden beobachten, aber auch das Kommen und Gehen zum Amtssitz des Großwesirs beobachten und kontrollieren lassen. Sein heutiges Aussehen verdankt der Alay Köşkü Mahmut II., der ihn 1819 vollständig restaurieren ließ.

Soğukçeşme Sokağı

Zwischen Palastmauer und Hagia Sophia erstreckt sich die kopfsteingepflasterte Soğukçeşme Sokağı mit ihren farbenfroh im osmanischen Stil neuerrichteten Holzhäusern (S. 86). Unter Leitung des TTOK-Automobilclubs wurden die Häuser in den 1980er-Jahren zu einem einzigen stimmungsvollen Hotel, dem Ayasofya Konakları, umgebaut (S. 25). Dazu gehört auch das sehr stilvoll in einer ehemaligen unterirdischen Zisterne eingerichtete **Sarnıç Restaurant** 3 (S. 151) und im größten Haus der Straße eine Bibliothek, die mit ihren über 10 000 Werken allein der Geschichte Istanbuls gewidmet ist.

Caferağa Medresesi 13

Von der Soğukçeşme Sokağı unterhalb der Hagia Sophia in die Caferiye Sokağı einbiegend geht es rechter Hand hinab zu einer kleinen Medrese, die Sinan 1559 im Auftrag von Cafer Ağa, dem Chef der Schwarzen Eunuchen unter Süleyman dem Prächtigen, erbaute. Nach aufwendigen Restaurierungsarbeiten bietet hier seit einigen Jahren die Türkische Kulturstiftung wöchentliche Workshops zu traditionellen türkischen Kunsthandwerken (S. 152). Im Innenhof serviert man Getränke und kleine Gerichte in netter Atmosphäre.

Yerebatan Sarayı (Basilika-Zisterne) 14
Siehe S. 56
Schräg gegenüber der Hagia Sophia, am Beginn der Yerebatan Caddesi, liegt links der unscheinbare Eingang zu einer unterirdischen byzantinischen Zisterne, die im Volksmund den Namen Yerebatan Sarayı, ›Versunkener Palast‹, erhielt (s. Entdeckungstour S. 138).

Zwischen Hippodrom und Blauer Moschee

Das Viertel Sultanahmet, benannt nach der Sultan Ahmet Camii, ist das einstige Viertel der Kaiserpaläste. Unter osmanischen Bauten und ihren modernen Zutaten stößt man daher überall auf antike Überreste aus jener Zeit, als hier die Nachfolger der römischen Imperatoren herrschten.

At Meydanı (Hippodrom) 15
Die Alemdar Caddesi führt an der Hagia Sophia vorbei zum At Meydanı, dem antiken Hippodrom von Konstantinopel. Weil Byzantion den Gegenkaiser Pescennius Niger unterstützt hatte, eroberte Kaiser Septimius Severus die Stadt im Jahr 196 und befahl ihre Zerstörung. Auf Fürsprache seines zehnjährigen Sohnes Bassianus, des späteren Kaisers Caracalla, baute Septimius Severus Byzantion jedoch wieder auf - prächtiger, als es vorher gewesen war. So entstanden ein Tetrastoon, ein von Säulenhallen umfasster Markt, das Zeuxippos-Bad und – um das Volk zu versöhnen – im Jahr 203 auch ein Hippodrom, eine elliptische Bahn für Wagen- und Pferderennen.

Von allen Bauten des Septimius Severus überdauerte nur dieses Hippodrom, das Konstantin der Große (306–337) auf 400 m Länge und 150 m Breite erweitern ließ, als Byzantion zur Hauptstadt des Reichs ausgebaut wurde. Zweistöckige Tribünen, auf denen 100 000, vielleicht sogar 150 000 Besucher Platz fanden, umschlossen die Kampfbahn. Am 11. Mai 330 fand die Gründungsfeier der neuen Hauptstadt im Hippodrom statt, das in seinem Aufbau weitgehend dem Circus Maximus in Rom entsprach.

Das gewaltige Tribünenrund war kein Erdwall, sondern baute sich aus mächtigen Substruktionen auf, mit zahlreichen Kammern und Tonnengewölben. An den Längsseiten zogen

> **Kleine Betrügereien**
> Weil Leser immer wieder darauf hinweisen, sei hier ausdrücklich gewarnt: Zwischen der Sultanahmet-Moschee und dem Großen Basar wird man stets und ständig von Souvenirverkäufern, Schuhputzern oder Geldwechslern angesprochen, die mit vielerlei Tricks arbeiten. Also Vorsicht, auch vor Taschendieben!

sich Wandelhallen mit Läden und Speiselokalen hin; unter der Sphendone, dem großen Halbrund am Südwestende, dort, wo das Gelände zum Meer

Auf Entdeckungstour

Yerebatan Sarayı – der ›Versunkene Palast‹

Lebenswichtig waren für die byzantinische Bevölkerung die unterirdischen Wasserspeicher, die über das ganze Stadtgebiet verteilt sind. Am eindrucksvollsten und für die Öffentlichkeit zugänglich ist die Basilika-Zisterne (Bild oben). Mit ihrem im Wasser stehenden Säulenwald gleicht sie einem ›Versunkenen Palast‹.

Zeit: 30–45 Minuten

Planung: www.yerebatan.com, Tramvay Sultanahmet, tgl. 9–17.30 Uhr, www.yerebatan.com, Eintritt 10 TL, S. 56. Der Eingang befindet sich in der Yerebatan Caddesi 13, der Ausgang erfolgt über die Alemdar Caddesi.

Über Treppen steigt man hinab ins Dunkle. Wassertropfen fallen von der Decke. Auf Holzstegen ist es möglich, die ganze Tiefe der Zisterne abzuschreiten. Karpfen und Goldfische schwimmen im klaren Wasser unter den Stegen. Die feuchten, weitläufigen Gewölbe erhalten durch Lichtspiele und musikalische Klänge etwas Mystisch-Romantisches.

Wasser für die Kaiser
Die Anlage des **Yerebatan Sarayı** 14 soll auf Konstantin den Großen zurückgehen, ihre Größe und Ausstattung verdankt die Zisterne jedoch einem Ausbau unter Kaiser Justinianus I. (527–565). Sie bildete die Substruktion für eine heute abgetragene Basilika (Markthalle), die Justinianus nach dem Nika-Aufstand 532 neu errichten ließ; daher wurde sie in byzantinischer Zeit auch ›Cisterna Basilica‹ genannt.

Der Wasserspeicher diente hauptsächlich zur Versorgung des Kaiserpalastes. In osmanischer Zeit, kurz nach der Eroberung der Stadt, wurde er noch zur Bewässerung der Palastgärten genutzt, geriet dann aber bald in Vergessenheit. Erst Petrus Gyllius, ein Humanist und Reisender, der nach Altertümern in der Stadt forschte, entdeckte 1545 die Zisterne. Ihm war zu Ohren gekommen, dass Anwohner im Umfeld der Hagia Sophia ihr Wasser erhielten, indem sie einfach durch ein Loch im Fußboden ihrer Behausungen Eimer hinabließen. Auch Fische sollen sie gefangen haben. Die Gewölbedecke der Zisterne wurde über die Jahrhunderte mehr oder weniger instand gehalten. Eine grundlegende Restaurierung erfolgte allerdings erst im 20. Jh., um sie als Museum der Öffentlichkeit zugänglich zu machen.

Der Wasserspeicher hat eine Grundfläche von 138 x 64,5 m. 336 Säulen, jeweils ca. 8 m hoch, in zwölf Reihen tragen die aus Ziegeln gemauerte Gewölbedecke. Sein Fassungsvermögen betrug etwa 80 000 m^3. Auffallend sind die sehr unterschiedlichen Säulenschäfte und Kapitelle in dorischer und vor allem korinthischer bzw. frühbyzantinischer Form. Im hinteren, nordwestlichen Bereich der Zisterne dienen große Blöcke mit umgedrehten Reliefs von Medusenhäuptern als Säulensockel. Diese Bauglieder stammen z. T. als fehlerhafte Stücke aus den stadtnahen Prokonnesos-Brüchen oder wurden älteren, dem Verfall überlassenen Gebäuden entnommen. Übrigens stakte auch schon James Bond in »Liebesgrüße aus Moskau« mit einem Boot durch den Säulenwald der Zisterne.

Die Wasserversorgung der Stadt
Bei der Gründung neuer Siedlungen kommt der Wasserversorgung eine entscheidende Rolle zu. So ist es nicht verwunderlich, dass sich aus der kleinen Siedlung in strategisch und wirtschaftlich günstiger Lage am Eingang des Bosporus erst relativ spät eine bedeutende Stadt entwickelte: Bäche und stärkere Quellen sind auf der felsigen Halbinsel des alten Byzanz nicht vorhanden. Das Goldene Horn, Mündungsbecken der Flüsse Alibey und Kagithane, enthält wegen des Drucks durch den Bosporus bis tief ins Landesinnere Salzwasser; daher musste das Trinkwasser über lange Leitungen aus den umliegenden Bergen und Wäldern herangeführt werden.

Die früheste Überlieferung einer derartigen Wasserzufuhr stammt aus hadrianischer Zeit (117–138 n. Chr.). Die Kapazität dieser Leitung reichte jedoch nach Erhebung der Stadt zur Residenz im Jahre 324 n. Chr. und dem damit verbundenen Bevölkerungswachstum bei Weitem nicht mehr aus.

139

Neben dem Ausbau der alten Wasserleitungen entstanden in der folgenden Zeit neue, die das Gebiet im Nordwesten der Stadt erschlossen. Zu ihnen gehört auch die von Kaiser Valens (364–378) in Auftrag gegebene Leitung. Im alten Stadtkern stehen noch die imposanten Bögen des Aquädukts aufrecht (S. 190). Aus der Literatur ist eine über 100 km lange Fernleitung bekannt, die bis nach Bulgarien gereicht haben soll. Evliya Celebi, der berühmte Reiseschriftsteller des 16. Jh., schreibt, dass sie mit Wasser aus der Donau gespeist worden sei. Hier wird deutlich, mit welchem Aufwand bereits in byzantinischer Zeit die Wasserversorgung der Stadt betrieben werden musste.

Zusätzlich wurden zahlreiche weitere offene und überdeckte Zisternen im Stadtgebiet angelegt. Die offenen Sammelbehälter speicherten Nutzwasser zur Bewässerung von Grünanlagen und – im Belagerungsfall – von Gemüsegärten. Zudem fanden häufig die Substruktionen privater und öffentlicher Gebäude, die zur Ausgleichung unebenen Geländes dienten und durch Gewölbekonstruktionen Erdbebensicher waren, als Trinkwasserspeicher Verwendung.

Für das alte Stadtgebiet sind 71 überdeckte Zisternen überliefert. Auch unter der Hagia Sophia fand man ausgedehnte Wasserspeicher. Das Fassungsvermögen und die Güte des Wassers in einer Zisterne war auch ausschlaggebend für die Wohnqualität eines Viertels.

Bevor Sie die Zisterne verlassen und wieder in die Hitze und den Trubel der Stadt zurückkehren, können Sie noch einen Moment in dem kleinen angeschlossenen Café verweilen und die Kühle oder die baugeschichtliche Bedeutung dieses Ortes genießen.

Das Valens-Aquädukt versorgte die Zisterne mit Wasser aus dem Belgrader Wald

Zwischen Hippodrom und Blauer Moschee

hin abfällt, lagen die Pferdeställe und die Remisen für die Wagen. Mauerreste der Sphendone sind noch heute auf dem Weg zur Küçük Ayasofya Camii zu sehen. Die Spina, ein schmales, niedriges, 390 m langes Podest mit zahlreichen Siegerdenkmälern, verband in der Mitte der Rennbahn die Wendepunkte wie eine Barriere.

Ein repräsentativer Torbau mit der Porta Triumphalis schloss das Hippodrom im Nordosten ab. Hier befanden sich die Räume der Circusparteien, der Wagenlenker, Reiter und Trainer. Aus den rivalisierenden, nach Farben benannten Rennparteien entwickelten sich mit der Zeit politische Gruppierungen. Ähnlich wie heute beim Fußball identifizierten sich die Zuschauer mit den einzelnen Parteien und trugen ihre Farben, sogar die Kaiser bekannten sich manchmal zur einen oder anderen Seite. So verwandelte sich das Hippodrom zum Forum des Volkswillens. Und alle Revolutionen begannen fortan auf seinen Tribünen.

Kaiser Justinianus (527–565) versuchte schließlich, die beiden Hauptparteien, die Blauen und die Grünen, als Stifter immerwährender Unruhen aufzulösen. Daraufhin verbündeten sich Blaue und Grüne und zogen im Jahr 532 mit dem Kampfruf »Nika!« (›Siege!‹) randalierend und mordend durch die Stadt. Justinianus hätte sich dem Willen des Volkes gebeugt, doch seine Gemahlin Theodora, die schöne Tochter eines Pferdeknechts, erteilte dem Feldherrn Belisar kaltblütig den Befehl, den Aufstand niederzuschlagen. Als die beiden Parteien einen Gegenkaiser ausriefen, metzelten die kaiserlichen Truppen die auf der Rennbahn versammelten 30 000 Aufständischen nieder. Justinianus war gerettet.

Unter den Osmanen wurde das Hippodrom im 15. Jh. zum At Meydanı, dem ›Rossplatz‹, auf dem die Janitscharen, die Leibgarde des Sultans, jeden Freitag ihr Kampfspiel Çeri Oyun austrugen. Im Lauf der Jahrhunderte verschwanden die Prunktore und Tribünen, die Steine verwendete man zum Bau des Topkapı Sarayı und der Blauen Moschee.

Doch nach wie vor diente die Rennbahn als Aufmarschstätte, und so gab es dort 1826 ein zweites Blutbad: Als Sultan Mahmut II. die Auflösung der inzwischen allzu anmaßend gewordenen Janitscharen-Truppe verkündete, versammelten sich diese im Hippodrom, forderten den Kopf des Sultans und schickten sich an, den Palast zu stürmen. Darauf hatte Mahmut nur gewartet, denn das ganze Stadtviertel war mit europäisch geschultem und modern ausgerüstetem Militär umstellt. Er ließ das Janitscharenkorps zusammenschießen; keiner der Männer überlebte das Massaker.

Am Nordende des At Meydanı steht unter schattigen Bäumen der elegante **Alman Çeşmesi** (›Deutscher Brunnen‹). Kaiser Wilhelm II. schenkte den mit Mosaiken geschmückten oktogonalen Bau Sultan Abdülhamit II. bei seinem Staatsbesuch 1895 – als Dank dafür, dass deutsche Wissenschaftler die Hagia Sophia erforschen durften.

Von den Denkmälern, die einst die Spina des Hippodroms schmückten, sind noch drei *in situ* erhalten: ein ägyptischer Obelisk, die Schlangensäule und der Gemauerte Obelisk. Sie deuten den ursprünglichen Verlauf der Rennbahn an, die etwa 3,5 m unter dem heutigen Straßenniveau lag.

Den **ägyptischen Obelisken** (Dikilitaş) holte Kaiser Theodosius I. im Jahr 390 aus Karnak (Theben) vom großen Amun-Tempel. Die fast 20 m hohe Steinnadel (ursprüngliches Maß ca. 32 m) aus rosafarbenem Granit ließ Thutmosis' III. im 15. Jh. v. Chr. anfertigen. Auf allen vier Seiten sind oben die

141

Namen des thebanischen Reichsgottes Amun und des Pharaos Thutmosis III. eingeschnitten. Der reliefierte Steinsockel stammt aus theodosianischer Zeit. Der untere Fries berichtet von der Aufstellung des Obelisken im Hippodrom; der zweite verherrlicht den Kaiser und seine Familie. Man erkennt Hofbeamte und Leibgardisten, Musikanten und Gesandte fremder Völker, die dem Herrscher vor der Kaiserloge des Hippodroms huldigen.

Die bronzene **Schlangensäule** (Yılan Sütun) hatte Konstantin der Große aus dem Apollonheiligtum in Delphi in seine neue Hauptstadt bringen lassen. Sie war ursprünglich ein Weihgeschenk der 31 griechischen Städte, die am Sieg über die Perser 480 v. Chr. beteiligt waren. Von der ehemals 8 m hohen Säule steht heute nur noch das 5,5 m hohe Mittelstück. Ein Schlangenkopf ist im Archäologischen Museum (S. 133) ausgestellt.

Der aus großen Kalksteinquadern bestehende **Gemauerte Obelisk** (trk. Örme Sütun) ist dagegen kein Beutestück und stammt vermutlich aus spätrömischer Zeit. Kaiser Konstantin VII. Porphyrogennetos (913–959) ließ ihn

Sultanahmet

Sehenswert
1 – 14 s. Plan S. 119
15 At Meydanı (Hippodrom)
16 Türk ve İslam Eserleri Müzesi (Museum für türkische und islamische Kunst)
17 Sultan Ahmet Camii (Blaue Moschee)
18 Haseki Hürrem Hamamı
19 Sultanahmet Arkeolojik Parkı (Archäologischer Park)
20 Mozaik Müzesi (Mosaiken-Museum)
21 Substruktionen des Hippodrom
22 Sokullu Mehmet Paşa Camii
23 Küçük Ayasofya Camii (Hagioi Sergios kai Bakchos)
24 Fassade des Bukoleon-Palast

Essen & Trinken
1 – 3 s. Plan S. 119
4 Pudding Shop Lale Restaurant
5 Rami
6 Yeşil Ev Garden Bar-Café
7 Kör Agop

Einkaufen
1 s. Plan S. 119
2 Galeri Kayseri
3 Arasta Bazaar
4 İstanbul Sanatları Çarşısı
5 Haseki Hürrem Halı ve Kilim Mağazası

Aktiv & Kreativ
1 s. Plan S. 119
2 Kochkurse im Sarnıç Hotel

Abends & Nachts
1 Sultan Pub

zu Ehren seines Großvaters Basileios I. wieder herrichten und mit vergoldeten Bronzeplatten umkleiden, auf denen die Taten von Basileios gerühmt wurden. 1204 wurden die Platten zusammen mit unzähligen anderen Denkmälern im Vierten Kreuzzug von den Venezianern geraubt.

Türk ve İslam Eserleri Müzesi (Museum für türkische und islamische Kunst) 16
www.tiem.org, Tramvay Sultanahmet, Di–So 9–16.30 Uhr, Eintritt 10 TL, S. 56

Dort wo früher die Nordränge des Hippodroms waren, gegenüber der Sultan Ahmet Camii, erhebt sich das Empfangsgebäude des İbrahim Paşa Sarayı. Seit 1983 ist hier das Museum für türkische und islamische Kunst untergebracht.

Das Gebiet um das Hippodrom, dem Schauplatz großer Festaufzüge, hatte sich im 16. Jh. zum beliebten Wohnbereich der Würdenträger des Reichs entwickelt. Sultan Süleyman ernannte kurz nach Regierungsantritt (1522) seinen Jugendfreund İbrahim Paşa zum Großwesir und schenkte ihm zur Hoch-

zeit mit seiner Schwester Hatice Sultan 1524 den Palast, den dieser noch erweitern ließ. Politischer Streit oder Intrigenspiel bei Hofe führten jedoch 1536 zur Hinrichtung von İbrahim Paşa: Süleyman ließ seinen Großwesir nach dem gemeinsamen Essen erdrosseln. Danach hatten die unterschiedlichen Nutzungen des Palastes als Eliteschule, Archiv, Stall und Menagerie zahlreiche Umbauten zur Folge. Erst 1965 unterzog man den Palast einer gründlichen Restaurierung, um ihn als Museum herzurichten.

Die Räume gruppieren sich um vier Arkadenhöfe, die durch Rampen miteinander verbunden sind. Im Süden des zweiten Hofes liegt ein großer Saal (Divanhane), dessen Decke von hölzernen Pfeilern gestützt wird, die äußeren Wände besitzen Erker. In dem Saal empfing der Großwesir seine Gäste, von hier aus konnte er auch die Festaufzüge im Hippodrom beobachten. Der vierte Hof ist 1939 zugunsten eines anschließenden Palastes (Adliye Sarayı) abgerissen worden.

Die **Ausstellungsräume** in der Galerie des Obergeschosses bieten dem Besucher in chronologischer Abfolge Exponate vom 8. Jh. v. Chr. bis in die heutige Zeit. Verschiedene Gerätschaften dokumentieren Handwerk und Kunsthandwerk; die Miniaturmalerei, die Entwicklung der Kalligraphie und die Keramikproduktion werden durch hervorragende Stücke repräsentiert. Besonders eindrucksvoll ist die Sammlung seldschukischer und osmanischer Teppiche im großen Saal am Ende der Galerie. Im Erdgeschoss des zweiten Hofes sind Schauräume eingerichtet, die den Wandel im Wohnstil der Türken, vom Nomadenzelt bis zu den Prunkvillen des 20. Jh., zeigen. Die **Aussichts-**

Die Moschee Sultan Ahmets, genannt die Blaue Moschee

terrasse mit Blick über das Hippodrom auf die Sultan Ahmet Camii und das traditionelle türkische Café rechts hinter dem Aufgang zur Galerie laden zum Verweilen ein.

Sultan Ahmet Camii ! (Blaue Moschee) 17
Während der Gebetszeiten für Nicht-Muslime geschlossen
Südlich des At Meydanı erhebt sich die großartige Sultan Ahmet Camii (auch Ahmediye oder ›Blaue Moschee‹ genannt), der berühmteste osmanische Bau Istanbuls. Sultan Ahmet I. (1603–1617) stellte dem Hofarchitekten und Sinan-Schüler Mehmet Ağa die Aufgabe, eine neue Hauptmoschee zu schaffen, die in Größe und Ausstat-

Mein Tipp

Geschichte light
Zwischen Mai und Oktober findet nach Sonnenuntergang vor der Sultan Ahmet Camii eine Sound & Light-Show statt. Die Geschichte Istanbuls wird unter besonderer Berücksichtigung der Ahmediye jeweils an bestimmten Tagen in Deutsch, Englisch und Französisch vorgeführt. Die Zeiten erfahren Sie auf Schautafeln vor der Blauen Moschee.

tung die alte Hagia Sophia noch übertreffen sollte.

Als Standort wählte der Sultan das Gebiet südöstlich des Hippodroms. Einige Paläste und die noch vorhandenen Sitzreihen der alten Rennbahn wurden eingeebnet. Über den Fundamenten der byzantinischen Kaiserpaläste wuchsen Substruktionen. Im

Sultanahmet

Jahre 1609 erfolgte im Beisein des Sultans die Grundsteinlegung. Sultan Ahmet I. schlug sein Lager sogar an der Baustelle im Sultan Köşkü auf, um die Arbeiten besser überwachen zu können. Kurz vor seinem frühen Tod konnte der junge Herrscher 1617 noch die Moschee feierlich einweihen.

In der Folgezeit war sie Schauplatz der zentralen religiösen Kundgebungen im Beisein der Sultane, von hier brachen auch die Pilgerzüge in Richtung Mekka auf. 1826 verkündete Mahmut II. vom Minbar der Ahmediye die Auflösung des Janitscharenkorps.

Vom Vorhof aus betrachtet, türmen sich oberhalb einer spitzbogigen Arkadenhalle die zahlreichen Kuppeln des Gebetshauses zu einem sorgfältig abgestimmten Stufenbau. Haubenbekrönte Pfeiler und die spitz aufragenden Minarette setzen den seitlichen Rahmen. Der stufenförmige Charakter wird auch in der Gestaltung der Fenster deutlich. Ihre Laibungen sind in der untersten Reihe schlicht gehalten, in der mittleren hat der Architekt durch eine Tiefenabstufung derselben verstärkte Schlagschatten hervorgerufen, und in der oberen Reihe bewirken schräg gestellte Fensterumrandungen optisch eine Vergrößerung der Fenster.

Der rechteckige **Vorhof** nimmt eine gleich große Grundfläche wie das Gebetshaus ein. Er ist von drei Seiten über Treppenanlagen zugänglich. Säulenhallen rahmen den Hof, in dessen Mitte der sechseckige Şadırvan steht. Die Gläubigen reinigen ihre Hände und Füße heute jedoch an den Brunnenanlagen entlang der äußeren Seitenmauern des Vorhofes.

Die Architektur der Moschee wirkt in sich geschlossen. Sechs Minarette stechen als markante Punkte hervor, je eines an den Ecken des Gebetshauses, zwei kleinere binden, die äußere Begrenzung markierend, den Vorhof in den Gesamtkomplex ein. Warum hier jedoch sechs statt der für Sultansmoscheen üblichen vier Minarette errichtet wurden, erklärt eine Legende: Sultan Ahmet I. soll vier goldene Minarette für seinen Stiftungskomplex verlangt haben. Da jedoch das Geld dafür niemals gereicht hätte, behalf sich der Baumeister Mehmet Ağa mit dem Gleichklang der Worte altın ›golden‹ und altı ›sechs‹ und errichtete statt der vier goldenen sechs steinerne Minarette. Wahrscheinlicher ist jedoch, dass der Bau durch die optische Einbindung des Vorhofes an Monu-

Zwischen Hippodrom und Blauer Moschee

mentalität gewinnen sollte. Jedenfalls kam es zu Protesten aus Mekka, wo die Kaaba-Moschee zuvor als einzige über sechs Minarette verfügte. So musste der Sultan dort noch einen siebten Turm stiften.

Das **Innere der Moschee** beeindruckt durch seine ungeheure Weiträumigkeit. Die große Kuppel wird von vier markanten, 5 m dicken Pfeilern (›Elefantenfüßen‹) getragen. Bei einem Durchmesser von 23,50 m erreicht die Kuppel 43 m Scheitelhöhe. Einen Teil ihrer Last tragen vier Halbkuppeln, die wiederum jeweils von drei Konchen unterstützt werden. Im Verhältnis zu den massigen Pfeilern wirken diese Konchen unproportional. Die vier Eckjoche sind ebenfalls mit kleineren Kuppeln bekrönt. An drei Seiten des Gebetsraumes verlaufen zusätzlich schmale Gänge.

Ursprünglich schmückten 21 000 Fliesen mit blau-grünen İznik-Fayencen die Innenwände der Moschee. Sultan Ahmet I. verbot den Werkstätten von İznik, vor der Fertigstellung der Moschee andere Auftraggeber zu beliefern. Unter diesem Großauftrag litt jedoch deutlich die Qualität, und so

Innenhof der Sultan Ahmet-Moschee

Sultanahmet

sieht man neben sehr hochwertiger Ware auch Fliesen minderer Qualität. Große Flächen, wo die Kacheln im Laufe der Zeit abgefallen waren, wurden im 19. Jh. nachgemalt. Besonders schöne Fayence-Arbeiten mit Blütenarrangements und Zypressen mit Weinranken schmücken die Wände

> **Blick zur Blauen Moschee**
> Zur Mittagspause oder auch am Abend (mit Blick auf die Sound & Light-Show vor der Sultan Ahmet Camii (S. 145) lädt das **Rami** 5 mit traditioneller türkischer Küche ein (S. 151).

der Galerien. Die 260 Fenster des Gebetshauses waren ursprünglich mit farbigem venezianischem Glas gefüllt. Der Minbar ahmt die Form der Kanzel von Mekka nach, und in den Mihrab ist ein Bruchstück des schwarzen Steins der Kaaba eingelassen.

Der **Külliye-Komplex** der Ahmediye ist in einen mauerumfriedeten Garten eingebunden. Von seinen Gebäuden sind nur die Koranschule, eine Medrese und die Türbe Sultan Ahmets im Osten der Moschee erhalten. Neben dem Sultan selbst sind seine Frau Kösem (Mâhpeyker) sowie seine Söhne Murat IV., Osman II. und der von seinem Bruder Murat ermordete Prinz Beyazıt in der Türbe beigesetzt (tgl. 9.30–16.30, Eintritt frei).

Haseki Hürrem Hamamı (Bäder der Haseki Hürrem) 18
Tramvay Sultanahmet, Mi–Mo 9–17 Uhr, Eintritt frei, S. 55
Das Haseki Hürrem Hamamı, zwischen Hagia Sophia und Sultan Ahmet Camii gelegen, ist eine Stiftung der Gattin Süleymans I., Haseki Hürrem (in Europa als Roxelane bekannt), aus dem Jahr 1556. Der berühmte Baumeister Sinan erbaute das Bad in unkonventioneller Weise, indem er die beiden Abteilungen nicht parallel, wie sonst üblich, anordnete, sondern sie in der Längsachse aneinanderreihte.

Es ist das einzige öffentliche osmanische Bad im europäischen Teil der Stadt, das man bisher besichtigen konnte, ohne in Badelatschen schlüpfen zu müssen. Vor der Renovierung diente es als Verkaufsausstellung mit hervorragenden Kelims und Teppichen, die vom Tourismusministerium betrieben wurde. Durch den Câmekân (Entkleidungsraum) gelangt man in den Soğukluk (Übergangsraum) und anschließend in den Hararet (Schwitzbad) mit vier Nischen sowie vier kleinen Eckräumen.

Im Bereich der Kaiserpaläste

Südöstlich unterhalb der Blauen Moschee kommt man zum Areal des alten Kaiserpalastes. Seit Konstantin der Große (323–337) Byzanz zur Hauptstadt des Römischen Reiches erhoben hatte, erstreckten sich im Gebiet zwischen Hippodrom, Hagia Sophia und Marmarameer die Palastbauten der Kaiser. Theodosius II. (408–450) ließ den Bukoleon-Palast (S. 151) an der Küste errichten und verbot gleichzeitig den Bau von Privathäusern in dem weiträumigen Palastareal.

Erst unter Kaiser Alexios I. Komnenos (1081–1118), der mit dem Ausbau des Blachernenpalastes (S. 205) im Norden der Stadt begann, hörten die Baumaßnahmen auf. Die alten Kaiserpaläste verfielen, und als die Osmanen die Herrschaft übernahmen, errichteten sie auf dem Gebiet neue Wohnhäuser. Im 17. Jh. entstanden hier die Markthallen der **Arasta Sokağı** 3, die

Im Bereich der Kaiserpaläste

heute als Touristenbasar für Kunsthandwerk und Teppiche dienen.

Sultanahmet Arkeolojik Parkı (Archäologischer Park) [19]

www.sultanahmetarkeolojikparki. com, Tramvay Sultanahmet, bei Redaktionsschluss noch nicht zugänglich, S. 56

Östlich der Hagia Sophia, angrenzend an das Four Seasons Hotel im ehemaligen osmanischen Gefängnis (S. 23), erstrecken sich großräumige Ausgrabungen von Teilen des Palastareals, das von der Hagia Sophia bis hinab zum Marmarameer reichte. Bei den Grabungen wurde das monumentale Eingangstor, das den Palast mit der Außenwelt verband, entdeckt, dazu kamen Säle mit Mosaiken aus dem 5. Jh. und Fresken des 7. und 9. Jh. zum Vorschein sowie Badeanlagen, eine weitere Kirche, zahlreiche Skelette und unzählige Kleinfunde aus den verschiedenen Zeithorizonten.

Mozaik Müzesi (Mosaiken-Museum) [20]

Torun Sokağı, Tramvay Sultanahmet, tgl. außer Mi 9.30–17 Uhr, Eintritt 8 TL, S. 56

In den 1930er- und 1950er-Jahren fand man südöstlich der Sultan Ahmet Camii Teile eines großen Peristylhofes mit südlich anschließendem Absidensaal. Den Hof umgaben auf allen Seiten 8 m tiefe Säulenhallen, deren Fußböden mit Mosaiken ausgelegt waren. Ein großes zusammenhängendes Stück aus der Nordosthalle kann man im Mozaik Müzesi besichtigen, das um die Fundstelle gebaut wurde.

Die teilweise sichtbar gelassenen Mauerzüge und die Mosaiken lassen noch etwas von der Pracht des Kaiserpalastes erahnen. Der Mosaikboden gilt als das umfangreichste Naturmosaik der Antike. Es entstand wohl im 5.

oder 6. Jh. Neben Jagd- und Tierbildern sowie Darstellungen von Landleuten, Hirten und Fischern erscheinen auch Fabel- und mythologische Wesen. Zu deuten ist der 45 m lange Bilderfries im Zusammenhang mit Tierparks und Landschaftsgärten, die in hellenistischer Zeit in Mode kamen und dann

Mein Tipp

Kunsthandwerksmarkt

Unterhalb der Sultan Ahmet-Moschee hat der Türkische Automobilclub eine alte Koranschule, die Cedid Mehmet Efendi Medresesi, restauriert. Im **Istanbul Sanatları Çarşısı** [4] (Kabasakal Cad., S. 152) kann man Künstlern bei der Herstellung typisch osmanischer Kunsthandwerkserzeugnisse zusehen und ihre Produkte auch kaufen, z. B. Kalligraphien, marmoriertes Papier oder auch handbemalte Gläser.

von den Römern übernommen wurden. 1997 wurde die Restaurierung der Mosaiken fertig – Experten hatten in 14 Jahren 70 Mio. Steine gereinigt und an ihrem alten Platz neu verlegt.

Substruktionen des Hippodrom [21]

Südlich des At Meydanı, in der Straßenbiegung der Şehit Mehmet Paşa Sokağı, liegt links der Eingang zu einer größeren **Aussichtsterrasse**. Diese befindet sich auf den südlichen Substruktionen des Hippodroms, die die Aufgänge zu den einzelnen Rängen und Kammern beherbergten. Von hier hat man einen hervorragenden Blick über das zum Meer hin abfallende Stadtviertel. Rechts im Vordergrund steht

Sultanahmet

die Sokullu Mehmet Paşa Camii, weiter links, fast direkt am Meer, die Küçük Ayasofya Camii, die durch das gewellte Kuppeldach auffällt. Bei gutem Wetter sieht man weit über das Marmarameer mit den Prinzeninseln und einen Teil der asiatischen Stadtviertel.

Sokullu Mehmet Paşa Camii [22]

Die beeindruckende architektonische Wirkung der Moschee des Sokullu Mehmet Paşa wird dem Besucher schon beim Eintritt durch den Torbogen an der Özbekler Sokağı deutlich. Sokullu Mehmet Paşa war unter Sultan Süleyman Oberfalkner auf der bosnischen Burg Sokol (daher sein Beiname Sokullu), wurde Großadmiral und durchlief die verschiedenen Wesirsränge, bis er kurz vor dem Tod des Sultans zum Großwesir ernannt wurde. Dies blieb er auch unter den folgenden zwei Sultanen, Selim II. und Murat III., und spielte damit politisch eine bedeutende Rolle im Osmanischen Reich.

Der Moscheekomplex ist eine Stiftung von Sokullu Mehmet und seiner Frau Esmahane Sultan, einer Tochter Selims II. Sinan hat die abfallende Lage hervorragend umgesetzt und für die Verbindung der einzelnen Gebäudeteile eine überzeugende Lösung gefunden. 1571 war die Moschee fertiggestellt. Sie ist über den Resten einer byzantinischen Kirche errichtet; einzelne Spolien sind in den Mauern des Komplexes wiederzufinden.

Der **Vorhof** der Moschee ist auf drei Seiten von einer Medrese umgeben. Die nordwestlichen Räume ruhen auf hohen Substruktionen, die auch den steilen Treppenaufgang unterhalb des Unterrichtsraumes (Dershane) ermöglichten. Dieser ist im Inneren des Hofes durch einen gesonderten Torpavillon mit Kuppeldach hervorgehoben.

Eine Lösung fand Sinan auch für die architektonisch meist unbefriedigende Verbindungsstelle von Medrese (Schule) und Gebetsraum, indem er die Höhendifferenz der beiden Architekturen durch einen Torbau überbrückte, der im Obergeschoss eine zusätzliche Kammer aufweist. Die Medresenhallen sind seit einigen Jahren verglast, in ihnen findet heute wieder der Unterricht einer Koranschule statt.

Die Kuppelkonstruktion spiegelt im **Inneren der Moschee** den sechseckigen Grundriss wider. Je zwei schräg zu den Außenwänden gestellte Halbkugeln rahmen die Mittelkuppel. Die Wände sind zweifach horizontal gegliedert, an drei Seiten verläuft eine Galerie. Fliesenschmuck tragen nur die Fenster, die Pendentifs und vor allem die Kiblawand. Zwei Blumenfelder und verschiedene Schriftzüge auf blauem Grund rahmen hier den steinernen Mihrab. In diesen wie auch in den Minbar sind kleine, in Gold gefasste Steine von der Kaaba in Mekka eingefügt.

Küçük Ayasofya Camii (Hagioi Sergios kai Bakchos) [23]

Die kleine Kirche Hagioi Sergios kai Bakchos, seit der Umwandlung in eine Moschee Küçük Ayasofya Camii (›Kleine Hagia Sophia‹) genannt, liegt südlich des Hippodroms, direkt vor der Bahnlinie. Sie war Teil eines größeren Palastkomplexes aus dem 4. Jh. Zur Zeit Kaiser Justins I. (518–527) wohnte hier sein Neffe Justinianus, der 519 im Palast eine Kirche bauen ließ, die Petrus und Paulus geweiht war.

Schon bald nach seinem Regierungsantritt (527) stiftete Justinianus zusammen mit seiner Frau Theodora eine zweite Kirche, die mit der ersten Vorhalle und Atrium gemeinsam hatte. Diese wurde den Märtyrern Sergios und Bakchos gewidmet und war spätestens 536 fertiggestellt. Unter Beyazıt II. (1481–1512) wurde die Kir-

Im Bereich der Kaiserpaläste

che in eine Moschee umgewandelt, und der Chef der weißen Eunuchen, Hüsyin Ağa (1506–1512), ließ Vorhalle und Arkadenhof neu erbauen.

Von den byzantinischen Bauten steht heute nur noch die ehemalige Kirche. Ihr äußerer Aufbau ist kaum bemerkenswert, da sie zum großen Teil in die Mauerzüge der anderen Bauten einbezogen wurde. Während der äußere Grundriss daher sehr ungleichmäßig ist, erhebt sich die Kuppel symmetrisch auf acht Pfeilern. Wie John Freely, der Architekturspezialist für Istanbul, schrieb, ›schwimmt‹ die innere Raumgliederung also regelrecht zwischen den schiefen Außenmauern. Der Innenraum wird durch Säulenpaare zwischen den Pfeilern in runde und eckige Nischen gegliedert, eine Stifterinschrift schmückt den Architrav.

Die Säulen des Obergeschosses enden in Arkaden. Konchen und Schildbogen, die den durch die Pfeilerstellung bedingten achteckigen Grundriss auflösen, schließen die architektonische Gliederung ab. Ohne Überleitung setzt die aus 16 Lamellen gebildete Kuppel auf. Als Moschee präsentiert sich der Bau weiß getüncht, nur vegetabile Muster schmücken die Wände. 2007 ließ der islamische Bürgermeister Topbaş ihn in diesem Stil vollständig restaurieren – was bei Byzantinisten und Archäologen große Empörung hervorrief.

Bukoleon-Palast 24

Unten an der Uferstraße kann man die Mauerreste einer Fassade des aus der Literatur berühmten Bukoleon-Palastes entdecken. Er wurde nach einer einst am Ufer stehenden Stier-Löwen-Gruppe benannt. Wahrscheinlich integrierte man den anfangs isoliert stehenden Bau später in das Areal der großen Kaiserpaläste. Von den fünf erhaltenen Fenstern der Seefassade haben die mittleren noch ihre ursprünglichen Marmorrahmen. Tragsteine weisen darauf hin, dass sich unterhalb der Fensterreihe ein Balkon entlangzog. Im unteren Bereich der Mauer sind dorische Kapitelle des 5. Jh. v. Chr. eingelassen. Direkt vor der Seefassade des Palastes lag der heute von der Uferstraße überbaute Bukoleon-Hafen.

Essen & Trinken

Palastküche – **Konyalı Lokantası** 1: Sultanahmet, Topkapı Sarayı, vierter Hof, S. 31.

Teatime mit Aussicht – **Setüstü Çay Bahçesi** 2: Gülhane Parkı, S. 134.

In der Zisterne – **Sarnıç** 3: Sultanahmet, Soğukçeşme Sokağı, Tel. 0212 512 42 91, www.ayasofyapensions.com/sarnic.asp, Tramvay Sultanahmet, 12–24 Uhr, 3-Gänge-Menü mit Getränken ab ca 50 €. Nobles Restaurant in einer alten byzantinischen Zisterne. Moderne türkische, stark westlich beeinflusste Küche bei Kerzenschein und gediegener Atmosphäre.

Legendär – **Pudding Shop Lale Restaurant** 4: Sultanahmet, Divanyolu Cad. 6, Tel. 0212 522 29 70, www.puddingshop.com, Tramvay Sultanahmet, 7–23 Uhr, Hauptgerichte ab 5 €. Der Pudding Shop zehrt vor allem von seinem legendären Ruf. Was heute fast wie ein durchschnittliches Restaurant aussieht, war einmal der Treffpunkt der Hippies und Aussteiger auf dem Weg nach Kabul und Katmandu. In einer Zeit ohne Internet und Handys fanden sie hier eine Informationsbörse und eine Sammelstelle für Fahrgemeinschaften.

Blick auf die Blaue Moschee – **Rami** 5: S. 148, Sultanahmet, Utangaç Sok. 6, Tel. 0212 638 53 21, www.ramirestaurant.com, Tramvay Sultanahmet, 11–24 Uhr, 3-Gänge-Menü ohne Getränke ca. 35 €. Traditionelle türkisch-osmanische

Sultanahmet

Küche wird in einem nostalgisch eingerichteten Haus vom Ende des 19. Jh. geboten. Von der Terrasse blickt man auf die illuminierte Blaue Moschee. Werke des Impressionisten Rami Uluer schmücken die Wände.
Elegante Stadtoase – **Yeşil Ev Garden Bar-Café** 6: Sultanahmet-Cankurtaran, Kabasakal Cad. 5, S. 36.
Beim ›Blinden Agop‹ – **Kör Agop** 7: Kumkapı, Kumkapı Meydanı, Ördekçi Bakkal Sok. 7, S. 32.

Einkaufen

Kunsthandwerker – **Caferağa Medresesi** 1: Sultanahmet, Caferiye Sok., Tramvay Sultanahmet, 10–20 Uhr. In der von Sinan erbauten Koranschule ist heute ein schönes Restaurant eingerichtet; in einigen Zellen kann man Kunsthandwerkern bei der Arbeit zusehen und ihre Werke kaufen.
Bücher in westlichen Sprachen – **Galeri Kayseri** 2: Sultanahmet, Divanyolu Cad. 11, 9–21 Uhr. Die beste Adresse für Bücher über Istanbul, die Türkei und den Islam. Fachliteratur findet man hier zwar nicht, aber viel über die Sehenswürdigkeiten und die einzelnen Regionen des Landes.
Kunsthandwerk und Teppiche – **Arasta Bazaar** 3: Torun Sok., neben Mozaik Müzesi, S. 37.
Kunsthandwerk – **İstanbul Sanatları Çarşısı** 4: Sultanahmet, Kabasakal Cad., neben Yeşil Ev Hotel, Tramvay Sultanahmet, 9.30–18.30 Uhr. S. 149.
Teppiche im Hamam – **Haseki Hürrem Halı Mağazası** 5: Sultanahmet, Ayasofya Meyd. 4, Di–So 8.30–17.30 Uhr. Im sog. Bad der Roxelane betreibt das Ministerium für Kultur und Tourismus ein Teppichgeschäft. Es handelt sich um neue Ware, die nach alten Mustern verarbeitet ist. Da der Laden staatlich ist, kann man nicht handeln, aber die Preise sind wesentlich günstiger als in privaten Teppichgeschäften.

Aktiv & Kreativ

Kunsthandwerk selbermachen – **Workshops des TKHV** 1: In der Caferağa Medresesi, www.tkhv.org. Kurse zu Kalligrafie, Miniaturmalerei, Sticken, aber auch zur osmanischen Sprache

Adressen

und Musik. Buchbar über die türkische Website; auf der Startseite laufen im Mittelfenster die Kurse mit Darstellung in Englisch durch.

Kochkurse – **Sarnıç Hotel** 2: Küçük Ayasofya Cad. 26, Sultanahmet. An Samstagen Kochkurse für türkische Menüs (S. 52).

Jogging – Am besten läuft man zuerst nach Kumkapı herunter (ca. 10 Min.) und steigt dort in den Banliyö-Zug Richtung Halkalı ein. In Bakirköy beginnt eine schöne, begrünte Uferstrecke, die am Marmarameer entlang bis zur Marina in Yeşilköy sehr angenehm zu laufen ist.

Abends & Nachts

Entspannen – **Sultan Pub** 1: Sultanahmet, Divanyolu Cad. 2, S. 43.

Der Arasta Bazaar, einst Pferdestall, heute viele Souvenir- und Teppichlädchen

Das Beste auf einen Blick

Cağaloğlu, Beyazıt und Eminönü

Highlight !

Süleymaniye Camii: Die Moschee für Süleyman den Prächtigen ist das Meisterwerk der unzähligen Bauten, die der berühmte Architekt Sinan in Istanbul errichtete. 13 S. 169

Auf Entdeckungstour

Der Große Basar – das erste Einkaufszentrum der Geschichte: Seit über 500 Jahren herrscht im Kapalı Çarşı, im überdachten Basar, ununterbrochenes Markttreiben. Die Goldpreise werden hier festgelegt, es wird zäh, aber mit Humor gehandelt und dabei immer sehr viel Tee getrunken. 10 S. 166

Die Vollkommene – die Süleymaniye-Moschee: Rund um die schönste Moschee Istanbuls haben sich die zur ursprünglichen Stiftung des Sultans gehörenden Gebäude so gut erhalten wie sonst nirgendwo. Vom Grab des Stifters führt der Weg zur Armenküche – wo heute noch nach osmanischen Rezepten gekocht wird. S. 172

Kultur & Sehenswertes

Theodosius-Forum: Wenig blieb vom zentralen Platz Konstantinopels. Die Steine der einstigen Gebäude finden sich nun in den Nebenbauten der Beyazıt Camii. 7 S. 160

Rüstem Paşa Camii: Ein Kleinod unter den Istanbuler Moscheen. Hier sind die verschiedensten und schönsten Blumenkacheln aus der Glanzzeit İzniks auf engstem Raum versammelt. 15 S. 170

Mısır Çarşısı: Im Ägyptischen Basar kann man sich in der Welt der Gewürze und Spezereien verlieren. 16 S. 171

Aktiv & Kreativ

Mut zum Feilschen: Beim Kauf eines Teppichs oder auch anderer etwas kostspieligerer Mitbringsel im Großen Basar wird von Ihnen erwartet, dass Sie handeln. Trauen sie sich! S. 166, 37.

Genießen & Atmosphäre

Erenler Çay Bahcesi: Bei Tee und Wasserpfeife können Sie dem Trubel auf der Divanyolu Caddesi und um den Großen Basar entfliehen. 2 S. 178

Orient Express Restaurant: Das Bahnhofslokal ist immer noch genauso mondän wie einst der Luxuszug Orient Express: Belle-Époque-Flair vom Feinsten! 6 S. 179

Abends & Nachts

Orient House: Türkische Musik, Folkloredarbietungen, Bauchtanz, und das alles zum Dinner. 1 S. 180

Tanzende Derwische: Die Faszination einer Sema, des rituellen Tanzes von Mitgliedern des Mevlevi-Ordens, wird z. B. im Basın Müzesi (S. 159) und im Sirkeci-Bahnhof (S. 177) präsentiert.

Orientalisches Markttreiben

Von der Ordu Caddesi, der Verlängerung der Divanyolu Caddesi, bis hinab zum Goldenen Horn, beherrschen geschäftiges Treiben und eine unüberschaubare Fülle von Waren das Bild der Stadt.

Nicht nur die legendären Markthallen des Großen Basars und des Ägyptischen Basars laden zum Bummeln und Kaufen ein, auch in den unzähligen Straßenzügen dazwischen, in denen hauptsächlich die einheimische Bevölkerung kauft, beeindruckt das Warenangebot. Hier muss man sich Zeit nehmen und sich ziellos treiben lassen. Sehenswerte Moscheen und auch die Parkanlage der ältesten Universität der Stadt bieten Ruhe und Erholung im Umfeld der Basare.

In Eminönü am Goldenen Horn schlägt das Herz der Stadt, denn hier liegt der wichtigste Verkehrsknotenpunkt: die Vorortbahnen enden am Bahnhof Sirkeci, die Tramvay überquert auf der Galatabrücke das Goldene Horn, Fährschiffe setzen nach Kadıköy und Üsküdar über, fahren den Bosporus und das Goldene Horn hinauf und Busse bringen die Menschen in die äußeren Stadtbezirke.

Am Rande des beständigen Menschenstroms wechseln an Marktständen alle denkbaren Waren den Besitzer. An fahrenden Ständen gibt es gegrillte Maiskolben, Bratfisch, fritierte Muscheln, und geheimnisvolle Düfte liegen in der Luft.

Infobox

Reisekarte: ▶ H 5/7, E6, G5

Information
Im Bahnhof Sirkeci, tgl. 9–17 Uhr.

Planung/Routenverlauf
Der Rundgang beginnt westlich des Ayasofya Meydanı, in der Straßenbiegung, wo die Alemdar Caddesi in die Divanyolu Caddesi übergeht. Die nächste Haltestelle der Tramvay ist Sultanahmet. Über die Divanyolu Cad. geht es mit einem Abstecher zum Cağaloğlu Hamamı Richtung Beyazıt Camii und von dort zum Großen Basar. Anschließend führt der Weg von Istanbul-Universität zur Süleymaniye-Moschee. Von dort geht es durch das geschäftige Viertel Eminönü zum Sirkeci-Bahnhof. Einen ausgiebigen Bummel durch den Großen Basar sollte man einplanen.

Entlang der Divanyolu Caddesi

Die Divanyolu Caddesi folgt dem Verlauf der **Mese** (›Mittelweg‹), der alten, einst prachtvoll ausgebauten Hauptverkehrsstraße des byzantinischen Konstantinopel. Teilweise mit Säulengängen gerahmt, führte sie am Konstantin- und Theodosius-Forum vorbei und teilte sich, um später auf die alte Römerstraße Richtung Adrianopel (Edirne) bzw. auf die Via Egnatia nach Thrakien und Makedonien zu treffen.

Im Winkel zwischen Divanyolu und Yerebatan Caddesi sind 1967/68 die Fundamente des **Milliarium Aureum** [1], des ›Goldenen Meilensteins‹, entdeckt worden. Dieser kurz ›Milion‹ genannte Tetrapylon, ein römischer Triumphbogen, lag direkt am Augusteum, dem öffentlichen Vorhof des

Entlang der Divanyolu Caddesi

Im Basarviertel der Altstadt bilden viele kleine Lädchen ein riesiges Einkaufsviertel

Kaiserpalastes. Er gab, wie in Rom, die Entfernungen der einzelnen Wegstrecken innerhalb des Reiches an. Der wieder aufgerichtete Marmorpfeiler lässt keine genaue Rekonstruktion des Triumphbogens zu, der wahrscheinlich noch bis zur türkischen Eroberung aufrecht stand. Heute dominiert der in osmanischer Zeit errichtete Wasserturm Suterazisi den Platz.

Auf der linken Seite am Divanyolu, hinter der kleinen Firuz Ağa Camii, stehen in einem parkähnlichen Gelände die Grundmauern des **Antiochos-Palastes** und des **Lausos-Palastes** [2] aufrecht, beide vom Anfang des 5. Jh. Der oktogonale Hauptsaal des Antiochos-Palastes wurde bereits im 6. Jh. in eine Kirche, geweiht der heiligen Euphemia, umgewandelt. Das **Tarihi Sultanahmet Köftecisi** [1] schräg gegenüber gilt als zweite Heimat Istanbuler Presseleute. Hier bekommt man die besten Hackfleischbällchen der Stadt.

Binbirdirek Sarnıcı (Binbirdirek-Zisterne) [3]

www.binbirdirek.com, Tramvay Sultanahmet, tgl. 8–17 Uhr, Eintritt 10 TL, Getränk inkl.

Die Binbirdirek Sarnıcı etwas weiter (der Eingang liegt in der İmran Öktem Caddesi) ist nach dem Yerebatan Sarayı (S. 138) der zweitgrößte unterirdische Wasserspeicher der Stadt. Vermutlich wurde die ›Zisterne der 1001 Säulen‹ im 4. Jh. erbaut. Tatsächlich ruht das große Ziegelgewölbe auf nur 224 Säulen, die eine beachtliche Höhe von 12,4 m erreichen. Die Säulen bestehen

Sehenswert
1. Milliarium Aureum
2. Paläste des Antiochos und des Lausos
3. Binbirdirek Sarnıcı (Binbirdirek-Zisterne)
4. Sultan Mahmut II Türbesi
5. Basın Müzesi (Pressemuseum)
6. Çemberlitaş (Konstantinssäule)
7. Theodosius-Forum

jeweils aus zwei übereinander stehenden, mit einem steinernen Wulstring verbundenen Schäften und tragen schlichte Kämpferkapitelle mit Monogrammen.

Nachdem die Zisterne im 19. Jh. von Spinnereiarbeitern genutzt wurde und dann verfiel, restaurierte man sie 2002. Heute nutzt man sie für Ausstellungen und Hochzeiten, ein Café verkauft Getränke.

Cağaloğlu Hamamı 1

Ein Abstecher über die Bab-i-Ali Caddesi führt zum Cağaloğlu Hamamı (S. 95) an der Prof. K. İsmail Gürkan Caddesi. Sultan Mahmut I. ließ dieses alttürkische Bad, das heute noch in Betrieb ist, 1741 errichten.

Vom Aufbau her entspricht es den römischen Thermalanlagen. Die Badediener empfangen den Gast im Camekan, der in römischen Bädern Apodyterium, ›Auskleideraum‹, hieß. Nach dem Bad kann man in diesem großen Kuppelraum auch ausruhen und einen Tee trinken. Im folgenden Soğukluk, dem Tepidarium der römischen Thermen, finden bei mäßig warmen Temperaturen die Vorreinigung und die Vorbereitung auf den Heißluftraum, das Hararet, statt. Dieser entspricht dem antiken Caldarium. Hier werden die schwitzenden Gäste auf einem Marmorpodest in der Mitte des Raumes kräftig mit viel Seifenschaum und Peelingkratzer massiert, bevor sie sich kühlendes Wasser aus den Wandbrunnen über den Körper gießen.

Der Frauen- und der Männertrakt des Cağaloğlu Hamamı liegen parallel nebeneinander. Architektonisch am interessantesten ist das Hararet ausgestattet. Den kreuzförmigen Saal deckt eine große Zentralkuppel, die von sieben kleinen Kuppeln umgeben ist.

Sultan Mahmut II Türbesi 4

An der Yeniçeriler Caddesi, hinter der Einmündung der Bab-ı-Ali Caddesi,

Cağaloğlu

Essen & Trinken
1. Tarihi Sultanahmet Köftecisi Selim Usta
2. Erenler Çay Bahçesi

Einkaufen
1. Sahaflar Çarşısı
2. Old Bazaar
3. Bazaar Alibaba
4. Sofa
5. Punto
6. Gördes Halı

Aktiv & Kreativ
1. Cağaloğlu Hamamı
2. Çemberlitaş Hamamı

Abends & Nachts
1. Orient House

8. Vakıf Hat Sanatları Müzesi (Kalligraphie-Museum)
9. Beyazıt Camii (Moschee des Sultan Beyazıt)
10. Kapalı Çarşı (Großer Basar)
11. Nuruosmaniye Camii

steht die Grabtürbe von Mahmut II., also jenes Reformsultans, der 1826 die Janitscharen auf dem At Meydanı zusammenschießen ließ (S. 141). Neben ihm sind sein Sohn Abdülaziz und sein Enkel Abdülhamit II. bestattet.

In der hinteren Ecke des Friedhofes mit vielen schönen osmanischen Gräbern liegt ein Teegarten, in dem man abseits des Trubels bei einem Getränk oder einer Nargile entspannen kann.

Basın Müzesi (Pressemuseum) 5

www.tgc.org.tr, Tramvay Sultanahmet, Mo–Sa 10–17 Uhr und während der Veranstaltungen, Eintritt frei, S. 54

Das Pressemuseum erinnert daran, dass das Viertel Çağaloğlu einst Standort vieler Verlage und Zeitungsredaktionen war. Aus Platzgründen sind allerdings bereits viele Büros und Druckereien in die modernen Stadtviertel, nach Merter und Levent, ausgewichen. Vom türkischen Journalistenverband eingerichtet, sind hier Druckerpressen und eine Dokumentation zum türkischen Zeitungswesen zu sehen. Außerdem finden mehrmals wöchentlich Sufi-Konzerte und Vorführungen der Tanzenden Derwische statt (S. 222).

Çemberlitaş (Konstantinssäule) 6

In byzantinischer Zeit bezeichnete diese Säule, heute **Çemberlitaş** genannt, den Mittelpunkt eines Forums, das Kaiser Konstantin der Große im Zuge der Stadterweiterung bauen ließ. Säulenhallen umgaben den runden, mit großen Platten gepflasterten Platz. Die Einmündungen der Mese-Straße (der heutigen Divanyolu) waren mit statuengeschmückten Torbauten hervorgehoben. Die Säule wurde im Jahr 328 aufgestellt. Sie war etwa 50 m hoch, setzte sich aus sieben Porphyrtrommeln zusammen und trug ein Standbild des Kaisers in Gestalt des Helios. Konstantin soll im Fundament heidnische und christliche Reliquien,

Cağaloğlu, Beyazıt und Eminönü

Mein Tipp

Erenler Çay Bahçesi 2
Der Erenler Çay Bahçesi im Hof der **Çorlulu Ali Paşa Medresesi** ist der ideale Ort, um abseits vom Trubel bei Tee oder einer Wasserpfeife *(nargile)* zu entspannen. Obwohl sich auch Teppich-, Kleider- und Kunsthandwerkshändler in den kleinen Räumen der alten Medrese niedergelassen haben, treffen sich in dem ruhigen Teegarten mit niedrigen Sitzhockern immer noch überwiegend Studenten der nahen Universität.

wie das Palladium des Aeneas, die Axt Noahs und den Wasser spendenden Stein Moses', selbst eingemauert haben. Hierin wird seine politische Haltung deutlich: Er sah die zukünftige Macht der christlichen Religion, wollte aber auch die Gunst der heidnischen Bevölkerung nicht verlieren.

Brände beschädigten später mehrfach die Säule. Bei einem Unwetter im Jahr 1105 stürzte die Konstantinsstatue mit den drei oberen Säulentrommeln herab. Dabei wurden, wie die Chronisten berichten, zahlreiche Menschen erschlagen. Nach einer weiteren schweren Brandkatastrophe ließ Sultan Abdülhamit I. im Jahre 1779 die Säule mit starken eisernen Reifen sichern; daher der Name Çemberlitaş (›bereifter Stein‹). Der anschließende Platz nimmt einen Teil des ehemaligen Forums ein.

Ein Stück weiter auf der Yeniçeriler Caddesi, westlich der Atik Ali Paşa Camii, lädt der beschauliche Hof der Koca Sinan Paşa Medresesi zu einer Teepause ein. Der Zugang erfolgt durch das Tor zur Türbe des Koca Sinan Paşa, eines Großwesirs unter Sultan Selim II.

Rund um die Beyazıt-Moschee

Theodosius-Forum 7
393 weihte Kaiser Theodosius I. (reg. 379–395) das neugestaltete Theodosius-Forum (das frühere Forum Tauri) ein. 1927/28 kamen bei Abbrucharbeiten eines türkischen Han an der Ordu Caddesi, westlich der Beyazıt Camii, Postamente und Säulenfragmente eines dreitorigen Triumphbogens für den Kaiser zum Vorschein.

Den Mittelpunkt des Forums markierte eine große Ehrensäule. Ein Bandrelief, das die Barbarensiege des Theodosius verherrlicht, und ein Standbild des Kaisers schmückten die Säule, die nach einem Unwetter im Jahr 1517 umstürzte. Zahlreiche Bruchstücke der Säule wurden im selben Jahr, aber erst nach dem Tod des Sultans, im **Beyazıt Hamamı** verbaut. In den freigelegten Südfundamenten des Bades sind Reliefstücke erhalten, die voll bewaffnete Soldaten zeigen. Sie verbeugen sich vor dem Kaiser, wahrscheinlich, um Auszeichnungen in Empfang zu nehmen.

Beim Bau des Hamams und auch der Medrese (s. u.), die zur Beyazıt Camii gehörten, wurden zahlreiche weitere byzantinische Gebäude am Theodosius-Forum zerstört.

Hat Sanatları Müzesi (Kalligraphie-Museum) 8
Di–Sa 9–12, 13–16 Uhr, Eintritt 5 TL, S. 55

In einer alten Koranschule, der **Beyazıt Medresesi**, ist das Vakıf Hat Sanatları Müzesi untergebracht. Texte aus dem Koran, Diplome, Herrscherembleme

Entlang der Divanyolu Caddesi

(Tuğra) in schönen Kalligraphien, dazu Buchbindearbeiten und Schreibutensilien sind hier ausgestellt. Eindrucksvoll ist die Arbeit von Şeyh Mehmed Selim el Kadırı, der 1880–1887 den ganzen Koran auf eine Tafel geschrieben hat.

Beyazıt Camii
(Moschee des Sultan Beyazıt) 9

Die Beyazıt Camii überragt weithin sichtbar den Beyazıt Meydanı. Inschriften über dem Portal und im Hof zufolge ließ Sultan Beyazıt II. (1481–1512) diese Moschee zwischen 1500 und 1506 errichten. Sie ist damit die älteste erhaltene Sultansmoschee Istanbuls. Ursprünglich lag sie direkt neben dem Eski Saray, dem alten Sultanspalast, dessen Platz heute das Universitätsgelände einnimmt.

Vorhof und Moschee bilden zwei gleich große Quadrate. Der gestaffelte Aufbau der Kuppeln des Gebetshauses, der beim Eintreten so beeindruckt und der bei der Sultan Ahmet Camii seinen Höhepunkt findet, hat hier noch keine Bedeutung. Vorhof und Moschee sind zwei eigenständige Raumeinheiten; dazu kommen die seitlich angegliederten *tabhane* (Gästehäuser) mit jeweils fünf Kuppeln. Die Architektur der Moschee weist neben der frühosmanischen Tradition dieser drei Gebäudeteile auch byzantinische Elemente auf; sie sind in der seitlichen Abstützung der Hauptkuppel durch Halbkuppeln in der Längsachse wie bei der Hagia Sophia zu finden. Diese Übernahme aus dem Kirchenbau und ihre Weiterentwicklung im Sinne des

Die Beyazıt Camii ist die älteste Sultansmoschee der Stadt

Lieblingsort

Der Büchermarkt
Miniaturmalereien, Kalligraphien, Stiche mit orientalischen Stadtansichten von Istanbul, Karagöz-Figuren aus dünner Lederhaut gefertigt und natürlich Bücher – neue und antiquarische, türkische und internationale ... im **Sahaflar Çarşısı** 1 macht das Stöbern richtig Spaß. Hier geht es viel beschaulicher zu als im oft überfüllten Großen Basar. Hier findet man garantiert einen Roman oder das Fachbuch über Istanbul, das man schon immer haben wollte. Aber Vorsicht: Wenn Sie mit einem Büchernarren durch die Gasse gehen, könnte es leicht passieren, dass Ihr Tagesprogramm damit erledigt ist.

Cağaloğlu, Beyazıt und Eminönü

osmanischen Einheitsraumes bleibt bis ins 17. Jh. richtungweisend.

Die zwei Minarette stehen weit auseinander an den Ecken der Tabhane, am rechten sind noch die ursprünglichen geometrischen Terrakottaornamente erhalten. Der Baldachin über dem **Şadırvan** (Reinigungsbrunnen) in der Mitte des Vorhofes ist eine spätere Hinzufügung aus der Zeit Murats IV. (1623–1640). 1736 baute Şeyh-ülislam Veliyüddîn Efendi am westlichen Tabhane eine kleine Bibliothek an.

In dem mit einer Mauer umfriedeten Bezirk südlich des Gebetshauses befinden sich zwei **Türben.** Hier sind Sultan Beyazıt II. und seine Tochter Selçuk Hatun bestattet. In einem dritten Grabbau am südwestlichen Mauereck ruhen der 1857 verstorbene Großwesir Reşit Paşa und seine Söhne.

Die vielen Tauben auf dem Hürriyet Meydanı gaben der Moschee auch den Namen Güvercin Camii ›Taubenmoschee‹. Man sagt, einst habe Sultan Beyazıt II. einer armen Frau ein Taubenpaar abgekauft und es freigelassen; von dem stammen nun die vielen Vögel auf diesem Platz ab.

Der ehemalige **İmaret** (Armenküche), 1880 in eine Bibliothek umgebaut, begrenzt den Hürriyet Meydanı im Osten der Moschee. Vor der Beyazıt Camii, an einem Teegarten, liegt der Zugang zum **Sahaflar Çarşısı** 1 (Antiquariatsbasar, S. 162). Hier kann man in kleinen Läden neben Neuproduktionen auch alte Bücher und Miniaturmalereien entdecken. Zu günstigen Preisen werden zudem die aus dünnen Lederhäuten gefertigten Karagöz-Schattenspielfiguren angeboten.

Cağaloğlu und der Große Basar

Kapalı Çarşı (Großer Basar) 10
Mo–Sa 9–19 Uhr
Der Kapalı Çarşı ›Überdachter Basar‹, oft auch Büyük Çarşı ›Großer Basar‹ genannt, erstreckt sich zwischen der Nuruosmaniye- und der Beyazıt Camii und gleicht einer Stadt in der Stadt, die allerdings nur zu Geschäftszeiten geöffnet ist. Seine Errichtung geht auf Mehmet II. Fatih (1451–1481) zurück, der eine große Pfeilerhalle, den **Eski Bedesten** ›Alte Tuchhalle‹, bauen ließ. Diese Halle, überwölbt mit 15 Kuppeln auf acht Pfeilern, war fest verschließbar und wurde ständig bewacht. Hier sollten wertvolle Güter gelagert und verkauft werden. Später galt der Eski Bedesten auch als sicherster Aufbewahrungsort für privates Geld in ganz Istanbul, er übernahm also praktisch die Funktion der heutigen Banktresore.

Unter Süleyman I. entstand in der Nähe eine zweite Halle, der **Yeni Be-**

Mein Tipp

Tee an der Beyazıt-Moschee

Der Teegarten zwischen der Beyazıt Camii und deren altem İmaret lädt zu einer Rast unter mächtigen Platanen ein. Das Treiben auf dem benachbarten Flohmarkt und Bücherbasar lässt bereits die Nähe des Großen Basars erahnen. An den Ständen werden Schmuck, Taschenuhren, alte und neue Armbanduhren, Metallbeschläge jeglicher Art und Münzen angeboten. Darunter sind Münzen aus verschiedensten Ländern, aber auch Fälschungen und echte Antiken. Hier ist Vorsicht geboten, denn die Ausfuhr von antiken Stücken ist verboten (S. 39).

Cağaloğlu und der Große Basar

Das Tor der alten Universität am Beyazıt-Platz

desten (›Neue Tuchhalle‹; heute Sandal Bedesten genannt), mit 20 Kuppeln über zwölf Pfeilern. Diese beiden Bauten waren von überwölbten Ladenstraßen umgeben, so dass eine Fläche von ca. 32 000 m² gänzlich dem Handel diente. Brände zerstörten jedoch immer wieder die Holzbauten. Mustafa II. (1695–1703) ließ deshalb nach einem schweren Brand das ganze Marktviertel in Stein wieder aufbauen.

17 Tore, die allabendlich geschlossen werden, gewähren Einlass in diesen orientalischen Handelsbereich. Seit alters her steht jedem Gewerbezweig ein eigenes Viertel oder ein Straßenzug zur Verfügung. Der bequeme Warenvergleich und ein angemessenes Preisniveau sind damit für den Kunden gewährleistet. Viele der traditionellen Berufe, wie z. B. Turbanmacher, Reiherbuschbinder oder Perlenhändler, sind längst ausgestorben und leben nur noch in den Straßennamen des Basars fort. Statt dessen haben sich Kunstgewerbe- und Souvenirläden in den Räumlichkeiten niedergelassen. Auch die Handwerksbetriebe wurden weitgehend ausgelagert. So kann man nur noch selten den Teppichflickern oder Silberschmieden bei der Arbeit zusehen. Dennoch fasziniert dieser Markt durch seine Atmosphäre und sein unüberschaubares Warenangebot (s. Entdeckungstour S. 166).

Nuruosmaniye Camii 11

Die Nuruosmaniye-Moschee wurde unter Mahmut I. 1748 begonnen, aber erst 1755 von Osman III. fertiggestellt. Ihm verdankt die Moschee auch ihren Namen: ›Licht des Hauses Osman‹. Die Nuruosmaniye ist die erste Moschee, die mit der Tradition Sinans brach und barocke Elemente aufnahm. Große Tragebogen rahmen die hohen Seiten-

Auf Entdeckungstour

Der Große Basar – das erste Einkaufszentrum der Geschichte

Der Kapalı Çarşı 10 ist das weltweit älteste und größte ›Shopping Center‹ – ein labyrinthisches Gassengewirr mit mehr als 4000 Läden, Ateliers, Kaffeehäusern und Restaurants. Vom kostbaren Teppich bis zum handgefertigten Kupfergefäß und Goldschmuck ist alles im Angebot.

Anfahrt: Mit der Tramvay bis zur Haltestelle Çemberlitaş.

Dauer: 3–4 Stunden, wir empfehlen unbedingt eine Pause in einem der einfachen Lokanta – allein schon, um die Augen zu beruhigen.

Der Rundgang zu den Spezialitäten des Großen Basars (Kapalı Çarşı) beginnt dort, wo die meisten Besucher in die Welt des orientalischen Handels eintauchen, nämlich am Nuruosmaniye-Tor. Die Kalpakçılarbaşı Caddesi, die man durch dieses Tor betritt, ist eine der Hauptadern des Marktes und wird als ›Goldstraße‹ tituliert. Hier reiht sich ein Juwelier an den anderen, doch die Läden gleichen mehr den Shops auf der Düsseldorfer Kö als einem traditionellen Handelsplatz. Die Spur zu den wahren Goldschätzen führt deshalb schon bald nach rechts, und zwar unmittelbar hinter dem Sandal Bedesten in die gleichnamige Gasse.

Die Spur des Goldes

Nach vielleicht 200 m, hinter der Muhafazacılar-Gasse, liegt auf der rechten Seite ein kleiner, völlig unscheinbarer Laden, Topaloğlu, wo plötzlich Gold so auftaucht, wie es im Basar schon immer gehandelt wurde. In Barren, oder Ringen oder als ausgewalztes Blattgold wird es auf die Waage gelegt und verkauft nach Gewicht wie anderswo Lammkottelets oder Hühnerschenkel. Denn Gold ist hier nicht in erster Linie ein Schmuckstück, sondern eine Währung und ein Investment.

Das wird, je weiter wir die Gasse entlanggehen, umso deutlicher. Denn rund um die Aynacılar Sokak kommen jetzt die Geschäfte, wo normalerweise nicht ausländische Gäste kaufen, sondern türkische Familien ihre Brautgeschenke. Die ausgestellten Goldringe oder Halsgeschmeide glänzen nicht durch ihre individuelle Anfertigung, sondern durch die schiere Masse. Denn hier wird auch nach Gewicht gekauft, um es anschließend, am Hochzeitstag, der Braut zu offerieren, die das Gold als ihre persönliche Sozialversicherung bekommt.

Die Teppichfalle

Vom Goldviertel aus nach links, über die größere Kuyumcular Caddesi hinweg, nähern wir uns dem Herz des Basars. Noch einmal extra abgeteilt liegt hier der berühmte Eski Bedesten oder Old Bazaar. Rund um diese Alte Markthalle konzentrieren sich die Straßen der **Teppichhändler.** Wenn in Europa ein Politiker sagt: »Wir sind hier doch nicht auf dem Basar«, dann will er damit sagen, er lässt sich nichts abhandeln. Was dort abschätzig gemeint ist, gilt auf dem Basar als hohe Kunst. Richtiges Handeln gehört zum Geschäft. Und zweifellos sind die Teppichhändler die Größten in dieser Disziplin. Denn einen Teppich kauft man nicht mal eben so im Vorbeigehen.

Es kann Stunden dauern, bis ein Teppichhandel abgeschlossen ist, aber Teppichhändler haben alle Zeit der Welt. Es gibt erst einmal Tee, dann wird erzählt und geplaudert, denn fast alle Händler sind auch kleine Fremdsprachengenies. Danach beginnt die große Teppichschau. Es gibt im Großen Basar vom billigen Kelim bis zum handgeknüpften antiken persischen Kunstwerk alles, was das Herz begehrt.

Etwas abseits der quirligen Gassen beim Eski Bedesten, die Kuyumcular Caddesi hinauf, liegt der **Zincirli Han,** in dem der Teppichkönig Şişko Osman residiert. In diesem wunderschönen ruhigen Innenhof kann man sich ohne Sorge um die Qualität auf einen gediegenen Teppichhandel einlassen.

Elfenbein und antikes Nebelhorn

Wer statt nach den Klassikern Gold und Teppichen eher auf der Suche nach echten Raritäten ist, muss sich im **Old Bazaar** umschauen, der auch Cevahir Bedesteni (Juwelier-Basar) genannt wird. Neben vielem Schmuck gibt es hier die schönsten Entdeckungen zu machen. Elfenbeinzähne von Walrossen aus Russland, bizarr geschnitzte Meerschaumpfeifen und sogar Meerschaum in noch unbearbeitetem Zustand sind in diversen Läden oft in Fusshöhe versteckt. Wer griechisch-orthodoxe Ikonen sucht, wird hier genauso fündig wie Ausstatter von Marinemuseen. Ein Nebelhorn, mit einem Blasebalg betrieben, dürfte so leicht nicht woanders zu finden sein.

Dieses Schmuckkästchen innerhalb des Basars ist der älteste Teil des Marktes; die Halle hat vier Tore und eine sehr schön restaurierte Kuppeldecke. Ursprünglich saßen die Händler hier nur vor ihren Nischen, in denen die Ware gestapelt war. Nachts schloss der Bedesten seine eigenen Tore.

Die Herren der Kupferringe

Über die Zenneciler Sokak erreicht man die Sipahi-Gasse, an dieser findet sich, vielleicht 100 m nach rechts, auf der linken Seite der **Cebeci Han**. Im ersten Hof haben sich eine Reihe kleinerer Lokale eingerichtet. Es folgt ein zweiter Hof, in dem sich rundherum, am Boden und auf der Galerie, die letzten aktiven Meister der ehrbaren Kupferschmiede befinden. Hier entstehen die großen gehämmerten Kupfertabletts, große Kannen oder auch kleine Öllämpchen.

Die Werkstätten sind offen und Besucher zumeist willkommen. Während der übrige Basar sich ausschließlich auf den Handel konzentriert, sind hier die letzten Produktionsstätten, an denen man einen Blick hinter die Kulissen tun kann.

Allahs Bibliothek

Auf der Kalpakçılar Caddesi gegenüber vom Nuruosmaniye-Tor kann man den Basar durch eines von drei eng beieinander liegenden Toren verlassen. Dahinter schließt der **Sahaflar Çarşısı** an, wo seit Jahrhunderten die Antiquare versammelt sind (S. 162).

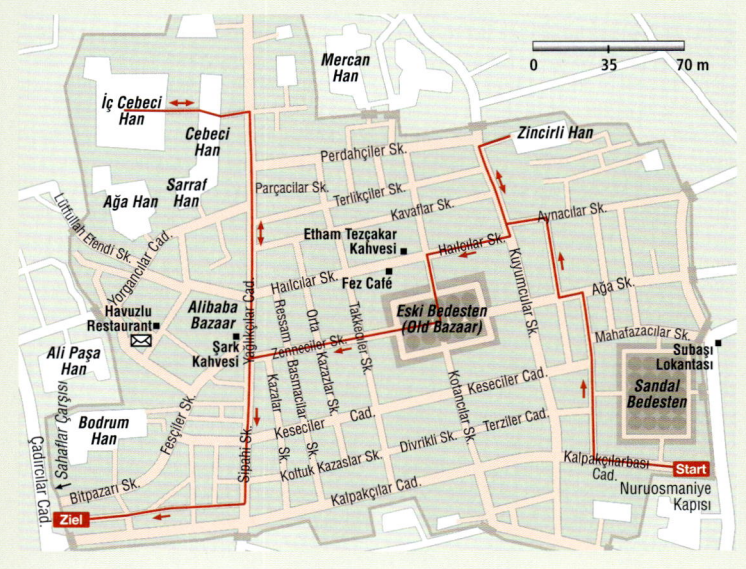

wände des rechteckigen Gebetshauses; kleine Türmchen krönen die Eckpfeiler. Der mit Fenstern durchsetzte Kuppelring wird durch geschwungene Strebepfeiler auf den quadratischen Unterbau bezogen. Die Steinspitzen der Minarette ahmen gedrechselte Formen nach. Ein Halbrund bildet auf ungewöhnliche Art den Vorhof.

Zahlreiche Fenster, Balkone und Loggien prägen das Innere der Moschee. Die Mihrab-Nische springt aus der Mauerflucht hervor und weist in Parallele zum Vorhof eine sechsfache Brechung der Wand auf. Moschee und Vorhof liegen erhöht auf einer Terrasse und sind nur über unsymmetrische Stufenfluchten zu betreten. Zahlreiche Schuhputzer, Losverkäufer und vor allem Straßenhändler lassen den Besucher im Garten der Moschee die Nähe des Großen Basars spüren.

In den Nebenstraßen östlich der Nuruosmaniye Camii liegt übrigens das traditionelle Presseviertel der Türkei; zahlreiche Zeitschriftenverlage und Druckereien haben dort ihren Sitz. Noch heute, über 75 Jahre, nachdem Ankara Hauptstadt wurde, werden die öffentliche Meinung und die Kultur in Istanbul gemacht – obwohl viele Verlage inzwischen die Altstadt verlassen haben und in die modernen Außenviertel gezogen sind.

Von Süleymaniye nach Eminönü

İstanbul Üniversitesi (Istanbul-Universität) 12

Hinter der Beyazıt Camii (S. 161) begrenzt das großartige Monumentaltor der İstanbul Üniversitesi in orientalisierendem Stil den Platz. Dahinter erstreckte sich vormals bis zur Süleymaniye-Moschee der Eski Saray des Sultans Mehmet II. Heute befindet sich in dem Park das alte Universitätsgebäude.

Zwischen 1866 und 1870 von dem französischen Architekten Auguste Bourgeois geschaffen, diente das Gebäude zunächst als Kriegsministerium (Seraskerat); ab 1924 beherbergte es Einrichtungen der Universität. Seit dem Bau der Neuen Universität westlich der Beyazıt-Moschee an der Ordu Caddesi, die von dem deutschen Architekten Paul Bonatz (1877–1956) entworfen wurde, dient es nur noch als Verwaltungsgebäude der ältesten der zahlreichen Istanbuler Hochschulen.

Der ebenfalls in diesem Park stehende 50 m hohe **Beyazıt Kulesi,** ein Feuerwachturm, löste 1828 den früheren Holzturm ab (leider nicht zugänglich).

Süleymaniye Camii ! 13

Geöffnet tgl., zu den Gebetszeiten ist der Betsaal jedoch nicht zugänglich

Nördlich des Universitätsgeländes steigt man zum dritten Hügel der Stadt hinauf, auf dem sich weithin sichtbar die Süleymaniye Camii erhebt.

Zwischen 1551 und 1557 errichtete Hofarchitekt Sinan (S. 87) im Auftrag des Sultans Kanuni Süleyman (der im Westen Soliman der Prächtige genannt wurde) die schönste Sultansmoschee Istanbuls und zugleich die größte osmanische Architekturanlage überhaupt. Der Brand im Eski Saray von 1540/41 und die dadurch veranlasste Verlegung der Privatgemächer des Herrscherhauses in den Neuen Palast machten den Baugrund für einen gewaltigen Stiftungskomplex *(külliye)* in exponierter Lage frei (s. Entdeckungstour S. 172).

Die Moschee liegt in der Mitte eines 200 x 140 m großen, von einer Mauer eingefassten Areals. Vier Minarette mit zwei bzw. drei Galerien auf der

Seite zum Bethaus erheben sich an den Ecken des Vorhofs. Der Überlieferung nach bezieht sich ihre Vierzahl auf die Tatsache, dass Süleyman der vierte Sultan Istanbuls war, und die insgesamt zehn Galerien bestätigen ihn als den zehnten Sultan des Hauses Osman.

Neben der Moschee umfasst die Külliye zahlreiche soziale Einrichtungen: Medresen, Bäder, Krankenhaus, Armenküche und Herberge lagen jenseits der Straßen parallel zur Mauerumfriedung der Moschee (s. Entdeckungstour S. 172).

Heute kann man im **Darüzziyafe Lokanta** 3 im Hof der einstigen Armenküche osmanische Küche genießen (S. 178). Tee, Wasserpfeife und kleine, einfache Gerichte bietet der besonders bei Studenten beliebte **Lale Çay Bahçesi** in dem westlich anschließenden, tiefer gelegenen Innenhof. Die zwei ehemaligen Medresen südwestlich der Moschee beherbergen heute ebenfalls gut gehende Lokantas.

Mimar Sinan Türbesi (Sinans Grabmal) 14

Unterhalb der Nordostecke des Moscheehofes liegt das Grabhaus des berühmten Architekten Sinan, die Mimar Sinan Türbesi. Von ihm selbst errichtet, bietet es mit seinem Brunnenhaus eine ansprechende Gedenkstätte in dem kleinen Garten. Eine Inschrift an der südlichen Gartenmauer, verfasst von seinem Dichterfreund Mustafa Sa'i, preist das große Werk des Baumeisters (S. 87).

Rüstem Paşa Camii 15

Durch ein Gewirr kleiner Gassen steigt man hinab zur ebenfalls sehr sehenswerten Rüstem Paşa-Moschee.

Rüstem Paşa war der Großwesir und zugleich Schwiegersohn von Sultan Süleyman dem Prächtigen, auch er beauftragte den Hofarchitekten Sinan (S. 87) mit dem Bau einer Külliye, einer Moscheestiftung. Damit sie an diesem geschäftigen Ort vom Alltagstrubel ab-

Eminönü

Sehenswert
1 – 11 s. Plan S. 158
12 İstanbul Üniversitesi
13 Süleymaniye Camii (Moschee des Sultan Süleyman)
14 Mimar Sinan Türbesi (Sinans Grabmal)
15 Rüstem Paşa Camii
16 Mısır Çarşısı (Ägyptischer Basar)
17 Yeni (Valide) Camii (Moschee der neuen Sultansmutter)
18 Galata Köprüsü (Galata-Brücke)
19 Sirkeci Garı (Bahnhof Sirkeci)

Essen & Trinken
1 – 2 s. Plan S. 158
3 Darüzziyafe Lokanta
4 Pandeli
5 Hamdi Et Lokantası
6 Orient Express
7 Paşazade

Einkaufen
1 – 6 s. Plan S. 158
7 Hacı Bekir
8 Marpuççular-Basar

Aktiv & Kreativ
1 – 2 s. Plan S. 158
3 Süleymaniye Hamamı

Abends & Nachts
1 s. Plan S. 158
2 Nargile-Cafés unter der Galata-Brücke

geschieden ist, erhebt sie sich auf einer Terrasse über einem Podium mit Geschäftsräumen. Die dort erzielten Einnahmen sicherten zugleich den Unterhalt der Stiftung. In der Architektur ist eine Vorstudie für die Selimiye in Edirne, dem Meisterwerk Sinans, zu erkennen. Er versuchte, einen möglichst großen Kuppelraum ohne störende Innenstützen zu schaffen. Diese sind als Pfeiler an die tragenden Wände gestellt worden.

Besonders beeindruckend ist der überaus reiche, gut erhaltene Fliesenschmuck, der die Wände der Vorhalle und des Innenraumes überzieht und aus der Glanzzeit der Werkstätten von İznik stammt. In kräftigen Rot- und Blautönen erkennt man stilisierte Blüten und Rosetten, geometrische Muster, aber auch ganze Amphoren mit Blütenbuketts.

Mısır Çarşısı (Ägyptischer Basar) 16
Mo–Sa 9–19 Uhr
Die große L-förmige Halle des Ägyptischen Basars gehört zum Stiftungskomplex der Yeni Camii (s. S. 175) und wurde 1660 auf dem Platz eines alten

Mein Tipp

Tahtakale
Lassen Sie sich durch die Straßen des Viertels an der Tahtakale Caddesi treiben. Hier kaufen die Einheimischen und Sie können sicher sein, dass Sie auch etwas Nützliches oder weniger Nützliches zu einem Spottpreis ergattern. Von Haushaltsdingen über Stoffe, Kleider und Hemden mit allen möglichen Accessoirs bis zu Gegenständen für Küche und Bad oder Werkzeugen und Gartengeräten findet man alles.

Auf Entdeckungstour

Die Vollkommene – die Süleymaniye-Moschee

Die Süleymaniye-Moschee 13 gilt als das vollkommenste Beispiel osmanischer Sakralarchitektur. Mit ihren Stiftungsbauten bildet sie einen eindrucksvollen Gesamtkomplex, der die Idee der religiösen Stiftung *(vakıf)* im osmanischen Reich widerspiegelt.

Anfahrt: Mit der Tramvay bis Beyazıt Meydanı. Sie gehen über den großen Platz der Universität und folgen der Außenmauer. Die Süleymaniye liegt etwas versteckt hinter dem Universitätsgelände.

Dauer: 2 bis 3 Stunden

Achtung: Die Moschee ist wegen Restaurierungsarbeiten bis Mitte 2010 teilweise geschlossen.

Der Mittelpunkt des gesamten Stiftungskomplexes *(külliye)* des Sultans Süleyman ist die auf quadratischem Grundriss erbaute **Süleymaniye Camii** (S. 169). Den Hauptzugang bildet ein hoher Torbau an der Nordwestseite des Vorhofes. Seine dreigeschossigen Seitenräume beherbergten das Observatorium *(muvakithane)* zur genauen Bestimmung der Gebetszeiten und des Ramadanbeginns. Das Portal der Moschee erreicht man durch den von Arkaden eingerahmten Vorhof, mit seinem zentralen Brunnen *(şadirvan),* an dem die Gläubigen vor dem Gebet ihre Waschungen vornehmen.

Betritt man den Hauptraum des Gotteshauses, beeindruckt vor allem die lichtdurchflutete Höhe des Gebäudes. Erreicht wird dieser Eindruck durch 130 farbige Steinglasfenster, die fast alle noch im Original erhalten sind, und die mächtige, scheinbar frei schwebende Kuppel als Himmelsdach.

Das Licht Gottes

Als Süleyman, der mächtigste und, was nicht ganz unwichtig für den Bau war, auch reichste Sultan des osmanischen Imperiums, seinem Baumeister Mimar Sinan den Auftrag für seine Moschee gab, war klar, dass diese vierte große Sultansmoschee der Stadt dieses Mal endlich auch die bereits tausend Jahre alte Hagia Sophia an Größe und Ausstrahlung übertreffen sollte. Zwar blieb Sinan in den Ausmaßen der Kuppel hinter der einstigen Hauptkirche der orthodoxen Christenheit zurück – die Kuppel der Moschee ist 49,5 m hoch und beträgt 26,2 m im Durchmesser, während die Kuppel der Hagia Sophia eine Höhe von 55,6 und einen Durchmesser von 33 m erreicht. Dennoch hat der Betrachter das Gefühl, einen wesentlich größeren Raum zu betreten. Sinan stützt die gesamte Konstruktion auf vier mächtige Säulen, die für den Bau unter großem Aufwand aus einem angeblichen Tempel Salomons im libanesischen Baalbek-Tal und aus Alexandria geholt worden waren. Zwei weitere Säulen stammen wahrscheinlich aus den Ruinen des byzantinischen Kaiserpalastes.

Die Innenausstattung der Moschee besticht durch ihre Schlichtheit. Kein überflüssiger Zierrat, sondern edelste Fayancen aus den berühmten İznik-Werkstätten schmücken die Wände in der Gebetsnische und hinter der Predigerkanzel. Der Sultan war jedenfalls zufrieden, als sein Prachtbau nach nur dreijähriger Bauzeit eingeweiht wurde, und ließ Sinan das Eröffnungsgebet sprechen.

Tatsächlich war der Bau ein Kraftakt ohnegleichen. Mehr als 3000 Handwerker, Spezialisten und Janitscharen arbeiteten auf der größten Baustelle der Stadt rund um die Uhr. Allein die Terrassierung des Hügels und die komplizierten Fundamente, die für den Bau gegossen werden mussten, waren eine architektonische Meisterleistung.

Ewiger Frieden

Rings um die Moschee als Zentrum der Külliye liegt ein Garten, der auf terrassiertem Gelände angelegt und daher von hohen Stützmauern umgeben ist. Hinter der Moschee finden sich die Mausoleen (Türben) des Herrschers und seiner Frau Haseki Hürrem, die in die europäische Geschichtsschreibung unter dem Namen Roxelane eingegangen ist. Roxelane, eine Tscherkessin, die der Sultan sehr geliebt haben soll, war in der Geschichte des Osmanischen Reiches eine der einflussreichsten Frauen hinter dem Thron. Ihre Türbe ist deshalb kaum weniger prächtig als die des Sultans. Zartes Buntglas und blumengeschmückte Fliesen geben dem Innern eine heitere Ruhe. Für den Sultan, der in seinem Leben etliche Kriege führte und in Europa auch durch die Belagerung Wiens im Gedächtnis blieb, symbolisiert die mit Edelsteinen geschmückte Decke des Mausoleums den Himmel des ewigen Friedens.

Speisung der Fünftausend

Eine Moschee, zumal eine große Sultansmoschee, bestand aber nie nur aus einem singulären Gebäude, sondern immer aus einem ganzen **Stiftungskomplex** *(külliye)*, der sozialen Aufgaben diente. Dazu gehören in der Regel Schulen *(medrese)*, ein Hospital *(hastane)*, die Armenküche *(imaret)* und ein Gästehaus *(han)*. Der Komplex der Süleymaniye ist ein besonders gutes Beispiel für die Umsetzung einer Külliye. Die eigentliche Moschee ist im gesamten Karree umgeben von Stiftungsgebäuden, die fast alle noch existieren, auch wenn sie nicht mehr der ursprünglichen Bestimmung dienen.

Wenn man den inneren Bereich der Moschee durch den Vorhof wieder verlässt, blickt man auf den Eingang zum **Darüzziyafe Lokanta** 3. Dieses Restaurant (s. S. 178) befindet sich in einem schönen Innenhof, auf dem früher die Speisung der Armen stattfand. Ringsum, in den Großküchen der Stiftung, wurde täglich für Tausende Bedürftige gekocht, die sich hier eine Mahlzeit abholen konnten.

Das rechts anschließende Gebäude, das heute nicht genutzt wird, war in früheren Jahrhunderten das Gästehaus, beziehungsweise die Karawanserei, in der Gläubige von auswärts für einige Tage unterkommen konnten.

Geist und Glauben

Wir setzen den Rundgang um die Moschee nun im Uhrzeigersinn immer nach rechts fort. An der ersten Ecke, wo früher der General der Janitscharen residierte, ist nun der Sitz des Mufti von Istanbul. Im selben Komplex liegen auch verschiedene Institute der Istanbuler Universität, unter anderem zwei der vier theologischen Schulen, die bei Gründung der Süleymaniye die Moschee geradezu einrahmten. Heute liegen diese ehemaligen Medrese hinter einer Mauer und sind nicht zugänglich. Dafür kann man direkt gegenüber dem Amt des Obergeistlichen die Grabstätte von Mimar Sinan besichtigen, der sich hier, am Fuße seines wichtigsten Bauwerkes, beisetzen ließ.

Am anderen Ende der Straße, unterhalb der Moschee, befindet sich das Hamam der Süleymaniye. Es ist nach wie vor in Betrieb. Wiederum nach rechts geht es nun eine schmale Straße entlang aufwärts. Hinter der Mauer auf der linken Seite liegt das Hauptareal der Istanbuler Universität. Wie bei der Gründung sind Geist und Glauben immer noch räumlich eng verschränkt. Am oberen Ende der Straße steht ein offener Brunnen, der quasi den Eingang zu den folgenden, rechter Hand liegenden Häusern bildet.

Hinter den Restaurants und Teegärten, die sich heute hier befinden, lagen früher die beiden wichtigsten theologischen Hochschulen der damaligen Zeit. Heute ist dort die Bibliothek *(kütüphane)* der Süleymaniye-Moschee untergebracht. Sie enthält mehr als 70 000 Schriften aus der osmanischen Zeit. Am unteren Ende, kurz bevor wir wieder auf die Armenküche treffen, befand sich der medizinische Komplex. Das ehemalige Krankenhaus wird gerade restauriert; im Garten des früheren Hospiz befindet sich nun ein schöner Teegarten, den man erreicht, wenn man eine lange Treppe in den Hof des Gebäudes hinabsteigt.

osmanischen Gewürzbasars errichtet. Abgesehen von einzelnen Haushaltswaren und Schmuckläden bestimmen noch immer die Gewürzhändler das Bild. In großen Säcken oder Plastikeimern preisen sie die verschiedensten Kräuter, Gewürze, Kaffee- und Teesorten an. Aber es gibt auch Nüsse, alle Arten von Trockenfrüchten, sauer eingelegtes Gemüse in hohen Glasflaschen und zahlreiche Wurst- und Käsesorten. Auch die verschiedenen kosmetischen Öle und Duftessenzen verleiten zum Kauf.

Yeni (Valide) Camii 17

Am Goldenen Horn, nahe dem südlichen Brückenkopf der Galata-Brücke, erhebt sich die markante Yeni Valide Camii ›Moschee der neuen Sultansmutter‹, die meist nur kurz Yeni Camii genannt wird. Safiye Sultan, die Mutter Mehmets III. (1595–1603), stiftete diesen Baukomplex, Davut Ağa, ein Schüler Sinans, begann die Arbeiten. Erste Schwierigkeiten ergaben sich schon bei der Umsiedlung der überwiegend jüdischen Bevölkerung, die hier in Ufernähe den Gewürzmarkt der Genuesen und Venezianer übernommen hatte. Dann starb Davut Ağa 1599 an der Pest, und Ahmet Ağa übernahm die Leitung der Bauarbeiten. Er erhielt durch die technische Überwindung des hohen Grundwasserspiegels den Beinamen Dalgıç, ›der Taucher‹.

Gerade war das Erdgeschoss der Moschee vollendet, als Mehmet III. 1603 starb und sein Nachfolger Ahmet I. die Bauarbeiten einstellen ließ, da er das Geld für seine große Moschee am Hippodrom benötigte. Erst 60 Jahre später, 1663, wurde die Moschee im Auftrag von Hatice Turhan Sultan, der Mutter des Sultans Mehmet IV. (1648– 1687), vollendet.

Ihr Grundriss ist dem der Şehzade Camii (S. 187) ähnlich. Über einem quadratischen Betsaal mit 41 x 41 m erhebt sich die 36 m hohe Hauptkuppel, deren Last von vier Stützpfeilern und vier Halbkuppeln aufgefangen wird. İznik-Fliesen verkleiden die Pfeiler und Wände bis zum unteren Gesims. Den Mihrab umgeben vergoldete Stalakti-

Mein Tipp

Osmanisch speisen
Einen herrlichen Blick über das Goldene Horn oder ins Innere der Markthalle des Ägyptischen Basars bietet das **Pandeli Restaurant** 4 im ersten Stock des Basars. Der Treppenaufgang, wie das ganze Restaurant mit blau-weißen İznik-Kacheln verkleidet, liegt am Nordausgang – allerdings ist es nur zur Mittagszeit geöffnet (S. 179).

ten, der Mimbar ist mit schönen Rosetten und Geflechtornamenten geschmückt. Im Vorhof ist der achteckige Reinigungsbrunnen mit seinen Skulpturen und einem Bronzegitterwerk sehenswert. Die beiden Minarette tragen jeweils drei Galerien auf Mukarnas-Konsolen.

An die Ostecke der Moschee schließt ein kleiner Palast (Hünkar Kasrı) an, von dem ein überdeckter Zugang zur Sultansloge im Innern des Bethauses führt. Von der Külliye sind nur der Türbengarten mit den Gräbern der Stifterin Hatice Turhan Sultan, ihres Sohnes Mehmet IV. und fünf weiterer Herrscher, ein Bibliotheksgebäude Ahmets III. (1703–1730) und das Muvakithane, ein kleines Observatorium zur genauen Bestimmung der Gebetszeiten und anderer Zeitberechnungen, erhalten.

Cağaloğlu, Beyazıt und Eminönü

Tanzende Derwische in der großen Halle des Sirkeci-Bahnhofs

Am Goldenen Horn

Das Goldene Horn, türkisch Haliç genannt, ist eine 7 km lange und bis 35 m tiefe Meeresbucht, die aus einem versunkenen Flusstal entstand. Bereits die Griechen erkannten es als idealen Naturhafen. Die Uferstreifen des Horns wurden Ende der 1980er-Jahre zum großen Teil mit Parks begrünt, zahlreiche Häuser und Fabriken, die ihre Abfälle direkt in den Haliç leiteten, mussten dafür abgerissen werden. Mit Fährbooten, die die schmale Bucht im Zickzackkurs kreuzen, gelangt man von Eminönü bis hinauf nach Sütlüce und Eyüp (S. 274).

Eminönü

Unzählige Menschen strömen am frühen Morgen mit Bahn, Bus, Dolmuş, Taxi oder per Schiff aus den verschiedenen Stadtvierteln nach Eminönü, um zu ihrer Arbeitsstätte zu gelangen oder die ersten Einkäufe zu besorgen. Lebensmittel werden um den Ägyptischen Basar angeboten, Töpfe und Pfannen stehen in den Straßenzügen unterhalb der Süleymaniye zum Verkauf, Stoffe, Kleider und sonstige Haushaltswaren wechseln in den Gas-

Von Süleymaniye nach Eminönü

sen bis hinauf zum Großen Basar ihren Besitzer. Mit bunten Plastikbehältern, riesigen Paketen bepackte Träger suchen sich ihren Weg durchs Gedränge der Kunden. Vor der Yeni Camii verkaufen alte Frauen Vogelfutter für die zahllosen Tauben, von überall hört man laute Rufe und das ständige Hupen der Autos.

Galata Köprüsü (Galata-Brücke) 18

Die Galata Köprüsü am Ausgang des Goldenen Horns verbindet die beiden Stadtteile Eminönü und Karaköy. 1992 musste die berühmte Pontonbrücke einer neuen Konstruktion weichen, die seit 1984 als moderne Doppelklappbrücke unter Federführung von Thyssen gebaut worden war (S. 182).

Bereits unter Sultan Beyazıt II. (1481–1515) sollte eine erste massive Brücke über das Goldene Horn geschlagen werden. Hierzu reichte 1502 auch Leonardo da Vinci seine Pläne ein: »Ich, Euer Sklave, habe vernommen, dass Ihr beabsichtigt habt, eine Brücke von Galata nach Stambul zu errichten, dass Ihr sie aber nicht gemacht habt, weil sich kein Kenner fand. Ich, Dein Sklave, weiß wie. Ich werde sie ausführen (…) ich habe daran gedacht, dass ich einen Bretterverschlag herstelle, hernach das Wasser heraushole und sie auf Pfähle setze. So mache ich es, dass ein Schiff mit gespannten Segeln unten durchfahren kann.« Neuere Untersuchungen ergaben, dass Leonardos Pläne durchaus realisierbar gewesen wären.

Neben der Galata-Brücke verbinden heute zwei weitere Brücken die durch den Haliç getrennten europäischen Stadtteile Istanbuls, eine dritte für die neue Metro ist in Planung. Ganz im Norden verläuft die 960 m lange **Haliç Köprüsü** als Teil der 1973 fertiggestellten Autobahn, die über den Bosporus auf die asiatische Seite führt. Die **Atatürk Köprüsü** wurde zwischen 1935 und 1940 als Pontonbrücke errichtet und trägt die Schnellstraße zwischen Alt-Stambul und Beyoğlu.

Bahnhof Sirkeci 19

Am Ausgang des Goldenen Horns, den Schiffsanlegestellen gegenüber, liegt der Sirkeci Garı. Ab 1889 war er die Endstation für den aus Paris kommenden Orient Express, den ersten großen europäischen Luxuszug, legendäres Transportmittel der Diplomaten, Spione, Könige und Hochstapler. Am 22. Mai 1977 kehrte er zum letzten Mal

Cağaloğlu, Beyazıt und Eminönü

Mein Tipp

Fisch frisch vom Schiff
Am Fuße der Galata-Brücke wird vom späten Vormittag an auf kleinen Fischerbooten köstlich duftender Bratfisch in Fladenbrot angeboten. Dazu schmeckt sauer eingelegtes Gemüse.

fahrplanmäßig nach Paris zurück. Seither hat man nur noch selten die Gelegenheit, eine Nostalgiereise mit den historischen Wagen des Orient-Express nach Istanbul zu erleben, heute meist auf der Strecke über Budapest und Bukarest. Heute enden hier die zahlreichen Vorortbahnen, und besonders zur Rush-Hour herrscht ein reges Treiben auf den Bahnsteigen. Das Gebäude im orientalisierenden Stil der Zeit um 1900 ist liebevoll restauriert und beeindruckt im Inneren durch die Helligkeit und die farbigen Glasfenster. Im Garten vor dem Bahnhof steht eine alte Dampflok, die an die Zeiten des Orient Express und der Bagdadbahn erinnert. In der Ausstellungshalle führen Derwische an bestimmten Tagen in der Woche eine Sema (ritueller Tanz) vor (S. 222).

Essen & Trinken

Köfte – **Tarihi Sultanahmet Köftecisi Selim Usta** [1]: Sultanahmet, Divanyolu Cad. 12/A, Tel. 0212 513 64 68, www.sultanahmetkoftesi.com, Tramvay Sultanahmet, 10.30–22 Uhr, Köfte, Piyaz-Salat und Wasser ca. 12 €. Bekanntes Kebaphaus mit nur wenigen Gerichten. Spezialität sind die Hackfleischröllchen *(köfte)* mit Salat. Es diente von Beginn an als Treffpunkt der Istanbuler Presse. In Erinnerung an diese Tradition sind die Wände mit Artikeln, Fotos und Karikaturen verziert, im ersten Stock mit Gedichten.

Chillen bei einer Wasserpeife – **Erenler Çay Bahçesi** [2]: Am Großen Basar, Çemberlitaş, Yeniçeriler Cad. 36/28, S. 160.

Riesige Auswahl – **Darüzziyafe** [3]: Süleymaniye, Şifahane Cad. 6, www.daruzziyafe.com.tr, Tel. 0212 511 84 14, Tramvay/Bus Eminönü, tgl. 12–15, 18–23 Uhr, Menü 18 €. In den Räumen der Armenküche bei der Süleymaniye-Mo-

schee wird immer noch gekocht. Die Speisekarte verspricht osmanische Palastküche, ist auf jeden Fall aber sehr umfangreich. Das Flair, besonders bei gutem Wetter im Hof, lohnt die Einkehr. Kein Alkohol.

Der beste Mittagstisch – **Pandeli** 4: Eminönü, Mısır Çarşısı, Obergeschoss, S. 32.

Kebabs aus Urfa – **Hamdi Et Lokantası** 5: Kalçın Sok. 17, Eminönü, Tel. 0212 528 03 90, Tramvay/Bus/Fähren Eminönü, tgl. 11–24 Uhr, Urfa Kebab 5 €. Das auf südosttürkische Gerichte spezialisierte Restaurant liegt mitten im Gewühl von Eminönü. Die Dachterrasse bietet guten Blick über das Treiben auf dem Eminönü-Platz und der Galata-Brücke. Abends reservieren.

Flair der Belle Époque – **Orient Express** 6: Sirkeci-Bahnhof, Eminönü, Tel. 0212 522 22 80, Tramvay/Bus/Fähren Eminönü, tgl. 11.30–23 Uhr, Kuzu Şiş 8 €. Das alte vornehme Bahnhofsrestaurant von Sirkeci bietet ordentliche türkische Küche in stilechtem Flair der Zeit des Orient Express. Man kann auch nur auf einen Drink kommen.

Wie beim Pascha – **Paşazade Restaurant** 7: İbni Kemal Cad. 13, Sirkeci, Tel.

Im Ägyptischen Basar dreht sich alles um Leckereien und Gewürze

Cağaloğlu, Beyazıt und Eminönü

0212 513 37 57, www.pasazade.com, Menüs 14–19 €. Im türkischen Stil des 19. Jh. eingerichtetes Restaurant unweit des Sirkeci-Bahnhofs, an einer schön ruhigen Fußgängerzone. Abwechslungsreiche Küche nach osmanischen Rezepten, viele vegetarische Gerichte.

Einkaufen

Bücherantiquariat – **Sahaflar Çarşısı** 1: Beyazıt Meydanı, S. 162, 40
Alter Basar im Großen Basar – **Old Bazaar** 2: Kapalı Çarşı, S. 167, 38
Shishas, Kostüme, Keramik – **Bazaar Alibaba** 3: Fesciler Cad. 119, Kapalı Çarşı, www.bazaaralibaba.com. Bauchtanzkostüme und Kaftane für den Herrn, dazu Wasserpfeifen und osmanische Keramik (S. 83).
Türkische Kunst am Basar – **Sofa** 4: Cağaloğlu, Nuruosmaniye Cad. 42, S. 39
In historischem Han – **Punto** 5: Cağaloğlu, Gazi Sinanpaşa Sok. 17, S. 39
Teppiche – **Gördes Halı** 6: Cağaloğlu, Nuruosmaniye Cad. 85–87, S. 39
Gewürzbasar – **Mısır Çarşısı** 16: S. 171, 40
Echter Türkischer Honig – **Hacı Bekir** 7: Eminönü, Hamidiye Cad. 83, www.hacibekir.com.tr, Bus/Fähre/Tramvay Eminönü, Mo–Sa 8–20, So 9–20 Uhr. Echter türkischer Honig, wie ihn Hadschi Bekir im 18. Jh. erfand: pur oder mit Pistazien schmeckt er am besten. Man kann fertige Geschenkpackungen ab 2 € erwerben und mit nach Hause nehmen.
Perlen und Strass – **Marpuççular Basar** 8: Marpuççular Cad., Tramvay Eminönü. Entlang dieser Straße gleich hinter dem Ägyptischen Basar reihen sich zahlreiche Schmuckläden, die künstliche Perlen, viel Strass und Pailletten in allen Farben für Bauchtanzkostüme verkaufen.

Aktiv & Kreativ

Türkische Bäder – **Cağaloğlu Hamamı** 1: Prof. Kazim İsmail Gürkan Cad. 34, Cağaloğlu, S. 95, 158.
Çemberlitaş Hamamı 2: Vezirhanı Caddesi 8, Çemberlitaş, Tel. 0212 522 79 74, www.cemberlitashamami.com.tr, Tramvay Çemberlitaş, tgl. 6–24 Uhr, Eintritt: 12 €, mit Massage 18 €. Das historische Hamam wurde 1584 von Sinan, dem Baumeister des Sultans, entworfen – und seither wenig verändert. Historisches Flair, aber inzwischen sehr touristisch.
Süleymaniye Hamamı 3: Çemberlitaş, Mimar Sinan Cad. 20, S. 95.

Abends & Nachts

Fürs Nachtleben bietet Eminönü generell nicht allzuviel. Viele bessere Hotels, z. B. an der Hüvendigar oder Ebusuut Caddesi haben Hotelbars. Ansonsten ist Sultanahmet nicht weit entfernt.
Bauchtanz und anderes – **Orient House** 1: Tiyatro Cad. 27, Tel. 0212 517 61 63, www.orienthouseistanbul.com, Tramvey Kapalı Çarşısı, Bus Beyazıt, Show plus Menü 65 €/Pers. Unweit des Großen Basars wird ein sehenswerter Querschnitt orientalischen Kulturschaffens vorgeführt: Bauchtanz, Janitscharenkapelle, Tanzende Derwische, Hochzeit etc.
Wasserpfeife unter der Brücke – **Nargile-Cafés** 2: Unter der Galata-Brücke, Eminönü, tgl. bis ca. 23 Uhr. Nachts ist die Galata-Brücke eine preiswerte Alternative. Hier reiht sich eine Bierkneipe an die andere. Man sitzt auf großen, bunten Kissen auf der Erde oder auf Bänken und genießt den Anblick der historischen Halbinsel bei Sonnenuntergang. Im Freien dürfen nicht nur Zigaretten, sondern auch Wasserpfeifen geraucht werden.

Adressen

Mein Tipp

Ausflug zum Rahmi M. Koç Müzesi (Industriemuseum)
Technikbegeisterte – ob groß oder klein – kommen in diesem Museum voll auf ihre Kosten. Der Großindustrielle Rahmi M. Koç hat in den 1990er-Jahren das Gebiet einer historischen Werft von 1861 am Ufer des Goldenen Horns erworben. Er ließ die Gebäude einschließlich des architektonisch eindrucksvollen Lengerhane (Ankerhaus) aus dem frühen 18. Jh. restaurieren und als Schauräume für seine umfangreiche Sammlung neu gestalten.

Neben faszinierenden Modellen von Schiffen und Lokomotiven sowie technischem Spielzeug im Lengerhane finden sich in den weiteren Ausstellungsräumen wissenschaftliche Instrumente, ein großer historischer Fuhrpark und ein Bereich, in dem den Besuchern anschaulich die Funktionen von diversen Maschinen und Motoren erklärt werden. Auf der Freifläche stehen alte Eisenbahnwagons, Flugzeuge und Schiffe. Als zusätzliche Attraktionen werden die Fahrt mit der von einer Dampflok betriebenen Hasköy Sütlüce Railway oder die Besichtigung eines U-Bootes geboten. Letzteres war während des Weltkrieges für zwei Jahre im Dienst der US-Marine und diente von 1971 bis 2001 dem türkischen Militär.

Das Halat Restaurant mit guter mediteraner Küche direkt am Wasser, der Barbarossa Pub und das Café du Levent mit ausgezeichneter französischer Küche sind auch am Abend geöffnet.

Rahmi Koç Müzesi: Hasköy Cad. 5, Hasköy, Tel. 0212 369 66 00, www.rmk-museum.org.tr, Di–Fr 10–17 Uhr, Sa u. So. 10–19 Uhr, Eintritt: 10 TL (erm. 5 TL), U-Boot 5 TL (4 TL, erst ab 8 Jahren), Planetarium 5 TL (3 TL).
Anfahrt: Bus ab Taksim: 54 HT Hasköy. Fähre ab Eminönü (Anlegestelle nördlich des Busbahnhofes): stündlich ab 7.45 Uhr (10.45 Uhr am Wochenende) Station Hasköy İskelesi.

Lieblingsort

Restaurants mit Traumblick
Die Angler auf der Galata-Brücke 18 (S. 177) gehören zum Stadtbild wie die Hagia Sophia oder der Genuesenturm von Galata. Es sind meist Arbeitslose oder Rentner, und sie werfen ihre Angeln aus, um in Gesellschaft zu sein und um ihre Alltagssorgen zu vergessen. Eine kleine Fischmahlzeit ist dabei ein willkommener Nebeneffekt. Es gibt keinen besseren Ort, als sich hier zwischen den Anglern die unvergleichliche Lage Istanbuls am Wasser vor Augen zu führen. Während der Mittagszeit kann man in Gesellschaft zahlreicher Geschäftsleute in den Fischrestaurants im Untergeschoss der Brücke essen und den Blick Richtung Osten über den Bosporus bis nach Üsküdar genießen. Die Lokale auf der anderen Seite der Brücke laden eher am Abend, wenn die Sonne untergeht, zu einem Drink ein.

Das Beste auf einen Blick

Fatih und Fener

Highlight !

Kariye Camii Müzesi: Der Mosaik- und Freskenschmuck der Chora-Klosterkirche gehört zu den Meisterwerken der palaiologischen Renaissance. Jahrhundertelang waren die Kunstwerke unter Holztafeln und Tünche verdeckt und konnten so bis in heutige Zeit bewahrt werden. 15 S. 199

Auf Entdeckungstour

Fener – das griechische Erbe: Griechen sind die älteste Bevölkerungsgruppe Istanbuls, das als griechische Kolonie gegründet wurde. Heute leben nur noch wenige Griechen in der Stadt. Ihr geistlicher Mittelpunkt ist das Patriarchat im Stadtteil Fener. S. 196

Die Theodosianische Landmauer: Über 1000 Jahre hielt sie allen Angriffen stand, bis Mehmet Fatih kam. Er ließ im Jahr 1453 eine tiefe Bresche in die Mauer schießen und eroberte Konstantinopel im Sturm. S. 206

Kultur & Sehenswertes

Hafengrabung in Yenikapı: Die aktuellen Ausgrabungen des spätantiken Hafens zählen zu den wichtigsten Neuentdeckungen in der Türkei. 6 S. 190

Bulgar Kilise: Alles aus Eisen – aus Fertigteilen wurde die Stephanskirche der Bulgaren am Goldenen Horn zusammengesetzt. 13 S. 194

Fethiye Camii (Pammakaristos-Kirche): Die Mosaik- und Freskenausstattung des Parekklesions gehört zu den wichtigen Zeugnissen aus der Palaiologenzeit. 14 S. 195

Genießen & Atmosphäre

Vefa Bozacısı: Ein Glas Boza, und Sie haben wieder genug Energie für den Rest des Tages. 2 S. 188, 209

Terrassencafé Zeyrekhane: Mal ein anderer Blick auf die Altstadt und bis hinüber nach Beyoğlu. 3 S. 191, 209

Markt in Fatih: Ein unendliches Angebot an Hemden, Kleidern, Tüchern sowie Haushaltsgeräten und übervolle Stände mit saisonalem Obst und Gemüse. 1 S. 209

Abends & Nachts

Gar Müzikhol: Für Bauchtanz und türkische Shows eine beliebte Adresse. 1 S. 209, 43

Das Istanbul der konservativen Muslime

Die wichtigste Nord-Süd-Achse im Altstadtbereich, der Atatürk-Boulevard, trennt die geschäftige touristische Zone im Osten von den ruhigeren Wohnvierteln im Westen. Diese sind in zunehmendem Maße durch eine islamisch-konservative Nachbarschaft geprägt. Geradezu beschaulich wirkt die Stadt um ihren fünften und sechsten Hügel. Hier warten bedeutende spätbyzantinische Mosaikzyklen und natürlich die eindrucksvolle Theodosianische Landmauer, die über 1000 Jahre allen Angriffen der ›Barbarenvölker‹ standhielt.

Mit dem Stadtviertel Fatih verlässt man die Geschäftszone des alten Istanbul – ganz plötzlich findet man sich in den Wohnbezirken der ärmeren Bevölkerungsschichten wieder. Die Einwohner sind hier deutlich konservativer eingestellt, was besonders durch die Kleidung der Frauen auffällt. Sie tragen Kopftücher und lange, dunkle Mäntel, die orthodoxen Muslima sogar den schwarzen çarşaf mit tief verhülltem Gesicht, so dass nur die dunklen Augen den Fremden taxieren.

Die Straßen sind hier meist leer, bunte Wäsche hängt aus den Fenstern, Geschäfte und Kioske liegen weit auseinander. Spielende Kinder, das Gespräch zweier Nachbarinnen im Hauseingang, arabische Klänge aus einem offen stehenden Fenster, streunende Katzen und das Knattern eines Mopeds unterbrechen zuweilen die Stille der Seitengassen.

Prinzenmoschee und Valens-Aquädukt

Kalenderhane Camii 1

Am östlichen Ende des Valens-Aquädukts liegt versteckt die Kalenderhane Camii, eine byzantinische Klosterkirche, die bereits kurz nach der Eroberung dem Derwischorden der Kalenderiye als Moschee diente. Die Kreuzkuppelkirche aus dem späten 12. Jh. beeindruckt durch ihre wundervolle, mit der Architektur harmonisierende Marmorausstattung, die in Istanbul ihresgleichen sucht.

Kunstgeschichtlich bedeutsam ist besonders der Fund eines Mosaiks mit der Darstellung Christi im Tempel. Es stammt aus einer Vorgängerkirche und wird um 700 n. Chr. datiert. Es ist vor dem Beginn der Bilderstumepoch (726) entstanden und somit die älteste erhaltene christlich-figürliche Darstel-

---

Infobox

Reisekarte: ▶ E 4/7 – A 4/10

Planung/Routenverlauf
Mit der Tramvay bis zur Station Laleli-Universite. Von dort zu Fuß weiter die Büyük Reşit Paşa Caddesi entlang bis zur Şehzadebaşı Caddesi. Vom Aquädukt gelangt man mit der İtfaiye Caddesi zur Zeyrek-Moschee. Nach Besichtigung der Fatih-Moschee führt der Weg über die Darüşşafaka Caddesi. Mit der Yavuz Selim Caddesi kommt man zum orthodoxen Patriarchat, mit der Manyasizade zur Fethiye-Moschee.

Prinzenmoschee und Valens-Aquädukt

Traditionelle Muslime auf dem Markt in Fatih

lung in der Stadt. Heute befinden sich die Fresken und Mosaiken der Kirche im Archäologischen Museum (S. 133).

Şehzade Camii (Prinzenmoschee) 2

An der Şehzadebaşı Caddesi liegt rechter Hand die Şehzade Camii. Als Süleyman der Prächtige 1543 von seinem erfolgreichen Ungarnfeldzug zurückkehrte, erfuhr er, dass sein 22-jähriger Lieblingssohn, Thronprinz Mehmet, an den Pocken gestorben war. Der Sultan beschloss den Bau einer Gedächtnismoschee und beauftragte den Baumeister Sinan, der sich bei den Janitscharen als einfallsreicher Architekt qualifiziert hatte. Für Sinan begann damit die intensive Auseinandersetzung mit der byzantinischen Sakralarchitektur, die ihn zum berühmtesten aller osmanischen Baumeister werden ließ. 1548 war das Werk vollendet.

Die Prinzenmoschee beeindruckt durch ihren klaren Aufbau. Vorhof und Betsaal beschreiben je ein gleich großes Quadrat. Über vier Pfeilern erhebt sich die Hauptkuppel, deren Durchmesser von 19 m genau der Hälfte einer Seitenlänge entspricht, während

Fatih und Fener

ihre Höhe von 38 m die volle Seitenlänge erreicht. An den vier Seiten setzen Halbkuppeln an, die jeweils von zwei kleineren Wölbungen begleitet werden. Kuppeln erheben sich auch über den vier Ecken des Bethauses.

Das **Innere** der Moschee ist ausgesprochen schlicht und weiträumig. Statt Galerien auf Säulen laufen einfache Arkaden an den Wänden entlang. Nur das Mukarnaswerk und die feinteilige Durchbrucharbeit am Minbar korrespondieren mit der Schmuckfreude des Außenbaus: Neben dem bauplastischen Ornament, das sich u. a. an den Minaretten mit geometrischem Dekor und Terrakottaeinlagen zeigt, sind hier erstmals eingeschossige offene Loggien vor die Seitenwände des Bethauses gesetzt. Diese verdecken die sonst wahrnehmbaren Außenmauern mit ihren Strebepfeilern. Die vier Pfeiler im Inneren der Moschee setzen sich nach außen in Form kleiner Türmchen fort. Zum ersten Mal ist hier eine Steigerung von Baumassen und Kuppeln verwirklicht, die ihren Höhepunkt in der Sultan Ahmet Camii finden sollte.

Zur Külliye gehören ferner Medrese, Tabhane und İmaret, die sich im Nordosten an den Moscheehof anschließen, und ein Türbengarten jenseits der Kiblawand.

Besonders sehenswert ist die **Grab-Türbe des Prinzen Mehmet** im Garten der Anlage. Kuppelbemalung, Fliesenverkleidung in den Farben Grün und Gelb und einige Buntglasfenster gehören zur originalen Ausstattung. Neben Mehmet sind hier sein 1553 verstorbener Bruder Çihangir und seine Tochter Humaşah Sultan bestattet.

Äußerst stilvoll nach osmanischen Traditionen kann man im **Şehzade Mehmed Sofrası** , in den kleinen Schülerzellen der alten Koranschule der Prinzenmoschee, speisen (S. 209).

Polyeuktos-Kirche

Schräg gegenüber der Şehzade Camii erhebt sich das aus den 1960er-Jahren stammende Rathaus, der **Belediye Sarayı**. Beim Bau der Straßenunterführung des Atatürk Bulvarı nebenan kamen Fundamentreste einer byzantinischen Kirche zum Vorschein. Diese konnte aufgrund einer Versinschrift, die einst das Innere des Hauptschiffes geschmückt hatte, als die aus der Literatur berühmte **Polyeuktos-Kirche** identifiziert werden.

Anfang des 6. Jh. hatte die byzantinische Prinzessin Anicia Juliana das mächtige Gotteshaus gestiftet, das in seinen Maßen und der reichen Ausschmückung dem Tempel Salomons in Jerusalem nacheifern sollte und in der antiken Literatur ausführlich beschrieben war. Fundamentreste sind heute nur noch auf der Westseite der Unter-

---

Mein Tipp

Erfrischend säuerlich: Boza

Das weiße, leicht angegorene Getränk aus Hirse ist eins der beliebtesten türkischen Genussmittel. Die Geschmackspalette ist breit, aber mit Zimt findet es die meisten Anhänger. In den Wintermonaten wird das Hirsegetränk häufig von Straßenhändlern angeboten. Das ganze Jahr über kann es beim **Vefa Bozacısı** in der Katip Çelebi Cad. 104/1 genossen werden (S. 209). Er bietet es an diesem Ort in dem schön restaurierten Haus seit 1876 an. Sogar Atatürk kam hierher, um sich bei einem Glas Boza zu stärken. Sein Glas ist in einer weit oben hängenden Vitrine im Schankraum ausgestellt.

Fatih und Fener

Sehenswert

1. Kalenderhane Camii
2. Şehzade Camii (Prinzenmoschee)
3. Polyeuktos-Kirche
4. Bozdoğan Kemeri (Valens-Aquädukt)
5. Karikatür Müzesi
6. Theodosianischer Hafen
7. Zeyrek Camii (Pantokrator-Kloster)
8. Fatih Camii (Moschee des Sultans Mehmet II. Fatih)
9. Rum Ortodoks Patrihanesi (Ökumenisches Patriarchat)
10. Fener Rum Erkek Lisesi (Griech. Gymnasium)
11. Meryem Ana Rum Kilisesi (Griech. Marienkirche)
12. Panayia Vlaherna Rum Kilisesi (Wallfahrtskirche)
13. Bulgar Kilise (Bulgarische St. Stephanskirche)
14. Fethiye Camii (Pammakaristos-Kirche)

Essen & Trinken

1. Şehzade Mehmed Sofrası
2. Vefa Bozacısı
3. Zeyrekhane
4. Kozz Haliç
5. Fener Köşkü

Einkaufen

1. İtfaiye Caddesi
2. Horhor Pit Pazarı

Abends & Nachts

1. Gar Müzikhol

Fatih und Fener

führung zu sehen; viele Bauglieder liegen im Archäologischen Museum (S. 132). Zwei der reich ornamentierten Pfeiler mit Kapitellen sind übrigens bei der Plünderung der Stadt durch den Vierten Kreuzzug nach Venedig entführt worden, wo sie heute als Pilastri Acritani vor San Marco stehen.

Bozdoğan Kemeri (Valens-Aquädukt) 4

Westlich der Şehzade Camii überbrückt der fast 1 km lange Valens-Aquädukt (türk. Bozdoğan Kemeri, ›Bogen des grauen Falken‹) das Tal zwischen dem dritten und vierten Stadthügel. Kaiser Valens ließ ihn als Verlängerung einer unterirdischen Leitung, die Wasser von außerhalb des Stadtgebietes heranführte, in den Jahren 368–373 errichten. Das Wasser floss in zwei Kanälen über eine zum Teil zweigeschossige Bogenarchitektur mit einem Gefälle von 1:1000 in eine große Brunnenanlage am Forum Tauri beim heutigen Universitätsplatz, von wo es zu Brunnen und Badehäusern weitergeleitet wurde.

Der aus grob gehauenen Quadern errichtete Aquädukt hatte bis zu 29 m Höhe. Wegen erheblicher Erdbebenschäden ließ Mehmet II. das Versorgungsnetz überholen. Der Aquädukt belieferte nunmehr hauptsächlich den Privatpalast (Eski Saray) und den Topkapı-Palast mit Trinkwasser.

Am Fuß des Aquädukts, Ecke Atatürk Bulvarı/Kovacılar Cad., steht eine kleine, hübsche Medrese, die heute ein Museum für Karikaturen, das **Karikatür Müzesi** 5, birgt. Die modernen Karikaturen sind durchaus nicht nur für Besucher, die Türkisch sprechen, interessant (Tramvay Aksaray, Di–Sa 10–16.30 Uhr, Eintritt frei, S. 56).

Zur Fatih Camii

Zeyrek Camii (Pantokrator-Kloster) 7

Tramvay Laleli, nur nach den Gebetszeiten in Begleitung des Imam zu besichtigen, Bakschisch, bei Redaktionsschluss wegen Renovierung geschlossen, S. 56

Dem Atatürk Bulvarı in Richtung Goldenes Horn folgend, erhebt sich zur Linken, am Abhang des vierten Hügels durch hohe Stützmauern deutlich erkennbar, die Zeyrek Camii, das byzantinische Pantokrator-Kloster.

Mein Tipp

Der Theodosianische Hafen in Yenikapı 6

Beim Ausbau des Bahnhofs Yenikapı im Zuge des Marmaray-Projekts (S. 92) entdeckte man den von Kaiser Theodosius I. ausgebauten Hafen von Konstantinopel. Seit 2004 erforschen Archäologen in drei Schichten Tag und Nacht das Gebiet. Neben den wichtigen Mauerabschnitten kamen auch sensationelle Schiffsfunde zu Tage (S.92). Geplant ist nun ein Museum zur Stadtgeschichte, in dem die interessanten Funde ausgestellt, aber auch die Mauerzüge konserviert und die Grabungen als archäologischer Park dem Publikum zugänglich gemacht werden sollen.

Zur Fatih Camii

Gestiftet von Kaiser Johannes II. Komnenos (1118–1143) und seiner Frau Eirene-Piroska, Tochter des Ungarnkönigs Ladislaus, umfasste die Anlage neben zwei Kirchen, die durch eine Kapelle verbunden sind, mehrere karitative Einrichtungen wie Hospital, Medizinschule, Altersheim, Geisteskrankenasyl sowie Wirtschaftsanlagen. Die Innenausstattung mit Malereien und Mosaiken zog sich bis in die Zeit Kaiser Manuels I. (1143–1180) hin.

Nach der Machtübernahme durch die Kreuzfahrer im Jahr 1204 diente das Kloster den Venezianern als Sammelstelle für die Kunstschätze und Reliquien, die sie aus anderen Kirchen zusammentrugen, um sie von dort in den Westen weiterzuverkaufen: So wurde hier der größte Kunstraub der Geschichte organisiert.

Unter den Palaiologenkaisern gewann das Kloster seine alte Bedeutung zurück. Nach der Eroberung 1453 richtete Mehmet II. Fatih hier bis zur Fertigstellung seines Stiftungskomplexes (Fatih Camii, s. u.) eine Medrese ein. Danach wandelte deren Müderris (Professor) Zeyrek Molla Mehmet Efendi den Bau in eine Moschee um.

Bis auf die Kirchenbauten und eine Zisterne blieb von den Klosterbauten nichts erhalten. Die dem Pantokrator (Christus als ›Allesbeherrscher‹) geweihte **Südkirche** besitzt einen Kreuzkuppelraum über vier Säulen (sie wurden Ende 18./Anfang 19. Jh. durch Pfeiler ersetzt) mit drei Apsiden, dem ein zweigeschossiger Narthex vorgelagert ist. Dieser war auf beiden Seiten mit Arkosolien (Grabnischen) ausgestattet. Nach dem Tod von Eirene-Piroska ließ Johannes II. die etwas kleinere, der Theotokos Eleousa geweihte **Nordkirche** mit gleichem Grundriss errichten. Der Narthex wurde über die ganze Breite verlängert und ein zweiter vor die Südkirche gesetzt.

Die **Grabkapelle**, das Heroon, mit zwei ungleichen Kuppeln fand zwischen den beiden Kirchen Platz. Ihre Seitenwände wurden durch Bogen geöffnet. Die Nordkirche war dem Erzengel Michael geweiht und enthielt u. a. die Grabstätten von Eirene-Piroska († 1124), Johannes II. († 1143), Eirene (Bertha von Sulzbach), der Gemahlin Manuels I. und Schwägerin des deutschen Kaisers Konrad III. († 1158), Manuel I. († 1180), Manuel II. († 1425) und Johannes VIII. († 1448). Der schwarze Marmorsarkophag Kaiser Manuels I. soll nahe einer roten Steinplatte gestanden haben, die als Salbstein Christi verehrt und vom Kaiser als Reliquie aus Ephesos geholt worden war.

Die Innenausstattung der Kirchen ist weitgehend verloren. Reste von Mosaik-Fußboden, marmorner Wandverkleidung und farbigen Glasfenstern lassen jedoch den ursprünglichen Reichtum erahnen. Der Marmorboden der Südkirche zeigte in feiner Einlegearbeit Ornamentfelder mit figürlichen Motiven, wie die Tierkreiszeichen, Jahreszeiten und Taten Salomos (Wegtragen der Stadttore von Gaza, Löwenkampf).

Nebenan ist dass Restaurant **Zeyrekhane** [3] mit einer großen Aussichtsterrasse für eine Pause empfehlenswert (S. 209).

Fatih Camii (Moschee des Sultan Mahmet II. Fatih) [8]

Auf dem vierten Hügel der Stadt erhebt sich die Fatih Camii (›Moschee des Eroberers‹), ein in großen Teilen neu errichteter Bau aus dem 18. Jh.

Ursprünglich hatte hier die Apostelkirche Konstantins des Großen gestanden, die unter Justinianus I. neu gebaut worden war und bis ins 11. Jh. als Grablege der byzantinischen Kaiser diente. Zur Zeit der türkischen Eroberung war die Apostelkirche baufällig;

Fatih und Fener

Die Fatih Camii, Moschee des Eroberers Mehmet

ihre Zuweisung als Amtssitz für den Patriarchen stieß nicht nur wegen der hohen Kosten, sondern auch wegen ihrer ungünstigen Lage auf wenig Begeisterung. Der Patriarch zog bereits im Jahre 1456 in das Pammakaristos-Kloster (Fethiye Camii, S. 195) um; 1561 wurde die Apostelkirche abgerissen.

Zwei Jahre später beauftragte Mehmet II. Fatih (1451–1481) den Baumeis-

Zur Fatih Camii

ter Atik Sinan (wahrscheinlich ein konvertierter Grieche namens Christodoulos, also nicht mit dem Sinan des 16. Jh. zu verwechseln) mit der Errichtung eines großen Stiftungskomplexes. Beschädigungen durch Erdbeben brachten die Moschee 1766 jedoch zum Einsturz. Mustafa III. (1757–1774) ließ an ihre Stelle den heutigen barockisierenden Bau setzen. Dieser kopiert mit seiner Hauptkuppel, um die vier Halbkuppeln gruppiert sind, an die wiederum jeweils zwei bzw. drei Wölbungen anschließen, weitgehend die Sultan Ahmet Camii.

Der Stiftungskomplex Mehmet Fatihs erstreckte sich über ein ca. 11 ha großes Gebiet. Die Moschee mit Vorhof und Türbengarten war an beiden Längsseiten von je zweimal vier Medresen flankiert; die äußeren acht fielen im 20. Jh. Sanierungsarbeiten zum Opfer. Die Medresen im üblichen Hoftypus mit Dershane (Vortragssaal) an einer Schmalseite boten Wohnraum für bis zu 1000 Studenten und waren praktisch Vorgänger der Istanbuler Universität. Die besten islamischen Lehrer integrierten hier die byzantinischen Wissenschaften in ihre Lehre.

Südlich der Umfassungsmauer liegen das Tabhane, Reste des İmaret und die Substruktionen der Karawanserei. Das Darüşşifa (Hospital) im Südosten ist nach dem Erdbeben von 1766 nicht wieder aufgebaut worden. Von der Moschee sind lediglich der achteckige Şadırvan mit Säulenumgang und spitzem Dach im Vorhof und das Hauptportal aus der Zeit Mehmets erhalten. Die Säulen des Vorhofs aus Rosengranit und Verde antico haben sich als Spolien der Apostelkirche erwiesen.

Nur anhand von Stadtansichten und Beschreibungen des 16./17. Jh. lässt sich das ursprüngliche Gebetshaus rekonstruieren: Die Hauptkuppel schloss demnach mit einer Halbkuppel über der Kiblawand ab. Die Längsseiten trugen jeweils drei kleine Kuppeln.

Die Türben für Mehmet II. und seine Gemahlin Gülbahar (›Rosenduft‹, die Mutter Beyazıts II.) im Garten hinter dem Bethaus sind 1782 mit deutlich barockisierenden Zügen neu errichtet worden. Das Grab des Eroberers wird heute noch wie eine Pilgerstätte verehrt. Gülbahar hingegen war der Legende nach eine Tochter des französischen Königs Karl VII., die dem letzten byzantinischen Kaiser Konstantin XII. Dragases versprochen war. Nach der Eroberung kam sie in den Harem von Mehmet II., der ihr sogar die Ausübung des christlichen Glaubens zugestanden haben soll.

Fener, das alte Griechenviertel

Als Sultan Mehmet II. nach der Eroberung Konstantinopels die Zwangsumsiedlung vieler Völkerschaften zur Neubelebung der Stadt anordnete, ließen sich die Griechen im Stadtteil an der Porta Phanari (›Tor des Leuchtturms‹) am Goldenen Horn nieder. Daher wurden sie später Phanarioten genannt, im Türkischen bekam das Viertel den Namen **Fener.** Noch heute künden die ehemals prachtvollen Häuser des 19. Jh. und das seit 1601 hier ansässige griechisch-orthodoxe Patriarchat von einer Zeit, in der die Griechen einen wohlhabenden und sehr einflussreichen Bevölkerungsteil der Stadt bildeten.

Bei der Republikgründung unter Atatürk erhielten die Griechen Istanbuls durch den Lausanner Vertrag 1923 Bleiberecht, doch aufgrund von staatlichen Repressionen und Furcht vor Pogromen sind sie in den letzten Jahrzehnten seit Beginn der Zypernkrise bis auf wenige Tausend abgewandert. Fener, wie auch die anderen Stadtteile entlang der Landmauer, ist zunehmend ein Wohnviertel zugewanderter Bauernfamilien geworden, die aufgrund der anhaltenden Landflucht in der Türkei zu Millionen aus ganz Anatolien kommen.

Das nördlich anschließende **Balat** war einst das Judenviertel Istanbuls. Hier ließen sich die 1492 aus Spanien vertriebenen und von Sultan Beyazıt II. freundlich aufgenommenen Juden nieder und sorgten für Aufschwung in Handwerk und Handel. Außer vereinzelten Familien und einigen Synagogen erinnert nichts mehr an ihre jahrhundertelange Vorherrschaft im Stadtteil. Die Istanbuler Juden sind, soweit nicht nach Israel ausgewandert, in das moderne Viertel Şişli nördlich vom Taksim-Platz umgezogen.

Rum Ortodoks Patrihanesi (Ökumenisches Patriarchat) [9]
Tgl. 9–17 Uhr s. Entdeckungstour S. 196

Bulgar Kilise (Bulgarische St. Stephanskirche) [13]
Tgl. 8–17 Uhr
Die bulgarische Kirche des hl. Stephan ist eine der wenigen noch erhaltenen Kirchen, die in vorgefertigten Teilen ganz aus Eisen konstruiert ist. Diese Bauweise war im 19. Jh. bei Briten und Franzosen beliebt, die entsprechende Bausatz-Kirchen in ihren Kolonien errichten ließen. Die bulgarische Minderheit, die unter osmanischer Herrschaft in der Stadt lebte, nutzte vorerst für ihre Gottesdienste die Kirche des griechisch-orthodoxen Patriarchats. Im 19. Jh. wurde ihnen aber erlaubt, eine eigene nationale Kirche zu errichten. So weihte man 1849 ein hölzernes Gotteshaus. In ihm verlas man gut 20 Jahre später, am 28. Februar 1870, das osmanische Dekret zur Gründung eines bulgarischen Exarchates.

Nachdem die hölzerne Kirche in Flammen aufgegangen war, plante der armenische Architekt Housep Aznavur

Fener, das alte Griechenviertel

einen eisernen Bau mit neugotischen und neubarocken Elementen. Sie wurde von der österreichischen Firma R. Ph. Waagner in gusseisernen Fertigteilen vorfabriziert. Schiffe brachten die je 500 Tonnen schweren Teile von Wien über die Donau und das Schwarze Meer bis nach Istanbul. Dort benötigte man noch weitere eineinhalb Jahre für die Auf- und Fertigstellung der Kirche, bis sie am 8. September 1898 durch den bulgarischen Exarchen Joseph geweiht werden konnte. Über einem Stahlskelett sind beidseitig eiserne Platten befestigt. Die dreischiffige Kirche ist mit dem Altar zum Goldenen Horn hin ausgerichtet. Bei der inneren Bemalung meint man, dass die Wände z. T. doch mit Marmorplatten verkleidet sind. Erst wenn man dagegen klopft, erweist sich, es ist alles aus Eisen. Im gepflegten Garten liegen die Metropoliten der bulgarisch-orthodoxen Kirche Istanbuls begraben.

Fethiye Camii (Pammakaristos-Kirche) 14
Bus/Fähre Fener, Do–Di 9–16.30 Uhr, Eintritt 5 TL, S. 55

Auf dem Nordhang des fünften Hügels liegt die ehemalige Pammakaristos-Klosterkirche, die heutige Fethiye Camii. Erst 130 Jahre nach Eroberung der Stadt übertrug Sultan Murat III. 1591 die ehemalige Kirche der islamischen Religion. Aus Dankbarkeit über die gerade errungenen Siege in Georgien und Aserbeidschan erhielt sie den Namen Fethiye Camii (›Eroberungsmoschee‹).

Die Gründung des byzantinischen Klosters geht auf Johannes Komnenos zu Anfang des 12. Jh. zurück. Ende des 13. Jh. unterstand das Kloster Michael Doukas Glabas Tarchaneiotes, der dem Kaiser als hoher Beamter bei Hofe diente und sich durch militärische Erfolge auszeichnete. Von den zu seiner Zeit errichteten Klosteranbauten ist heute nichts mehr vorhanden. Nach Glabas' Tod im Jahre 1315 stiftete seine Witwe Maria Dukaina ihm zu Ehren eine Grabkapelle, das Parekklesion; die Kapelle wurde an der Südseite der Kirche angebaut. Wenige Jahre später folgten die südliche und nördliche Halle und der Exonarthex.

Nach der Eroberung war das Kloster für fast 150 Jahre (bis 1591) Residenz des orthodoxen Patriarchen. Nach Umwandlung in eine Moschee ersetzte die Mihrabnische aus zwei spitz zulaufenden Wänden mit Kuppeldach das Bema der Kirche; an die Südwestecke wurde ein Minarett gestellt.

Die einstige Klosterkirche dient noch immer als Moschee, nur das Parekklesion mit seiner reichen Ausstattung wurde nach den Restaurierungsarbeiten in den 1950er-Jahren zu einem Museum umgewidmet. Es hat die Gestalt einer kleinen Kreuzkuppelkirche mit vorgelagertem Narthex. Über diesem erhebt sich eine Frauenempore mit zwei Kuppeltürmchen.

Die ornamenthafte Verwendung von roten Ziegeln und grauen Hausteinen setzt sich in der plastischen Gestaltung der Wände fort. Ein scharf profiliertes Marmorgesims trennt die Sockelzone von den beiden oberen Geschossen. An der Südseite sind hier noch Reste eines Epigramms des byzantinischen Dichters Manuel Philes (1275–1346) erhalten, das den Bau als Grabkapelle für Michael Glabas ausweist.

Im Inneren ruht die Hauptkuppel auf vier Säulen, von denen zwei schöne Blattkapitelle aufweisen. Die untere Wandzone ist mit Marmorplatten verkleidet, die obere trägt Mosaikschmuck. Dieser ist leider nicht mehr vollständig erhalten, zählt aber zu den wichtigen Zeugnissen der palaiologischen Kunst Konstantinopels. Die

Auf Entdeckungstour

Fener – das griechische Erbe

Die Griechen sind die älteste Bevölkerungsgruppe Istanbuls, das unter dem Namen Byzantion vor knapp 3000 Jahren als griechische Kolonie gegründet wurde. Heute leben nur noch knapp drei- bis fünftausend Griechen in der Stadt, ihr geistlicher Mittelpunkt ist das Patriarchat im Stadtteil Fener.

Anfahrt: Fener liegt direkt am Goldenen Horn (Haliç). Busse starten in Eminönü. Einfacher ist es, für rund 3 € ein Taxi zum Bootsanleger Fener (Fener İskelesi) zu nehmen. Besonders schön ist die Anfahrt mit der Haliç-Fähre ab Eminönü, ab 7.45 Uhr immer stündlich.

Dauer: ca. 2 bis 3 Stunden

Als Zwischenstopp: Daphnis Hotel und Kozz Restaurant, Ali Paşa Cad. 26, ein altes, schön renoviertes Griechenhaus, rund 100 m vom Patriarchat entfernt.

Seit der Eroberung Konstantinopels waren die griechischen ebenso wie die armenischen Bewohner über lange Zeit eine geachtete Minderheit. Erst im 20. Jh., vor allem seit der Zypernkrise 1974 und den darauf folgenden Spannungen zwischen Griechen und Türken, ging ihre Zahl drastisch zurück (S. 194).

Gegenüber der Anlegestelle Fener betritt man durch eine Gasse mit Souvenierläden das Viertel. Auf der Yıldırım Caddesi wendet man sich nach links in die Sadrazam Ali Paşa Caddesi und steht nach 100 m vor einem durch hohe Mauern abgeschirmten Gebäudekomplex. Hier im **Ökumenischen Patriarchat (Rum Ortodoks Patrihanesi)** 9 residiert seit 1991 Seine Allheiligkeit Bartholomäus I.

Der orthodoxe Papst

Der 1940 auf der Ägäisinsel Gökçeada (griechisch Imbros) geborene Patriarch wird zwar von der türkischen Regierung nur als Erzbischof von Istanbul anerkannt, ist aber nach dem Verständnis der gesamten Orthodoxie der ›Ökumenische Patriarch von Konstantinopel‹ und damit so etwas wie der orthodoxe Papst. Seine bedeutendsten Mitropolien befinden sich in Nordgriechenland, auf Kreta und der Inselgruppe Dodekanes. Zum anderen steht Bartholomäus I. allen autokephalen (d. h. selbstbestimmten) orthodoxen Christen symbolisch vor – von Finnland bis Australien, von Kanada bis Mexiko.

Da Konstantinopel seit den Zeiten des byzantinischen Kaiserreichs das führende orthodoxe Patriarchat ist, gilt Batholomäus als ›pater inter pares‹, als erster unter den gleichen Erzbischöfen und Kirchenführern der Orthodoxie. Im Gegensatz zu vielen seiner Kollegen ist er ein aufgeschlossener, liberaler Mann, der nicht nur den Ausgleich mit anderen Religionen sucht, sondern sich auch als ›grüner‹, ökologisch engagierter Bischof einen Namen gemacht hat.

Goldblitzende Ikonostase

Man betritt das Patriarchat durch eine hohe Pforte und landet direkt auf dem großen Vorplatz. Die linke Hofseite Bildet die Fassade der Kirche Hagios Georgios. Die dem heiligen Georg geweihte Patriarchatskirche kann jeden Tag bis 16.30 Uhr besichtigt werden. Im Vergleich mit der Hagia Sophia, der früheren Hauptkirche der Orthodoxie, ist die heutige, 1720 errichtete Hauptkirche der Istanbuler Griechen nur ein bescheidener Bau. 1720 wurde sie im architektonischen Stil einer dreischiffigen frühchristlichen Basilika errichtet. Die umliegenden Wohn- und Verwaltungsgebäude mit Bibliothek stammen weitgehend aus dem 20. Jh.

Man betritt zunächst den Narthex, den Vorraum des Hauptschiffes. In großen sandgefüllten Kästen kann man Kerzen als Lichtgebet aufstellen. Drei Tore führen in die eigentliche Kirche, das mittlere große Tor ins Hauptschiff und die beiden kleineren Tore in die Seitenschiffe. Neben Heiligenreliquien im rechten Seitenschiff ist im Inneren der Kirche vor allem der aus spätbyzantinischer Zeit stammende prachtvolle Thron des Patriarchen sehenswert.

Was orthodoxe Kirchen am auffälligsten von katholischen oder protestantischen Gotteshäusern unterscheidet, ist die Ikonostase, eine große, mit Ikonen geschmückte Wand, die den Altarraum von der übrigen Kirche abtrennt. Die Ikonostase der Patriarchatskirche ist prächtig vergoldet und mit wertvollen Heiligenbildern bestückt; so zeigt sie zumindest im Inneren noch etwas vom alten Glanz der Konstantinopler Griechen.

Auch der vergoldete Doppeladler auf der Pforte, die durch die Ikonastase in den Altarraum führt, erinnert an bessere Zeiten: Es ist das Wappen der byzantinischen Kaiser. Obwohl orthodoxe Gottesdienste sich über Stunden hinziehen, wird hier Gott im Stehen verehrt. Statt der Kirchenbänke gibt es nur einige hochbeinige Stühle, in die die Gläubigen sich aber eher hineinlehnen, als sich zu setzen. Dafür ist der Ablauf des Gottesdienstes nicht so streng. Man kann durchaus die Kirche zwischendurch einmal verlassen und später wieder kommen. Die meisten Griechen machen das so. Wer will, kann am Sonntagvormittag (10 Uhr) an einem Gottesdienst teilnehmen.

Griechisches Gymnasium
Nach Verlassen des Patriarchats folgen Sie der Yıldırım Caddesi weiter parallel zur Uferstraße, bis Sie an der Akçin Sokak links ins Viertel einbiegen. Hier überqueren Sie die Vodina, die Hauptgasse von Fener, und steigen nun steil den Hügel hoch. Schon von weitem erkennt man auf dem Hügel einen riesigen roten Backsteinbau. Dies ist die **Fener Rum Erkek Lisesi** 10, die größte griechische Jungenschule Istanbuls. Von den einstmals über tausend Schülern sind jetzt nur noch knapp hundert geblieben, die den Riesenbau natürlich nur noch zu einem kleinen Teil auslasten. Wir folgen der Straße am unteren Schultor vorbei weiter nach oben (die Schule liegt auf der rechten Seite) und biegen dann in die erste Gasse rechts ein, um wenig später den ganzen Bau von oben betrachten zu können.

Über die Tevkii Cafer Mektebi Sokak geht es dann den Hügel wieder hinab. Nach rund 100 m taucht links ein ummauertes Areal auf, aus dem eine kleine rot gestrichene Kirchenkuppel herausragt. Diese **Meryem Ana Rum Kilisesi** 11, der Mutter Maria gewidmet, ist die älteste griechische Kirche. Seit byzantinischen Zeiten wird sie trotz Eroberung, Vertreibung und Krieg unverändert als Kirche genutzt. Die heutige Gemeinde ist klein, weswegen die Kirche unter der Woche oft verschlossen ist. Man kann jedoch klingeln und erreicht dann meist den Küster, der eine Besichtigung ermöglicht.

Ein gesegnetes Wässerchen
Die Kirche, die die Istanbuler Griechen und auch viele Besucher aus der orthodoxen Welt jedoch am liebsten besuchen, liegt ungefähr 20 Gehminuten vom Gymnasium und Patriarchat entfernt am Ufer des Goldenen Horns. Über die Vodina-Gasse und die Hızır Çavuş Köprübaşı Sokak, zum Schluss über die Mürselpaşa Caddesi durchqueren Sie das Viertel, das nach der Vertreibung der ursprünglichen griechischen und jüdischen Bevölkerung nun ziemlich heruntergekommen erscheint, bis Sie ungefähr in Höhe der früheren Galata-Brücke, die hier ihren letzten Ruheplatz gefunden hat, die Uferstraße erreichen. Von dort geht es noch einige hundert Meter weiter, bis links die Ayvansaray Kuyu Sokak wiederum ins Viertel hineinführt.

Nach 100 m laufen Sie direkt auf das Tor der **Panayia Vlaherna Rum Kilisesi** 12 zu. Durch das Tor geht es in einen großen Garten, an dessen Ende die Kapelle steht. Diese Kirche ist über einer heiligen Quelle gebaut worden. Sie ist heute ein orthodoxer Wallfahrtsort, zu dem an jedem Freitag ebenso wie an Feiertagen viele Gläubige pilgern, um das gesegnete Wasser zu trinken oder sich ein Fläschchen abzufüllen. Auch nicht-orthodoxe Besucher dürfen sich gerne etwas abzapfen.

Hauptkuppel zeigt ein Medaillon des von zwölf Propheten umgebenen Pantokrators. Maria und Johannes der Täufer wenden sich dem in der Apsis thronenden Christus zu. Mosaiken mit den Darstellungen der vier Erzengel Michael, Raphael, Gabriel und Uriel schmücken die Kreuzgewölbe darüber. Kirchenlehrer, Patriarchen und Bischöfe sind in den Eckfeldern zu sehen, und die Taufe Christi im Jordan erscheint an einer Seitenwand. Die Außenwände des inneren Narthex schmückten Fresken, die sich auf das Leben Marias bezogen.

Chora-Kloster

Kariye Camii Müzesi (Chora-Klosterkirche) ! 15
Bus Kariye, Do–Di 9–16.30 Uhr, Eintritt 15 TL, S. 56

Auf der Anhöhe des sechsten Stadthügels, kurz vor der Landmauer, liegt das jüngst restaurierte Viertel um die Kariye Camii mit alttürkischen Cafés und Holzhäusern.

Das alte Chora-Kloster gehört neben der Hagia Sophia zu den bedeutendsten byzantinischen Relikten der Stadt. Seine reiche Mosaik- und Freskenausstattung ist nach Umwandlung in eine Moschee Ende des 15. Jh. mit Holztafeln und Tünche verdeckt und somit bis in heutige Zeit bewahrt worden. 1948/49 begann das Byzantine Institute der Universität Boston mit der Freilegung und Konservierung des Wandschmucks. Seitdem ist die Kariye Camii ein Museum.

Das Gründungsdatum des Klosters ist bis heute unklar. Ende des 11. Jh. stiftete Maria Dukaina, die Schwiegermutter des Kaisers Alexios I. Komnenos, eine neue Kirche auf dem Klostergebiet. Im 12. Jh. wurde sie umgebaut und mit Mosaiken ausgestattet. Seine letzte Blütezeit erlebte das Kloster im 14. Jh., als Theodoros Metochites (1260–1332) die ganze Kirche umbauen und mit Marmorplatten, Mosaiken und Malereien völlig neu ausschmücken ließ. Nach seiner Stifterinschrift am Kuppelgesims im Kirchenraum muss sie im Jahr 1321 fertiggestellt worden sein. Metochites, Rhetoriker und Philosoph, war Großlogothet und damit direkter Vertreter des Kaisers. Er vermachte dem Kloster seine große Bibliothek, die bedeutendste der Stadt, und lebte dort die letzten Jahre vor seinem Tod als Mönch. Ende des 15. Jh. wandelte der Großwesir Ali Paşa unter Sultan Beyazıt II. die Kirche in eine Moschee um.

Der Kirchenbau in seiner heutigen Gestalt geht weitgehend auf die Ver-

Eine Pause am Chora-Kloster
Direkt neben dem Chora-Kloster bietet das **Asitane Restoran** 6 des in einem renovierten osmanischen Holzhaus eingerichteten Kariye Hotel gute türkische Küche in stilvoller Atmosphäre, abends auch mit Livemusik (S. 33, 209).

änderungen unter Metochites im 14. Jh. zurück, der kreuzförmige Naos mit breiter Apsis stammt allerdings noch aus der Zeit Isaak Komnenos'. Links und rechts der Apsis liegen zwei überkuppelte kleine Räume mit Apsidiolen. Der zweigeschossige Nordflügel ist vom inneren Narthex aus zugänglich. Im Süden ließ Metochites ein Parekklesion anbauen, dem ein äußerer Narthex vorgelagert ist, der sich L-förmig um die Front der Kirche zieht. Fünf un-

Fatih und Fener

terschiedlich große Kuppeln auf hohem Tambour mit Fenstern in Blendbogennischen erheben sich über den einzelnen Räumen des Gebäudes. Regelmäßige Ziegelschichten durchziehen die Außenwände, die ebenfalls von Blendnischen schmückend gegliedert werden.

Der Bilderschmuck des Klosters gehört zu den Meisterwerken der palaiologischen Renaissance, und er steht in nichts den großartigen Mosaiken von San Marco in Venedig oder Monreale auf Sizilien nach. Leider wurden die Künstler nicht genannt, aber aufgrund technischer und stilistischer Unterschiede muss man von einer größeren Werkstattgemeinschaft ausgehen. Die Bilder verehren gleichermaßen Christus und Maria. Über dem Eingang, in den Bogenfeldern des Exonarthex, erscheinen auch der Pantokrator und die betende Maria mit den Beischriften »Jesus Christus, Heimstatt der Lebenden« und »Muttergottes, Heimstatt des Unfassbaren« (von dem für ›Heimstatt‹ verwendeten Wort *chora* leitet sich übrigens der Klostername ab). In diesen Beischriften wird das Programm des Mosaikschmucks vorweggenommen: die Menschwerdung Gottes.

Im Bogenfeld des inneren Narthex ist das Stiftermosaik des Theodoros Metochites angebracht. Der kniende Logothet mit einer für den Berufsstand typischen, turbanartigen Kopfbedeckung überreicht Christus ein Modell seiner Kirche. Rechts und links stehen in eigenen Mosaikfeldern die Apostel Petrus und Paulus.

An der Ostwand des südlichen Kuppelraumes im inneren Narthex befand sich das größte Mosaik der Kirche mit der Deesis. Leider sind nur noch die Köpfe mit einem Teil des Körpers erhalten: Maria nähert sich fürbittend dem Jesus Chalkites (ein ikonographischer Typus, benannt nach einer berühmten Darstellung über dem Hauptportal zum Kaiserpalast). Zu ihren Füßen erscheinen zwei Stifter, die sich ebenfalls im Gestus der Fürbitte an Christus wenden. Es sind Isaak Komnenos, der Anfang des 12. Jh. die Renovierung des Klosters veranlasste, und die Nonne Melane, Maria Palaiologos, eine Schwester oder Tochter des Kaisers Andronikos II.

Im Mittelfeld der Kuppel erscheint Jesus Christus als thronender Pantokrator (›Allesbeherrscher‹). In 24 Sektoren umgeben ihn seine Vorfahren von Adam bis Jakob. Im nördlichen Kuppelpendant des inneren Narthex ist Maria mit dem Jesuskind dargestellt. Diesmal erscheinen in nur 16 Sektoren David und die folgenden alttestamentlichen Könige. Unterhalb der Kuppel beginnt ein Zyklus mit Szenen aus dem Leben Marias, die sich über die ersten drei Joche des inneren Narthex hinziehen. Im Exonarthex werden Begebnisse aus dem Leben Christi ins Bild gefasst.

Der Mosaikschmuck im Hauptraum ist weitgehend zerstört. Lediglich Darstellungen von Maria und Christus in den östlichen Ecken des Naos und ein von bunter Marmortäfelung eingerahmtes Marientod-Mosaik über dem Eingang sind erhalten. Das Thema dieses Raumes umfasste einen Festbildzyklus. Das Parekklesion ist mit hervorragenden Fresken, die in der oberen Zone Themen wie die Auferstehung und das Jüngste Gericht, in der unteren Zone Heilige und Märtyrer aufnehmen, ausgestattet. In den vier Wandnischen rechts und links des Gangs waren Sarkophage eingestellt und die Nischen selbst mit Malereien und teils mit Mosaiken ausgestattet.

Einzigartige byzantinische Mosaiken schmücken den Narthex der Kariye Camii (Chora-Kirche)

Fatih und Fener

An der Landmauer

Die gewaltige Mauer, vor der die Ostgoten und Attilas Hunnen, aber auch Bulgaren, Tartaren und Araber scheiterten, zählt zu den bedeutendsten Zeugnissen des byzantinischen Konstantinopel. Mit der Tramvay kann man einfach und günstig dorthin gelangen (s. Entdeckungstour S. 206).

Mihrimah Camii 16

Fast direkt an der Landmauer erhebt sich weithin sichtbar die Mihrimah Camii. Den Komplex, der aus Moschee, Medrese, Mektep (Grundschule) und einem Hamam besteht, stiftete Prinzessin Mihrimah, Tochter Süleymans des Prächtigen und Gemahlin des Großwesirs Rüstem Paşa, in den 1550er-Jahren. Wieder war es Baumeister Sinan, der diese monumentale Einkuppelmoschee errichtete, und zwar an der Stelle einer älteren Kirche.

Die fast 20 m weite Kuppel mit 37 m Scheitelhöhe ruht direkt auf den Außenwänden, die an den Ecken durch kuppelbekrönte Turmpfeiler verstärkt werden. Den Kuppeltambour bildet ähnlich wie bei der Hagia Sophia ein Fensterkranz zwischen Pfeilern. Auch die hohen Schildwände sind reich mit Fenstern ausgestattet, so dass viel Licht den Innenraum durchflutet – dies gab dem Bau den Beinamen ›Moschee der 1000 Fenster‹. Die seitlichen Schildwände ruhen auf jeweils zwei monolithischen Säulen. Hier erweitern zwei Seitenschiffe, die mit je drei kleineren Kuppeln überdeckt sind, den Betraum.

Die hohe Vorhalle wird durch überkuppelte Seitenpassagen optisch mit den tiefer liegenden Hallen des Vorhofes und den Studentenwohnungen verbunden. Nach Beschädigungen durch Erdbeben im 18. und 19. Jh. wurde die Moschee renoviert, wobei das Minarett wieder aufgebaut und der Innenraum neu ausgestattet wurde. Moschee und Medrese standen zur Straße hin auf einer mit überwölbten Läden erhöhten Terrasse. Ein großer Teil dieser Läden wurde bei Straßenbauarbeiten im 20. Jh. abgerissen, so dass der Gesamteindruck des Komplexes seither stark verändert ist.

Tekfur Sarayı (Porphyrogennetos-Palast) 17
Eintritt 3 TL

Am Nordende der Theodosianischen Landmauer erhebt sich die eindrucksvolle Ruine eines byzantinischen Palastes, die den bedeutendsten erhaltenen weltlichen Bau aus dem kaiserlichen Konstantinopel darstellt. Der Bau steht im Winkel zwischen Theodosius-Mauer und der zum Goldenen Horn abfallenden Blachernenmauer und wird als Porphyrogennetos-Palast (nach einem Palaiologen-Prinzen) oder türkisch Tekfur Sarayı (›Kaiserpalast‹) bezeichnet.

Ein langer Hof, geschützt durch die beidseitigen Mauerzüge, erstreckt sich vor dem Palast und bietet durch zwei Doppelarkaden Zugang in das Gebäude. Die Zwischendecken des dreigeschossigen Baus fehlen, aber die in den Wänden sichtbaren Ansätze von Kuppelrundungen besagen, dass das Erdgeschoss mit Kuppeln auf sechs Stützen überwölbt war, während die Obergeschosse flache Balkendecken hatten. Bekrönt war der Palast, wie auf alten Stadtansichten zu sehen ist, mit einem Satteldach. Die Hoffassade ist mit zwei Reihen von fünf bzw. sieben großen Fenstern gegliedert. Die zur Stadt gewandte Seite trägt nur eine Fensterreihe im Obergeschoss mit einem kleinen vorkragenden Balkon.

Der Palast stand mit dem **Blachernenpalast** beim **Eğrikapı** 18 in Verbindung, der mittelalterlichen Kaiserresi-

Die Landmauer

Sehenswert

1 – 14 s. Plan S. 189
15 Kariye Camii Müzesi (Chora-Klosterkirche)
16 Mihrimah Camii (Moschee der Prinzessin Mihrimah)
17 Tekfur Sarayı (Porphyrogennetos-Palast)
18 Eğrikapı
19 Edirnekapı
20 Topkapı
21 Panorama 1453 Müzesi
22 Yedikule Hisarı
23 Mermer Kule (Marmorturm)

Essen & Trinken

1 – 5 s. Plan S. 189
6 Asitane
7 Develi

An der Landmauer

denz, die seit dem 11. Jh. ins nördlich gelegene Blachernenviertel verlagert worden war. Seit Mitte des 5. Jh. waren dort um eine berühmte Marienkirche, in der das Kleid Mariens aufbewahrt wurde, kaiserliche Wohnbauten entstanden. Schon während des Arabersturms im 8. Jh. zogen sich die Kaiser hierher zurück, denn die antiken Paläste lagen direkt im Angriffsbereich der arabischen Flotten.

Alexios I. Komnenos (1081–1118) begann Ende des 11. Jh. mit dem Ausbau des Palastes. Nach 1204 residierten die lateinischen Kaiser in den Bauten, danach die Palaiologen, die umfangreiche Erneuerungen unternahmen. Bei der Eroberung durch die Türken wurde die Residenz geplündert. Heute sind nur noch wenige Mauern erhalten, die ohne Nachgrabungen kein einheitliches Bild der Palastanlage ermöglichen. Die die reiche Verwendung von Ziegelornamenten in den oberen Mauerabschnitten spricht für eine Datierung in die Palaiologenzeit.

Yedikule Hisarı [22]

Banliyö-Zug Yedikule, tgl. außer Mi 9.30–16.30 Uhr, 5 TL, S. 56

Die Festung Yedikule (›Sieben Türme‹) wurde 1457/58 von Mehmet II. Fatih am Südende der Landmauer unter Einbeziehung der Porta Aurea und eines Teils der Befestigungsanlagen errichtet.

Die **Porta Aurea** (›Goldenes Tor‹) verband die Via Egnatia, die aus Thrakien kommende altrömische Heer- und Handelsstraße, mit der Mese, der Prachtstraße Konstantinopels, die beim Augusteion, dem Mittelpunkt der alten Stadt, endete (S. 156). Sie war das einzige Tor des Festungswerks mit drei Durchgängen und erhielt ihren

Noch heute ein mächtiges Bauwerk: die Landmauer des Kaisers Theodosius II.

Namen nach den vergoldeten Türflügeln, die zum Dank für einen Sieg im Jahre 425 angebracht wurden. Der mittlere und größte Durchgang war dem Kaiser als Triumphtor vorbehalten. Statuen des Kaisers Theodosius II., der Siegesgöttin Nike und eine Elefantenquadriga bekrönten das Goldene Tor. Seitlich standen zwei mit Marmorplatten geschmückte Türme. Das Vortor wurde im 13. Jh. ausgebaut und erhielt im 14. Jh., als die Toranlage zu einer kleinen Festung umgestaltet wurde, eine neue Fassade. Wiederverwendete antike Reliefplatten mit mythologischen Szenen, wie die Taten des Herakles (1./2. Jh.), schmückten die seitlichen Wände.

Mit Errichtung der Festung Yedikule wurden die Durchgänge des ehemaligen Triumphtores zugemauert. Zu den vier Türmen der Stadtmauer fügte Mehmet II. drei große Rundtürme auf der Stadtseite hinzu. Im Knick geführte Mauern verbanden sie sternförmig. Die Festung entsprach den neuesten fortifikatorischen Erkenntnissen des 15. Jh. und wurde als Schatzhaus, Archiv und Gefängnis genutzt.

Der Eingang befindet sich oberhalb des östlich gelegenen Turmes. Von der Innenbebauung sind lediglich die Reste einer Moschee erhalten. Im Turm links des Eingangs sind an den Wänden Graffiti der Häftlinge, unter denen auch Gesandte fremder Länder waren, zu entdecken. Der südliche Turm des Goldenen Tores enthielt die Verliese mit dem Richtblock. Hier wurden neben anderen auch Sultan Osman II. (1618–1622) und sein Großwesir Davut Paşa hingerichtet.

Die Seemauern

Zu den Befestigungsanlagen der theodosianischen Zeit gehörte auch eine Mauer entlang dem Goldenen Horn, die teils in spätere Bauten eingebun-

Auf Entdeckungstour

Die Theodosianische Landmauer

Über 1000 Jahre wehrte die unter Kaiser Theodosius II. errichtete Landmauer alle Angreifer ab, bis im 15. Jh. Mehmet Fatih das Bollwerk des christlichen Abendlandes erstürmte.

Zeit: etwa 3 Std.

Planung: Mit der Tramvay von Eminönü oder Sultanahmet bis zum Topkapı. Zurück erst Richtung Edirnekapı, dann mit der Hafif Metro, Station Ulubatlı am Adnan Menderes Bulvarı, in die Altstadt.

Panorama-Museum: Panorama 1453 Müzesi, www.panoramikmuze.com, tgl. 8.30–19 Uhr, Eintritt 10/5/3 TL.

Mit der Tramvay durchquert man auf dem Turgut Özal Bulvarı eines der berühmtesten Bauwerke des Antike. Die Landmauer Konstantinopels ließ Kaiser Theodosius II. (408–450) auf der gesamten Inlandseite der Stadt errichten. Sie zog sich etwa 1,5 km westlich der konstantinischen Stadtmauer über eine Länge von 5,7 km vom Marmarameer bis zur bereits bestehenden Festungsmauer des Blachernenviertels und sicherte ein neues Wohngebiet von 1300 ha Größe. Zudem ordnete der Kaiser im Jahr 439 auch den Bau der Seemauern am Goldenen Horn und am Marmararmeer an.

Obwohl zahlreiche Erdbeben Schäden verursachten und ständige Reparaturen nötig waren, trotzte diese Befestigungsanlage über ein Jahrtausend den häufigen Angriffen auf das byzantinische Konstantinopel.

Die Eroberung Konstantinopels

An der Station Topkapı verlassen wir die Tramvay. Südlich liegt – eingebettet in eine schöne Grünanlage – das Anfang 2009 eröffnete Geschichtsmuseum **Panorama 1453** 21. Die entscheidende Schlacht am 29. Mai 1453 ist hier in einem 3000 m² großen Panoramabild festgehalten (s. Bild links). Bis in alle Einzelheiten sind Tausende von osmanischen und byzantinischen Soldaten beim erbitterten Kampf um die Stadt wiedergegeben. Sultan Mehmet hoch zu Ross gibt den Befehl zur Stürmung der Befestigungsanlage, die bereits in weiten Bereichen stark beschädigt ist. Im Vordergrund stehen die riesigen Kanonen, die ein gewisser Urban aus Siebenbürgen im Auftrag des Sultans extra für die Eroberung Konstantinopels gefertigt hatte. Die größte Kanone hatte eine Rohrlänge von über 8 m und einen Durchmesser von etwa 75 cm. Die zugehörigen Kugeln mit ihrer enormen Durchschlagskraft wogen fast 600 kg. In diesem Panoramabild wird deutlich, mit welcher Übermacht an Soldaten zu Fuß und zu Pferde Mehmet den kaum 9000 Verteidigern gegenübertrat.

Zuvor hatte er alle Dörfer im näheren Umland zerstört und 1452 die Sperrfeste Rumeli Hisarı (S. 256) errichtet. Damit hatte er den Bosporus unter Kontrolle. Das Goldene Horn, in dem die byzantinische Flotte lag, war durch eine Sperrkette gesichert und für ihn vorerst uneinnehmbar. Nach vergeblichen Angriffen vom Marmarameer her befahl Sultan Mehmet im April 1453, die Flotte hinter Pera heimlich über die Hügel ziehen zu lassen und in das obere Ende des Goldenen Horns zu verlegen. Als auch hier Angriffe erfolgten, war Kaiser Konstantin XII. gezwungen, Truppen von der Landmauer abzuziehen, um diesen Mauerabschnitt zu verteidigen. Es half alles nichts: wenige Wochen später war Konstantinopel erobert, die Stadt wurde drei Tage lang geplündert. Während die einfache Bevölkerung in Scharen aufs Land floh, ließ der Sultan die byzantinischen Adligen, die nicht zum Islam übertreten wollten, köpfen, die Frauen führte er in großer Prozession nach Edirne in seinen Harem.

Mehmet II. Fatih kannte den Nutzen der Landmauer und ließ sie gleich nach der Eroberung wieder instand setzen. Weitere 400 Jahre lang sorgten die Osmanen für ihren Erhalt. Nur durch die Zolltore Topkapı und Edirnekapı war die Wareneinfuhr erlaubt. Hinter der Porta Aurea, am Südende der Mauern, ließ der Sultan die Festung Yedikule errichten (S. 205).

Das Festungswerk

Nach dem Museumsbesuch bietet die Grünanlage Ruhebänke mit einem schönen Blick auf die Theodosianische Landmauer.

Das Festungswerk bestand aus drei Teilen: der Hauptmauer, der Vormauer und – an gefährdeten Stellen – einem Graben. 96 Türme verstärkten die 4,8 m dicke und 11 m hohe Hauptmauer. Die Vormauer, eine mächtige Kasemattenanlage, wurde im Abstand von 14,5 m errichtet und erreichte eine Höhe von 8 m. Ihre Verstärkungstürme standen auf Mitte versetzt zu denen der Hauptmauer. Vier kleinere und sieben große, beide Mauerzüge umfassende Toranlagen gewährten neben zahlreichen Pforten, die an den Seiten der Türme zu finden sind, die Ein- und Ausfahrt. Das bedeutendste Stadttor war die Porta Aurea (S. 205). Durch ihren mittleren Durchgang zu reiten war allein dem Kaiser als Triumphator nach einem Sieg gestattet.

Die noch aufrecht stehenden Mauerzüge theodosianischer Zeit sind sorgfältig aus Kleinquadermauerwerk mit fünfschichtigen Ziegelbändern errichtet. Der Graben war 12–15 m von der Vormauer entfernt in den Fels eingetieft. Bei einem Angriff konnte er in kurzer Zeit mit Wasser gefüllt werden. Heute sichtbare Reste des Grabens mit beidseitiger Mauereinfassung stammen jedoch aus späterer Zeit.

Entlang der Mauer

Nördlich des Turgut Özal Bulvarı kann man an der Außenseite der Mauer (durch die stark befahrene Straße leider etwas laut) oder auf der Sulukule Caddesi im Inneren der theodosianischen Stadt ein Stück an der Befestigungsanlage entlanggehen.

Zwischen Turgut Özal Bulvarı und Adnan Menderes Bulvarı vermutete man einst das Romanos-Tor, das beim Generalangriff am 29. Mai 1453 fast vollständig zerstört wurde. In älteren Quellen wird es als das heutige **Topkapı** [20] (›Kanonentor‹) identifiziert, jedoch wurde 2003 eine Bauinschrift entdeckt, die das sog. 4. Nebentor weiter Richtung Mevlevihanı Kapı als Ort des Romanos-Tores nahelegt. Hier kam die berüchtigte Riesenkanone des Urban zum Einsatz, hier soll auch morgens gegen 5.30 Uhr der erste Durchbruch der Janitscharen in die Stadt erfolgt sein. Anschließend rückten die türkischen Truppen innen an der Mauer entlang vor, um weitere Tore zu öffnen, während die Truppen der Verteidiger sich rasch auflösten. Der Kaiser fiel an der Spitze seiner Leibgarde. Auch Urban überlebte den Tag nicht, er starb bei der Explosion seiner überhitzten Kanone, nachdem der Sultan eine schnellere Schussfrequenz befohlen hatte.

Zum Edirnekapı

Mit der Metro am Adnan Menderes Bulvarı (Station Ulubatlı) kann man wieder in die Altstadt bis nach Aksaray zurückfahren. Alternativ geht der Weg Richtung Goldenes Horn zum Edirnekapı (s. u.) und zum Tekfur Sarayı (S. 202). Oder Sie nehmen ein Taxi, fahren an der Mauer entlang Richtung Süden bis Yedikule (S. 205).

Besonders gut erhalten sind auch die Abschnitte beim **Edirnekapı** [19], das Anfang der 1990er-Jahre renoviert wurde. Füher hieß es Charsus-Tor oder auch Adrianopler Tor. Hier endete die Heerstraße von Edirne, dem alten Adrianopel – vielleicht deshalb stehen in der Umgebung die Türme sehr viel enger als in den südlichen Bereichen der Mauer.

Nachdem Sultan Mehmet II. seine Soldaten drei Tage lang die Stadt hatte plündern lassen, ritt er durch dieses Tor in die Stadt ein. Eine Gedenkplakette erinnert jetzt daran.

Adressen

den, teils der Uferstraße gewichen ist. Man weiß, dass sie 5,4 km lang war und dass noch im 18. Jh. Reparaturarbeiten an ihr durchgeführt wurden.

Mit dem Bau der Seemauer am Marmarameer wurde ebenfalls unter Theodosius II. begonnen, im 8./9. Jh. wurde sie verstärkt. Der 8,5 km lange, 12–15 m hohe Mauerzug hatte 103 Türme und 36 Tore. Im 19. Jh. fielen große Teile dem Bau der Eisenbahnlinie zum Opfer. Einer der wenigen Reste ist der **Mermer Kulesi** 23 (›Marmorturm‹), der einst wohl zu einem kaiserlichen Lustschlösschen gehörte.

Essen & Trinken

In der Koranschule – **Şehzade Mehmed Sofrası** 1: Şehzadebaşı, Saraçhane Parkı, Tel. 0212 536 26 68, www.sehzademehmed.com.tr, Bus/Tramvay Şehzadebaşı, 9.30–23.30 Uhr, Hauptgerichte ab ca 8 €. In den kleinen Zellen und im Hof der alten Koranschule der Şehzade Camii werden die Gerichte stilvoll nach osmanischer Tradition auf großen runden Tepsis (Tabletts) dargeboten. Dazu spielt ein osmanisches Orchester. Reservierung empfohlen; kein Alkohol.

Erfrischend säuerlich – **Vefa Bozacısı** 2: Katip Çelebi Cad. 104/1, Tel. 0212 519 49 22, www.vefa.com.tr, S. 188.

Tolle Aussicht – **Zeyrekhane** 3: Fatih-Zeyrek, Sinanağa Mah., İbadethane Arkası 10, Tel. 0212 532 27 78, www.zeyrekhane.com, 3-Gänge-Menü mit einem Getränk ca. 25 €. Ein Café und Restaurant in stilvoller Umgebung. Auf der einen Seite die byzantinische Pantokratorkirche, auf der anderen die Süleymaniye-Moschee und unter sich eine große Zisterne. Bei gutem Wetter ist die Terrasse zu jeder Jahreszeit ein Genuss. Kein Alkohol.

Vornehmes Griechenhaus – **Kozz Haliç** 4: Kadır Has Cad. 94, Tel. 0212 521 79 01, www.daphnis.com.tr, tgl. 9–22 Uhr, S. 196.

Mediterrane Küche – **Fener Köşkü** 5: Abdülezel Paşa Cad. 311, Tel. 0212 621 90 25, www.fenerkosku.com, tgl. 10–4 Uhr morgens, 3-Gänge-Menü mit Wein ca. 40 €. Hübsches historisches Griechenhaus zwischen dem Patriarchat und der Bulgar Kilise. Serviert werden türkische und griechische Mezeler und mediterrane Küche mit Fisch und Fleisch.

Klassisch osmanische Küche – **Asitane Restaurant** 6: Fatih, Kariye Camii Sokağı 18, S. 33.

Geheimtipp unter den türkischen Restaurants – **Develi** 7: Samatya, Balıkpazarı, Gümüşyüzük Sok. 7, S. 34.

Einkaufen

Traditioneller Markt – **İtfaiye Caddesi** 1: Fatih, zwischen Valens-Aqädukt und Zeyrek-Moschee, tgl. 10–19 Uhr. Eine Marktstraße der Metzger, Gewürzhändler, anatolischen Naturkostläden und Käse- und Wurstverkäufer. Alles so, wie es vor hundert Jahren war: Im konservativen Fatih gehen die Uhren langsamer, was Einblick in die altorientalischen Marktsitten bietet.

Der beliebteste Flohmarkt – **Horhor Pit Pazarı** 2: Aksaray, Kırma Tulumba Sok. 13, Tramvay Aksaray, 9–19 Uhr. Auf sechs Stockwerken sind an die 200 Läden ›gestapelt‹. Der Horhor ist der älteste Floh- und Antiquitätenmarkt Istanbuls. Handeln ist hier angesagt. Defekte Stücke werden im Keller meisterhaft repariert.

Abends & Nachts

Bauchtanz – **Gar Müzikhol** 1: Yenikapı, Mustafa Kemal Cad. 3, S. 43.

Das Beste auf einen Blick

Karaköy und Beyoğlu

Highlight !

Galata Kulesi: Der Galata-Turm, einst Teil der genuesischen Befestigungsmauer, ist heute das Wahrzeichen von Beyoğlu. Die Aussicht von oben ist fantastisch, ringsum entdeckt man hippe Lädchen. 11 S. 220, 222

Auf Entdeckungstour

İstanbul Modern – zeitgenössische Kunst der Türkei: Das Museum beherbergt eine einzigartige Kunstsammlung. Dort kann man die Entwicklung der türkischen Moderne eindrucksvoll nachvollziehen. 3 S. 216

Die Belle Époque in Beyoğlu: Das heutige Beyoğlu zwischen der Galata-Brücke am Goldenen Horn bis hin zum Taksim-Platz teilte sich im 19. Jh. in Galata und Pera. Vor allem Pera, entlang der İstiklal Caddesi, war im frühen 20. Jh. das mondäne Europäerviertel Konstantinopels. Wir werfen einen Blick auf die architektonischen Spuren der Epoche. S. 226

Kultur & Sehenswertes

Türk Musevileri Müzesi: Das Museum der türkischen Juden in der ehemaligen Zülfaris-Synagoge informiert über jüdisches Leben in Istanbul. 6 S. 219

Divan Edebiyatı Müzesi: Das Museum im Mevlevihane, dem Kloster der Tanzenden Derwische, zeigt Koranschriften und informiert über das Wirken der Derwische. Auch Vorführungen der Tanzzeremonie *(sema)* kann man besuchen. 12 S. 223

Pera Müzesi: Alltägliche Szenen und schöne Stadtansichten vom 17. bis 20. Jh. bewahren das Istanbul osmanischer Zeit. 13 S. 223

Aktiv & Kreativ

Dancentrum: Nördlich vom Taksim-Platz kann man bei einer berühmten Tänzerin Bauchtanzkurse belegen. 1 S. 234

Genießen & Atmosphäre

Limonlu Bahçe: Ein nettes Gartenlokal, ruhig gelegen hinter dem Galatasaray-Gymnasium. 7 S. 233

Çiçek Pasajı: In der alten Passage fließen heute Bier und Rakı in Strömen. 11 S. 229, 233

Çukurcuma: Das Viertel der Antiquitätenhändler. 7 S. 38, 229

Balık Pazarı: Der Fischmarkt an der İstiklal-Straße präsentiert ein reiches Angebot – außer im Sommer während des Fischfangverbots. 8 S. 234

Abends & Nachts

Dulcinea Mania: Kneipe, Party-Location und Ausstellungsort. 13 S. 235

5. Kat: Das Dachrestaurant mit toller Aussicht ist Treffpunkt von Künstlern und Intellektuellen. 20 S. 235

Jenseits des Goldenen Horns

Das Istanbul, das niemals schläft; die hippe Stadt am Bosporus – hier in Beyoğlu, rund um die İstiklal Caddesi, ist sie zu finden. Tag und Nacht zieht sich ein unaufhörlicher Menschenstrom die Fußgängerzone hinauf und hinunter. Trendige Modeboutiquen, historische Cafés, nationale wie internationale Imbisse, gute Restaurants, Clubs, Theater, Kino, alles ist hier auf engstem Raum vereint und zieht die junge Bevölkerung rund um die Uhr in ihren Bann.

Bereits unter Kaiser Theodosius II. (408–450) wurde das Gebiet nördlich des Goldenen Horns als 13. Bezirk der Hauptstadt zugeschlagen, da es enorme strategische Bedeutung zur Verteidigung der Stadt und ihres Hafens hatte. Eine Sperrkette, die auf Höhe der heutigen Galata-Brücke zwischen den beiden Landspitzen angebracht werden konnte, sollte zusätzlich die Einfahrt feindlicher Schiffe verhindern.

Infobox

Reisekarte: ▶ G 4–K 1/3

Information
Touristeninformation: Im Istanbul Hilton Hotel, Cumhuriyet Cad., Harbiye, tgl. 9–16.30 Uhr.

Routenverlauf
Mit der Tramvay fahren Sie bis zur Station Tophane. Von hier laufen Sie parallel zum Marmarameer bzw. Goldenen Horn, bis es hinauf zum Galata-Turm geht. Entlang der İstiklal Caddesi verläuft die Tour dann weiter bis zum Taksim-Platz.

Im 10. Jh. betrieben die italienischen Stadtstaaten einen regen Handel mit den östlichen Mittelmeerländern, der auch die Errichtung von Niederlassungen in der byzantinischen Hauptstadt verlangte. Sie lagen zuerst nahe den Schiffsanlegestellen im heutigen Eminönü, zwischen Bahnhof Sirkeci und Galata-Brücke. Venedig und Genua entwickelten sich rasch zu den führenden Handelsmächten, Venedig gelang Anfang des 13. Jh. in Vereinbarung mit den Rittern des Vierten Kreuzzugs sogar die Machtübernahme in der Hauptstadt des politisch und wirtschaftlich geschwächten Byzantinischen Reiches. Erst nach knapp 50-jähriger Herrschaft der ›Lateiner‹ eroberte Michael VIII. Palaiologos 1261 mit Unterstützung der Flotte Genuas, des Erzfeindes von Venedig, Konstantinopel zurück.

Neben anderen Konzessionen für Genuas Hilfe musste er dem Stadtstaat auch die Errichtung einer eigenen Handelskolonie in der Hauptstadt zugestehen. Die Genuesen siedelten sich jenseits des Goldenen Horns in der Vorstadt an, die zu dieser Zeit Sykai (›Bei den Feigen‹) hieß. Der Kaiser untersagte allerdings den Wiederaufbau einer Befestigungsmauer, die bereits unter Justinianus (527–565) bestanden hatte. 1296 griff eine venezianische Flotte diese Kolonie an und brannte sie nieder. So ist es nicht verwunderlich, dass die Genuesen trotz des Verbots die Bürgerkriegswirren des 14. Jh. nutzten und eine Schutzmauer errichteten. Der markante, 1348 erbaute Galata-Turm ist ein Überrest dieser Befestigungen.

Nach der Eroberung 1453 erhielt der Sohn des Kaisers einen Landsitz auf dem Hügel über Galata, daher leitet

Galata und Tophane

Eng staffeln sich Häuser am Galata-Hang, überragt vom 700 Jahre alten Genuesenturm

sich der Name Beyoğlu (›Sohn des Herrn‹) ab. Die Genuesen aber mussten ihre Mauern wieder schleifen, da sie die Osmanen nicht eindeutig unterstützt hatten. Auch wurden Genuas Privilegien stark eingeschränkt, so dass sich auch andere europäische Handelsvertretungen und Gesandte niederlassen konnten. Bald war daher ein buntes Sprachen- und Völkergemisch in den engen Gassen der Stadt anzutreffen, die griechisch Pera (›Gegenüber‹) genannt wurde.

Galata und Tophane

Das Galata-Quartier zwischen Goldenem Horn und Galata-Turm nennen die Türken Karaköy, ›schwarzes Dorf‹, wegen seiner vom Qualm der früheren Fährdampfer geschwärzten Häuser. Schmale, steile Gassen mit hohen Fassaden charakterisieren diesen Stadtteil, der heute zumeist Werkstätten, Fabriken und Bürohäuser beherbergt.

Östlich der Galata-Brücke liegt das Viertel Tophane ›Kanonenhaus‹, das nach dem **Tophane Binası** 1 benannt ist, einer Geschützgießerei, die hier bereits unter Mehmet Fatih ihren Standort hatte. Sie war die wichtigste Fertigungsstätte für Kanonen im gesamten osmanischen Reich. Zahlreiche Um- und Neugestaltungen bestimmten die Geschichte der Fabrik. Der heute unter der Verwaltung der Mimar Sinan-Universität stehende, restaurierte Rechteckbau mit seinem markanten Kuppeldach ist unter Selim III. (1789–1807) errichtet worden. Er beeindruckt auch durch sein schönes Ziegel-Haustein-Mauerwerk und dient gelegentlich als Kunst- und Ausstellungsraum. Jenseits der Straßenkreuzung vor der Kılıç Ali Paşa Camii steht der schöne, 1732 im osmanischen Rokokostil erbaute **Tophane Çeşmesi**.

Kılıç Ali Paşa Camii 2

Die Kılıç Ali Paşa Camii ist ein Spätwerk des Baumeisters Sinan. Direkt am Bosporusufer (heute verläuft die Uferlinie 200 m weiter südlich) ließ Kılıç Ali Paşa einen Stiftungskomplex mit Moschee, Medrese, Türbe und Hamam errichten. Die Moschee war 1580 fertiggestellt, eine verkleinerte Kopie der Hagia So-

Karaköy/Galata

Sehenswert
1. Tophane Binası
2. Kılıç Ali Paşa Camii
3. İstanbul Modern
4. Yeraltı Camii
5. Tünel-Bahn
6. Türk Musevileri Müzesi (Zülfaris-Synagoge)
7. Arap Cami
8. Azapkapı Camii
9. Camondo-Stiege
10. Schneidertempel Sanat Merkezi
11. Galata Kulesi (Galata-Turm)
12. Divan Edebiyatı Müzesi (Mevlevihane-Museum)

Essen & Trinken
1. Karaköy Liman Lokantası
2. Tünel Lokantası

Einkaufen
1. Namlı Gurme
2. Librairie de Pera
3. Artrium

Abends & Nachts
1. Galata Kulesi Restaurant
2. Nardis Jazz Club

phia, mit Seitenschiffen und einem durch Säulenarkaden abgetrennten Emporengeschoss. Der lichtdurchflutete Gesamtraum, wie Sinan ihn bei anderen Werken anstrebte, war hier offensichtlich nicht gewollt. Dunkel und schwer wirkt die Architektur, die im byzantinischen Original für ein fast dreimal so großes Gebäude konzipiert war. Die Fliesenausstattung des Mihrabs beeindruckt jedoch durch die strenge Kalligraphie der Inschriften.

Ali Paşa war als italienischer Kriegsgefangener in die osmanische Marine gekommen und diente sich bis zum Admiral hoch. Für seine erfolgreiche Rückführung der Flotte aus der Niederlage gegen Venezianer und Spanier bei Lepanto 1571 ernannte ihn Selim II. zum Großadmiral. Die Wahl der Hagia Sophia als Vorbild seiner Moscheestiftung gab aber Anlass zu Spekulationen über die Ernsthaftigkeit seines Übertritts zum Islam.

Östlich der Moschee, im Park bei der Tramvayhaltestelle, reiht sich ein romantisches Wasserpfeifencafé ans andere – ein beliebter Treffpunkt junger Istanbuler. Das Kunstmuseum **İstanbul Modern** (S. 216) ist direkt dahinter in einer alten Lagerhalle aus dem 19. Jh. untergebracht.

Auf Entdeckungstour

İstanbul Modern – zeitgenössische Kunst der Türkei

Das Museum İstanbul Modern 3 beherbergt eine einzigartige Sammlung zeitgenössischer Kunst aus der Türkei. Dort kann man die Entstehung und Weiterentwicklung türkischer moderner Kunst eindrucksvoll nachvollziehen.

Anfahrt: Mit der Tramvay bis Haltestelle Tophane.

Öffnungszeiten: Di–So 10–18, Do 10–20 Uhr, www.istanbulmodern.org, Eintritt 7 TL.

Kino: Filme zu den Ausstellungen, Programm: www.istanbulmodern.org

Einkehren: Das Museum besitzt eine trendige Café-Bar mit tollem Blick auf den Bosporus.

Schon der Ort ist etwas Besonderes. Ein wenig versteckt, in einer ehemaligen Lagerhalle direkt am Bosporus, wird heute ein repräsentativer Querschnitt der modernen Malerei der Türkei präsentiert. Nach langen Vorbereitungen erhielten die Initiatoren im Frühjahr 2004 die Nutzungsrechte für eine alte Halle im Hafen von Karaköy, direkt vor den Anlegekais der großen Kreuzfahrtschiffe. Innerhalb weniger Monate entstand dort eine avantgardistische Kunsthalle mit insgesamt 8000 Quadratmetern Ausstellungsfläche.

Türkische und internationale Kunst

Man betritt das Museum über eine lange Rampe im oberen Stockwerk, in dem die Dauerausstellung zeitgenössischer Kunst gezeigt wird. Der größte Teil der ausgestellten Bilder stammt aus der Kunstsammlung der Industriellen-Familie Eczacıbaşı, die auch heute noch die wichtigsten Sponsoren des Museums sind. Alle wichtigen türkischen Künstler der letzten 150 Jahre sind hier mit Werken versammelt.

Das untere Geschoss ist dagegen wechselnden Ausstellungen internationaler Künstler gewidmet. So versuchen die Kuratoren des Museums den Besuchern nicht nur die Entwicklung türkischer Gegenwartskunst nahezubringen, sondern kontrastieren diese immer wieder mit dem Blick von Draußen.

In der ständigen Ausstellung, die zwar auch ihre Exponate gelegentlich auswechselt und thematische Umbauten vornimmt, kann man die Entwicklung der modernen Malerei in der Türkei gut nachvollziehen. Bedingt durch das Bilderverbot im Islam wurde bis ins 18. Jh. vor allem die aus Persien stammende Miniaturmalerei gepflegt, die ihren Figuren keinen individuellen Ausdruck gestattet (davon handelt übrigens der philosophisch anspruchsvoll angelegte Roman »Mein Name ist Rot« des türkischen Nobelpreisträgers Orhan Pamuk).

Die erste Generation türkischer Maler, die Kunst im westlichen Sinn schuf, holte sich ihre Inspiration vor allem in Paris. Aus diesen Pionieren rekrutierten sich dann die Lehrmeister der Istanbuler Kunstakademie, die bis heute die führende Kunsthochschule der Türkei ist. Waren die frühen Bilder deshalb noch stark an westeuropäischen Vorbildern orientiert, bildete sich mit der Zeit ein eigener Stil heraus, der zunächst die Erfahrungen und Landschaften des Landes verarbeitete, um sich dann auch einen abstrakten Ausdruck anzueignen.

Die Biennale

Heute hat Istanbul eine rege und stark boomende Kunstszene, die durch Ausstellungen und die alle zwei Jahre stattfindende ›Uluslararası İstanbul Bienali‹ international immer besser vernetzt ist.

Das spiegelt sich auch in den prominent besetzten Wechselausstellungen im Untergeschoss des İstanbul Modern wieder, die regelmäßig für großes Interesse sorgen. Außerdem sind auf der unteren Etage noch eine kleine, aber feine Kunstbibliothek und auch einige Arbeitsplätze untergebracht, wo Interessierte ihre Eindrücke vertiefen können.

Nicht zuletzt das hauseigene Café-Restaurant des Museums macht einen Besuch zu einem Erlebnis. Die Terrasse liegt direkt an dem Kai, wo die Kreuzfahrtschiffe anlegen – wenn nicht gerade ein Schiff die Aussicht versperrt, bietet der Platz einen spektakulären Blick auf die Halbinsel mit dem historischen Zentrum.

Karaköy und Beyoğlu

Karaköy Limanı (Karaköy-Hafen)

In der Kemankeş Caddesi – östlich liegt der Hafen für die großen Kreuzfahrtschiffe, die mitunter riesenhaft groß am Kai liegen – kommen Sie beim **Karaköy Güllüoğlu** vorbei. Hier kann man bei Börek oder Baklava eine kleine Pause einlegen. Direkt daneben gibt es auch ein Feinkostgeschäft, das **Namlı Gurme** 1 (S. 234), mit anderen leckeren Snacks.

Einfachen und auch ziemlich preiswerten Mittagstisch bietet ebenfalls das noch sehr volkstümliche **Karaköy Liman Lokantası** 1 (S. 231), ein Restaurant im Obergeschoss des Denizyolari Yolcusalonu (Fährenterminals).

Yeraltı Camii 4

Ein unscheinbarer Eingang führt in die Yeraltı Camii (›Unterirdische Moschee‹). Sie wurde 1757 in den düsteren Gewölben eines byzantinischen Verlieses mit 54 Pfeilern eingerichtet. Darüber stand einst ein Turm der Befestigungsmauer von Galata. Von ihm konnte bei Gefahr die berühmte, das Goldene Horn sichernde Sperrkette bis zum Saray Burnu (Serailspitze) hinübergezogen werden.

Tünel 5

Am Beginn der Yüzbaşı Sabahattin Evren Caddesi links der Galata-Brücke liegt auf der rechten Straßenseite der

Die Arap Cami im Tünel-Viertel, eine ehemalige Genuesen-Kirche

Galata und Tophane

Eingang zum Tünel, einer der ältesten Untergrundbahnen Europas. Von französischen Architekten entworfen, wurde die Standseilbahn 1875 in Betrieb genommen. Auf einer Strecke von 614 m überwindet sie in kurzer Zeit und sehr bequem einen Höhenunterschied von nahezu 200 m; die Endstation liegt gegenüber vom Mevlevihane-Museum (S. 223), wo dann die İstiklal-Tram beginnt.

Türk Musevileri Müzesi (Museum der türkischen Juden, Zülfaris-Synagoge) [6]

www.muze500.com, Tramvay Karaköy, Mo–Do 10–16, Fr, So 10–14 Uhr, Eintritt 5 TL, S. 56

Ganz in der Nähe, an der Percemli Sokağı, hat 2001 das Türk Musevileri Müzesi, das erste jüdische Museum der Türkei, seine Tore in der ehemaligen Zülfaris-Synagoge geöffnet. Der Bau stammt aus dem 19. Jh., aber bereits für das Jahr 1671 ist eine Synagoge an diesem Ort namentlich belegt. 1985 fand hier der letzte Gottesdienst statt. Schrift- und Fotozeugnisse sowie zahlreiche historische Gegenstände verdeutlichen die guten Beziehungen zwischen den Muslimen und den sephardischen Juden, die nach ihrer Vertreibung aus Spanien durch die Katholischen Könige 1502 in großer Zahl im Osmanischen Reich Zuflucht fanden.

Arap Cami [7]

Die Arap Cami, etwas versteckt an einer Seitenstraße, war vormals eine Dominikanerkirche. Dieser längsrechteckige Bau mit mächtigem Glockenturm wurde Anfang des 14. Jh. anstelle einer älteren byzantinischen Kirche (S. Paolo) in der Art italienischer Bettelordenskirchen errichtet.

Entgegen dem Vertrag mit Genua ließ Mehmet II. die Kirche um 1475 in eine Moschee umwandeln. Ende des 15. Jh. wurde sie den aus Spanien vertriebenen Muslimen zugewiesen und erhielt daher den Namen Arap Cami (›Arabische Moschee‹). Ihren gotischen Charakter konnte sie im Kern aber bewahren.

Azapkapı Camii [8]

Noch etwas weiter westlich, am Fuß der Atatürk-Brücke, steht die Azapkapı Camii, der zweite Stiftungskomplex des Großwesirs Sokullu Mehmet Paşa in Istanbul (S. 150). Sinan vollendete sie 1577. Ihr Name erinnert an das einst in der Nachbarschaft stehende westliche Haupttor Galatas, das Azapkapı (›Tor der Qualen‹). Mit ihrer exponierten

Lieblingsort

Das hippe Istanbul
Das junge, moderne, sich ständig wandelnde Istanbul mit Kunstgalerien, Boutiquen, Szene-Bars, Clubs, Restaurants, Cafés, Buch- und Musikhandlungen sowie Läden mit Kunsthandwerk hat sich in den kleinen, steilen Gassen rund um den **Galata-Turm** 11 (S. 222) bis hinauf zum Tünel-Platz etabliert. Hier macht das Stöbern Spaß – und das Beste: man wird nicht dauernd von Händlern angesprochen. Für eine Pause eignen sich hervorragend die Lokale am neu gepflasterten Platz rund um den Turm mit unterhaltsamem Blick auf spielende Kinder und schlafende Hunde. Und wem der Aufstieg auf den Turm nicht zu teuer ist, der wird mit einem ganz besonderen Blick auf Istanbul belohnt.

Lage bot die Moschee den Gläubigen einen weiten Blick über das Goldene Horn, seit den 1930er-Jahren beeinträchtigt jedoch die Atatürk-Brücke diese Wirkung.

Das Gebetshaus erhebt sich über einem hohen Sockel, dessen offene Räume als Ladenlokale dienten. Das Innere der Moschee ist hell und weiträumig. Acht Halbkuppeln über Pfeilern tragen die Last der Hauptkuppel, im Außenbau setzen sich die acht tragenden Pfeiler in Türmchen fort und lassen die Halbkuppeln kaum in Erscheinung treten. Diese ungewöhnliche Konstruktion wurde Ende des 18. Jh. für die neue Eyüp Camii kopiert.

Am Galata-Turm

Schneidertempel Sanat Merkezi [10]
www.schneidertempel.com
Über die **Camondo-Stiege** [9], ein architektonisches Kleinod des späten 19. Jh., das ein reicher jüdischer Bankier stiftete, geht es von der Bankalar Caddesi den Hügel hinauf Richtung Galata-Turm. Rechter Hand liegt in der Felek Sokağı der **Schneidertempel,** ursprünglich eine Synagoge, heute ein Kunstzentrum mit wechselnden Ausstellungen (die Öffnungszeiten variieren). In den Straßen Richtung Galata-Turm sind die Gassen noch von mittelalterlichen, teils sehr vernachlässigten Häusern gesäumt. Vor allem oben am Galata-Turm haben sich aber ambitionierte Boutiquen und Geschäfte mit Kunsthandwerk niedergelassen.

Galata Kulesi (Galata-Turm) ! [11]
Das Wahrzeichen Galatas, der 60 m hohe Galata Kulesi (früher auch ›Christus-Turm‹ genannt) ragt auf halber Höhe des Hügelhanges empor. 1348 erbauten ihn die Genuesen als Teil einer Befestigungsmauer, die ihre Niederlassung schützen sollte. 1446 wurde der Turm im Zuge der Verstärkung des Mauerrings erhöht. Holzaufbauten, die immer wieder Bränden zum Opfer fielen, bestimmten sein Aussehen in den folgenden Jahrhunderten, bis der Turm in den 1960er-Jahren durch Restaurierungsarbeiten seine ursprüngliche Gestalt zurückerhielt.

In osmanischer Zeit diente er als Gefängnis, Observatorium und später auch als Feuerwachturm. Außerdem wird berichtet, dass der Erfinder Ahmet Çelebi im 17. Jh. vom Turm aus einen Gleitflug über den Bosporus bis nach Üsküdar startete. Er kam zwar lebend an, aber Sultan Murat IV. (1623–1640) dankte es ihm mit Verbannung, weil er sich vor Hexerei

Mein Tipp

Tanzende Derwische
Mehrmals im Monat finden im **Mevlevihane-Museum** [12] öffentliche Aufführungen der tanzenden Derwische statt. In glockenförmigen weißen Mänteln und mit hohen Filzhüten auf dem Kopf drehen sich die Derwische nach dem Rhythmus der Musik mal langsam, mal schnell im Kreis. Da die Tänze eher ein rituelles Gebet als eine touristische Vorführung sind, sollte von Blitzlichtfotografie und Applaus Abstand genommen werden.
Die nicht regelmäßigen Veranstaltungstermine sind am Tor angeschlagen, bzw. man kann sie auch telefonisch unter Tel. 0212 24541 41 erfragen. Vorführungen gibt es auch im Basın-Museum (S.159) und im Sirkeci-Bahnhof (S.177) zu sehen.

fürchtete. Neben der Aussichtsplattform, die einen herrlichen Blick über ganz Istanbul ermöglicht, beherbergt der Galata-Turm in den oberen Stockwerken das Luxusrestaurant **Galata Kulesi** 1, das allabendlich Bauchtanz-Shows bietet.

**Divan Edebiyatı Müzesi
(Mevlevihane-Museum)** 12
*Seilbahn/İstiklal-Straßenbahn Tünel,
Di–So 9.30–17 Uhr, Eintritt 5 TL, S. 54*
In der Galip Dede Caddesi reihen sich zahlreiche interessante Antiquariate und Instrumentenhandlungen aneinander. Kurz vor der Einmündung der Straße in den Tünel Meydanı liegt rechts das Mevlevihane-Museum, ein ehemaliges Kloster der Mevlevi-Derwische (Galata Mevlevi Tekkesi), das 1492 gegründet wurde. Der heutige Bau entstand gegen Ende des 18. Jh. Links vom Eingang in den Klosterhof steht die Türbe des Galip Dede, eines Mevlevi-Dichters aus dem 17. Jh. Im überwölbten Tanzsaal des Hauptbaus zeigen Vitrinen osmanische Hofliteratur und Musikinstrumente des Ordens; im oberen Stock sind wundervoll bestickte Decken, Trachten und Hausrat zu sehen.

Der Orden der Tanzenden Derwische wurde 1284 in Konya von Mevlana (Meister) Celaleddin Rumi gegründet. Derwische waren islamische Bettelmönche, die durch litaneiartige Gebete, besondere Körperhaltungen, Fasten und ekstatische Tänze eine mystische Gotteserfahrung anstrebten. Karitative Tätigkeiten, z. B. der Betrieb von Armenküchen, ermöglichten ihnen großen politischen Einfluss in der Bevölkerung. Seit der frühen Republikzeit, ab 1925, waren die islamischen Orden in der Türkei verboten. Seit den 1980er-Jahren ist aber eine Renaissance zu beobachten, auch hat die Verehrung des Ordensgründers Mevlana Celaleddin Rumi stark zugenommen.

İstiklal Caddesi

Das Stadtviertel Beyoğlu hatte seine große Zeit in der Belle Époque am Ende des 19. Jh., als das Osmanische Reich einen großen Modernisierungsschub erlebte. Hier lädt die İstiklal Caddesi, immer noch die Hauptgeschäftsstraße des modernen Istanbul, zum Bummeln, Staunen und Vergnügen ein.

Von der oberen Tünelstation führt die İstiklal Caddesi hoch zum Taksim Meydanı. Die ›Straße der Unabhängigkeit‹ wurde im 19. Jh. ›Grande Rue de Pera‹ genannt und war das Zentrum des europäisch orientierten Istanbul. Seit der Wiederinbetriebnahme der alten Trambahn in den 1980er-Jahren hat sich die Straße zu einer modernen Einkaufsmeile entwickelt. Zu beiden Seiten reihen sich prachtvolle Gebäude; schicke Cafés, Modeboutiquen und ausländische Buchhandlungen erinnern eher an eine westliche Großstadt als an eine orientalische Metropole. Hier flanierten im 19. Jh. die Damen der Prominenten und trafen sich zum Fünfuhrtee in den Patisserien, die zum Teil noch heute bestehen.

Pera Müzesi (Pera-Museum) 13
*www.peramuzesi.org.tr, Seilbahn
Tünel/İstiklal-Straßenbahn Odakule,
Di–Sa 10–19, So 12–18 Uhr, 7 TL,
S. 56*
Wenige Schritte bergauf ist rechter Hand im ehemaligen ehrwürdigen Bristol Hotel vor wenigen Jahren das Pera-Museum eingezogen. Die ständige Sammlung umfasst sehenswerte anatolische Gewichte und Messinstrumente von der Antike bis ins 19. Jh., Küthaya-Fliesen und -Keramik sowie

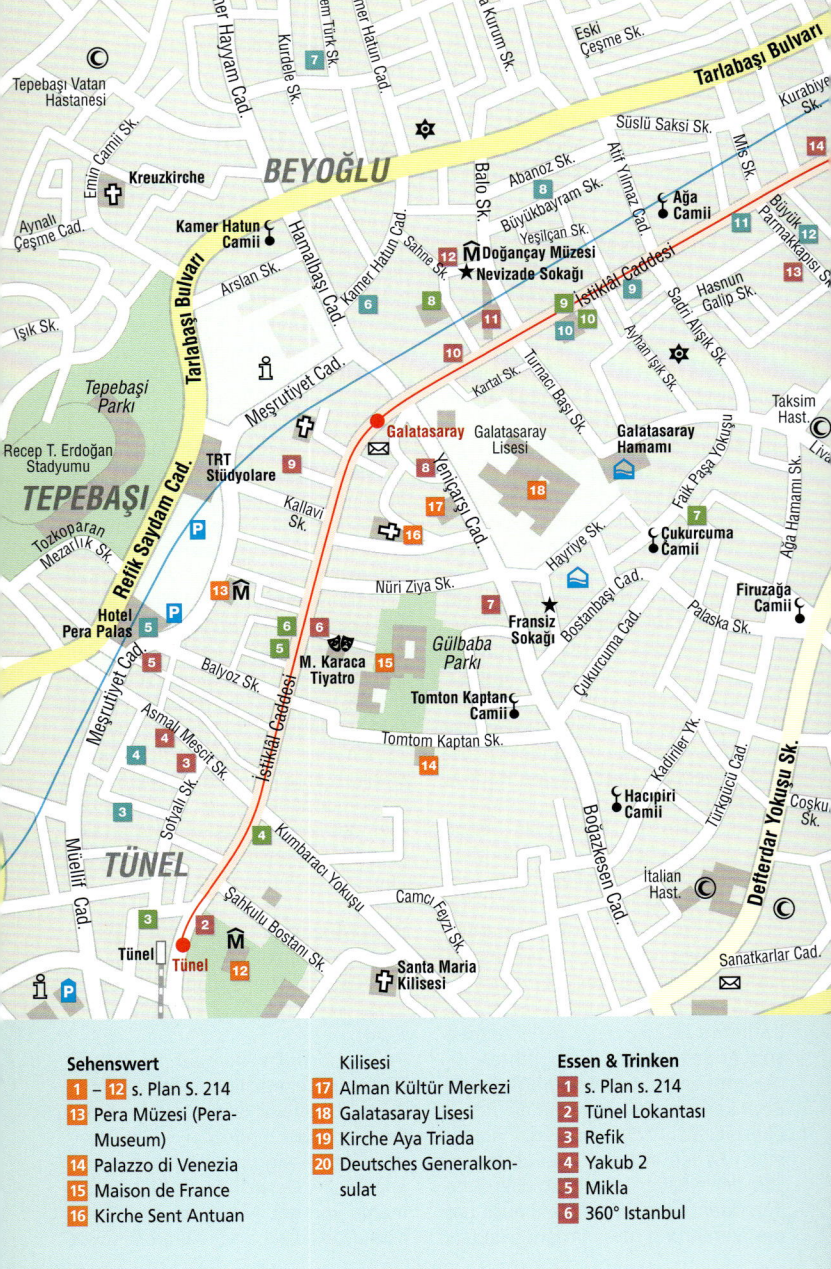

Sehenswert

1 – 12 s. Plan S. 214
13 Pera Müzesi (Pera-Museum)
14 Palazzo di Venezia
15 Maison de France
16 Kirche Sent Antuan

Kilisesi

17 Alman Kültür Merkezi
18 Galatasaray Lisesi
19 Kirche Aya Triada
20 Deutsches Generalkonsulat

Essen & Trinken

1 s. Plan s. 214
2 Tünel Lokantası
3 Refik
4 Yakub 2
5 Mikla
6 360° Istanbul

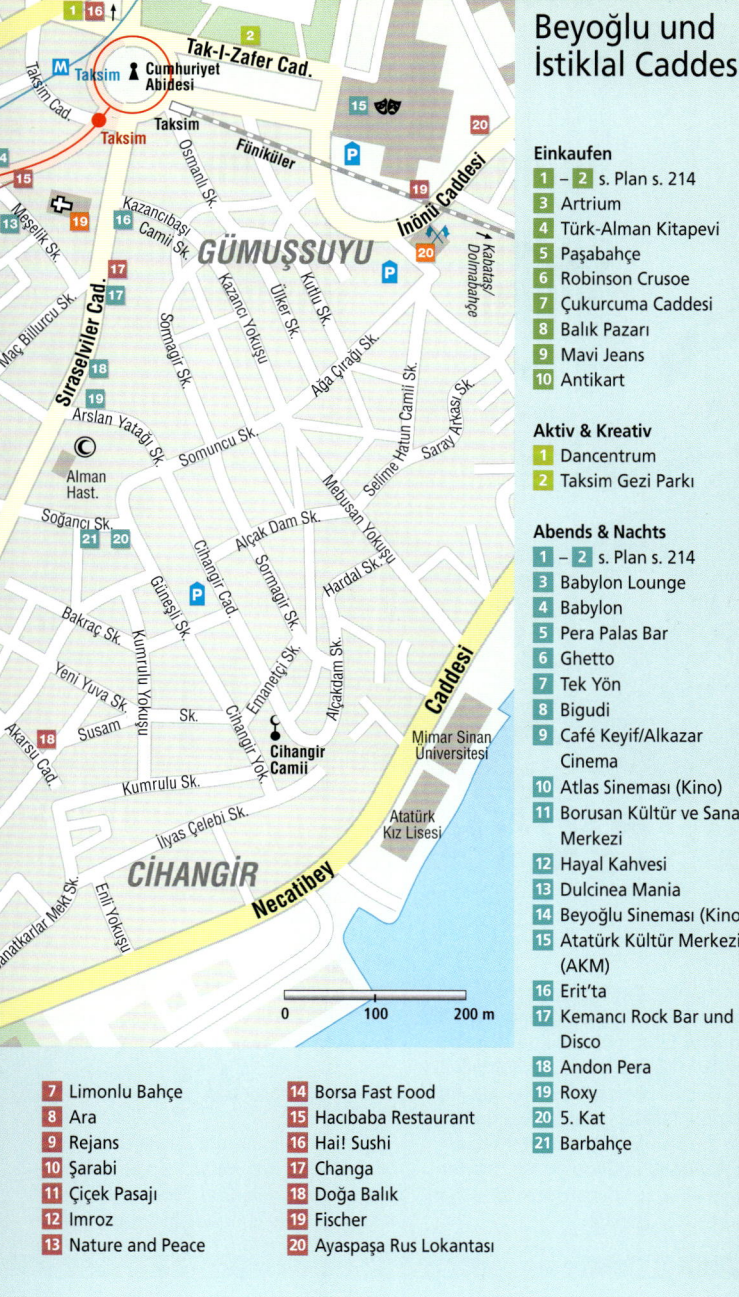

Beyoğlu und İstiklal Caddesi

Einkaufen
1 – 2 s. Plan s. 214
3 Artrium
4 Türk-Alman Kitapevi
5 Paşabahçe
6 Robinson Crusoe
7 Çukurcuma Caddesi
8 Balık Pazarı
9 Mavi Jeans
10 Antikart

Aktiv & Kreativ
1 Dancentrum
2 Taksim Gezi Parkı

Abends & Nachts
1 – 2 s. Plan s. 214
3 Babylon Lounge
4 Babylon
5 Pera Palas Bar
6 Ghetto
7 Tek Yön
8 Bigudi
9 Café Keyif/Alkazar Cinema
10 Atlas Sineması (Kino)
11 Borusan Kültür ve Sanat Merkezi
12 Hayal Kahvesi
13 Dulcinea Mania
14 Beyoğlu Sineması (Kino)
15 Atatürk Kültür Merkezi (AKM)
16 Erit'ta
17 Kemancı Rock Bar und Disco
18 Andon Pera
19 Roxy
20 5. Kat
21 Barbahçe

7 Limonlu Bahçe
8 Ara
9 Rejans
10 Şarabi
11 Çiçek Pasajı
12 Imroz
13 Nature and Peace
14 Borsa Fast Food
15 Hacıbaba Restaurant
16 Hai! Sushi
17 Changa
18 Doğa Balık
19 Fischer
20 Ayaspaşa Rus Lokantası

Auf Entdeckungstour

Die Belle Époque in Beyoğlu

Das heutige Beyoğlu zwischen der Galata-Brücke am Goldenen Horn bis hin zum Taksim-Platz teilte sich im 19. Jh. in Galata und Pera. Vor allem das Gebiet oberhalb von Galata entlang der İstiklal Caddesi war im frühen 20. Jh. das mondäne Europäerviertel Konstantinopels. Wir werfen einen Blick auf die architektonischen Spuren der Epoche.

Anfahrt: Der Spaziergang beginnt auf dem Platz vor dem Galata-Turm, nächste Tramvay-Station ist Karaköy.

Dauer: 2–4 Stunden

Nett zum Einkehren: Zahlreiche Lokale in der Fransız Sokağı, einer Ausgehstraße mit vielen renovierten Häusern aus der Belle Époque (Bild oben, S. 42).

So unscheinbar die Serdarı Ekrem Sokagı, die nahe dem Galata-Turm von der Galip Dede Caddesi abbiegt, auch erscheinen mag, beherbergt sie doch zwei Gebäude, die den vergangenen Glanz ebenso wie den Wiederaufstieg Galatas repräsentieren. Wir müssen nur rund 200 m die Serdarı Ekrem hineinlaufen, bis rechter Hand ein großes, gelb gestrichenes Gebäude auftaucht, das durch seinen guten Zustand aus der Umgebung heraussticht.

Frankreich am Bosporus

Dieses Gebäude heißt nach seinen letzten Besitzern **Doğan Apartmanı**. Um seine Dimension zu erfassen, muss man das Gebäude umrunden. Erst wenn man zu der Gasse unterhalb des Gebäudes hinuntersteigt, wird klar, was für ein Klotz 1892 hier auf dem Hang zum Bosporus erbaut wurde.

Das Doğan wurde im neobarocken Stil nach französischen Vorbildern konzipiert, Bauherr war die belgisch-osmanische Bankiersfamilie Helbig. Das Haus war für damalige Verhältnisse, was heute ein Wolkenkratzer ist: Insgesamt 49 Wohnungen auf einer Gesamtwohnfläche von 6600 Quadratmeter. Es erstreckt sich in Hufeisenform um einen Innenhof, den man von der Serdarı Ekrem aus durch ein mit bunten Scheiben verziertes Tor betritt. Der Garten gibt einen schönen Blick auf den Bosporus frei. Fast alle Wohnungen bieten diesen Meerblick, weshalb die Doğan-Apartments heute, nach ihrer Sanierung, auch wieder sehr beliebt und teuer sind.

Niedergang und Wiederentdeckung

Das Gebäude ist auf einem Gelände errichtet, das die Helbigs von Preußen kauften, zuvor hatte hier die Preußische Gesandtschaft in einer Holzvilla residiert. Wie das gesamte Viertel erlebte es im 20. Jh. einen steten Niedergang. Die ursprünglichen Bewohner – Griechen, Armenier und viele Westeuropäer – verließen in mehreren Wellen die Stadt, zunächst nach dem Zusammenbruch des Osmanischen Reiches, später aufgrund eines stetig wachsenden, erst nationalistisch, dann religiös motivierten Vertreibungsdrucks gegenüber den nichttürkischen Minderheiten. Statt dessen rückten Binnenmigranten aus Anatolien nach. Erst seit

Ende der 1980er-Jahre begann die Wiederentdeckung von Galata und Pera. Das Doğan Apartmanı wurde mit seiner Sanierung in den 1990er-Jahren zu einer Art Symbolprojekt der Gentrifizierung des Viertels und der Ansiedlung von Künstlern, Fernsehleuten und anderen wohlhabenden Bevölkerungsschichten.

Am Weg zurück Richtung Galata-Turm liegt ein weiterer Bankierspalast, der **Kamondo Hanı**. Das Haus der jüdischen Bankiersfamilie Camondo, einst die Rothschilds des Orients genannt, ist ebenfalls aus den Trümmern einer Ruine als Luxusimmobilie wiedererstanden. Eine kasachische Investmentgesellschaft hat den Wiederaufbau finanziert und die Apartments als Eigentumswohnungen verkauft.

Zurück auf der Galip Dede Caddesi, geht es nun hoch zur Flaniermeile İstiklal Caddesi. An diesem Weg liegt noch ein weiteres geschichtsträchtiges Gebäude. Ungefähr 150 m von der Ecke Galip Dede/Serdarı Ekrem steht rechter Hand ein grauer wilhelminischer Klotz, der unter dem Namen **Teutonia** im späten 19. Jh. vom Verein der deutschen Gewerbetreibenden in Istanbul gebaut wurde und immer noch im Besitz einer Nachfolgegesellschaft sogenannter ›Bosporus-Deutscher‹ ist. In den 1930ern war die Teutonia Schauplatz von Auseinandersetzungen zwischen deutschen Nationalsozialisten und deutschen Emigranten, die in Istanbul Schutz vor den Nazis gesucht hatten. Bis vor einem Jahr war im Erdgeschoss noch die Dürer-Galerie, heute wird das Gebäude exklusiv vom Goethe-Institut und der Deutschen Schule genutzt. Gelegentlich finden auch noch Veranstaltungen der deutschen Gemeinde statt, die in Istanbul auf bis zu 30 000 Personen geschätzt wird.

Passagen an der Rue de Pera
Auf der İstiklal angekommen, liegen rechter Hand die ehemaligen Botschaften Schwedens, der Niederlande und Russlands. Die Botschaften, heute Konsulate, der europäischen Mächte entlang der Grand Rue de Pera, wie die İstiklal damals noch hieß, waren der Hauptgrund, warum sich die meisten Europäer auch privat hier niederließen. So entstanden hier gegen Ende des 19. Jh. die Prachtbauten im mondänen Belle-Époque-Stil, die die Straße bis heute architektonisch prägen. Eine davon ist die **Suriye Pasajı** (İstiklal Cad. 166), die 1880 ein osmanischer Pascha aus Syrien als lukratives Investment bauen ließ. Diese aus drei Flügeln bestehende Passage war damals so etwas wie ein Einkaufszentrum – mit Läden im Erdgeschoss und Luxuswohnungen in den oberen Stockwerken. Diese Wohnungen sollen die ersten in der Stadt mit Gas- und Elektrizitätsanschluss gewesen sein. Im Erdgeschoss wurde von 1880 bis 1964 die französische Zeitung ›Stamboul‹ herausgegeben, heute wird die einzige griechische Zeitung der Stadt hier produziert. Auch die Suriye-Passage ist in den letzten Jahren mit hübschen Cafés und Läden zu neuem Leben erwacht.

Pera-Palast und Orient Express
Wenn wir die Passage zu der von der İstiklal abgewandten Seite verlassen, kommen wir auf die Meşrutiyet Caddesi; links steht das gerade restaurierte Traditionshotel **Pera Palace**. Eröffnet wurde es 1892 als bestes Haus der Stadt von den Betreibern des Orient Express, der seine Gäste erster Klasse von Paris bis Istanbul transportierte. In dem Haus schrieb Agatha Christie Teile ihres Romans »Mord im Orient Express«, hier logierten auch Mata Hari, Hitchcock und der Schah von Persien. Nach dem Ersten Weltkrieg diente es als Hauptquartier der Alliierten-Kommandantur, bis hier die Schlüssel der Stadt an Atatürk, den Sieger des türkischen Unabhängigkeitskrieges, übergeben wurden. Nach Jahrzehnten des Niedergangs drohte bereits das Ende, doch mit einer kompletten Restaurierung soll es nun ehrwürdige Tradition mit modernem Luxus verbinden.

Abschließen kann man die Tour mit dem Besuch des **Pera-Museums** auf der Meşrutiyet Caddesi, neben dem Bürohochhaus Odakule. Untergebracht im ehemaligen Belle-Époque-Hotel Bristol zeigt es eine Sammlung mit Gemälden aus dem 19. Jh. (s. S. 223).

İstiklal Caddesi

ausgewählte Gemälde von europäischen und türkischen Künstlern des 17. bis 20. Jh. mit Istanbuler Stadtansichten und alltäglichen Szenen aus der osmanischen Welt, darunter ›Der Schildkrötendresseur‹ von Osman Hamdi Bey, der für dieses Museum für die Rekordsumme von 3,5 Mio. Dollar ersteigert wurde. Die oberen drei Etagen stehen internationalen Wechselausstellungen zur Verfügung. Das gediegene Café lädt zum Verweilen ein.

Viertel der Botschaften

An der İstiklal Caddesi biegt die kleine Şahkulu Bostanı Sokağı zum Alman Lisesi (›Deutsches Gymnasium‹) ab, danach folgen die ehemaligen Botschaftsgebäude der europäischen Nationen, die jetzt nur noch Konsulate beherbergen. Sie stammen aus dem 19. Jh., doch waren die Botschaften von Franzosen, Russen, Holländern und Schweden schon seit dem 16./17. Jh. dort ansässig. Zu den frühesten Vertretungen zählen der **Palazzo di Venezia** [14], erbaut 1695, der dann zur Botschaft Italiens wurde, und die **Maison de France** [15], neu erbaut im 19. Jh.

Etwas höher folgt die katholische Kirche **Sent Antuan Kilisesi** [16], geweiht dem hl. Antonius von Padua. Seit 1725 waren die Franziskaner in Istanbul ansässig, die Kirche, in der noch lateinische Gottesdienste stattfinden, datiert jedoch vom Anfang des 20. Jh.

Biegt man nun direkt gegenüber links in eine Seitengasse, kommt man zum **Restaurant Rejans** [9], das in den 1920er-Jahren von Flüchtlingen aus dem stalinistischen Russland gegründet wurde und noch einiges vom Charme dieser Zeit vermittelt (S. 233).

Ein Stück die Yeniçarşı Caddesi hinab liegt dann, rechter Hand in einem alten Stadthaus, das **Alman Kültür Merkezi** [17], die Istanbuler Vertretung des Goethe-Instituts (S. 15). Gegenüber geht es zur **Fransız Sokağı** (S. 42), einer steilen Gasse, in der sich ein Lokal ans andere reiht. Das Mobiliar lässt bereits erahnen, dass sich in den Straßen des angrenzenden Viertels **Çukurcuma** zahlreiche Trödler und Antiquitätenhändler niedergelassen haben. Hier lohnt sich das Stöbern.

Galatasaray Lisesi [18]

Etwa in der Mitte der İstiklal Caddesi liegt an einem kleinen Platz hinter einem prächtigen schmiedeeisernen Gittertor das Galatasaray-Gymnasium. Diese Schule, eine der berühmtesten der Türkei, geht auf eine bereits Ende des 15. Jh. von Beyazıt II. gegründete Pagenschule zurück. 1868 richtete hier Sultan Abdülaziz ein Lyzeum nach französischem Vorbild ein; auch die Unterrichtssprache war überwiegend Französisch.

Nebenan steht das **Galatasaray Hamamı** (S. 95), ebenfalls von Beyazıt II. gestiftet. Der Eingang liegt um die Ecke, in der Turnacıbaşı Sokağı.

Çiçek Pasajı [11]

Gegenüber vom Galatasaray Lisesi, auf der anderen Seite der İstiklal Caddesi, führt ein eher unscheinbares Portal in die Çiçek Pasajı, türkisch für ›Blumenpassage‹. Eröffnet unter dem Namen Cité de Péra war sie zu kaiserlichen Zeiten eine der vornehmsten Adressen, wo die besseren Damen feinste Pariser Mode kaufen konnten. Heute lässt sich hier ein sehr volkstümliches Istanbul entdecken. An den überdachten Gängen folgt eine Kneipe der nächsten, nachts wie tagsüber herrscht hier ein reges Treiben. Zu den vielen leckeren Mezeler (Vorspeisen) fließt der Rakı-Schnaps in Strömen. Diverse Knabbereien werden von Straßenhändlern angeboten; Musiker, zumeist Tsiganes (Roma), ziehen von Tisch zu Tisch, und manchmal tanzen auch ein paar Män-

Karaköy und Beyoğlu

ner unter dem Beifall der anderen Zecher auf offener Szene.

Verlässt man die Blumenpassage durch den Hinterausgang, kommt man zum **Balık Pazarı** 8 , dem Fisch- und Gemüsemarkt, der mit seinem reichen Angebot viele schöne Fotomotive bietet. Empfehlenswert sind auch die zahlreichen kleinen Restaurants in der daran anschließenden **Nevizade Sokağı** – die sich mittlerweile zu einer der angesagtesten Ausgehmeilen von Beyoğlu entwickelt hat.

Am Taksim-Platz

Vorbei an Modeboutiquen, modernen Fastfood-Lokalen und der **Kirche Aya Triada** 19 , einem griechischen Gotteshaus, das noch orthodoxe Messen feiert, verläuft die İstiklal Caddesi bis zum Taksim Meydanı. Hier endet die rote Trambahn, hier liegen die Haltestellen der Vorortbusse. Der Platz ist benannt nach einem Wasserverteiler *(taksim)* am Südende des Platzes, dem höchsten

Atatürk-Kulturzentrum
Die Ostseite des Taksim Meydanı wird vom **Atatürk Kültür Merkezi** 15 beherrscht, einem funktionalen Bau aus den 1970er-Jahren, der in seiner modernen Linienführung an die realsozialistische Formensprache erinnert. Für Jahrzehnte gab er den Rahmen für Opern, Konzerte und andere Kulturveranstaltungen. Im Hauptsaal für 1300 Zuschauer und in vier weiteren Sälen sind die türkische Staatsoper und das Staatsballett zu Hause, regelmäßig spielen hier auch die staatlichen Symphoniker auf. Für 2010 ist eine Neueröffnung nach umfassender Renovierung geplant. Programme liegen im Foyer aus.

Punkt von Beyoğlu, der diesen Stadtteil mit Wasser aus dem Belgrader Wald versorgt. Mahmut I. ließ ihn 1732 errichten.

Im Zentrum steht das **Denkmal der Republik** (Cumhuriyet Abidesi), ein 1928 vom italienischen Bildhauer Canonica errichtetes Monument. Atatürk, als Vater der Türken, schreitet mit seinen Kampfgefährten General İsmet İnönü und Marschall Fevzi Çakmak durch einen Bogen.

Etwas unterhalb, in einem großen klassizistischen Gebäude rechts der

In der Çiçek Pasajı ziehen Tsiganes von Tisch zu Tisch und spielen türkische Schlager

İnönü Caddesi, befindet sich übrigens das **Deutsche Generalkonsulat** 20, das auch das Deutsche Archäologische Institut beherbergt.

Essen & Trinken

Schönes, altes Hafenlokal – **Karaköy Liman Lokantası** 1 : Karaköy, Rıhtım Caddesi 52/3, Tel. 0212 292 39 92, Bus/Fähre/Tramvay Karaköy, 11–24 Uhr, Hauptgerichte ab 12 €. Feines Hafenlokal im Obergeschoss des Wartesaals für die Überseepassagiere. Mittagstisch von 12 bis 15 Uhr mit guten preiswerten türkischen und internationalen Gerichten.

Trendig – **Tünel Lokantası** 2 : İstiklal Cad., Tünel Meydanı 186/A, Tel. 0212 245 57 43, Seilbahn/İstiklal-Straßenbahn Tünel, 8–23 Uhr, Filterkaffee 3 €. Das nette Café bietet den besten Blick auf das muntere Treiben am Tünel-Platz, einer derzeit sehr angesagten Gegend Istanbuls. Bei einem ausgezeichneten Cappucino hat man das Gefühl, mitten drin zu sein.

Karaköy und Beyoğlu

Eine Künstlerinstitution – **Refik 3**: Tünel, Sofyalı Sok. 10, S. 32.

Ein Erlebnis – **Yakub 2 4**: Beyoğlu, Asmalımescit Sok. 35, www.yakuprestaurant.com, Seilbahn/İstiklal-Straßenbahn Tünel, Tel. 0212 249 29 25, 11–1 Uhr (So geschl.), drei Gänge mit Getränken ca. 40 €. Gutes türkisches Essen (viele Grillgerichte) mit einer reichen Vorspeisenauswahl. Gemälde und Plakate erinnern an berühmte Besucher, meistens bekannte Künstler. Die quirlige Atmosphäre hat den Komponisten Detlef Glanert zu seinem Yakup 2-Konzert inspiriert.

Beim Starkoch – **Mikla 5**: The Marmara Pera Hotel, Meşrutiyet Cad. 1, S. 32.

Rundumblick – **360° Istanbul 6**: Beyoğlu, İstiklal Cad. 311, Tel. 0212 251 10 42, www.360istanbul.com, Metro Taksim/Istiklal-Straßenbahn Odakule, 12–2 Uhr, Fr–Sa bis 4 Uhr, Menu ab 50 €. Sehen und gesehen werden ist das Motto

Die İstiklal Caddesi ist die schickste Flaniermeile Istanbuls

Adressen

im berühmtesten Szenelokal der Stadt auf dem Dach eines alten Palastes, der im 19. Jh. für einen ägyptischen Pascha gebaut wurde. Hier trifft sich das hippe Istanbul, genießt eine Mischung aus türkischen und europäischen Gerichten und einen tollen Blick in jede Richtung.

Versteckt unter Zitronenbäumen – **Limonlu Bahçe** 7 : Beyoğlu, Galatasaray, Yeniçarşı Cad. 98, S. 36.

Beim Fotografen – **Ara** 8 : Beyoğlu, Galatasaray, İstiklal Cad., Tosbağ Sok. 8, S. 36.

Pera-Nostalgie – **Rejans** 9 : İstiklal Cad., Olivya Geçidi 17, S. 35.

Weinlokal – **Şarabi** 10 : Beyoğlu, İstiklal Cad. 174, S. 33.

Berühmte Kneipengasse – **Çiçek Pasajı** 11 : Beyoğlu, Galatasaray Meydanı, Metro Taksim/İstiklal-Straßenbahn Galatasaray, 12–1 Uhr, Menü mit Getränken ca. 30 €. Bierstuben *(birahane)* und Restaurants reihen sich aneinander in dieser ehrwürdigen historischen Passage (S. 229). Zu Bier oder Rakı gibt es die leckersten Vorspeisen und zumeist türkische Grillgerichte. Straßenmusikanten sorgen für Stimmung.

Voll, laut und gut – **Imroz** 12 : Beyoğlu, Nevizade Sok. 24, Tel. 0212 249 90 73, www.krependekiimroz.com, Metro Taksim/İstiklal-Straßenbahn Galatasaray, 11–1 Uhr (So geschl.), drei Gänge mit Getränken ca. 30–40 €. Von der einst griechischen Insel Imbros (trk. Gökçeada) am Ausgang der Dardanellen stammt der Wirt Giorgos, der mit seinen Partnern ein gutes Restaurant in der kleinen Gasse beim Galatasaray Balık Pazarı betreibt.

Vegetarisch, köstlich, günstig – **Nature and Peace** 13 : Beyoglu, Büyük Parmakkapı Sok. 21, Tel. 0212 252 86 09, www.natureandpeace.com, Metro/Bus Taksim, 12–22 Uhr, Hauptgerichte ab 6 €. Das nach der Umweltschutzorganisation benannte Restaurant ist ein beliebter Treffpunkt für Vegetarier, obwohl hier auch Gerichte mit Fisch und Huhn bestellt werden können.

Schnell, aber ausgezeichnet – **Borsa Fast Food** 14 : Beyoğlu, İstiklal Cad. 14, S. 33.

Authentisch – **Hacıbaba Restaurant** 15 : Taksim, İstiklal Cad. 49, Ecke Meşelik Sok., S. 34.

Sushi auf Türkisch – **Hai! Sushi** 16 : Divan Hotel, Elmadağ, Cumhuriyet Cad. 2, S. 35.

Karaköy und Beyoğlu

Fusion-Küche – **Changa** 17: Taksim, Sıraselviler Cad. 87/1, S. 35.
Fisch in Beyoğlu – **Doğa Balık** 18: Cihangir, Akarsu Cad. 46, S. 33.
Am Deutschen Generalkonsulat – **Fischer** 19: Gümüşsuyu, İnönü Cad. 51, S. 35.
Russisch-Ungarisch – **Ayaspaşa Rus Lokantası** 20: Gümüşsuyu, İnönü Cad. 77 A, S. 34.

Einkaufen

Türkische Spezialitäten – **Namlı Gurme** 1: Rıhtım Cad., Ecke Kemankeş Cad., im Parkhaus, Tel. 0212 293 68 80, tgl. 6–22 Uhr. Große Auswahl an Feinkost (auch zum Mitnehmen geeignet), Frühstückscafé und Snacks.
Bücher über Pera – **Librairie de Pera** 2: Tünel, Galip Dede Cad. 22, Seilbahn/İstiklal-Straßenbahn Tünel, 10–19.30 Uhr. In dem kleinen Laden unweit vom Tünel-Platz finden sich vor allem Bücher aus dem späten 19. und frühen 20. Jh. in verschiedenen Sprachen – auch über das Osmanische Reich und die Anfänge der Türkei in deutscher Sprache.

Stilvolle Souvenirs – **Artrium** 3: Tünel, Tünel Geçidi 3–7, S. 38.
Urlaubslektüre – **Türk-Alman Kitapevi** 4: Beyoğlu, İstiklal Cad. 395, S. 39.
Glas und Porzellan – **Paşabahçe** 5: Beyoğlu, İstiklal Cad. 314, S. 39.
Reiseliteratur – **Robinson Crusoe** 6: Beyoğlu, İstiklal Cad. 389, S. 39.
Antiquitäten und Second Hand – **Çukurcuma Caddesi** 7: Beyoğlu, Galatasaray, S. 38.
Nicht nur Fische – **Balık Pazarı** 8: Beyoğlu, Sahne Sok., S. 40.
Türkische Jeans – **Mavi Jeans** 9: Beyoğlu, İstiklal Cad. 117, S. 40.
Antike Kelims – **Antikart** 10: Beyoğlu, İstiklal Cad. 209, Atlas Kuyumcular Çarşısı, S. 39.

Aktiv & Kreativ

Bauchtanzunterricht – **Dancentrum** 1: Taksim-Elmadağ, Harbiye Çayırı Sok. 3, 3. Etage, Tel. 0212 230 02 94, www.dancentrum.com. Nesrin Topkapı gilt in der Türkei als die beste Bauchtänzerin aller Zeiten. In ihrem Dancentrum in der Nähe des Taksim-Platzes

Kleine, feine Boutique in Beyoğlu

gibt sie seit Dezember 2009 Kurse in drei Staffeln: Tagsüber, abends und am Wochenende. Neben den beiden 16 und 32 Stunden dauernden Kursen können auch kürzere Einzel- und Gruppentermine gebucht werden.

Jogging – Am nächsten eignet sich der **Gezi-Park 2** am Taksim-Platz; allerdings nur bis zum Sonnnuntergang (nachts ist der Park nicht sicher). Ebenfalls schön ist der **Maçka-Park** (am Militärmuseum Askeri Müze, Dolmuş von Beşiktaş oder Bus von Taksim bis Harbiye). Daneben bietet sich auch das **Bosporus-Ufer** ab Arnavutköy an. Hier ist der Bürgersteig breit und angenehm zu laufen. Morgens und abends zur Rush-Hour stört allerdings der Verkehr (Bus von Taksim oder Beşiktaş nach Arnavutköy).

Abends & Nachts

Bauchtanz mit Aussicht – **Galata Kulesi Restaurant 1**: Im Galata-Turm, Beyoğlu, Galata, Büyük Hendek Sokak, S. 43.
Jazzrestaurant – **Nardis Jazz Club 2**: Beyoğlu, Galata, Kuledibi Sok. 14, S. 44.
Relaxed – **Babylon Lounge 3**: Beyoğlu, Asmalımescit Mah., Jurnal Sok. 4, S. 42.
Indie-Club – **Babylon 4**: Beyoğlu, Asmalımescit, Şeyhbender Sok. 3, S. 44.
Echtes Pera-Flair – **Pera Palas Bar 5**: Beyoğlu, Tepebaşı, Meşrutiyet Cad. 198, S. 43.
Jazz, Soul, Retro – **Ghetto 6**: Beyoğlu, Kamer Hatun Cad. 10, S. 44.
Bärentreff – **Tek Yön 7**: Beyoğlu, Ekrem Türk Sok. 14, S. 46.
Lesbian – **Bigudi 8**: Beyoğlu, Büyükbayram Sok. 1/1, S. 46.
Zwischendurch – **Café Keyif/Kino Alkazar 9**: Beyoğlu, İstiklal Cad. 179, Metro Taksim, tgl. 12–3 Uhr. Das kleine Café, das sich abends in eine Bar verwandelt, liegt in einer Nische im Eingangsbereich zum Kino Alkazar (S. 47) und ist ein guter Treff zum Auftakt des Abends oder auch nachmittags.
Schönstes Kino – **Atlas Sineması 10**: Beyoğlu, İstiklal Cad. 209, S. 47.
Galerie & Klassik – **Borusan Kültür ve Sanat Merkezi 11**: Beyoğlu, İstiklal Cad. 213, S. 47.
Latin, Rock, HipHop – **Hayal Kahvesi 12**: Beyoğlu, Büyükparmakkapı Sok. 19, S. 45.
Trendy – **Dulcinea Mania 13**: Beyoğlu, İstiklal Cad., Meşelik Sok. 20, www.dulcinea.org, Metro Taksim, tgl. 11–2 Uhr, am Wochenende open end. Diese Bar ist tatsächlich ein Platz für alle, die sich der künstlerischen und musikalischen Avantgarde zugehörig fühlen. Tagsüber Café und Kneipe, abends und nachts Party – und zwischendurch werden Ausstellungen gezeigt.
Progammkino – **Beyoğlu Sineması 14**: Beyoğlu, İstiklal Cad. 140, S. 47.
Klassik, Oper, Ballett – **Atatürk Kültür Merkezi (AKM) 15**: Taksim Meydanı, S. 47, 230.
Ein Bier am Tresen – **Erit'ta 16**: Taksim, Sıraselviler Cad. 42, www.eritta.com, Metro Taksim, 12–2 Uhr. Nette, nicht allzu laute Kneipe, in der auch warmes Essen serviert wird. Der beste Platz ist allerdings am Tresen, wo man auch mal in Ruhe ein Bier trinken kann.
Rock und Off-Kultur – **Kemancı Rock Bar und Disco 17**: Taksim, Sıraselviler Cad. 69/1, S. 45.
Mit Aussicht – **Andon Pera 18**: Beyoğlu, Sıraselviler Cad. 89, S. 42.
Für alle Altersklassen – **Roxy 19**: Taksim, Sıraselviler Cad., Aslan Yatağı Sok. 113, S. 46.
Stylish mit toller Aussicht – **5. Kat 20**: Cihangir, Soğancı Sok. 7, S. 42.
Traditionell gay – **Barbahçe 21**: Taksim, Sıraselviler Cad., Soğancı Sok. 7/1, S. 46.

Das Beste auf einen Blick

Harbiye, Dolmabahçe und Ortaköy

Highlight !

Dolmabahçe Sarayı: Luxuriöses Leben in der pompösen Manier europäischer Könige und Fürsten – so wohnten die letzten osmanischen Herrscher in einem riesigen Palast am Bosporus-Ufer. 3 S. 239

Auf Entdeckungstour

Der Yıldız-Park – Streifzug durch den Garten des Sultans: Der Yıldız Parkı ist die größte innerstädtische Grünanlage Istanbuls. Er verbindet einen Sultanspalast am Bosporus mit einem osmanischen Jagdschloss auf dem Hügelkamm. Die grüne Oase am Bosporus-Hang bietet gepflegte Gartenkultur ebenso wie ökologischen Wildwuchs; in zwei Schlösschen kann man einkehren. S. 246

Kultur & Sehenswertes

Aufspiel der Janitscharen: Orginal bekleidet präsentiert sich im Askeri Müzesi die Mehter-Kapelle, das älteste Militärorchester der Welt. 1 S. 238, 239

Deniz Müzesi: Das Marine-Museum behandelt die osmanische Seefahrt und verwahrt die alten Prunkbarken der Sultane. 6 S. 244

Aktiv & Kreativ

Swissôtel Amrita Spa: Das beste Wellness-Angebot der Stadt. 1 S. 250

Suada: Das Inselbad in Kuruçeşme bietet einen Pool mit Meerwasser und Music-Bar. 2 S. 250

Genießen & Atmosphäre

Hanedan BeerPort: Eine beliebte Bierhalle mit einem lauschigen Garten zum Wasser hin. 2 S. 249

Dahill Restaurant: Am Hang des Yıldız-Park diniert man mit wunderbarem Bosporus-Brücken-Blick. 4 S. 249

Ortaköy Kunstmarkt: Bilder, Malerporträts und Trödel. 4 S. 38, 250

Abends & Nachts

City Lights Bar: Die noble Dachterrassenbar des Ceylan InterContinental Hotel am Taksim-Platz ist für ihren Nachtblick über das erleuchtete Istanbul berühmt. 4 S. 251

Kuruçeşme: Kuruçeşme ist die Party-Meile Istanbuls. Clubs wie **Reina** 7 und **Sortie** 9 bieten Bars, Restaurants und Openair-Floors in einer Anlage. Hier feiern die Reichen und die Schönen. S. 251

Die Gärten des Sultans

Nördlich vom Taksim bis hinunter zum Bosporus-Ufer bei Ortaköy erstreckt sich das moderne Istanbul: Technische Universität, Kulturinstitutionen, Theater und moderne Luxushotels geben in Harbiye, unmittelbar angrenzend an den Taksim-Platz, den Ton an. Mit dem Maçka Parkı fällt das Relief steil zum Bosporus ab, wo das İnönü-Stadion Heimat des berühmten Vereins Beşiktaş ist. In den komfortablen Apartments von Nişantaşı entlang der Vali Konağı Caddesi wohnen vor allem die wohlhabenden Istanbuler. Entsprechend sind die Auslagen der Geschäfte, die Cafés und Restaurants hier um einiges schicker. Entlang der Cumhuriyet Caddesi fährt die moderne Metro hoch bis Maslak und Levent – das ist heute der Finanzdistrikt Istanbuls mit einer beeindruckenden Hochhaus-Skyline.

Am Bosporus erinnern der Dolmabahçe-Palast und die Schlösser im Yıldız-Park an die osmanische Zeit. Ortaköy unterhalb der ersten Bosporus-Brücke (Boğaziçi Köprüsü) wurde dagegen als Künstler- und Studenten-Viertel bekannt und ist heute ebenso wie Kuruçeşme hinter der Brücke das angesagteste und teuerste Ausgehviertel der Stadt.

Askeri Müze (Militärmuseum) 1
Bus/Metro Harbiye, Mi–So 9–17 Uhr, Eintritt 3 TL, Auftritt der Janitscharenkapelle (Mehter) um 15 Uhr, S. 54

An der Cumhuriyet Caddesi, die vom Taksim Meydanı ins nördliche Stadtviertel Şişli führt, reihen sich die Büros der Fluggesellschaften und die großen Hotels wie Sheraton, Divan und Hilton.

Ein kleines Stück oberhalb des Hilton liegt das Askeri Müze. Neben Waffen und Ausrüstungsgegenständen aus dem 12.–20. Jh. sind prachtvolle Sultansgewänder, Uniformen des Osmanischen Reiches und der Republik, Zeugnisse der deutsch-türkischen Beziehungen und nicht zuletzt Dokumente zum Krieg um Zypern ausgestellt. Die mit Wachsfiguren ausgestatteten Prunkzelte vermitteln eine Vorstellung vom Lagerleben während der Eroberungszüge der Osmanen. An der Ostseite des Museums sind zahlreiche unterschiedliche Kanonen aus osmanischer Zeit aufgestellt.

Atatürk Müzesi 2
Metro/Bus Şişli, Di–Sa 9–16 Uhr, Eintritt frei, S. 54

Weiter nördlich in Şişli befindet sich das Atatürk-Museum. Nach seiner

Infobox

Reisekarte: ▶ Karte 4, F 2

Information
Touristeninformation: Istanbul Hilton Hotel, Cumhuriyet Cad., Harbiye, tgl. 9–16.30 Uhr.

Routenverlauf
Für den gut 1 km langen Weg vom Taksim-Platz entlang der Cumhuriyet Cad. bis zum Askeri Müze (bzw. 2 km bis Atatürk Müzesi) nimmt man die Metro und steigt an der Station Pangaaltı (bzw. Osmanbey für Atatürk Müzesi) aus. Am Dolmabahçe Sarayı und am Yıldız Parkı hält jeder Bus, der am Taksim-Platz startet und den Bosporus hinauffährt. Alternativ fährt man mit der Füniküler-Seilbahn unterirdisch vom Taksim nach Kabataş.

Rund um den Dolmabahçe-Palast

Restaurantterrasse mit Blick zur Ortaköy-Moschee

Rückkehr von der syrischen Front im Jahre 1918 wohnte Mustafa Kemal für ein knappes Jahr in dem dreistöckigen Haus und hielt dort nationale Konferenzen und Geheimtreffen ab. Heute sind hier zahlreiche Bilder und Dokumente des Befreiungskampfes, Fotografien aus seinem Leben, persönliche Gegenstände, Kleidungsstücke, eine Haarlocke und sogar das in Gold gefasste Gebiss des ›Vaters der Türken‹ ausgestellt.

> **Mein Tipp**
>
> **Aufspiel der Janitscharen**
> Ein außergewöhnliches Erlebnis ist die Mehter, die Janitscharenkapelle, die Mi–So täglich um 15 Uhr im Garten des Askeri Müze aufspielt. Die Mehter-Kapelle war das erste Militärorchester der Welt. Ihre Marschmusik regte Gluck, Mozart und Beethoven zu eigenen Kompositionen, den türkischen Märschen, an.

Rund um den Dolmabahçe-Palast

Dolmabahçe Sarayı !
Bus/Tramvay/Fähre Kabataş, Di, Mi, Fr–So 9–16, im Winter nur bis 15 Uhr, Eintritt 20 TL, S. 54

Unterhalb des Taksim Meydanı, unmittelbar am Bosporus, liegt der dritte große Sultanspalast Istanbuls, der Dolmabahçe Sarayı. Der junge Sultan Ab-

Lieblingsort

Grün und ruhig
Warten in der Schlange und dann zwei Führungen durch die beeindruckenden Prunkgemächer des Dolmabahçe Sarayı … was hat man sich danach mehr verdient als eine Pause unter den schattenspendenden Bäumen beim **Dolmabahçe Saatkulesi** (Uhrenturm, S. 244) mit erholsamem Blick zu den langsam vorbeiziehenden Schiffen auf dem Bosporus. An diesem historischen Ort ließ Sultan Mehmet II. kurz vor der Eroberung der Stadt seine Schiffe über Land ins Goldene Horn tragen, um die byzantinische Sperrkette zu umgehen.

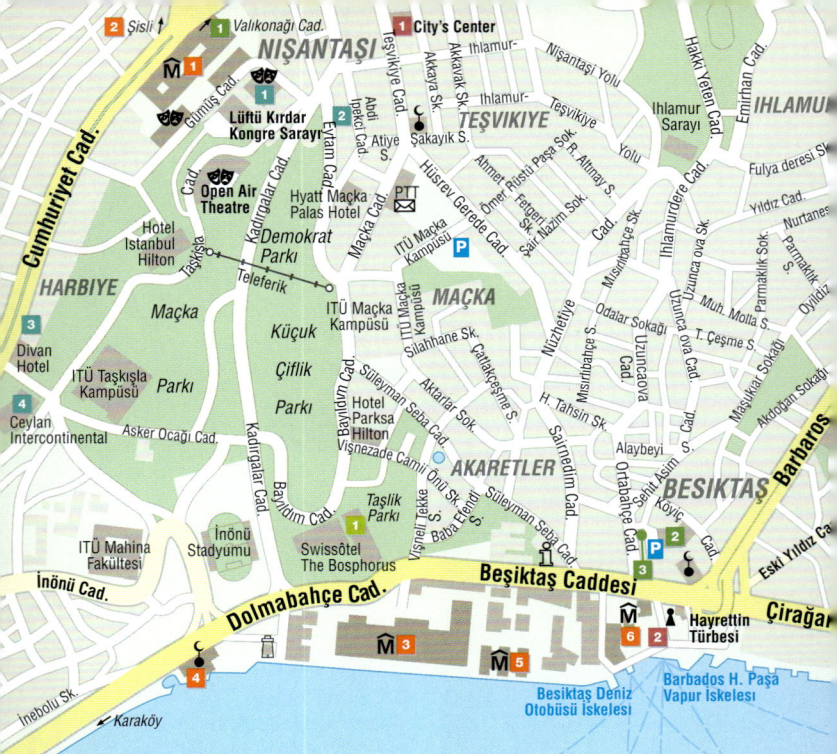

Harbiye, Dolmabahçe und Ortaköy

Sehenswert
1. Askeri Müze (Militärmuseum)
2. Atatürk Müzesi
3. Dolmabahçe Sarayı
4. Dolmabahçe Camii
5. Resim ve Heykel Müzesi
6. Deniz Müzesi
7. Çırağan Sarayı
8. Yıldız Sarayı
9. Çadır Köşkü
10. Malta Köşkü
11. Şale Köşkü (Yıldız Şale Müzesi)
12. Yıldız Porselen Fabrikası
13. Ortaköy Camii

Essen & Trinken
1. L'Entrecôte de Paris
2. Hanedan
3. Tuğra
4. Dahill
5. Çınar
6. Mado
7. Banyan

Einkaufen
1. Derishow
2. Beşiktaş Belediye Halk Pazarı
3. Kabalcı
4. Ortaköy Sanat Pazar
5. Galeri 310

Aktiv & Kreativ
1. Swissotel Amrita Spa & Wellness
2. Suada

Abends & Nachts
1. Cemal Reşit Rey Konser Salonu
2. Touchdown
3. Kervansaray
4. City Lights Bar
5. Istanbul Jazz Center
6. Crystal
7. Reina
8. Blackk
9. Sortie

dülmecit I. (1839–1861) beauftragte den Architekten Karabet Balyan, einen türkischen Armenier, und dessen in Paris lernenden Sohn Nikogos mit dem Bau dieses Palastes, der sich stark an westlicher Schlossarchitektur orientiert. Er wurde 1853 fertiggestellt und diente bis zum Ende des Osmanischen Reiches als Hauptresidenz des Sultans. Kemal Atatürk, der im Palast wohnte, wenn er sich in Istanbul aufhielt, starb hier am 10. November 1938.

In früherer Zeit nahm eine kleine Hafenbucht diesen Platz ein. Sultan Ahmet I. (1603–1617) ließ aber die Bucht mit Steinen auffüllen, was dem Gebiet den Namen Dolmabahçe, ›Gefüllter Garten‹, eintrug. Ein neuer Pavillon diente fortan als Sommerresidenz der Sultane, bis er 1840 abbrannte und den Baugrund für Abdülmecits Palast freigab.

Der Saray erstreckt sich über 600 m am Ufer entlang. Vom Meer ist er durch eine Marmorterrasse getrennt, zur Straße hin schützt ihn eine Mauer. Der Bau, in Neobarock und Neoklassizismus ausgeführt, ist in drei Bereiche aufgeteilt: Im mittleren Trakt liegt der Thronsaal des Sultans, links davon befinden sich die Regierungsräume und rechts die Privatgemächer, d. h. der Harem und die Räume des Thronfolgers. Auf zwei Stockwerke verteilen sich 18 Salons und etwa 200 Zimmer. Den Park des Palastes gestaltete der deutsche Gartenbaumeister Sester.

Durch die für Besucher zugänglichen Teile finden Führungen in verschiedenen Sprachen statt. Die Selam-

Harbiye, Dolmabahçe und Ortaköy

lık-Führung dauert etwa 45 Minuten, die Führung durch den Harem etwa 30 Minuten. Lohnend sind beide.

Die **Selamlık-Führung** umfasst prunkvolle Säle mit Fresken, wertvollen Teppichen, riesigen Kronleuchtern und erlesenen Einrichtungsgegenständen, Gastgeschenke von Staatsmännern aus aller Welt und ein Bad komplett aus Alabaster. Das große Treppenhaus mit seiner Kristallbalustrade erinnert an die Pariser Oper. Der **Haremstrakt** beherbergt die Privatgemächer des Sultans und seiner Frauen. Die originale Ausstattung vermittelt ein lebendigeres Bild vom luxuriösen Leben der Sultansfamilie als der Topkapı-Palast. Im Sterbezimmer Atatürks steht die Uhr auf 9.05 Uhr, dem Todeszeitpunkt des Gründers der Türkischen Republik. Jedes Jahr wird nach wie vor am 10. November um 9.05 Uhr ihm zu Ehren eine Schweigeminute in der ganzen Türkei abgehalten.

Dolmabahçe Camii 4

Zwischen dem Palast und der Dolmabahçe Camii erhebt sich der 27 m hohe **Dolmabahçe Saatkulesi,** der 1890 im neobarocken Stil unter der Regierung Abdülhamits II. erbaute Uhrenturm. Kleine Springbrunnen zieren die Ecken der etwas erhöhten Basis.

Die **Dolmabahçe Camii** ist eine Stiftung von Bezmi-Ahlem Valide Sultan, der Mutter Abdülmecits. Nikogos Balyan stellte sie 1853, im selben Jahr wie den Palast, fertig. Auch hier kommt sein typischer Historismus voll zur Geltung. Die Eckpfeiler des kubischen Baus enden in Barocktürmchen. Der Eingangstrakt zitiert die Palastarchitektur und trägt zwei schlanke Minarette, die wie korinthische Säulen erscheinen. Auch innen ist die Moschee in barocker Manier gehalten. Die Kuppel wird durch architektonische Malerei illusionistisch erhöht.

Museen in Dolmabahçe

Gleich hinter dem Palast zeigt das **Resim ve Heykel Müzesi** 5 (Gemälde- und Skulptur-Museum, Bus Dolmabahçe, Mi–Fr 9–17 Uhr, Eintritt 5 TL, S. 56) Arbeiten türkischer Künstler des 19. und 20. Jh. – häufig Istanbuler Motive, die hier so romantisch erscheinen, wie man sie in der Realität leider längst nicht mehr erleben kann.

Im **Deniz Müsezi** 6 (Marine-Museum, Bus/Fähre Beşiktaş, Mi–So 9–12.30, 13.30–17 Uhr, Eintritt 5 TL, S. 54) sind neben Dokumenten zur osmanischen und türkischen Seefahrt vor allem die Prunkbarken der Sultane und Haremsdamen sehenswert. Mit ihnen ließen sie sich über den Bosporus oder das Goldene Horn rudern.

Yıldız Parkı und Ortaköy

Zwischen Dolmabahçe und Ortaköy erstreckt sich der große **Yıldız Parkı,** der heute als Naherholungsgebiet dient und vor allem von Familien und jungen Pärchen frequentiert wird (s. Entdeckungstour S. 246).

Çırağan Sarayı 7

Nur wenig östlich von Dolmabahçe liegt der Çırağan-Palast, ein ebenso prachtvoller Bau. Unter Abdülaziz wurde der Palast 1874 in der heutigen Form fertiggestellt, bereits seit dem 17. Jh. bestand hier eine höfische Sommerresidenz. Sultan Abdülaziz verstarb hier nur zwei Jahre darauf, anschließend hielt sein Nachfolger Abdülhamit II. seinen Bruder Murat V., den rechtmäßigen, aber geisteskranken Thronerben, 1876–1904 dort gefangen. Dann tagte hier für zwei Monate die türkische Nationalversammlung, bis der Palast 1910 vollständig

Yıldız Parkı und Ortaköy

Prachtvolles Barocktor des Dolmabahçe-Palastes mit Blick zum Bosporus

ausbrannte und anschließend nur noch als Baustofflager diente. Anfand der 1990er-Jahre wurde er restauriert und unter dem Namen Kempinski Çirağan Palace Hotel als luxuriöseste Adresse der Stadt eröffnet.

In den Bars mit höchst gepflegtem Ambiente kann auch der einfache Besucher etwas Luxus schnuppern; die verschiedenen Cafés und Restaurants bieten erlesene Köstlichkeiten in entspannender Ruhe und mit herrlichem Blick auf den Bosporus.

Yıldız Sarayı 8
Bus/Fähre Beşiktaş,
Yıldız Saray Müzesi: Di, Mi, Fr–So
9.30–17 Uhr, Eintritt 5 TL, S. 56
Yıldız Şehir Müzesi: Mi–So 9–16 Uhr,
Eintritt 3 TL, S. 56

Im Nordwesten des Yıldız-Parks liegen hinter hohen Mauern die Gebäude des Yıldız-Palasts, in den sich Sultan Abdülhamit II. aus Angst vor Mordanschlägen zurückzog (kein Zugang vom Park aus, Eingang nur an der Yıldız Caddesi). Das Gebäude beherbergt

Auf Entdeckungstour

Der Yıldız-Park – Streifzug durch den Garten des Sultans

Der Yıldız-Park ist die größte innerstädtische Grünanlage Istanbuls. Er verbindet einen Sultanspalast am Bosporus mit einem osmanischen Jagdschloss auf dem Hügelkamm. Die grüne Oase am Bosporus-Hang bietet gepflegte Gartenkultur und ökologischen Wildwuchs; in zwei Schlösschen kann man einkehren.

Anfahrt: Von der Schiffsanlegestelle Beşiktaş zu Fuß oder mit einem Bus bis Haltestelle Çırağan Sarayı. Der Parkeingang liegt gegenüber dem Hotel Çırağan Palace Kempinski.

Zeit: 2–4 Stunden, Park geöffnet Okt.–Mai tgl. 9–18, Juni–Sept. tgl. 9–20 Uhr, Eintritt frei.

Bevor Sie den Spaziergang in den Park beginnen, sollten Sie versuchen, unten am Wasser einen Blick in den **Çırağan-Palast,** früher ebenfalls eine Sultansresidenz, zu erhaschen (s. S. 244).

Teatime beim Sultan

Direkt gegenüber dem Hotel nimmt man jetzt den linken Weg – der Park ist nichts für Jogger, denn alle Wege führen ziemlich steil den Hang hinauf. Das Parkgelände erstreckt sich zu beiden Seiten einer Schlucht, durch deren Becken mit kleinen Wasserfällen im Frühjahr ein Bach in den Bosporus plätschert. Während die von unten aus gesehen linke Hälfte des Parks einem gepflegten Garten gleicht, hat man auf der rechten Seite der Schlucht den ursprünglichen Wildwuchs weitgehend naturbelassen. Hier stehen die schönsten Bäume des Parks, darunter uralte Platanen, Eichen und Buchen.

Ungefähr nach zwei Dritteln des Anstiegs erreicht man inmitten großer Bäume das kleinere der beiden Gartenschlösschen, den **Çadır Köşkü** 9 (tgl. 9–18 Uhr). Unter einer Pergola ist ein angenehmer Teegarten mit Blick auf einen See entstanden – man versteht gut, warum dieses Gelände einmal für die Eliten des Reiches reserviert war.

Sowohl im Çadır Köşkü wie auch im zweiten, größeren und noch glanzvoller restaurierten **Malta Köşkü** 10 (tgl. 9–18 Uhr), der auf ungefähr gleicher Höhe auf der anderen Seite der Schlucht liegt, kann man den gepflegtesten Tee oder Kaffee der Stadt trinken und hat dabei einen wunderbaren Blick in den Park und auf den Bosporus.

Beide Schlösschen sind wie der Çırağan-Palast auch in den 1980er-Jahren restauriert und vor dem Verfall gerettet worden. Initiator war der damalige Vorsitzende des türkischen Automobilclubs TTOK, Çelik Gülersoy, der sich bis zum seinem Tod 2003 um den Erhalt historischer Gebäude in Istanbul sehr verdient gemacht hat.

Die berühmteste Schreinerwerkstatt

Den oberen Rand des Parks im Westen begrenzt eine hohe Mauer, hinter der sich der **Yıldız Sarayı** 8 verbirgt. Dieses ehemalige Jagdschloss, das im 16. Jh. noch inmitten ausgedehnter Wälder lag, bevor die Stadt immer näher rückte, war von 1870 an der Rückzugsort für den letzten autokratisch regierenden Sultan, Abdülhamit II. Er verschanzte sich in diesem Schloss, weil er Angst vor einem Attentat hatte und sich im Dolmabahçe-Palast nicht mehr sicher fühlte. Die Monarchien Europas wankten, und auf den russischen Zaren war bereits erfolgreich ein politisches Attentat verübt worden. Abdülhamit verteidigte seine Macht in dem von nationalen Aufständen erschütterten Vielvölkerstaat mit allen Mitteln polizeilicher Repression – bis er durch den Putsch der Jungtürken seinen Thron verlor. In Erinnerung geblieben ist er aber auch als begeisterter Handwerker. Er ließ sich innerhalb des Palastes eine große Schreinerwerkstatt einrichten, in der er sich eifrig als Heimwerker betätigte.

Nur ein kleiner Teil des Yıldız-Palastes ist vom Park aus begehbar und zu besichtigen. Das mit 50 Zimmern ausgestattete **Şale Köşkü** 11 im Norden des Parks erinnert etwas an die Architektur eines Schweizer Chalets (Di, Mi, Fr–So 9.30–17 Uhr, Eintritt 4 TL). Schon zahlreiche Staatsgäste, u. a. Kaiser Wilhem II., Winston Churchill und Charles de Gaulle, wurden hier empfangen und standesgemäß bewirtet. Heute ist der Palast als Museum geöffnet. Eindruckvoll sind der 24 x 13 m große und mehrere Tonnen schwere Hereke-Teppich im Hauptsalon sowie die schönen Deckenbilder mit Landschaftsmotiven.

Wer die Palastanlage des **Yıldız Sarayı** insgesamt besichtigen möchte, muss über Beşiktaş den Barbaros Bulvarı hinauffahren und hinter dem Conrad Hotel über die Yıldız Caddesi den Haupteingang benutzen (s. S. 245).

Das Geschirr der Palastküche

Folgt man dem Weg an der Mauer des Yıldız-Palastes, am Eingang des Museums vorbei, gelangt man am Ende zu einem Schlösschen ganz eigener Art. Es ist die wieder aufgebaute und im Mai 2009 neu eröffnete königliche Porzellanmanufaktur, die **Yıldız Porselen Fabrikası** 12 im Osten des Parks, die 1895 gegründet wurde (Mo–Fr 9–15 Uhr).

Hier wird in sorgfältiger Handarbeit das Geschirr des Sultans originalgetreu reproduziert. In einem Flügel werden die noch weißen Vasen, Teller oder auch kleine Skulpturen gebrannt, im Haus gegenüber nach festgelegten Motiven von Hand bemalt. Wie auch bei den Fayencen aus İznik oder Kütahya, die berühmte Paläste und Moscheen schmücken, überwiegt auch beim Porzellan ornamentales Dekor.

Gleich am Eingang des Geländes steht ein Verkaufspavillon, man kann aber auch über die Anlage schlendern und durch die Fenster einen Blick auf die Herstellung erhaschen. Ganz am Ende führt der Weg zum **Restaurant Dahill** 3, wo eine große Terrasse geradezu über dem Bosporus schwebt. Der Platz ist wie geschaffen als krönender Abschluss für den Gang durch den Garten des Sultans (S. 249).

Yıldız Parkı und Ortaköy

heute das **Yıldız Saray Müzesi** mit Originalmobiliar, persönlichen Dingen des Sultans und dem privaten Palast-Theater. Ein Nebengebäude dient als **Şehir Müzesi** (Stadtmuseum) mit Objekten rund um die Kaffee- und Tabakkultur, Porzellan und Landschaftsmalereien (Di–Sa 9–16 Uhr, Eintritt frei).

Şale Köşkü (Yıldız Şale Müzesi) 11
Bus von Beşiktaş nach Çırağan Sarayı, Di, Mi, Fr–So 9.30–17 Uhr, Eintritt 4 TL, S. 56, 247.

Ortaköy
Richtung Bosporus-Brücke erstreckt sich Ortaköy, das sich mit seinen zahlreichen Cafés und Kneipen nahe bei der Fähranlegestelle in den letzten Jahren zu einem beliebten Abendtreff bei Studenten und Künstlern entwickelt hat. Auch sonntags lohnt ein Besuch des Viertels, da hier ein interessanter Flohmarkt stattfindet, wo man nach Trödel und türkischem Kunsthandwerk stöbern kann; Maler fertigen an ihren Ständen binnen 45 Min. Porträts an.

Markant erhebt sich die kleine **Ortaköy Camii** 13 auf einem Landvorsprung neben dem Schiffsanleger. Die neobarocke Moschee wurde 1854 von Nikogos Balyan erbaut, der gemeinsam mit seinem Vater Karabet auch den Dolmabahçe-Palast errichtete. Der architektonische Historismus jener Bauten findet auch in der Ortaköy Camii auf gelungene Weise Ausdruck.

Im hübschen Teegarten *(çay bahçesi)* direkt neben der Ortaköy-Moschee kann man sich bei einem Glas Tee und einer Wasserpfeife ganz dem *keyif*, dem behaglichen Nichtstun, hingeben. Zu hervorragenden Fischgerichten oder auch nur zu ein paar leckeren Vorspeisen lädt das berühmte **Çınar Restoran** 4 unweit der Fähranlegestelle ein.

Essen & Trinken

Französische Steaks – **L'Entrecôte de Paris** 1: Nişantaşı, Teşvikiye Cad. 162, City's Center, Kat. 5, S. 35

Frisch gezapft – **Hanedan** 2: Beşiktaş, Barbaros Meydanı (neben der Anlegestelle für die Motorboote nach Üsküdar), Fleischrestaurant: Tel. 0212 260 48 54, Fischrestaurant: 0212 259 40 17, WinePort: 0212 227 65 06, BeerPort: 0212 260 39 99, www.hanedanrestaurant.com, Bier 0,5 l ca. 4 €. Das Haus direkt am Bosporus hat zwei Restaurants in den beiden oberen Etagen sowie eine Weinbar. Bekannt und beliebt ist es aber vor allem als gepflegte Bierhalle mit einem schönen Garten zum Wasser hin. Da in Istanbul Biergärten in schöner Lage ohne Essenszwang selten sind, ist hier immer etwas los.

Wie beim Sultan – **Tuğra** 3: Çırağan Kempinski, Ortaköy, Çırağan Cad. 84, S. 32.

Rast im Park – **Dahill Restaurant** 4: Palanga Cad, Beşiktaş, Tel. 0212 227 49 28, Bus Ortaköy, tgl. 11.30–24 Uhr. Modernes Styling, schöner Bosporus-Brücken-Blick, türkische und internationale Küche, S. 248.

Fischlokal in bester Lage – **Çınar Restoran** 5: Ortaköy, İskele Meydanı 42, Tel. 0212 261 58 18, Bus Ortaköy, 12–1 Uhr, drei Gänge mit Wein oder Raki ca. 35–45 €. Reiche Auswahl an Vorspeisen und köstliche Fischgerichte direkt am Bosporus mit Blick auf die schön erleuchtete Ortaköy-Moschee.

Gutes Eis – **Mado** 6: Ortaköy, Osmanzade Sok. 26, S. 36.

Wie auf einem Schiffsdeck – **Banyan** 7: Ortaköy, Salhane Sok. 3, S. 35.

Einkaufen

Abendgarderobe – **Derishow** 1: Nişantaşı, Valıkonağı Cad. 88, S. 40.

Harbiye, Dolmabahçe und Ortaköy

Stadtteilmarkt bei der Markthalle –
Beşiktaş Belediye Halk Pazarı 2: Beşiktaş İskelesi, S. 40.

Musik und Bücher – **Kabalcı** 3: Beşiktaş, Sinan Paşa Mah., Ortabahçe Cad. 22–24, www.kabalci.com.tr, 9–21 Uhr. Unweit der Fähranlegestelle von Beşiktaş, in der Hauptstraße in den Ort hinein, verkauft das Kulturkaufhaus Kabalcı unter anderem Bücher, Bildbände (auch in Englisch), Schreibwaren, Postkarten und nicht zuletzt Musik-CDs und DVDs.

Kunstmarkt am Bosporus – **Ortaköy Sanat Pazar** 4: Ortaköy Meyd., jeden Sonntag, S. 38.

Miniaturen – **Galeri 310** 5: Ortaköy, Dereboyu Cad. 114 A, 9–20 Uhr. Die Inhaberin Sabine Buchmann sammelt und verkauft schöne Miniaturen mit oder ohne Rahmen. Die feine Malkunst, die ihre Ursprünge in Persien hat, kann hier auch in Kursen gelernt werden.

Aktiv & Kreativ

Fitness am Bosporus – **Swissôtel Amrita Spa & Wellness** 1: Beşiktaş, Bayıldım Cad. 2, www.amritaspa.com, Tel. 0212 326 11 00, Schwimmbäder und Fitnesssalon tgl. 7–23 Uhr, Spa-Angebote 9–22 Uhr. Außenpool und Hallenbad, Gymnastikräume, türkisches Bad und Sauna bilden die Hauptbereiche im 4000 m² großen Wellness-Zentrum des Swissotel in Beşiktaş. Die Schönheitsfarm ›Darphin‹, der zum Bosporus hin abschüssige ›Sultanspark‹ zum Joggen und diverse Sportangebote wie Tennis, Fechten, Yoga und Golf runden das Angebot ab. Man muss nicht Hotelgast sein, Anmeldung und Eingang im 5. Stock des Hotels.

Inselbad mit Disco – **Suada** 2: Kuruçeşme, Tel. 0212 263 73 00, www.suada.com.tr, Bus Kuruçeşme. Eine künstliche Badeinsel zwischen den beiden Bosporus-Brücken. Vom Kuruçeşme-Anleger fahren regelmäßig Shuttle-Boote. Es gibt einen Pool mit gereinigtem Meerwasser, ein Restaurant (und auch eine Disco).

Abends & Nachts

Konzerte – **Cemal Reşit Rey Konser Salonu** 1: Taksim, Harbiye, Darülbedai Cad.1, S. 47.

After Shopping – **Touchdown** 2: Nişantaşı, Abdi İpekçi Cad. 61/11, Reasürans Çarşısı, S. 43.

Adressen

Im Reina tanzen die Schönen und Schicken mit dem besten Bosporus-Blick

Bauchtanz all inclusive – **Kervansaray** 3: Harbiye, Cumhuriyet Cad. 30/5, S. 43.

Nicht nur für Business People – **City Lights Bar** 4: Ceylan InterContinental Hotel, Taksim, S. 42.

Jazz & Blues – **Istanbul Jazz Center** 5: Ortaköy, Salhane Sok. 10, S. 44.

House & Techno – **Crystal** 6: Beşiktaş, Kuruçeşme, Muallim Naci Cad. 65, S. 45.

Promi-Location – **Reina** 7: Beşiktaş, Kuruçeşme, Muallim Naci Cad. 44, S. 46.

Edel-Club – **Blackk** 8: Beşiktaş, Kuruçeşme, Muallim Naci Cad. 71, S. 44.

Die Schicken und die Schönen – **Sortie** 9: Beşiktaş, Kuruçeşme, Muallim Naci Cad. 141/142, Tel. 0212 327 85 85, www.sortie.com.tr, Bus Kuruçeşme, Juni–Oktober, tgl. 19–3 Uhr. Die Freiluftanlage am Bosporus war die erste ihrer Art, die unterschiedliche Locations unter einem Dach vereinte. Hier können Sie vom Sushi-Essen über einfach nur einen Drink an der Bar bis zu einem Kebap alles finden, was das Herz begehrt. In der Mitte gibt es eine offene Tanzpiste unter den Sternen (viel R'n'B). Die Lage am Bosporus macht das Ganze zu einem Erlebnis. Ohne Reservierung kein Einlass!

Das Beste auf einen Blick

Ausflüge

Highlights !

Bosporus: Mit der städtischen Schifffahrtslinie von einem Ufer zum anderen pendeln und dabei die Aussicht auf glanzvolle Paläste, moderne Hotels, alte Holzvillen, Burgruinen, Parkanlagen und malerische Fischerhäfen genießen. S. 254

Eyüp Camii: Das Grab von Abu Eyub al-Ansari, dem Fahnenträger Mohammeds, zieht alljährlich Hunderttausende von Gläubigen an. S. 274

Büyükada: Die größte der Prinzeninseln wartet mit einem beschaulichen Rundweg und erholsamen Stränden auf. S. 277

Kultur & Sehenswertes

Sakıp Sabancı Müzesi: Wertvolle Kalligraphien und Istanbuler Stadtlandschaften des 20. Jh. treten in Konkurrenz zur Sonderausstellung berühmter zeitgenössischer Künstler. S. 256

Beylerbeyi Sarayı: Einer der schönsten kleineren Sultanspaläste. S. 260

Atik Valide Camii in Üsküdar: Sinans zweitgrößte Külliye in Istanbul wartet mit prachtvollen Fliesen aus den Werkstätten von İznik auf. 7 S. 270

Aktiv & Kreativ

Anadolu Kavağı: Von den Fischrestaurants am Anleger führt ein Wanderweg durch Naturlandschaft zur Burg Yoroz Kalesi. S. 261

Genießen & Atmosphäre

Tulpenblüte im Emirgan Parkı: Tausende von Tulpen erblühen jedes Jahr in den unterschiedlichsten Farben und Formen in den Beeten des Parks. S. 256

Beylerbeyi: Im İskele Restaurant genießt man frischen Fisch, während gegenüber die untergehende Sonne der Altstadt eine Strahlenkrone aufsetzt. S. 261, 262

Abends & Nachts

Eylülist in Arnavutköy: Die Jazz-Bar im Studentenviertel Arnavutköy bringt viele experimentelle und junge Gruppen auf die Bühne. S. 260

Kızkulesi in Üsküdar: Die alte Zollstation wird tagsüber zum Restaurant, abends zum Club. Auch James Bond alias Pierce Brosnan war schon mal da. 1 S. 273

Der Bosporus !

Der Bosporus (Boğaziçi) ist die Nahtstelle zweier Kontinente, Europa und Asien, und die Verbindung zwischen dem Schwarzen Meer und dem Marmarameer. Die 32 km lange Wasserstraße hat eine Tiefe von 30 bis 120 m, eine Breite von etwa 700 m bis zu maximal 3 km und weist eine starke Gegenströmung auf. Die wasserreichen, ins Schwarze Meer mündenden Flüsse führen zu einem kräftigen Oberstrom Richtung Marmarameer, und das salzreiche und dadurch schwerere Wasser aus dem Marmarameer drängt in der Tiefe als Unterstrom ins Schwarze Meer. Der Wind weht meistens aus Norden.

Neben Kreuzfahrtschiffen, Segelbooten und dem allgemeinen Fährbetrieb durchfahren jährlich über 50 000 Frachtschiffe die Meerenge. Dass es dabei trotz eines strengen Reglements immer wieder zu Unfällen kommt, verwundert nicht.

Die Ufer des Bosporus säumen Paläste, Burgen und malerische Holzvillen. Die waldreichen kleinen Orte, die schon in osmanischer Zeit zu den schönsten Gebieten der Türkei zählten, sind heute längst als Wohnviertel der besseren Gesellschaft in die Metropole integriert.

Seinen Namen verdankt der Bosporus dem griechischen Mythos: Göttervater Zeus verliebte sich in Io, eine Priesterin der Hera, seiner Gemahlin. Um die eifersüchtige Hera zu täuschen, verwandelte Zeus Io in eine weiße Kuh. Hera ahnte jedoch die List und schickte eine Bremse, die die Kuh von Land zu Land trieb. Auf der Flucht durchschwamm die verwandelte Io die Wasserstraße, die seither Bosporus, ›Furt der Kuh‹, genannt wird.

Schon immer hatte der Bosporus für die Stadt politisch-strategische Bedeutung, die landschaftliche Schönheit und das im Sommer durch den Nordwind angenehme Klima lernten die Türken jedoch erst im 17. Jh. an in größerem Maße schätzen. Seit dieser Zeit reihen sich malerische Holzvillen, *yalı* genannt, an den Ufern. Heute werden sie allerdings immer mehr von modernen Bauten verdrängt.

Infobox

Reisekarte: ▶ Karte 4, F/G 1/2; Karte 5, C/D 1/2

Routenverlauf

Ab Eminönü gibt es spezielle Ausflugsboote für die Bosporus-Tour (Anleger Boğaz İskelesi auf Höhe Sirkeci-Bahnhof). Schöner ist es jedoch, mit einem Passagierschiff nach Sarıyer oder Anadolu Kavağı zwischen den Ufern zu pendeln (tgl. um 10.35 und 13.35 Uhr). In Anadolu Kavağı hat man je nach Ankunftzeit 1–3 Stunden Aufenthalt, bevor das Schiff wieder nach Eminönü zurückkehrt. Die ganze Fahrt dauert etwa 6 Std., aber man kann das Schiff an europäischen Anlegestellen verlassen und mit dem Bus zurückkehren.

Europäische Küste

Über Ortaköy (S. 249) ragt die **Boğaziçi Köprüsü** (›Bosporus-Brücke‹) auf, die bei ihrer Eröffnung eine der längsten Hängebrücken der Welt war. Seit 1973 verbindet sie das europäische mit dem asiatischen Ufer. Zwei 165 m hohe Doppelpylonen tragen die sechsspu-

Europäische Küste

Die Aussicht genießen in Bebek

rige, 1580 m lange Fahrbahn. Da diese Brücke den wachsenden Verkehr nicht mehr aufnehmen konnte, ist weiter nördlich bei Rumeli Hisarı eine zweite Brücke über den Bosporus geschlagen worden, die **Fatih Sultan Mehmet Köprüsü**. Sie wurde 1988 für den Verkehr freigegeben.

Bebek

Bebek gehört mit seinen weißen Villen, vielen Bäumen, Grünanlagen und Lokalen zu den schönsten Orten auf der europäischen Seite des Bosporus. Am Kai laden zahlreiche Ufercafés mit köstlichen Süßspeisen und herrlichem Blick auf den Bosporus zum Verweilen ein.

Kurz vor der Sultan Mehmet-Brücke liegen erhöht die Gebäude der englischsprachigen **Boğaziçi University**. Sie ging 1971 aus dem alten Robert College hervor, das 1863 von dem amerikanischen Missionar Cyrus Hamlin gegründet worden war und zu den besten und schönsten Lehranstalten seiner Zeit zählte.

Aşiyan Müzesi
Bus von Beşiktaş oder Taksim nach Bebek, Di–Sa 9–16 Uhr, Eintritt frei, S. 54
Kurz vor der Bushaltestelle Aşiyan weist ein Schild zum Aşiyan Müzesi, dem ehemaligen Wohnsitz des türkischen Dichters Tevfik Fikret (1867–1915). Ein steiler Weg zwischen dem Aşiyan-Friedhof und dem großen Por-

tal der Boğazıçı-Universität, dem früheren Robert College, führt zu dem schmucken Haus des Dichters. Dieser ließ es 1906 bauen, als er an der Universität unterrichtete. Fikret gilt als Wegbereiter der türkischen Moderne. Seine Werke sind von der impressionistischen Lyrik Frankreichs beeinflusst. Er gehörte mit seinen u. a. auch sozialkritischen Texten zu den führenden Autoren der legendären Zeitschrift »Servet-i Fünun« (Reichtum des Wissens), bis diese 1901 von der osmanischen Regierung zensiert wurde.

Rumeli Hisarı

Bus von Eminönü nach Sarıyer, Do–Di 9.30–16.30 Uhr, 3 TL, S. 56

Auf der nächsten Landzunge erheben sich die mächtigen Türme und Mauern von Rumeli Hisarı, türkisch für ›Europäische Festung‹. Hier, an der schmalsten Stelle des Bosporus (etwa 700 m), soll 512 v. Chr. die berühmte Schiffsbrücke des persischen Königs Dareios I. auf seinem Feldzug gegen die Skythen errichtet worden sein. Sultan Mehmet II. ließ die Burg 1452, neun Monate vor der Eroberung Konstantinopels, erbauen. Zusammen mit der gegenüberliegenden Burg Anadolu Hisarı sollte sie die Byzantiner vom Nachschub abschneiden. Zum ersten Zwischenfall kam es im Herbst desselben Jahres, als ein venezianisches Schiff bei der Durchfahrt durch Kanonenbeschuss versenkt wurde. Nach dem Fall von Konstantinopel hatte Rumeli Hisarı seine Bedeutung verloren und diente fortan als Staatsgefängnis. 1953, 500 Jahre nach der Eroberung, wurde die Festung vollkommen restauriert und als Museum eingerichtet. Im Sommer finden hier Festspiele statt.

Die zwei Rundtürme auf dem Hügelkamm und der Polygonalturm am Wasser sind durch bastionenbewehrte Mauern miteinander verbunden. Im Osten, beim Seetor, schließt sich eine kleine Vorburg für die Artillerie an. Bis zum Jahre 1830 waren die großen Türme noch mit spitzen Bleidächern bekrönt. Sie tragen die Namen von drei Wesiren Mehmets II.: Sarıca Paşa, Halil Paşa und Zagonos Paşa.

Sehr gut frühstücken kann man in einem der Cafés, die nördlich unterhalb der Burg die Uferstraße säumen.

Emirgan

Jenseits der Sultan Mehmet-Brücke liegt der reizvolle Ort Emirgan mit hübschen Lokanta und Teestuben und einer mächtigen Platane am Kai. Der Ortsname erinnert an den persischen Prinzen Emirgune, der Sultan Murat IV. 1638 die Stadt Eriwan kampflos übergeben hatte, daraufhin Asyl benötigte und hier einen Wohnsitz erhielt.

Seine Residenz legte den Grundstein für den **Emirgan Parkı**, das wohl schönste Gartenparadies der Stadt (mit einer großen Artenvielfalt von Tulpen wird hier im Frühjahr an die Herkunft der Blume aus der Türkei erinnert). Osmanische Würdenträger bauten hier prachtvolle Villen wie den **Sarı Köşkü**, den ›Gelben Pavillon‹.

Der **Atlı Köşkü** (›Pferde-Pavillon‹ nach der markanten Reiterfigur) war Wohnsitz des Gründers der Sabancı Holding und beherbergt seit Mitte 2002 das **Sakıp Sabancı Müzesi** (www.muze.sabanciuniv.edu, Bus von Beşiktaş Richtung Sariyer bis Emirgan, Di–So 10–18 Uhr, mittwochs bis 22 Uhr, Eintritt ab 10 TL, S. 56). Das Erdgeschoss der prachtvollen Residenz ist mit Möbeln und Sammlungsstücken der Familie (Porzellan und Gemälde mit Istanbuler Szenen des frühen 20. Jh.) ausgestattet. Im Obergeschoss ist eine

Europäische Küste

Romantisches Gemäuer: die Burg Rumeli Hisarı

kostbare Sammlung osmanischer Kalligraphien aus fünf Jahrhunderten zu sehen. Hauptanliegen des Museums ist jedoch die Präsentation internationaler Kunstausstellungen. Werkschauen von Picasso, Rodin, Dali und Beuys waren ein großer Publikumsmagnet.

Tarabya

In der idyllischen Bucht von Tarabya schaukeln heute Yachten am Kai, gegenüber reihen sich die feinen Fischlokale. Hier hatten bis zum Ende des Osmanischen Reiches mehrere westliche Botschaften ihre Sommerresidenzen. Die verlassenen Villen sind in schöne Gärten eingebettet. Die **Villa der deutschen Botschaft** wurde zwischen 1885 und 1887 unter Mitwirkung des damals in Athen archäologisch forschenden Architekten Wilhelm Dörpfeld unter besonderer Berücksichtigung osmanischer Bautradition errichtet. Heute dient die historische Sommerresidenz als Ort für kulturelle und politische Veranstaltungen im Sinne des deutsch-türkischen Dialogs. Bis 2010 wurde sie für 6 Mio. € renoviert und soll nun Heimstatt der deutschen Künstlerakademie in Istanbul sein.

Im Park der Sommerresidenz wurde nach 1916 ein **Soldatenfriedhof** für die deutschen Gefallenen der Dardanellenschlacht eingerichtet, auf dem auch Generalfeldmarschall Colmar Freiherr von der Goltz bestattet ist. Er hatte das türkische Heer reformiert und starb als Armeeführer im Ersten Weltkrieg bei Bagdad. 1981/82 wurden die deutschen Gefallenen aus der ganzen Türkei hierher umgebettet. Die Gestaltung des Geländes mit dem beeindruckenden Denkmal eines sterbenden Kriegers und den Knien eines Engels aus Muschelkalk geht auf Georg Kolbe zurück. Der Friedhof kann nach vorheriger Anmeldung besichtigt werden (Tel. 0212 299 2661).

In **Büyükdere**, etwas weiter nördlich, ist in einer Holzvilla des 19. Jh. das **Sadberk Hanim Müzesi** (www.sadberkhanimmuzesi.org.tr, Bus Büyükdere, tgl. außer Mi 10–17 Uhr, Eintritt 7 TL, S. 56) untergebracht. Die sehenswerte Privatsammlung von Gattin und Tochter des Großindustriellen Vehbi Koç zeigt neben prähistorischen, griechischen und römischen Antiken auch Kunsthandwerk sowie Trachten aus osmanischer Zeit.

Rumeli Kavağı

Rumeli Kavağı ist die letzte Anlaufstation des Bosporusdampfers auf der europäischen Seite. Danach beginnt militärisches Sperrgebiet, das sich auf beiden Seiten der Meerenge bis zum Schwarzen Meer hinzieht.

Die hoch aufragende Felslandschaft erinnert an die Argonautensage, in der Iason, um das väterliche Erbe in Iolkos antreten zu können, das Goldene Vlies aus Kolchis holen sollte. Viele griechische Helden, wie Orpheus, Herakles, Theseus und die Dioskuren, begleiteten Iason auf dem Schiff Argo. Ihr größtes Hindernis vor der Einfahrt in das Schwarze Meer waren die ›Prallenden Felsen‹ (gr. Symplegades), die zusammenschlugen, sobald sich ein Lebewesen zwischen sie wagte. Vom König Phineus erhielten die Argonauten den Rat, sie sollten erst eine Taube hindurchfliegen lassen, um die Felsen zu täuschen. Tatsächlich gelang der Argo die unbeschadete Durchfahrt; seither stehen die Symplegaden still.

Die mythischen Felsen liegen sich nicht direkt gegenüber, sondern um ca. 4 km versetzt: der asiatische Felsen gleich gegenüber von Rumeli Kavağı, der europäische weiter nördlich gegenüber von Poyazköy. Kommt man mit dem Boot von Süden, scheint es tatsächlich, als wären die ›Prallenden Felsen‹ geschlossen und eine Weiterfahrt unmöglich.

Belgrat Ormanı

Westlich von Rumeli Kavağı erstreckt sich der Belgrader Wald (Belgrat Ormanı), dessen quellenreiches Gebiet

---

Iason und Medea
Der Name des Ortes Tarabya geht auf das gute Klima und die griechische Bezeichnung *therapeia* (›Heilung‹) zurück, die ihm der Patriarch Acacius im 5. Jh. verlieh. Zuvor hieß der Ort *Pharmakeios* (›Gift‹). Dazu berichtet eine Sage, dass die Zauberin Medea, die aus Eifersucht die neue Braut des Argonautenführers Iason, ihres Ehemannes, umgebracht hatte, hier Gift ausstreute, um ihre Verfolger abzuschütteln.

Europäische Küste

Prachtvilla aus spätosmanischer Zeit: der Sarı Köşkü in Emirgan

schon in byzantinischer Zeit Konstantinopel mit Wasser versorgte. Sultan Süleyman ließ hier nach der Eroberung Belgrads 1521 Bürger der Stadt ansiedeln, die für den Erhalt der Aquädukte und des Baumbestandes zu sorgen hatten.

Heute zieht die größte Waldfläche im türkischen Thrakien mit ihren sehenswerten Resten von byzantinischen und osmanischen Wasserleitungsbauten und Staudämmen Erholung suchende Istanbuler an.

Kumköy (Kilyos)

Von **Sarıyer,** einer kleinen Ortschaft am Bosporus mit guten Restaurants, ist es nicht weit zum Schwarzmeerbad Kumköy unterhalb der Burg Kilyos Kalesi (ab Sarıyer Minibusse). Der feinsandige Strand und das noch leidlich saubere Wasser haben den Ort zu einer Art Freibad für Istanbul gemacht, viele Ferienhäuser sind entstanden. Allerdings gibt es gefährliche Strömungen, und weiter als bis zum Bauch sollte man nicht ins Wasser gehen.

Essen & Trinken

Beim König der Fischer – **Bebek Balıkçı:** Bebek, Cevdet Paşa Cad. 26 A, S. 31.
Fisch am Bosporus – **Kıyı:** Tarabya, Kefeliköy Cad. 126, S. 31.
Am Kai unter der Brücke – **Rumeli Hisarı İskelesi:** Rumeli Hisarı, Yahya Kemal Cad. 1, S. 33.
Originelle Fischgerichte – **Fishmekan:** Arnavutköy, Arnavutköy Cad. 60, S. 33.
Fajitas und Burritto – **Mexican Cantina:** Bebek, Cevdetpaşa Cad. 22, S. 35.

Der Bosporus

Der Fischer aus Smyrna – **İzmirli Balıkçı:** Yeniköy, Köybası Cad. 107–109, Tel. 0212 262 94 90, Bus/Fähre Yeniköy, 12–1 Uhr, Fischgerichte ab ca 14 €. Traditionsreiches, beliebtes Gartenlokal direkt am europäischen Bosporus-Ufer. Die Köche aus İzmir pflegen die Küche der Ägäis-Küste: Fisch in Milchsoße *(sütlü balık)* und Meeresbohnensalat *(deniz börülcesi)* sind die Spezialitäten des Hauses, für die die Gäste weite Wege in Kauf nehmen.

Jogurt mit Traubenzucker
Probieren Sie den köstlichsten Jogurt von Istanbul. In kleinen Bechern wird Ihnen die erfrischende Süßspeise (mit Traubenzucker) auf den Bosporus-Schiffen oder direkt am Anleger von Kanlıca angeboten.

Einkaufen

Kunst anatolischer Zivilisationen – **Galeri Suav:** Yeniköy, Köybaşı Cad. 24, Tel. 0212 262 34 33, www.kusav.com, Bus/Fähre Yeniköy, Mo–Sa 10–19 Uhr. Die private Stiftung zur Erhaltung der Kunst- und Kulturschätze Küsav unterhält am oberen Bosporus eine Galerie, in der Schmuck, Textilien und Objekte aus Kupfer oder Glas nachgemacht werden, die einst die Hethiter, Assyrer und andere Zivilisationen auf anatolischem Boden schufen.
Zeitungen und Bücher – **Türkü:** Bebek, Cevdet Paşa Cad. 57B, Tel. 0212 358 00 47, Bus/Fähre Bebek, Mo–Sa 10–18 Uhr. Seit dreißig Jahren werden in dem Geschäft in Bebek ausländische Zeitungen und Bücher verkauft. Auch kleine und feine Souvenirs sind im Angebot. Schöne Bildbände über Istanbul!
Türkisches Marzipan – **Bebek Badem Ezmecisi:** Bebek, Cevdet Paşa Cad. 53C, Tel. 0212 263 59 84, 9–20 Uhr, ein Pfund mit Mandeln ca 15 €, mit Pistazien ca 20 €. Die ›Mandelpaste‹, die diese Konditorei in Bebek herstellt, ist landesweit bekannt und ein beliebtes Mitbringsel der Istanbul-Reisenden. Die grüne Variante mit Pistazien gilt seit osmanischen Zeiten als Potenzmittel.
Neu, schick, teuer – **İstinye Park:** İstinye, İstinye Bayırı Cad., www.istinyepark.com.tr, 10–22 Uhr. Über Einhundert Läden und ein Dutzend Cafés und Restaurants beherbergt der schicke Komplex auf dem Hügel von İstinye, unweit von der Tarabya-Bucht am oberen Bosporus.

Abends & Nachts

Schicke Weinbar – **Bebek Bar:** Bebek, Cevdet Paşa Cad. 113–115, S. 42.
Experimenteller Jazz – **Eylülist:** Arnavutköy, 1. Cad. 64, S. 44.

Asiatische Küste

Beylerbeyi Sarayı

Bus: Üsküdar Beylerbeyi, Di, Mi, Fr–So 9.30–17 Uhr (Nov.–März bis 16 Uhr, nur mit Führung, Eintritt 7 TL, S. 54
Unterhalb der Bosporus-Brücke fällt die Fassade des Beylerbeyi Sarayı auf. Ein Bruder von Nikogos Balyan, Sarkis Balyan, errichtete den Palast im Auftrag von Sultan Abdülaziz im Jahre 1865. Selamlık und Haremlik liegen seitlich eines großen repräsentativen Salons. Die beiden Pagodenpavillons an den Enden des Kais rahmen den Palast auf reizvolle Weise. Er diente

Asiatische Küste

hauptsächlich als Gästehaus für ausländische Staatsoberhäupter. So wurden hier auch Kaiserin Eugénie von Frankreich, die Gemahlin Napoleons III., und Kaiser Franz Joseph von Österreich empfangen.

Anadolu Hisarı

Südlich der Fatih Sultan Mehmet-Brücke liegt Anadolu Hisarı, das anatolische Gegenstück von Rumeli Hisarı. Sultan Beyazıt I. Yıldırım errichtete die Festung Ende des 14. Jh. als Vorposten gegen Byzanz. Der etwa 20 m breite, quadratische Donjon (Hauptturm) ist von einer polygonalen, mit Halbrundtürmen verstärkten Mauer eingefasst. Mehmet II. erweiterte die Burg um einen äußeren Mauerring.

Köprülü Yalı

Zwischen Kandilli und Beykoz sind zahlreiche alte Yalı (Holzvillen) zu entdecken. Das bekannteste ist wohl das **Köprülü Yalı** südlich von Kanlıca, das der Wesir Köprülü Amcazade Hüseyin Paşa 1698 erbauen ließ. Aber auch hier, wie bei den meisten alten Villen an den Ufern des Bosporus, ist nur noch ein kleiner Teil der Sommerresidenz erhalten. Der überkuppelte Empfangssaal des Selamlık (Männertrakt) zeigt außen eine schlichte Holzarchitektur. Im Inneren ist er jedoch überreich mit Intarsien, bemalten Schnitzereien und Fliesendekorationen ausgestattet.

Der Ort **Kanlıca** ist für seinen köstlichen Jogurt berühmt, der in den Cafés rund um den Fähranleger, aber auch auf den Fährschiffen selbst in kleinen Schälchen angeboten wird.

Etwas oberhalb thront das **Hıdiv Kasrı** (Khedivenschlösschen) inmitten einer herrlichen Parkanlage. Diese Villa ließ der letzte Khedive (Vizekönig) von Ägypten, Abbas Hilmi II., Anfang des 20. Jh. als Sommerresidenz mit weithin sichtbarem Türmchen und halbkreisförmiger Halle errichten. Von Çelik Gülersoy (S. 90) renoviert, beherbergt es ein Restaurant mit hübschem Gartencafé (s. u.).

Anadolu Kavağı

Anadolu Kavağı ist ein kleiner, hübscher Fischerort und die letzte Station der regulären Bosporusfähren auf der asiatischen Seite. Einfache und auch vornehmere Restaurants reihen sich aneinander und werben mit köstlichen Gerichten um die Gäste, auch fliegende Händler bieten allerlei Leckereien.

Auf dem Hügel oberhalb der Hafensiedlung erstrecken sich die Ruinen der **Burg Yoroz Kalesi**. Die Genuesen übernahmen im 14. Jh. das von Byzantinern errichtete Festungswerk und kontrollierten von hier aus die Einfahrt in das Schwarze Meer. Der etwa halbstündige Weg zur Burg führt durch die malerische İslamağa Sokağı mit alten Holzhäusern, vorbei an einer alten Platane und dem Friedhof, und belohnt mit einer tollen Aussicht.

Essen & Trinken

Essen im Sonnenuntergang – **Beylerbeyi İskele Restaurant:** Beylerbeyi, İskele Cad. 13 B, S. 263.
Fürstlicher Palast – **Hıdıv Kasrı:** Hıdiv Yolu 32, Çubuklu Mah., Beykoz, Tel. 0216 413 96 44, Menü für zwei ca. 60 €, s. o.
Günstige Fischlokale – **Anadolu Kavağı:** Fähre Boğaz Hattı ab Eminönü, Bus Anadolu Kavağı. Zahlreiche Lokale, Fischgericht ab 6 €.

Lieblingsort

Sonnenuntergang in Beylerbeyi

Am Fuße der ersten Bosporus-Brücke, auf der asiatischen Seite, lässt es sich vorzüglich tafeln. Die Sonne geht hinter den Hügeln von Üsküdar unter und die letzten Fischer laufen in den kleinen Hafen ein. Das İskele Restaurant liegt direkt am Wasser und hat eine schöne Aussichtsterrasse. Wenn man Glück hat, steht bei der Rückfahrt über Istanbul der Mond.

Beylerbeyi İskele Restaurant: İskele Cad. 13 B, Tel. 0216 422 22 29, www.iskelerestaurant.com

Üsküdar und Kadıköy

Wer von Eminönü oder Beşiktaş aus nach Üsküdar übersetzt, gönnt sich einen Tag abseits der großen Touristenströme. In den verwinkelten Gassen lassen sich interessante Moscheen und andere Stiftungen von Mitgliedern der Sultansfamilien oder hohen Würdenträgern entdecken. Mit wilder Romantik beeindruckt der Karaca Ahmet-Friedhof.

Von Haydarpaşa fahren seit über hundert Jahren die Züge in Richtung Anatolien. In Kadıköy, einem Stadtteil Istanbuls, der weniger durch Sehenswürdigkeiten als durch seine weltoffene, mediterrane Atmosphäre besticht, kann man gut bummeln und in Antiquariaten stöbern.

Kız Kulesi 1

Mit dem Fährschiff von Eminönü erreicht man in etwa 20 Min. den asiatischen Stadtteil Üsküdar. Knapp 180 m vor der Küste liegt eine kleine Insel mit dem Turm Kız Kulesi. Ende des 5. Jh. v. Chr. errichtete hier der athenische Feldherr Alkibiades nach seinem Sieg über Spartaner und Perser (410 bei Kyzikos) eine Zollstation. Alle aus dem Schwarzen Meer kommenden Schiffe hatten eine Abgabe, die einem Zehntel ihrer Ladung entsprach, zu entrichten. Im 12. Jh. baute Manuel I. Komnenos einen Leuchtturm auf der Insel, der auch zur Befestigung einer Sperrkette bis zum europäischen Festland dienen konnte. Die heutige Signalstation entstand im 18. Jh.

Früher wurde der Bau fälschlich auch als ›Leanderturm‹ bezeichnet, doch spielt der zugrundeliegende griechische Mythos um Hero und Leander nach den antiken Autoren am Hellespont (Dardanellen) und nicht am Bosporus. Der türkische Name Kız Kulesi (›Mädchenturm‹) bezieht sich auf eine Sage, der zufolge der Tochter eines Sultans der Tod durch Schlangengift prophezeit worden war. Der Sultan wollte das Mädchen schützen und versteckte es in einem Turm auf dieser Insel, doch kam die giftige Schlange in einem Korb voller Früchte …

Inzwischen ist der Turm, in dem die Schluss-Szenen des Bond-Thrillers »The World is not enough« gedreht wurden, von einem Casinobesitzer für 3 Mio. US-$ zu einem vornehmen Luxusrestaurant umgebaut worden. Von Salacak am gegenüberliegenden Ufer pendeln regelmäßig Boote hinüber.

Gute Fischgerichte und einen herrlichen Blick auf das Marmarameer bietet für weniger Geld auch das **Kız Kulesi Deniz Restoran** (S. 272), das am Steilhang oberhalb des Salacak-Anlegers liegt.

Infobox

Reisekarte: ▶ Karte 4, F 2/3

Anfahrt
Von Eminönü legt die Fähre werktags im 15-Minuten-Takt nach Üsküdar (zwischen 6.30 und 23 Uhr) und auch nach Kadıköy (zwischen 7.30 und 20.30 Uhr) ab. Alternativ kann man auch mit dem Fährschiff von Beşiktaş beide Orte anfahren bzw. von Karaköy nach Kadıköy. Zwischen Üsküdar und Kadıköy verkehren regelmäßig Dolmuşe: in Üsküdar halten sie bei der Yeni Valide Camii und in Kadıköy südlich der Fähranleger.

Der Hafen von Kadıköy im Sonnenuntergang

Üsküdar

Das antike Chrysopolis war Ausgangspunkt der Karawanenzüge nach Osten und Brückenkopf der römischen Heerstraße. Sein Name wird von Chryses, einem Sohn Agamemnons, der die Stadt gegründet haben soll, hergeleitet. Hier fand 324 die Schlacht zwischen Konstantin und seinem Gegner Licinius statt, durch die Konstantin der Große Alleinherrscher und Byzantion neue Hauptstadt des Römischen Reiches wurde. Fortwährende Kämpfe um Konstantinopel sorgten für eine immer neue Besetzung von Chrysopolis durch fremde Armeen. Der Name Üsküdar ist die türkische Umsetzung von ›Skutari‹: So hieß der Ort nach dem Bau des Skutarion-Palastes durch einen byzantinischen Kaiser im 13. Jh.

Von dem ursprünglichen asiatischen Reiz, den schönen alten Holzhäusern, mit denen Üsküdar noch vor wenigen Jahrzehnten neugierige Besucher anzog, ist heute nicht mehr viel vorhanden. Moderne Wohnviertel und breite Straßen beherrschen auch diesen Stadtteil Istanbuls. Allein um die Hafenbucht, die im Wesentlichen der des antiken Chrysopolis entspricht, erheben sich noch einige sehenswerte Moscheen an den winkeligen Gassen. Hier

Lieblingsort

Der schönste Blick

In osmanischen Liedern wurde »das Feuer in den dunklen Augen Üsküdars«, der Widerschein der untergehenden Sonne in den Holzhäusern auf der asiatischen Seite, oft besungen. Den schönsten Blick auf Istanbul hat man jedoch in Üsküdar selbst. Gegenüber der historischen Halbinsel sitzt man direkt vor dem Kız Kulesi (S. 264) auf dem terrassierten Betonufer, das von den Betreibern der ›Büfe‹ genannten Imbissbuden mit Sitzpolstern und Holztischchen ausgestattet wurde. Winters wie sommers sitzen hier nicht nur Liebespaare, sondern all jene, die dem Sonnenuntergang vor der Kulisse des Topkapı-Palastes zuschauen wollen – ein unvergessliches Erlebnis (Büfe-Kioske bis 1 Uhr geöffnet, zu Fuß 15 Min. vom Üsküdar-Anleger am Ufer entlang).

Üsküdar

Sehenswert
1. Kız Kulesi
2. İskele (Mirimah) Camii
3. Yeni Valide Camii
4. Sinan Hamam Çarşısı
5. Şemsi Ahmet Paşa Camii
6. Rum Mehmet Paşa Camii
7. Atik Valide Camii
8. Karaca Ahmet-Friedhof
9. Büyük Selimiye Camii

Essen & Trinken
1. Kız Kulesi Deniz Restaurant
2. Katibim Restaurant
3. Kanaat Lokantası

Einkaufen
1. Üsküdar Çarşısı
2. Capitol

Abends & Nachts
1. Kızkulesi

Üsküdar

sammelten sich auch die Pilger, die alljährlich unter dem Schutz des Sultans mit einer Karawane nach Mekka zogen. Heute ist der Uferbereich allerdings durch die Großbaustelle des Mamaray-Projekts (S. 92) stark beeinträchtigt.

İskele Camii 2

Direkt gegenüber der Schiffsanlegestelle ruht die İskele Camii oder auch Mihrimah Camii auf einer hohen Terrasse. Sinan stellte die Moschee für Prinzessin Mihrimah, die Tochter Sultan Süleymans, im Jahre 1548 fertig.

Außergewöhnlich in der Architektur sind die Rahmung der Hauptkuppel von nur drei großen Halbkuppeln und die doppelte Vorhalle, von denen die äußere den Şadırvan baldachinartig mit einschließt. In früherer Zeit, als die Bäume noch nicht so hoch waren, hatte man von dort einen herrlichen Blick zum Topkapı-Palast.

Am Fuße der Treppe zum Moscheevorhof steht ein schöner Barockbrunnen Ahmets III. aus dem Jahr 1726.

Yeni Valide Camii 3

Die gegenüberliegende Seite des Platzes beherrscht die Yeni Valide Camii, eine Stiftung Ahmets III. (1703–1730) zu Ehren seiner Mutter Valide Gülnuş Emetullah ›Sultansmutter Rosentrunk Zeitferne Gottes‹). Reizvoll ist die offene Türbe der Valide an der Südostecke der Moschee, die an einen großen Vogelkäfig erinnert.

Sinan Hamam Çarşısı 4

Schräg gegenüber, auf der anderen Seite der Hakimiyet-i Milliye Caddesi, wird heute ein altes Doppelhamam aus osmanischer Zeit als Einkaufszentrum genutzt: Das Sinan Hamam Çarşısı besitzt noch seine schönen Kuppeldächer, die mit vielen kleinen Flaschenböden durchfenstert sind, die Eingangstrakte sind jedoch der Straßenerweiterung zum Opfer gefallen.

Şemsi Ahmet Paşa Camii 5

In malerischer Lage direkt am Ufer erstreckt sich der kleine Komplex der Şemsi Ahmet Paşa Camii. Sinan schuf hier im Jahre 1580 eines seiner schönsten Alterswerke für den Poeten, Philosophen und hohen Würdenträger Şemsi Ahmet. In einem Dreieck fügen sich Türbe, Moschee und Medrese aneinander. Zum Meer hin schließt eine

Mein Tipp

Auf den Çamlıca-Hügel

In einem der alten Taxis, die am Hafen von Üsküdar auf Kundschaft warten, kann man zum Fernsehturm in Büyük Çamlıca hinauffahren und einen herrlichen Blick über alle Stadtteile Istanbuls genießen. Etwas unterhalb, in Küçük Çamlıca, laden eine schöne Parkanlage mit Spielplätzen und das restaurierte alttürkische **Café Küçük Çamlıca Köşkleri** zur Rast in romantischem Ambiente ein.

durchfensterte Mauer die Stiftung ab. Bemerkenswert ist die direkte Verbindung von Gebetshaus und Türbe, die hier nur durch ein Gitter getrennt sind. Der gepflegte Garten unterstützt die romantische Wirkung dieses hübschen Stiftungskomplexes.

Rum Mehmet Paşa Camii 6

Auf dem Hügel landeinwärts erhebt sich die Rum Mehmet Paşa Camii. Sie ist eine der frühesten Moscheen Istanbuls. Der Stifter war Byzantiner, trat zum Islam über und stieg unter Meh-

Üsküdar und Kadıköy

Den großen Platz am Fähranleger von Üsküdar beherrscht die İskele-Moschee

met II. Fatih zum Großwesir auf. Der Bau war im Jahre 1471 fertiggestellt. Sein Äußeres steht teilweise noch in der Tradition byzantinischer Kirchenarchitektur, so z. B. die in die Kuppel einschneidenden Fensterrundungen und die über den Mauerkubus hinausragenden Wölbungen der tragenden Schildwände. Der große Kuppelraum wird im Inneren durch eine Halbkuppel über dem Mihrab erweitert. Die vier Seitenräume treten optisch nicht in Erscheinung, da sie nur durch schmale Türöffnungen zugänglich sind.

Atik Valide Camii 7

Der größte und interessanteste Stiftungskomplex, die Atik Valide-Moschee, liegt auf den Anhöhen von Üsküdar, etwas oberhalb der Çavuşdere Caddesi. Die aus Moschee, Medrese, Spital, Armenküche, Karawanserei und Hamam bestehende Külliye ist eine Stiftung der Nur Banu, der Gemahlin Selims II. und Mutter Murats III. Sinan errichtete diesen Komplex, seinen größten nach der Süleymaniye, zwischen 1577 und 1583 unter Berücksichtigung von Hanglage und Straßenführung. Im 17. Jh. bewohnten die Top-

Üsküdar

führt zu der Medrese hinab. Rechts schließt das Spital an und links die nicht zugänglichen Gebäudetrakte der Armenküche und der Karawanserei.

Karacaahmet Mezarlığı (Karaca Ahmet-Friedhof) 8

Über die Hügel zwischen den Stadtteilen Üsküdar und Kadıköy erstreckt sich der malerisch verwilderte Friedhof Karacaahmet Mezarlığı, einer der größten der Stadt. Tausende von umgesunkenen Grabsteinen unter Zypressen warten auf den Moment, wo Allah seine Gläubigen beim Namen ruft. Ihr malerischer Anblick und die Stelenform verleiteten schon die Istanbulreisenden des 19. Jh. zu Spekulationen über die Verstorbenen.

Die beliebteste Erzählung, die auch heute noch Reiseleiter zum Besten geben, besagt, dass die Osmanen den Hingerichteten Grabstelen ohne Kopfbedeckung oder mit schräg aufgesetztem Turban aufstellten. Schiefe Turbane sind bisher nicht bekannt, und wenn alle Grabstelen ohne Turbanbekrönung auf Verbrecher oder Regierungsuntreue hinwiesen, dann wäre annähernd die Hälfte der Stadtbevölkerung geköpft worden. Hier hat der romantische Orientmythos wohl seine Spuren hinterlassen.

taşı-Derwische, ein islamischer Sufi-Orden, die Bauten.

Die Moschee ist ganz in den weiten, mit Kuppelarkaden umgebenen Vorhof einbezogen. Eine doppelte Vorhalle führt in den Betraum, dessen Hauptkuppel über einem durch Pfeilerstellung bedingten Sechseck ruht. Die beiden kleineren, seitlichen Kuppelpaare gehen auf eine Erweiterung unter den Derwischen zurück. Der Fliesenschmuck am Mihrab gehört zum Schönsten aus der Blütezeit der İznik-Werkstätten. Eine Treppe auf der gegenüberliegenden Seite des Vorhofes

Büyük Selimiye Camii 9

Vom Karaca Ahmet-Friedhof kann man schön die Moschee des Sultans Selim III. und seine Kasernenanlage **Selimiye Kışlası** am Ufer des Marmarameers überschauen. Der Sultan plante, nach Zerschlagung des Janitscharenkorps (was aber erst dem Nachfolger Mahmut II. gelang) hier seine neuen Truppen zu stationieren.

Berühmtheit erlangten die Kasernen durch die Krankenpflegetätigkeit von **Florence Nightingale** im Krim-Krieg. Eine Ausstellung in der Kaserne

Üsküdar und Kadıköy

widmet sich dem Schaffen der Krankenpflegerin (Mo–Fr 9–16 Uhr, Besichtigung nur nach vorheriger Anmeldung, Tel. 0216 553 10 09.

Kadıköy

Im südlich anschließenden Kadıköy, dem antiken Chalkedon, sind Siedlungsspuren bereits aus dem 2. Jt. v. Chr. bekannt. Die günstig gelegene Hafenbucht veranlasste bereits phönizische Kaufleute, hier eine Handelsniederlassung einzurichten. Im Zuge der hellenischen Kolonisation besiedelten Griechen um 686 v. Chr. diesen Landstrich (ebenso wie Chrysopolis/Üsküdar). Obwohl schon zwei Jahrzehnte später Byzantion gegründet wurde (S. 66), entwickelte sich Chalkedon rasch zu einer blühenden Handelsstadt, die auch unter persischer Herrschaft noch eine gewisse Selbständigkeit behielt. Der Ort wurde jedoch immer wieder von Heeren aus Anatolien verwüstet, so dass in römischer Zeit Byzantion der Vorzug gegeben wurde.

Im Jahr 451 n. Chr. fand in Chalkedon das Vierte Ökumenische Konzil statt, mit dem sich die Zwei-Naturen-Lehre (Christus als ›wahrer Mensch‹ und als ›wahrer Gott‹) durchsetzte. Die Bischöfe vieler östlichen Reichsteile lehnten jedoch die Beschlüsse ab, was zur Entstehung der selbständigen Ostkirchen führte. Schon um 1350 besetzten die Osmanen Chalkedon und die ganze asiatische Küste.

Heute sind nennenswerte römische oder byzantinische Bauten jedoch nicht mehr vorhanden. Dafür laden zahlreiche kleine Gassen mit Geschäften, die von Hausrat über schicke Kleidung bis zu Antiquitäten vielerlei bieten, zum Bummel ein. Ein Erlebnis sind auch die netten Studentenkneipen, der Fischmarkt am Hafen und vor allem der **Salı Pazarı** (Dienstagsmarkt), einer der größten Straßenmärkte der Stadt.

Nördlich des Hafens liegt der große Bahnhof **Haydarpaşa Garı**, mit dem die Linie der Anatolischen Eisenbahn beginnt. Die früher als Bagdadbahn bekannte Bahntrasse wurde 1899 von deutschen Ingenieuren bis nach Konya gebaut und 1903 bis Bagdad verlängert. Der zu Beginn des 20. Jh. von den deutschen Architekten Otto Richter und Helmuth Cuno im neoklassizistischen Stil errichtete Kopfbahnhof Haydarpaşa war ein Geschenk des deutschen Kaisers Wilhelms II.

Eine nostalgische Ringstraßenbahn bringt Sie vom Hafen in das einst sehr mondäne Viertel **Moda**. Im frühen 20. Jh. wohnten hier hauptsächlich westliche Ausländer, die die weltoffene Athmosphäre schätzten. Auch heute ist Kadıköy, wo immer noch sehr viele Armenier leben, ein Stadtbezirk, den religiöse und politische Toleranz prägt.

Essen & Trinken

Super Blick zum Kız Kulesi-Turm – **Kız Kulesi Deniz Restaurant** 1: Üsküdar, Salacak İskele, Arkası Sok., S. 264.

Günstig und gut – **Katibim Restaurant** 2: Üsküdar, Şemsipaşa Sahil Yolu 53, Tel. 0216 310 90 80, tgl. 11–24 Uhr, Vorspeisen 2,50 €, Grilladen 6–7 €. Günstiges Restaurant an der Küste mit schönem Bosporus-Blick vom Speisesaal. Typisch türkische Küche, allerdings kein Alkohol.

Traditionelle Atmo – **Kanaat Lokantası** 3: Üsküdar, Selmanipak Cad. 25, Tel. 0216 341 54 44, tgl. 6–23 Uhr, Vorspeisen/Suppen 2,50 €, Hauptgerichte ab 6 €. Das 1933 gegründete, mit hübschen blauen Kacheln dekorierte Lokal bietet einfache, traditionelle Speisen. Morgens löffeln die Leute hier ihre Frühstückssuppe, mittags treffen sich hier die Basarhändler.

Einkaufen

Authentisches Marktviertel – **Üsküdar Çarşısı** 1: Üsküdar Meyd., gegenüber den Fähranlegestellen, 9–21 Uhr. Es sind zwar nur wenige Straßen, die den täglichen Markt ausmachen, aber umso ursprünglicher sind die Läden: Vor allem Gewürze und Heilkräuter sowie Naturkosmetika (z.B. der meistverkauften Marke Bosphorus) gibt es hier günstig zu erwerben.
Preisgekrönt und relativ günstig – **Capitol** 2: Üsküdar, Altunizade, Mahir İz Cad., Tel. 0216 651 33 33, 10–22 Uhr. Insgesamt 145 Läden, 14 Kinosäle, mehrere Cafés und eine Fast-Food-Etage beherbergt der Komplex. Hier finden sich gute türkische Marken wie Silk & Cachmere (hochwertige Strickwaren), Hotic und Desa (Schuhe, Handtaschen und Lederbekleidung) oder Polo Garage (modische Bekleidung für Damen und Herren).

Abends & Nachts

Romantisch im Meer – **Kızkulesi** 1: Tel. 0216 342 47 47, www.kizkulesi.com.tr, Überfahrt ab Salacak İskelesi, Sa, So ab 9 Uhr Brunch, tgl. 12.15–18.45 Kafeteria-Karte, 20.15–23 Restaurant, danach Club mit Lifemusik, Menü 45–90 €, Garnelen-Güveç 15 €, S. 264.

Fischmarkt mit Blick zum Bahnhof Haydarpaşa

Eyüp, ein muslimischer Wallfahrtsort

Am Nordende des Goldenen Horns erstreckt sich der Vorort Eyüp, zu dem alljährlich Hunderttausende Muslime pilgern, um das Grab von Abu Eyub al-Ansari, dem Fahnenträger Mohammeds, zu besuchen.

Abu Eyub ist vermutlich bei der ersten Belagerung von Konstantinopel durch die Araber 668/69 gefallen und vor den Toren der Stadt begraben worden. Als acht Jahrhunderte später Mehmet II. die byzantinische Hauptstadt einnahm, so berichtet die türkische Überlieferung, wurde Eyubs Leiche auf wundersame Weise durch den Şeyh Akşemsettin gefunden. Im Traum war ihm ein Engel erschienen und hatte ihm den Ort des Grabes gezeigt. 1458 wurde Abu Eyub in einer neuen Türbe beigesetzt und nebenan ein Gebetshaus errichtet. Mit dem Grabmal des Gefährten Mohammeds gewann die neue osmanische Hauptstadt eine religiöse Tradition, die sie direkt mit dem Propheten Mohammed verband.

Zahlreiche Muslime haben sich in der Umgebung dieses heiligen Ortes in Türben oder einfachen Gräbern bestatten lassen, da die Nähe zu einem Heiligen der Nähe zum Paradies entspricht. Von den zahlreichen Grabbauten, die sich bei der Eyüp Camii erheben, seien nur die **Türbe des Großwesirs Sokullu Mehmet Paşa** (gest. 1579) südlich der Moschee mit einer von ihm gestifteten Medrese und die **Mihrişah Sultan Külliyesi** auf dem Weg zum Goldenen Horn östlich der Grablege Abu Eyubs erwähnt. Der Stiftungskomplex Mihrişahs, der Mutter Selims III., besteht aus der Türbe und einer noch funktionstüchtigen Armenküche und gehört zu den eindrucksvollsten Bauten des türkischen Barock.

Eyüp Camii !

Vor dem Komplex der Eyüp Camii erstreckt sich ein großer, unregelmäßiger Platz. Im 18. Jh. ließ Sultan Selim III. (1789–1807) das inzwischen verfallene Heiligtum vollkommen erneuern. Über einen Seitenhof mit dem Reinigungsbrunnen gelangt der Besucher in den Vorhof, der fast ganz von einem Podium mit hohen Platanen beherrscht wird. Hier umgürteten die Derwische des Mevlana-Ordens jeden neu erhobenen Sultan mit dem Schwert Osmans, des Gründers der osmanischen Dynastie.

Auf drei Seiten ist der Vorhof von Arkaden umgeben, an der vierten erhebt sich eine Wand, die großflächig mit Kacheln geschmückt ist. Ein weit vorgezogener Baldachin bekrönt den Eingang zur **Türbe Abu Eyubs,** die reich mit kostbaren Fliesen des 16. Jh. ausgestattet ist.

Frauen verehren das Grab von Abu Eyub

Infobox

Reisekarte: ▶ Karte 4, E 2

Anfahrt
Mit dem Bus von Eminönü (der Busbahnhof liegt linker Hand der Galata-Brücke) oder mit der Haliç-Fähre über das Goldene Horn, deren Anleger sich direkt hinter dem Busbahnhof befindet.

Eyüp

Das Gebetshaus ist eine Kopie der Azapkapı Camii Sinans in Galata (S. 219). Acht Halbkuppeln umgeben die große, auf einem hohen Tambour ruhende Kuppel. Der Kiblawand ist eine rechteckige Mihrabnische vorgelagert.

Auf dem gegenüberliegenden Hügel erstreckt sich ein großes Gräberfeld, auf dem sich auch heute noch Muslime bestatten lassen. Die Turbanbekrönung der Grabstelen weist auf eine Männerbestattung hin, die Blüte ist den Frauen vorbehalten.

Mit der Seilbahn ins Café

Seit wenigen Jahren krönt das ansprechende **Turquhouse Hotel** mit Wellness-Oase, gutem Restaurant und Café den Eyüp-Hügel. Das schicke, in historischem Stil eingerichtete Restaurant Aziyade bietet feine türkische Küche. Auch drei Cafés (darunter ein Nargile-Café) laden zu einer Pause ein.
Turquhouse: İdris Köşkü Cad. Tel. 0212 497 13 13, www.turquhouse.com

Café Pierre Loti

Ein schmaler Weg führt über den Friedhof von Eyüp hinauf zu einem Café, das nach dem französischen Offizier, Diplomat und Schriftsteller Pierre Loti (eigentlich Julien Viaud, 1850–1923) benannt ist. Er traf sich im damals noch ländlichen Eyüp mit seiner heimlichen Liebe Aziyadeh und beschrieb diesen Ort in seinen Romanen. Noch heute hat man vom Café Loti eine hervorragende Sicht über das Goldene Horn und die Altstadt Istanbuls mit ihren Minaretten und Moscheekuppeln.

Wer den Weg durch den osmanischen Friedhof scheut, kann auch mit der Seilbahn, deren Talstation nicht weit von der Moschee entfernt liegt, direkt hinauf zum Café fahren.

Einkaufen

Islamische Utensilien als Mitbringsel –
Eyüp Carşısı: Eyüp Camii Yanı, Mo–Sa 8–18.30 Uhr, Fr mittags geschlossen. Um die Wallfahrtsmoschee Eyüp herum gibt es viele Läden, in denen religiöse Utensilien wie Gebetsketten aus Dattelkernen oder Halbedelsteinen, schöne Tücher und Gebetsteppiche, bestickte Kappen oder verzierte Koranausgaben verkauft werden.

Legendäre Aussicht im Café Pierre Loti

Die Prinzeninseln (Kızıl Adalar)

Ruhe und Erholung, sandige Badestrände, traumhafte Pinien- und Kiefernwälder und ein sehenswertes Kloster – das bieten die ›Prinzeninseln‹ all jenen, die der Krake Istanbul entfliehen wollen. Bei einem etwas längeren Istanbul-Aufenthalt sind die Prinzeninseln (Kızıl Adalar, ›Rote Inseln‹) das beliebteste und erholsamste Ausflugsziel in der näheren Umgebung. Sie liegen etwa 20 km südlich der Stadt unweit der asiatischen Küste im Marmarameer. Von den neun Inseln sind nur fünf – Kınalıada, Burgaz Adası, Heybeliada, Büyükada und Sedef Adası – bewohnt und werden mehrmals täglich von Passagierschiffen ab Kabataş angelaufen.

Als Erholungs- und Badeziel entdeckten die Istanbuler diese Inseln erst im 19. Jh. Vorher wurden sie lediglich von Mönchen bewohnt, und noch weiter zurück, in byzantinischer Zeit, dienten sie als Verbannungsort für unliebsame Patriarchen, Prinzen und Kaiserinnen. So mussten z. B. Eirene, die Gemahlin Leos IV. und seit 797 Alleinherrscherin (802), Zoë Karbonopsina, die vierte Frau Leos VI. (912), und Anna Dalassena (1070) ihr Dasein in einem Nonnenkloster auf Büyükada fristen, das damals noch griechisch Prinkipo hieß.

Büyükada !

Büyükada (›Große Insel‹) ist mit 5,4 km² die größte Insel des Archipels und wird von den Touristen auch am häufigsten besucht. Die Nordhälfte ist inzwischen stark bebaut, während der Süden noch recht einsam ist und von Kiefernwäldern bedeckt wird. Man kann die Insel zu Fuß, mit dem Fahrrad oder in einer Pferdekutsche erkunden (Autos sind auf allen vier Inseln verboten). Der Weg führt vom Schiffsanlegeplatz entlang schicker Villen, die zumeist Sommersitze reicher Istanbuler sind, zum nördlichen Isatepe (›Jesushügel‹) mit dem **Christoskloster** (Hiristos Manastırı).

Von hier geht es durch erholsam schattige Kiefernwälder über den Birlik-Pass weiter zum Yücetepe (›Hoher Hügel‹) im Süden der Insel. Den 203 m hohen Hügel bekrönt das **Georgskloster** (Ayos Yorgos). Wem der steile Aufstieg zu mühsam ist, der kann sich einen Esel mieten, sollte jedoch nicht vergessen, dass diese Tiere sprichwörtlich störrisch sind und zudem beim Galopp bergab ein beträchtliches Tempo entwickeln können. Die sehenswerte Klosterkapelle wird heute noch von einem Griechisch sprechenden Ehepaar betreut.

Nebenan reihen sich die Tische und Stühle des nach der Wanderung durchaus willkommenen Terrassenrestaurants **Yücetepe Kir Gazinosu**. Hier kann man sich die einfachen, aber guten Gerichte bei wunderbarer Aussicht über

Infobox

Reisekarte: ▶ Karte 5, C/D 5

Anfahrt
Mit der Fähre werden nur die vier größten Inseln in folgender Reihe angefahren: Kınalıada, Burgaz Adası, Heybeliada und Büyükada. Abfahrt ist in Kabataş von 6.50 bis 23 Uhr, neunmal am Tag. Die Fahrzeit bis Büyükada beträgt ca. 90 Min.).

Prinzeninseln

die Nachbarinseln und bis zum Festland schmecken lassen.

Am Festtag des hl. Georg, dem 23. April, ziehen Tausende von Pilgern (Christen wie Muslime) den Hügel hinauf und hängen bunte Papierstreifen an die Büsche und Bäume entlang des Weges. Sie sollen bei der Erfüllung von Wünschen und Gebeten helfen.

Wer zu Fuß oder mit dem Fahrrad unterwegs ist, dem sei der Weg vom Birlik Meydanı zurück direkt über die Hügelkuppe empfohlen. Auf diesem Weg liegt rechter Hand ein riesiges altes **Holzhaus,** das größte ganz Europas. Es wurde im Jahr 1898 als Hotel mit Casino errichtet. Sultan Abdülhamit II. verhinderte jedoch die Eröffnung und bestimmte, dass das Gebäude als griechisches Waisenheim dienen sollte. So wurde es auch bis 1964 genutzt und verfällt seitdem.

Pferdedroschken und romantische Holzvillen prägen das Bild von Büyükada

Heybeliada

Auch ein Besuch dieser Insel, mit 2,3 km² die zweitgrößte der Gruppe, lohnt sich. Ihr griechischer Name Chalkis geht auf Kupfervorkommen im Süden zurück. Bis 1971, als es von der türkischen Regierung geschlossen wurde, beherbergte sie das theologische Seminar des Griechischen Patriarchats von Konstantinopel. Gespräche über die Wiedereröffnung sind mittlerweile im Gange.

Heute bietet Heybeli landschaftliche Reize und gute Bademöglichkeiten. Auf dem Gelände der Marineakademie beim Anleger ist eine **byzantinische Kapelle** mit tetrakonchem Grundriss erhalten, die als letzte byzantinische Kirchenstiftung vor der Eroberung gilt. Besichtigen kann man sie allerdings nur mit einer Sondergenehmigung der Marineakademie.

Essen & Trinken

Warten mit Aussicht – **Touring Café:** Büyükada, im Obergeschoß des Fähranlegers. Von den Tischen auf dem umlaufenden Balkon bietet sich ein schöner Blick nach Heybeliada und auf das Marmarameer vor der asiatischen Küste. In den Sommermonaten finden an den Wochenendabenden Live-Konzerte statt.

Frischer Fisch – **Ali Baba:** Büyükada, Gülistan Caddesi 18, Tel. 0216 382 37 33, 12–23 Uhr, Fischgerichte ab 15 €. Beliebtes Fischrestaurant nahe beim Fähranleger und ein idealer Ort, um den Inselaufenthalt mit einem guten Essen zu beenden.

Einkaufen

Wein der Mönche – **Yücetepe Kir Gazinosu:** Büyükada, neben dem Kloster Agios Georgios, 12–23 Uhr (Nov. bis Mai bis ca. 20 Uhr). Auf dem höchsten Hügel der Prinzeninseln liegt das Kloster Agios Georgios (Aya Yorgos) und gleich daneben ein hübsches Gartenlokal. Dort schenkt eine Familie, die schon seit Jahrzehnten im Kloster arbeitet, den Wein der Mönche nicht nur aus, sondern verkauft ihn auch (Literflasche ca. 14 €).

Sprachführer

Wichtig für die Verständigung ist die richtige Betonung des Türkischen. Fast immer wird auf der ersten Silbe betont und nicht auf der Wortmitte.

Aussprache

c wie dsch; cami (Moschee) = dschami
ç wie tsch; kaç (wie viel) = katsch
e wie ä; evet (ja) = äwät
ğ als Längung nach a, ı, o, u; dağ (Berg) = daa
– wie j nach e, i, ö, ü; değil (nicht) = dejil
h wie in Hans vor Vokal; wie ch in ›Macht‹ nach dunklem Vokal; bahçe (Garten) = bachtsche
– wie ch in ›ich‹ nach hellem Vokal; salih (fromm) = salich
ı wie das dumpfe e in laufen; halı (Teppich) = hale
j wie g in leger; plaj (Strand) = plaasch
s scharfes s wie in Masse; su (Wasser) = ßu
ş wie sch, şelale (Wasserfall) = schelale
v wie in Wut; ve (und) = we
– hinter a wie u; pilav (Reis) = pilau
y wie j; yol (Weg) = jol
z s wie in Rose; güzel (schön) = güsel

Begrüßung und Höflichkeit

Guten Tag!	İyi günler!
Guten Abend!	İyi akşamlar!
Auf Wiedersehen!	Allaha ısmarladık (sagt der, der geht. Der, der bleibt, sagt: Güle, güle [letzte Silbe betont])
Hallo!	Merhaba!
ja / nein	evet / hayır
Bitte!	Lütfen!
Bitte sehr!	Buyurun!
Danke!	Teşekkürler!
Danke Ihnen!	Teşekkür ederim!
Entschuldigung!	Pardon!
Nichts, keine Ursache	bir şey değil
In Ordnung, okay	tamam
Freund	arkadaş *(arkadasch)*
mein Lieber	aşık *(aschek)*

Reisen

Haltestelle	durağı *(duraje)*
Bus	otobüs
Straßenbahn	tramvay
Bahnhof	garı
Fahrkarte	bilet
Hafen	liman
Anleger	iskele
Schiff, Fähre	gemi
Auto	araba
Reifen	lastik
Eingang	giriş *(girisch)*
Ausgang	çıkış *(tschekesch)*
links / rechts	solda / sağda
geradeaus	dosdoğru
zurück	geri
Vorsicht	dikkat
Bank	banka
Post	posta
Geldwechsel	para tahvili
Kirche	kilise
Museum	müze
Strand	plaj *(plaasch)*
Brücke	köprü
Platz	meydan
Postkarte	kartpostal
Briefmarke	posta pulu
geöffnet	açık
geschlossen	kapalı
es gibt	var
es gibt nicht	yok

Übernachten

Pension	pansiyon
Hotel	otel
Zimmer	oda
Doppelzimmer	iki kirilik oda
Toilette	tualet
Bad	banyo
Dusche	duş *(dusch)*
Gepäck	bagaj *(bagaasch)*
Rechnung	hesap

Einkaufen

Supermarkt	süpermarket
Markt	pazar *(basar)*
Markthalle	çarşı *(tscharsche)*
Geld	para
Kreditkarte	kredi kartı
zu teuer	çok pahalı
drei Stück	üç tane *(ütsch tanä)*
zwei Kilo	iki kilo
genug	yeter
groß	büyük
klein	küçük *(kütschük)*

Notfall

Hilfe!	yardım *(jardem)*
Polizei	polis
Arzt	doktor
Krankenhaus	hastane
Apotheke	eczane *(edschsane)*
Unfall / Panne	kaza / arıza
Telefon	telefon

Zeit

heute	bugün
morgen	yarın
morgens	sabahleyin
abends	akşamları
vor / nach	önce / sonra
früh / spät	erken / geç
Montag	pazartesi
Dienstag	salı
Mittwoch	çarşamba
Donnerstag	perşembe
Freitag	cuma *(dschuma)*
Samstag	cumartesi
Sonntag	pazar *(basar)*

Zahlen

0	sıfır		16	on altı
1	bir		17	on yedi
2	iki		18	on sekiz
3	üç		19	on dokuz
4	dört		20	yirmi
5	beş		21	yirmi bir
6	altı		30	otuz
7	yedi		40	kırk
8	sekiz		50	elli
9	dokuz		60	altmış
10	on		70	yetmiş
11	on bir		80	seksen
12	on iki		90	doksan
13	on üç		100	yüz
14	on dört		500	beş yüz
15	on beş		1000	bin
			10 000	on bin

Die wichtigsten Sätze

Allgemeines

Ich verstehe nicht.	Anlamıyorum.
Wie heißen Sie?	Adınız ne?
Ich heiße … !	Beni adım … !
Willkommen!	Hoş geldiniz!
Wie geht's?	Nasılsın? (per Du)?
Sehr gut!	Çok iyiyim!
Sprichst Du Deutsch?	Almanca bilir misin?
Wie spät ist es?	Saat kaç?
Lass mich in Ruhe!	Beni rahat bırakın!

Unterwegs

Wo ist …?	… nerede bulunur?
Welcher Bus geht nach …?	… e (a) hangi otobüs gider?
Wann fährt er los?	Ne zaman kalkıyor?
Bitte anhalten!	Lütfen durun!
Wir haben es eilig!	Acelimiz var!
Wo ist die Toilette?	Tuvalet nerede?

Notfall

Ich möchte telefonieren.	Telefon etmek istiyorum.
Wo ist die nächste Apotheke?	En yakın eczane nerede?

Einkaufen

Was wünschen Sie?	Buyurunuz?
Ich möchte …	… istiyorum!
Was kostet das?	Bu ne kadar?
Das ist teuer!	Çok pahalı!

Kulinarisches Lexikon

Frühstück (kahvaltı)

kahve *(kachve)*	Kaffee
çay *(tschai)*	Tee
şeker *(scheker)*	Zucker
ekmek	Brot
tereyağı *(tere'ja'e)*	Butter
reçel *(retschäl)*	Konfitüre
bal	Honig
peynir	Käse
sucuk *(ssudschuk)*	Wurst
yumurta (-ler)	Ei (-er)
sahanda yumurta	Spiegelei
hiyar	Gurke
domates	Tomate
zeytin (-ler)	Olive (-n)

Suppen (çorbalar)

balık çorbası	Fischsuppe
düğün çorbası	›Hochzeitssuppe‹: Fleischbrühe mit Ei
işkembe çorbası	Kuttelsuppe
mercimek çorbası	Linsensuppe

Salate und Pürees (mezeler)

antep ezme	scharfes Püree aus Tomaten u. Peperoni
arnavut ciğeri	gebratene Leber mit rohen Zwiebeln
cacık *(dschatschek)*	Jogurt mit Gurke und Dill
çerkes tavuğu	Paste aus Hühnerfleisch
çoban salatası	›Hirtensalat‹: Tomaten, Gurken, Paprika
haydari	Püree aus Schafskäse, Spinat, Jogurt
humus	Kichererbsenpüree
imam bayıldı	›Der Imam fiel in Ohnmacht‹ – Auberginen in Olivenöl
kukureç	Innereienwürste
mücver	ausgebackene Bällchen aus geraspelten Zucchini
piyaz	weiße Bohnen in Essig und Öl
patlıcan ezmesi	Auberginenpüree
patlıcan kızartması	gebratene Aubergine
patates	Kartoffeln, Pommes frites
sigara böreği	gebackene Teigröllchen mit Schafskäse
tarama	Fischrogencreme
yaprak dolması	gefüllte Weinblätter

Grillgerichte (ızgaralar)

adana kebap	Hackfleisch am Spieß gegrillt (scharf)
biftek	Beefsteak
bonfile	Filet
çöp şiş	kleine Fleischstücke auf Holzspießen
döner kebap	Fleisch vom Drehspieß
iskender kebabı	Döner auf Fladenbrot mit Jogurt
ızgara köfte	Hackfleischbällchen
kuzu pirzolası	Lammkotelett
piliç ızgara	Hühnchen vom Rost
şiş kebap	Fleisch am Spieß

Schmorgerichte (suyu yemekler)

biber dolması	gefüllte Paprika
etli bamya	Okraschoten mit Lammfleisch
etli kagıt kebabı	Lammkebap in Pergamentpapier
fasulye pilaki	weiße Bohnen in Tomatensauce
güveç	Auberginen-Fleisch-Eintopf
İzmir köfte	Hackfleischbällchen mit Kartoffeln und Tomatensauce
musakka	Auberginen mit Hackfleisch
saç kavurma	auf dem Blech gegartes Lammfleisch

soğanlı yahni	Lamm mit Zwiebeln in Zimtsauce
tandır	im Tontopf gegartes Fleisch, meist Lamm
tas kebap	Rindfleisch mit Zwiebel, wie Gulasch
türlü	Fleisch mit Gemüse

Fische (balıkler)

ahtapot	Oktopus
alabalık	Forelle
barbunya	Meerbarbe
çupra	Goldbrasse
istakoz	Languste
karides	Krevetten
kılıç balığı	Schwertfisch
levrek	Meerbarsch
midye	Muscheln
mercan	Rotbrasse
orfoz	Riesenbarsch
ton balığı	Tunfisch
uskumru	Makrele

Teiggerichte & Eierspeisen

gözleme	dünner Teig mit Schafskäse
ispanaklı börek	Spinat in Blätterteig
lahmacun	türkische Pizza
mantı	türkische Ravioli, mit kalter Jogurtsauce
menemen	Rührei mit Zwiebeln, Tomate und Paprika
su böreği *(ssu börä'i)*	Nudelblätter mit Käsefüllung

Dessert (Tatlılar)

aşure	Trockenobst u. Nüsse in Zuckersauce
baklava	Blätterteig mit Nussfüllung in Honigsirup
dondurma	Speiseeis
helva	türkischer Honig
hoşmarim	Pfannkuchen
kadayıf	süße Fadennudeln
lokma	Hefebällchen in Zuckersirup
lokum	Geleekonfekt in vielen Sorten
revani	Grießpudding
sütlaç	Reismehlpudding

Obst (meyve)

elma	Apfel
erik	Pflaume
karpuz *(karpus)*	Wassermelone
kavun	Honigmelone
kayısı *(kajesse)*	Aprikose
muz *(mus)*	Banane
portakal	Orange
şeftalı *(schäftale)*	Pfirsich
üzüm *(üsüm)*	Weintraube
vişne *(vischne)*	Kirsche

Getränke

bira	Bier
şarap *(scharap)*	Wein
süt	Milch
su	Wasser
portakalsuyu	Orangensaft

Im Restaurant

Die Speisekarte, bitte.	Yemek listesi, lütfen.
Gibt es (Bier)?	(Bira) varmı?
Ich möchte …	İstiyorum …
Nicht scharf!	Acı yok! *(adsche yok)*
Guten Appetit!	Afiyet olsun!
Die Rechnung, bitte.	Hesap lütfen.
Prost!	Şerefe! *(schäräfä)*
Messer	bıçak
Gabel	çatal
Löffel	kaşık
Teller	tabak
Serviette	peçete
Glas	bardak
Flasche	şişe *(schischä)*
Salz / Pfeffer	tuz / biber
eine Portion	bir porsiyon
heiß / kalt	sıcak / soğuk

Register

360° Istanbul 232
5. Kat 42

Abdülaziz 159, 244, 260
Abdülhamit II. 123, 141, 159, 244, 247, 249, 278
Abdülmecit I. 119, 125, 243
Abu Eyub 276
Ağalar Camii 123
Agia Eirene 54, 132
Ägyptischer Obelisk 141
Ahmet I. 145, 243
Ahmet III Çeşmesi 117
Ahmet III. 125, 129, 269
Akbank Jazz Festival 50
Alay Köşkü 136
Aleviten 65, 79
Alexios I. Komnenos 67, 148, 199, 205
Alkazaar Sineması 47
Alkohol 29
Alman Çeşmesi 141
Alman Kültür Merkezi 229
Amrita Spa 250
Anadolu Hisarı 19, 256, **261**
Angeloi 68
Anreise 20
Antiker Hafen 90, 92, **190**
Antiochos-Palast 157
Apostelkirche 191
Apotheken 57
Aqua Marine 53
Ara (Rest.) 36
Arabacılar Kapısı 121
Arap Cami 219
Arasta Bazaar 37, 148
Archäologisches Museum 54, 130, 133
Arkeoloji Müzesi 54, 130, 133
Armenier 65, 197, 227, 272
Arnavutköy 235, 259, 260
Arz Odası 123
Ärzte 57
Asitane (Rest.) 33, 199
Aşiyan Müzesi 54, 255
Askeri Müze 54, 238
At Meydanı 137
Ataköy 52, 90
Atatürk Köprüsü 177
Atatürk Kültür Merkezi (AKM) 47, 230
Atatürk Limanı 20
Atatürk Müzesi 54, 238
Atatürk-Statue 136
Atatürk, Mustafa Kemal 69, **75**, 78, 80, 82, 194, 238, 243
Atik Valide Camii 270
Atlas Sineması 47
Autofahren 20
Aya İrini Kilise Müzesi 54, 132

Aya Triada 230
Ayasofya Konakları 25, 90
Ayasofya Müzesi 54, 110
Ayaspaşa Rus Lokantası 34
Azapkapı Camii 219

Bâb-i Ali 136
Bâb-i Hümayun 120
Bâb-üs Saadet 123
Bâb-üs Selâm 120
Babylon 44
Baden 50, 53
Bağdat Köşkü 124
Balat 74, 79, 194
Balık Pazarı 40, 230
Banliyö Tren 22
Banyan (Rest.) 35
Baş Lala Kulesi 125
Basın Müzesi 54, 159
Bauchtanz 43, 98, 234
Bebek 255, 260
Bebek Balıkçı 31
Bebek Bar 42
Behinderte 60
Belgrat Ormanı 52, 75, **258**
Beşiktaş 40, 52, 249
Beşiktaş (Verein) 51
Beşir Ağa Camii 121
Beyazıt Camii 161
Beyazıt I. 261
Beyazıt II. 161, 194, 177
Beyazıt, Viertel 30, 74, 154
Beyazıt Kulesi 169
Beylerbeyi 261, 263
Beylerbeyi Sarayı 54, 260
Beyoğlu 6, 41, 74, 79, **210**, 226
Beyoğlu Sineması 47
Bigudi 46
Biletix 14, 17
Binbirdirek Sarnıcı (Zisterne) 54, 157
Blachernenpalast 67, 202
Blackk 44
Blaue Moschee 145
Boğaziçi Köprüsü 254
Boğaziçi University 19, 255
Borusan Kültür ve Sanat Merkezi 47
Bosporus 7, 19, 41, 84, **254**
Bosporus-Tunnel 89
Bostancı 51
Bukoleon-Palast 150
Bulgar Kilise 194
Busse 20
Büyük Camlıca 75
Büyük Selemiye Camii 271
Büyükada 277
Büyükdere 258
Byzantion 66
Byzas 66

Çadır Köşkü 247
Café Keyif 235
Caferağa Medresesi 136, 152
Cağaloğlu 6, 74, 154
Cağaloğlu Hamamı 158
Çamlıca-Hügel 269
Camondo-Stiege 222
Cebeci Han 168
Cemal Reşit Rey Konser Salonu 47
Çemberlitaş Hamamı 180
Cevahir 40
Ceylan InterContinental 24, 42
Chalkedon 66
Changa (Rest.) 35
Chora-Klosterkirche 56, 90, 199, 200
Christen 65, 79
Christoskloster 277
Chrysopolis 265
Çiçek Pasajı 229, 233
Çiller, Tansu 70
Çinili Köşkü 54, 84, 133
Çırağan Palace Hotel 23, 32, 244, 249
Çırağan Sarayı (Palast) 244
Cisterna Basilica 139
Çınar 249
Çorlulu Ali Paşa Medresesi 160
Crystal 45
Çukurcuma 229

Dahill (Rest.) 248, 249
Dancentrum 234
Darphane 132
Darüzziyafe (Rest.) 178
Deniz Müzesi 54, 244
Deutsches Generalkonsulat 231
Deutscher Soldatenfriedhof 258
Deutsches Archäologisches Institut 15, 231
Deutsches Krankenhaus 57
Deutsches Kulturinstitut 15, 229
Develi (Rest.) 34
Diamond of Istanbul 91
Divan Edebiyatı Müzesi 54, 223
Doğan Apartman 227
Doğançay Müzesi 54
Dolmabahçe 236
Dolmabahçe Camii 244
Dolmabahçe Sarayı (Palast) 55, 77, **239**
Dolmuş 22
Dubai Towers 91
Dulcinea Mania 235

Register

Ecevit, Bülent 70
Edirnekapı 208
Eğrikapı 202
Einladungen 61
Einreisebestimmungen 20
Einwohner 64
Eirene-Piroska 191
Elektrizität 57
Eminönü 6, 30, 74, 154, 176
Emirgan 90, 256
Erdoğan, Recep Tayyip 70
Erenler Çay Bahçesi 36
Eresin Crown 24
Erit´ta 235
Eski Bedesten 37, 164, 167
Eski Saray 161, 190
Eski Şark Eserleri Müzesi 133
Esvap Odası 125
Etiler 19
Eyüp 6, 274

Fähren 22
Fatih 6, **184**
Fatih Camii 191
Fatih Sultan Mehmet Köprüsü 255
Feiertage 57
Fener 74, **194**
Fener Köşkü (Rest.) 209
Fener Rum Erkek Lisesi 198
Fenerbahçe 52
Fenerbahçe (Verein) 51
Feriye Eurimages 47
Fethiye Camii 55, 195
Fishmekan 33
Fitness 51
Florence Nightingale Müzesi 55
Flughafen 20
Formel 1 51
Fotografieren 57
Four Seasons Hotel 23, 24
Fransiz Sokağı 42, 226, 229
Fremdenverkehrsämter 14
Führungen 19
Füniküler 22
Fußball 51

Galata 68, **213**
Galata Köprüsü (Brücke) 75, 90, 177, **182**
Galata Kulesi (Turm) 43, 75, **220**, 222
Galatasaray (Verein) 51
Galatasaray Lisesi 229
Gar Müzikhol 43
Geld 58
Gemauerter Obelisk 142
Genuesen 67, 175, 212, 219, 222, 261
Georgskloster 75, 277

Gesundheitsvorsorge 57
Gewürzbasar 171
Gezi-Park 235
Ghetto 44
Goethe-Institut 15
Goldenes Horn 90, 176
Golf 52
Gotensäule 136
Griechen 65, 194, 196, 198
Großer Basar 19, 37, 164, 166
Gül, Abdullah 71
Gülbahar 193
Gülersoy, Çelik 90
Gülhane Parkı **132**, 133, 134

Hacı Bekir 180
Hacıbaba 34
Hafif Metro 20, 22
Hagia Eirene 132
Hagia Sophia 9, 18, 54, 67, 106, **110**, 114
Hai! Sushi 35
Haliç Köprüsü 177
Halı ve Kilim Müzesi 55
Hamam 53, 84, 86, 94, 148, 158, 160, 180, 229, 269
Hamdi Et Lokantası 178
Han 86
Handys 61
Hanedan (Rest.) 249
Harbiye 236
Harem 125, 126
Has Oda Koğusu 124
Haseki Hürrem 88, 130,148, 173
Haseki Hürrem Hamamı 55, 84, 148, 152
Hat Sanatları Müzesi 55, 84, 160
Havaş Otobus 20
Hayal Kahvesi (Rest.) 45
Haydarpaşa 272
Hazine Koğusu 124
Heybeliada 279
Hikmet, Nazım 101
Hillside City Clubs 51
Hilton Hotel 25
Hippodrom 137
Hıdıv Kasrı 90, 261
Hırka-i Saadet Dairesi 124
Hohe Pforte 136
Horhor Pit Pazarı 209
Hotels 23
Hürriyet Daily News 15

İbrahim 129
İç Hazine 121
İETT 21
İftariye 124
Ikonoklamus 67

Imaret 86
Imroz 233
Indoor Climbing 52
Info-Büros 14
İskele Camii 267
Islam 78
Istanbul Biennale 50
Istanbul Dolphinarium 59
Istanbul Festival 14, 50
Istanbul Life 15
İstanbul Modern (Museum) 55, **216**
Istanbul Park 51
Istanbul Post 14,17
Istanbul Sanatları Çarşısı 37, 149
Istanbul Üniversitesi 169
Istanbul Vision 18
İstikal Caddesi 19, 37, 212, 223
İstinye 260
İtfaiye Caddesi 209
İznik-Fayencen 83, 84, 128, 133, 147, 155, 171, 173, 175, 248, 253, 271

Janitscharen **88**, 141, 146, 159, 239
Jazz Center 44
Jazz Festival 50
Johannes II. Komnenos 191, 195
Juden 79, 194
Jüdisches Museum 56
Jungtürken 76
Justinianus 67, 110, 112, 139, 141, 150

Kadıköy 7, 75, 264, **272**
Kaiserpalast 148, 149, 151
Kalenderhane Camii 186
Kalifat 68
Kalligraphie 82, 84
Kamondo Hanı 227
Kanlıca 261
Kanyon 40
Kapalı Çarşı 38, 40, 164, 166
Karaca Ahmet-Friedhof 271
Karaköy 74, **210**
Karaköy Liman Lokantası 231
Karaköy-Hafen 218
Karikatür Müzesi 55, 190
Kariye Camii Müzesi 56, 199, 200
Kariye Oteli 26
Kemal, Yaşar 101
Kemancı Rock 45
Kemalismus 77
Kervansaray 43
Kiler Koğusu 124

285

Register

Kilyos 6, 51, **259**
Kinder 58
Kinos 46
Kılıç Ali Paşa Camii 214
Kırkpinar Yağlı Güreş 50
Kıyı (Rest.) 31
Kız Kulesi 264, 266
Kızıl Adalar **277**
Kızkulesi (Rest.) 273
Klima 16
Komnenen 67, 115
Konstantin der Große 66, 67, 117, 136, 137, 139, 142, 148, 159, 191, 265
Konstantin V. 67
Konstantin IX. 115
Konstantin XII. 194, 207
Konstantinopel 67, 69, 110, 115, 132, 137, 155, 156, 184, 190, 194, 197, 202, 205, 207, 212, 259, 274
Konstantinssäule 159
Konsulate 59
Konyalı Lokantası 31, 125
Köprülü Yalı 261
Krankenhäuser 57
Kubbe Altı 121
Küçük Ayasofya Camii 150
Küçük Çamlıca 269
Külliye 85
Kumkapı 30, 33, 41
Kumköy 6, 51, 259
Kurban Bayramı 48
Kuruçeşme 41, 237, 238

Lambda 46
Landmauer 6, 67, 206
Lateinisches Kaiserreich 68
Lausanner Vertrag 194
Lausos-Palast 157
Leanderturm 264
Leo III. 67
Levent 19, 90, 91
Limonlu Bahçe (Rest.) 36
Lokanta 30

Maçka Parkı 235, 238
Mado (Rest.) 36
Mahmut I. 158, 230
Mahmut II. 125, 141, 146, 159
Maison de France 229
Makedonenkaiser 67
Malta Köşkü 247
Manuel I. Komnenos 264
Marine-Museum 54
Märkte 40
Marmara Gym 51
Marmaray 89, 92
Marpuççular-Basar 180
Maslak 90, 91
Mecidiye Köşkü 125

Medrese 85
Mehmet II. Fatih 68, 118, 190, 191, 192, 195, 205, 240, 256, 261
Mehmet III. 124, 175
Mehmet IV. 119, 128, 175
Mehmet VI. 69
Menderes, Adnan 70
Meryem Ana Rum Kilisesi 198
Mese 156, 205
Metro 22
Mevlevihane-Museum 222, 223
Meyit Kapısı 121
Mezeler 29
Michael VIII. Palaiologos 68, 212
Mietwagen 22
Mihrimah Camii 202
Mikla (Rest.) 32
Militärmuseum 54, 238
Millarium Aureum 156
Mimar Sinan Türbesi 170
Miniaturen 55, 83, 160
Miniatürk 56
Mısır Çarşışı 40, 171
Mosaiken-Museum 149
Moscheen 59, 84
Mozaik Müzesi 56, 149
Murat III. 117, 119, 128, 195
Murat IV. 222
Museen 54
Museum für türkische und islamische Kunst 143
Mustafa II. 165
Mustafa III. 193
Mustafa IV. 129

Nachtleben 40
Nardis Jazz Club 44
Nature and Peace (Rest.) 233
Neo 46
Nesin, Aziz 101
Nevizade Sokağı 230
Nightingale, Florence 271
Nika-Aufstand 139
Nişantaşı 19, 40, 43, 238
Nostalgia Tram 22
Notruf 59
Nuruosmaniye Camii 165

Öffnungszeiten 31, 59
One Love Festival 50
Opferfest 48
Orient Express 177, 178, 228
Orient Express (Rest.) 179
Orient House 180
Ortaköy 6, 19, 38, 41, 62, **249**
Oryantal 98

Osman Gazi 274
Osman II. 205
Osman III. 119,165
Österreichisches Kulturinstitut 15
Özal, Turgut 70

Palaiologen 68, 191, 195, 202
Palazzo di Venezia 229
Pammakaristos-Kirche 195
Pamuk, Orhan 71, 100
Panayia Vlaherna Kilisesi 198
Pandeli (Rest.) 32, 175
Panorama 1453 207
Pantokrator-Kloster 190
Parkorman 47
Parkplatz 20
Paşazade (Rest.) 180
Patriarchat, griechisches 194, 195, 196, 279
Pera 68
Pera Müzesi 56
Pera Müzesi 56, 223
Pera Palace (Hot.) 43, 228
Phanarioten 194
Phonem by Miller 50
Pierre Loti 276
Polyeuktos-Kirche 188
Porta Aurea 205, 208
Porta Phanari 194
Preise 31
Pressemuseum 54, 159
Prinzeninseln 7, 25, 51, 75, **277**
Prinzenmoschee 186
Pudding Shop 151

Rahmi M. Koç Müzesi 36, 56, 181
Rakı 29
Ramadan 48
Rauchverbot 59
Refik 32
Reina 46
Reisekasse 60
Reisezeit 16
Rejans 35, 229
Reliquiensammlung 124
Resim ve Heykel Müzesi 56, 244
Revan Köşku 124
Romanos-Tor 208
Roxelane 129, 132, 148, 173
Roxy 46
Rum Mehmet Paşa Camii 269
Rum Ortodoks Patrihanesi 197
Rumeli Hisarı 19, 56, 207, 256

Register

Rumeli Kavağı **258**
Rüstem Paşa 170, 202
Rüstem Paşa Camii 84, 88, 170

Saat Kulesi (Uhrenturm) 240, 244
Sabiha Gökçen Airport 20
Sadberk Hanim Müzesi 56, 258
Sahaflar Çarşısı 40, 162, 164, 168
Sakıp Sabancı Müzesi 56, 84, 256
Şale Köşkü 245
Sapphire 91
Şarabi (Rest.) 33
Sarı Köşkü 256
Sarıyer 259
Sarniç (Rest.) 136, 151
Schatzkammer 123
Schlangensäule 142
Schlittschuhlaufen 52
Schneidertempel 222
Seemauern 205
Segeln 52
Şehir Müzesi 249
Şehirhatları 22
Şehzade Camii 88, 187
Şehzade Mehmed Sofrası (Rest.) 188, 209
Şeker Bayramı 48
Selim II. 68, 270
Selim III. 129, 274
Selimiye Kıslası 271
Şemsi Ahmet Paşa Camii 269
Sent Antuan Kilisesi 229
Şepetçiler Köşkü 136
Septimius Severus 66, 137
Serailspitze 75
Sicherheit 60
Şile 51
Sinan, Mimar Koca **69**, 87, 148, 149, 165, 169, 170, 171, 187, 202, 214, 267
Sinan Hamam Çarşısı 84, 269
Sinans Mausoleum 170
Sipahi Çarşısı 37
Sirkeci Garı (Bahnhof) 20, 159, 177
Şişli 19, 74, 79, 194
Sofa Camii 125
Sofa Köşkü 125
Soğukçeşme Sokağı 136
Sokullu Mehmet Paşa 149, 219, 274
Sokullu Mehmet Paşa Camii 150
Soliman der Prächtige 169
Sortie 251

Souvenirs 37
Splendid Palace 25
Squash 52
Stadtrundfahrt 19
Stephanskirche 194
Suada 250
Süleyman I. Kanuni, der Prächtige 69, 117, 118, 125, 129, 137, 143, 145, 148, 150, 164, 169, 170, 173, 187, 202, 259, 269, 270
Süleyman II. 129
Süleymaniye Camii (Moschee) 84, 88, 169, 172
Sultan Ahmet Camii (Moschee) 19, 145, 148
Sultanahmet 6, 30, 41, 73, **108**
Sultanahmet Arkeolojik Parkı 56, 149
Sulukule 91
Sun Express 17
Sünnet Odası 124
Suriye Pasaji 228
Swissôtel The Bosphorus 25, 53, 250

Tahtakale 171
Taksim Medanı 230
Tankstellen 20
Tanzimat 69
Tarabya **257**, 259
Tarihi Sultanahmet Köftecisi (Rest.) 157, 178
Tarlabaşı Bulvarı 90
Taxi 22
Tekfur Sarayı 202
Telefonieren 60
Teppich-Museum 55
Teppiche 39, 96
Teşvikiye 40
Teutonia 228
Theodosianische Landmauer 206
Theodosianischer Hafen 90, 92, 190
Theodosius I. 67, 93, 141, 160, 190
Theodosius II. 112, 148, 205, 206, 207, 212
Theodosius-Forum 160
Time out Istanbul 14, 15
Toiletten 61
Tophane 12, 213
Tophane Binası 214
Topkapı Saray Müzesi (Palast) 18, 56, 84, 118, 120, 190
Topkapı, Tor 208
Tramvay 22
Trinkgeld 61

Trinkwasser 61
Tuğra (Rest.) 32
Tünel Lokantası (Rest.) 231
Tünel-Bahn 22, 218
Türk Musevileri Müzesi 56, 219
Türk ve Islam Eserleri Müzesi 56, 84, 143
Turquehouse 276

Übernachten 23
Unfälle 20
Unterkunft 18
Üsküdar 7, 75, **265**, 272, 273

Vakkorama Gym 51
Valens-Aquädukt 140, 142, 190
Vefa Bozacısı 209
Venedig 143, 175, 190, 191, 200, 212, 215, 229
Verkehrsregeln 20
Via Egnatia 205
Vierter Kreuzzug 68, 116, 143
Vorwahl 64

Wandern 52
Wein 29
Wellness 53
Wetter 16
Wilhelm II., dt. Kaiser 123, 141, 272

Yakub 2 232
Yedikule Hisarı 56, 205
Yeni (Valide) Camii, Eminönü 175
Yeni Bedesten 164
Yeni Valide Camii, Üsküdar 269
Yenikapı 93, 190
Yeniköy 260
Yeraltı Camii 218
Yerebatan Sarayı 56, 137, 138
Yeşil Ev 25, 36, 90, 152
Yeşilköy 51
Yildiz Şale Müzesi 56, 247
Yıldız Parkı 90, 244, 246
Yıldız Porselen Fabrikası 247
Yıldız Sarayı Müzesi (Palast) 56, **245**, 247, 248, 249
Yoroz Kalesi 261

Zeit 61
Zeyrek Camii 56, 190
Zeyrekhane 191, 209
Zincirli Han 167
Zoll 20
Zuckerfest 48
Zülfaris-Synagoge 219

Abbildungsnachweis/Impressum

Abbildungsnachweis

Getty Images, München: S. 155 li., 161 (Dimitar Dilkoff/AFP); S. 184 re., 192/193 (Hocine Zaourar/AFP)
Rainer Hackenberg, Köln: S. 84, 252 li., 255, 257
Bildagentur Huber, Garmisch-Partenkirchen: S. 172, 253 li., 278/279 (R. Schmid); 265 (J. Huber)
iStock Photo: S. 53, 72, 91
laif, Köln: S. 9, 76, 106/107 (Frank Siemers); S. 24, 27, 41, 125, 218/219, 273 (Tophoven); S. 34, 48/49, 92 (NarPhotos); S. 213 (Butzmann); S. 38 (Thierry Dudooit/REA); Titelbild, S. 11 o. re., 45, 55, 80, 102, 146/147, 157, 162/163, 201, 210, 211 li., 226, 230/231, 232/233, 234, 236 re., 250/251, 275 (Murat Türemiş); S. 78 (Suse Walczak); S. 89 (H.-B. Huber); S. 94 (Knop); S. 96 (Franck Guiziou/Hemispheres); S. 100 (Muhl/Hollandse Hoogte); S. 105, 144 (Rabouan/Hemispheres); S. 239 (Paule Seux/Hemispheres); S. 236 li., 245 (Hemispheres)
Hans E. Latzke, Bielefeld: S. 108 li., 114
Mauritius Images, Mittenwald: Umschlagklappe vorn (Hill Creek); S. 99, Umschlagrückseite (Doug Scott); S. 120/121 (Photononstop); S. 152/153 (Carlos Sánchez Pereyra); S. 154 re., 165 (Michael Zegers); S. 176/177, 252 re., 270/271, 276 (Karl F. Schöfmann)
Murat Türemiş, Berlin/Istanbul: S. 10 o.li., 10 u. li., 10 u. re., 10 o. re., 11 o. li., 11 u. li., 11 u. re., 12/13, 62/63, 71, 82, 108 re., 109 li., 111, 126, 130/131, 134/135, 138, 140, 154 li., 166, 178/179, 181, 182/183, 184 li., 185 li., 187, 196, 204, 210 o.li., 210 re., 216, 220/221, 234, 237 li., 240/241, 246, 262/263, 266/267
Bernhard Weisser, Berlin: S. 8, 31, 87, 206, 259

Kartografie

DuMont Reisekartografie, Fürstenfeldbruck
© DuMont Reiseverlag, Ostfildern

Umschlagfotos
Titelbild: Blick vom Minarett der Süleymaniye-Moschee über das Goldene Horn
Umschlagklappe vorn: Gewürzmarkt im Ägyptischen Basar (Mısır Çarşısı)

Hinweis: Autorin und Verlag haben alle Informationen mit größtmöglicher Sorgfalt geprüft. Gleichwohl sind Fehler nicht vollständig auszuschließen. Alle Angaben erfolgen ohne Gewähr. Bitte, schreiben Sie uns! Über Ihre Rückmeldung zum Buch und über Verbesserungsvorschläge freuen wir uns:
DuMont Reiseverlag, Postfach 3151, 73751 Ostfildern,
info@dumontreise.de, www.dumontreise.de

1. Auflage 2010
© DuMont Reiseverlag, Ostfildern
Alle Rechte vorbehalten
Redaktion/Lektorat: Hans E. Latzke
Grafisches Konzept: Groschwitz, Hamburg
Printed in Germany